马克思主义理论研究
和建设工程重点教材

教育学原理

《教育学原理》编写组

主　编　项贤明

副主编　冯建军　柳海民

主要成员

（以姓氏笔画为序）

王嘉毅　孙　进　李雁冰

张乐天　陈旭远　林　丹

周兴国

高等教育出版社·北京

图书在版编目(CIP)数据

教育学原理/《教育学原理》编写组编. -- 北京：高等教育出版社, 2019.1(2022.9 重印)
马克思主义理论研究和建设工程重点教材
ISBN 978-7-04-050938-0

Ⅰ. ①教… Ⅱ. ①教… Ⅲ. ①教育学-高等学校-教材 Ⅳ. ①G40

中国版本图书馆 CIP 数据核字(2018)第 258048 号

教育学原理
JIAOYUXUE YUANLI

责任编辑	路秋丽 魏延娜	封面设计 王 鹏	版式设计 于 婕	插图绘制 黄云燕
责任校对	王 雨	责任印制 刘思涵		

出版发行	高等教育出版社	网　　址	http://www.hep.edu.cn
社　　址	北京市西城区德外大街 4 号		http://www.hep.com.cn
邮政编码	100120	网上订购	http://www.hepmall.com.cn
印　　刷	唐山市润丰印务有限公司		http://www.hepmall.com
开　　本	787mm×1092mm 1/16		http://www.hepmall.cn
印　　张	22.5		
字　　数	410 千字	版　次	2019 年 1 月第 1 版
购书热线	010-58581118	印　次	2022 年 9 月第 18 次印刷
咨询电话	400-810-0598	定　价	43.60 元

本书如有缺页、倒页、脱页等质量问题，请到所购图书销售部门联系调换
版权所有　侵权必究
物　料　号　50938-A0

目 录

绪论 教育学及其发展 ·· 1
 第一节 教育学及其研究对象 ····································· 1
  一、教育学和教育科学 ··· 1
  二、教育学的研究对象 ··· 3
  三、作为一种特殊研究对象的学校教育 ················ 6
 第二节 教育学的产生和发展 ····································· 8
  一、教育学的产生 ·· 8
  二、教育学的发展历程 ·· 11
  三、教育学的发展趋势 ·· 13
 第三节 中国化马克思主义教育理论的发展 ············· 15
  一、马克思主义教育理论在中国的传播 ·············· 16
  二、社会主义革命和建设时期中国教育理论的探索 ····· 19
  三、改革开放以来中国教育理论的发展 ·············· 21
 第四节 学习和研究教育学的指导思想 ····················· 24

第一章 教育及其本质 ·· 27
 第一节 教育的产生与发展 ······································· 27
  一、教育的起源 ·· 27
  二、教育发展的历史进程 ···································· 30
  三、当代世界教育发展趋势 ································ 37
 第二节 教育的基本内涵 ··· 39
  一、教育的词源与词义 ······································· 40
  二、教育的概念 ·· 42
  三、教育的本质 ·· 45
 第三节 教育的要素与形态 ······································· 50
  一、教育的基本要素 ·· 50
  二、教育的主要形态 ·· 53

第二章 教育与社会发展 …………………………………………………… 60
第一节 社会对教育发展的影响 …………………………………………… 60
一、生产力对教育的影响 ………………………………………… 60
二、政治对教育的影响 …………………………………………… 63
三、人口对教育的影响 …………………………………………… 65
四、文化对教育的影响 …………………………………………… 66
第二节 教育对社会发展的促进功能 ……………………………………… 68
一、教育的经济功能 ……………………………………………… 68
二、教育的政治功能 ……………………………………………… 71
三、教育的人口功能 ……………………………………………… 73
四、教育的文化功能 ……………………………………………… 76
第三节 教育在社会主义现代化建设中的地位与作用 …………………… 78
一、教育为社会主义现代化建设服务 …………………………… 79
二、科教兴国是一项重要战略 …………………………………… 80
三、教育是民族振兴的基石 ……………………………………… 81

第三章 教育与人的发展 …………………………………………………… 83
第一节 人的身心发展及其影响因素 ……………………………………… 83
一、人的身心发展的内涵及特征 ………………………………… 83
二、影响人的身心发展的主要因素 ……………………………… 87
三、学校教育与个体发展 ………………………………………… 95
第二节 教育促进个体发展的功能 ………………………………………… 98
一、教育促进个体社会化的功能 ………………………………… 98
二、教育促进个体个性化的功能 ………………………………… 102
三、教育促进个体社会化与个性化的关系 ……………………… 105
第三节 教育促进个体发展的条件 ………………………………………… 108
一、把"育人为本"作为教育工作的根本要求 ………………… 108
二、把学生作为教育活动和发展的主体 ………………………… 112
三、坚持教育创新 ………………………………………………… 115

第四章 教育目的 …………………………………………………………… 120
第一节 教育目的概述 ……………………………………………………… 120

一、教育目的的内涵 120
　　　二、教育目的的层次结构 122
　　　三、教育目的的社会基础 124
　第二节　我国教育目的的理论基础 128
　　　一、马克思主义人的全面发展学说 129
　　　二、马克思主义教育与生产劳动相结合的理论 135
　第三节　我国的教育目的 139
　　　一、我国教育目的的历史演变 139
　　　二、我国教育目的的基本要求 145
　第四节　素质教育与创新人才培养 148
　　　一、素质教育的提出与发展 148
　　　二、素质教育的内涵 151
　　　三、创新人才的培养 154

第五章　人的全面发展教育 159
　第一节　德育 159
　　　一、德育的内涵和意义 159
　　　二、德育的目标 161
　　　三、德育的内容 162
　第二节　智育 166
　　　一、智育的内涵和意义 166
　　　二、智育的目标 168
　　　三、智育的内容 170
　第三节　体育 171
　　　一、体育的内涵和意义 171
　　　二、体育的目标 173
　　　三、体育的内容 175
　第四节　美育 177
　　　一、美育的内涵和意义 177
　　　二、美育的目标 179
　　　三、美育的内容 181
　第五节　劳动教育 184

一、劳动教育的内涵和意义 184
　　二、劳动教育的目标 188
　　三、劳动教育的内容 189

第六章　学校教育制度 192
　第一节　学校的形成与发展 192
　　一、学校的产生 192
　　二、学校的发展 195
　　三、现代学校的基本职能 203
　第二节　现代学校教育制度 205
　　一、学校教育制度的内涵 205
　　二、我国的学校制度 206
　　三、部分国家的学校制度 211
　第三节　学校教育制度的改革 215
　　一、我国的学校教育制度改革 215
　　二、世界范围内学校教育制度改革的趋势 219

第七章　课程 222
　第一节　课程概述 222
　　一、课程的概念 222
　　二、课程的类型 225
　　三、课程计划、课程标准与教科书 226
　第二节　课程开发 228
　　一、课程目标的确定 229
　　二、课程内容的选择与组织 233
　　三、课程实施与课程评价 238
　第三节　课程改革 243
　　一、21世纪我国的基础教育课程改革 244
　　二、当代世界课程改革的趋势 250

第八章　教学 254
　第一节　教学概述 254

一、教学的基本内涵 ··· 254
　　二、教学的主要作用 ··· 257
　　三、教学的基本任务 ··· 258
第二节　教学理论与规律 ··· 259
　　一、教学理论 ··· 259
　　二、教学要素、过程及其规律 ································· 262
　　三、教学原则 ··· 268
第三节　教学实施 ··· 270
　　一、教学目标 ··· 271
　　二、教学环节 ··· 275
　　三、教学方法 ··· 278
　　四、教学组织形式 ··· 281
　　五、教学评价 ··· 284
第四节　中小学教学改革 ··· 287
　　一、我国中小学教学改革的趋势 ······························· 287
　　二、当代世界中小学教学改革的趋势 ··························· 288

第九章　教师与学生 ··· 293

第一节　教师 ··· 293
　　一、教师职业与教师角色 ····································· 293
　　二、教师的权利与义务 ······································· 298
　　三、教师的专业发展 ··· 300
　　四、教师与学生的关系 ······································· 303
第二节　班主任 ··· 305
　　一、班主任的角色与作用 ····································· 305
　　二、班主任的任务与职责 ····································· 306
　　三、班主任与班级管理 ······································· 308
第三节　学生 ··· 310
　　一、学生身心发展的特点 ····································· 310
　　二、学生观 ··· 313
　　三、学生的权利与义务 ······································· 314
　　四、学生在教育过程中的地位 ································· 317

第十章 教育科学研究 ······ 320

第一节 教师与教育科研 ······ 320
一、教师开展教育科研的意义 ······ 320
二、教师开展教育科研的类型 ······ 322
三、教师开展教育科研的导向 ······ 324

第二节 教育科研过程 ······ 325
一、选择研究课题 ······ 325
二、研究设计 ······ 327
三、资料搜集与数据采集 ······ 329
四、资料与数据的处理与分析 ······ 330
五、论文撰写和成果发表 ······ 332

第三节 常用的研究方法 ······ 334
一、文献法 ······ 334
二、调查法 ······ 336
三、行动研究 ······ 338
四、叙事研究 ······ 340
五、案例研究 ······ 341

阅读文献 ······ 344

人名译名对照表 ······ 346

后 记 ······ 349

绪论　教育学及其发展

教育学是一门研究人类教育活动及其内在规律的科学。教育学原理，有时又称"教育基本理论""教育原理"等，是一门教授和学习教育学的基本概念、基本理论和基础知识，包括关于教育的一般原理等的课程。人类的教育活动是伴随着人的产生而产生的，但关于教育活动的理论的产生却是人类文明已经相当繁盛的春秋时期和古希腊时期的事情，教育学作为一门独立学科出现则已是 17 世纪的事情了。马克思主义哲学的产生，特别是马克思主义关于人的全面发展的学说的提出，在理论基础和方法论方面为教育学研究提供了重要的科学基石。运用辩证唯物主义和历史唯物主义的思想方法研究教育现象，是我们真正获得对人类教育活动的科学认识的重要前提之一。

第一节　教育学及其研究对象

教育学以人的教育活动为研究对象。人们在现实社会生活中各种各样的教育活动构成了丰富多彩的教育现象。教育学运用各种科学的研究方法对人类的教育活动展开分析研究，揭示其内在规律，指导人们更好地开展教育活动。作为人类社会中专门化程度较高的一种教育活动，现代学校教育自产生之日起就成为教育学最为重要、最受关注的特殊研究对象之一。

一、教育学和教育科学

教育科学是运用科学方法研究人类教育活动的诸多学科的总称，这些学科都以人类社会的教育现象为研究对象，分别从不同角度、不同层次和不同方面探索和揭示教育规律。教育学是教育科学体系中的基础学科，处于教育科学体系一级学科的地位。在教育科学体系的诸多学科中，教育学侧重探讨教育的基本规律、基本原理和基本方法。

项贤明：《教育学作为科学之应该与可能》

马克思主义哲学认为，规律是客观事物发展过程中的本质联系，它不以人的主观意志为转移，且具有普遍性，决定着客观事物发展的必然趋势。教育规律就是教育内部诸要素之间，以及教育与其他事物之间客观的、普遍的、本质的联系。教育学通过对教育现象进行科学的研究，逐步探索和发现教育规律，并通过一系列的概念、命题和论证等，从理论上阐述反映教育规律的基本原理，进而指导人类的教育实践活动。

人们对教育规律的探索经历了一个漫长的发展过程。经过对教育现象的长期观察和实践，人们逐渐积累了在不同程度上反映着教育规律的教育经验，教育经验的不断丰富形成了教育思想，教育思想进一步理论化和体系化，并在研究方法上实现不断的科学化，最终形成了独立的教育学。独立形态的教育学产生之后，经过一系列的学科交叉和分化发展，逐步形成了由一系列学科组成的学科群，这就是教育科学的学科体系。

教育科学涵盖众多学科，我们可以从不同角度对这些学科进行分类。教育学是教育科学体系（见图0-1）中的一级学科，在这个一级学科下面有一系列二级学科：有分别研究不同类别的学校教育的，包括普通教育学[①]、职业教育学、高等教育学、学前教育学、特殊教育学等；有从不同学科和不同视角研究教育现象的，如教育哲学、教育心理学、教育史学、教育经济学、教育管理学、教育社会学、教育政治学、教育法学、教育人类学、教育伦理学、教育文化学、教育技术学、比较教育学等；有着重探讨具体的教育研究方法的，如教育统计学、教育测量学、教育评价学等；还有从教育学内部逐步分化出研究教育活动不同环节和教育现象内在不同领域的一系列学科，如教学论、课程论、德育论、教育研究方法论等。人类社会的教育现象在不断发展变化，教育科学的发展目前还没有达到成熟和稳定的阶段，其分化发展仍然比较活跃，教育学领域还有很多新兴学科在不断产生并加入到教育科学的学科体系中来。

在教育科学体系中，教育学是一门十分重要的基础学科，它在总体上概括和阐述教育的基本规律、基本原理和基本方法，从教育科学体系其他学科的研究中获得支持，同时也为其他学科提供教育学理论基础的支撑。

教育学虽然建立在经验基础之上，但只有在经历了理论化、系统化和科学化之后，才成为一门独立的科学，因而它既不是关于教育规律的主观臆测，也不是教育经验的简单汇编，更不是针对教育现象的情感抒发。同其他科学一样，教育学讲求的是以科学事实为基础的理性和逻辑，这是它发现、揭示和论证真理的基

[①] 人们有时也用"普通教育学"来指代研究教育一般原理的"教育学"，特别是在教育科学分化发展尚不充分的历史时期，使用这种代称较多。但在这里，"普通教育学"指的是专门研究普通中小学教育的学科，是处于一级学科"教育学"之下的二级学科，与作为一级学科的研究教育一般原理的"教育学"相区别。

图 0-1 教育科学的学科体系示意图

本方式和基本路径。教育学在理性和逻辑的引导下，通过对人类社会中的教育现象进行科学的研究，经由客观观察和理性分析，进而提出假设并对假设进行合乎逻辑的证明或证伪等，以发现和揭示教育规律。教育学的真正研究对象是人类教育活动，而非任何其他主观想象。判断教育学的某一研究结论是否科学，其依据仍然是人类教育活动，要看它是否能够解决实际的教育问题，或者解释实际教育问题的成因。包括教育学在内的所有教育科学，其发现和揭示教育规律的结论，都应来自人们的教育实践，并且最终要接受教育实践的检验。

人的教育活动总是有一定价值取向的。人们在教育活动过程中的各种价值取向，也是教育科学研究的重要对象。教育学要通过科学的研究手段，来分析和探究这些价值取向及其成因，揭示这些价值取向及其内在规律对人们教育活动的影响。需要注意的是，教育科学研究活动本身是客观的、中立的。当然，这并不是说教育学是价值无涉的，而是强调我们在教育科学研究活动过程中应避免主观主义和教条主义等错误倾向。教育规律是不以人的主观意志为转移的，因而在教育科学研究过程中，我们要本着马克思主义实事求是的原则，严格以科学的方法对人的教育活动，包括这些活动所包含的价值取向，进行以事实为依据的理性分析，努力排除研究者自身的主观影响，尽力保障教育规律的论证和描述的客观性、公正性和科学性。

二、教育学的研究对象

教育学的研究对象是人的教育活动，其中既包括具体个人的教育活动，也包括人类社会中的各种教育现象和教育问题，这些教育现象和教育问题实际上是人类群体的教育活动在社会生活中的具体表现形式。教育学从个体、群体、国家和民族，乃至整个人类等不同层次，对人的教育活动展开研究，从而在微观、中观和宏观等不同层面描述人类社会中的教育现象，并揭示和探讨其中的基本规律、基本原理和基本方法，进而指导人在不同层次上的教育活动。

作为教育学的研究对象，不同层次的教育活动都展现了教育现象的丰富性和复杂性。我们在学习和研究教育学时，一定要从辩证唯物主义的角度看问题，避免简单片面的思维方式。在个体层次上，教育学主要研究现实的个人的教育活动，即发生在社会生活中个人之间的、对人的生长发展能够产生积极或消极影响的社会活动。这些活动是具体的、活生生的，同时也是丰富多彩、复杂多变的。由于其丰富性和复杂性，教育学对个人层次上的教育活动至今尚未进行细致清晰的分类。在群体层次上，教育学主要研究人们集体的教授和学习等行为，分析研究这些行为背后的组织方式和权力结构等，探讨这些行为对人的生长发展产生影响的内在规律。在国家和民族层次上，教育学主要关注的是教育制度、教育政策、教育事业发展等，通过研究分析教育与社会政治、经济和文化等之间的关系，来探讨宏观和中观层面上的教育规律。人类的教育活动是教育活动的终极层次，人在个体、群体、国家和民族层次上的教育活动，都是人类教育活动的具体表现形式，且其最终的意义都在于促进人类的不断发展。教育学在群体层次、国家和民族层次上的研究具体还是要以对个体教育活动的观察和分析为基础，最终归结为对人的教育活动的研究。

生活在人类社会中的现实的、具体的、社会的、个体的教育活动，即马克思主义所说的"现实的个人"的教育活动，是教育学最具体、最基本的研究对象。没有现实的个体的教育活动，也就无所谓其他层次的教育活动。马克思和恩格斯在《德意志意识形态》这一最早系统阐述唯物史观的著作中曾这样写道："我们的出发点是从事实际活动的人。"① "我们开始要谈的前提不是任意提出的，不是教条，而是一些只有在臆想中才能撇开的现实前提。这是一些现实的个人，是他们的活动和他们的物质生活条件，包括他们已有的和由他们自己的活动创造出来的物质生活条件。因此，这些前提可以用纯粹经验的方法来确认。"② 在个体层面上，教育活动是现实而具体的，因而可以在纯粹经验的基础上对其展开教育科学研究。在社会生活中，个体的教育活动往往十分复杂而且丰富多彩，存在于人类社会生活的各个领域之中。群体的、国家和民族的、整个人类的教育活动，其现实的表现形式也只能是一个个现实的个体的具体教育活动。因此，在一定意义上，我们

---

① 《马克思恩格斯文集》第 1 卷，人民出版社 2009 年版，第 525 页。
② 《马克思恩格斯文集》第 1 卷，人民出版社 2009 年版，第 516—519 页。

可以说，个体层次上的教育活动是教育学研究最具体、最基本的研究对象。

作为教育学的研究对象，人的教育活动是复杂的，甚至是充满矛盾的，因为人们从事教育活动的目的往往是多重的而非单一的。个体的、群体的、国家和民族的、整个人类的教育活动，都往往各有其目的。这些目的有时是统一的和协调的，有时可能是不协调的，甚至是相互冲突的。由于研究对象的这种特性，教育学在研究人的教育活动时，既不应该也不可能忽视其中存在的各类矛盾，而应以马克思主义辩证法的观点和方法来研究这些矛盾，分析这些矛盾之间对立统一和相互转化的关系，探讨其发展变化过程中的内在规律，进而找到科学有效地解决这些矛盾的方法。

作为教育学的研究对象，人的教育活动还包含着现实性和理想性的对立统一。从事教育活动的现实的个人都是具有主体性的人，因此其教育活动在具有历史性和现实性的同时还具有理想性。人的教育活动不仅包含对现实的适应，还包含超越现实的因素和力量，体现着人的主观能动性。教育学在研究人的教育活动时，不应把目光简单地局限在当下的现实环境中，而应辩证地对待人的教育活动中所包含的现实性和理想性之间的矛盾，在看到人的教育活动的现实性的同时，更要看到人在从事教育活动时的主观能动性和创造性。有些机械唯物主义的教育学说，简单地把教育看成一部分人改变另外一部分人的活动，针对这种观点，马克思曾批评关于环境和教育起改变作用的唯物主义学说忘记了"环境是由人来改变的，而教育者本人一定是受教育的"，认为"环境的改变和人的活动或自我改变的一致，只能被看做是并合理地理解为革命的实践"。① 人是实践的主体，是在改变环境的同时改变自身的。人是教育活动的主体，教育学研究人的教育活动，应当时刻注意研究对象的这一特性，绝不能把教育活动这种研究对象简单地理解为某种环境的作用，更不能把教育理解为人对环境的被动适应。

由于世界观、社会地位、价值立场、知识和文化背景等的不同，不同个体和群体的教育活动也会表现出不同的特性。由于研究对象的这种丰富性和复杂性，我们在教育学的研究过程中应当以人为中心，重视以全面的和联系的观点对作为教育活动主体的人进行研究。所谓以人为中心，就是在教育学研究过程中，必须防止只见活动不见人的错误倾向，要时刻关注作为教育活动主体的人。所谓全面的观点，就是在教育学研究过程中，切不可把教育活动的主体片面化，不能只看人的某一方面。所谓联系的观点，就是不仅要看到人的不同方面，而且还要把这

---

① 《马克思恩格斯文集》第 1 卷，人民出版社 2009 年版，第 500 页。

些方面联系起来，把人当作一个整体而非割裂的部分来看待。这里所说的人，当然是马克思主义所强调的存在于社会关系中的人。教育学研究者要认识到人是社会的存在物，人的教育活动也总是带有其世界观、社会地位、价值立场、知识和文化背景等烙印。

教育现象是一种社会现象，它在不同历史时期、不同地区、不同社会制度、不同文化背景下，会表现出不同的特征。面对研究对象与人类社会历史文化等之间的紧密联系，教育学在研究人的教育活动时，必须注意避免形而上学的、孤立的和僵化的思维，要运用唯物辩证法联系的、历史的和发展的观点看问题。运用这样的观点看问题，教育学研究者就应当谨慎对待某些号称放之四海而皆准的所谓教育规律，要认识到此时此地的教育规律，在彼时彼地并不一定适用，尤其是在对待国际上某些教育经验时，更应注意这一点。学习借鉴国际先进教育经验，对我国的教育改革和发展有十分重要的积极意义，但我们也需要特别注意，切不可脱离不同历史时期和不同国情民情，不可越过具体化和中国化的过程而生搬硬套这些经验。教育学在表述某条教育规律时，也不能忘记这条教育规律之所以有效的时空背景。

三、作为一种特殊研究对象的学校教育

教育学是在普遍意义上探讨教育现象及其基本规律的学科，但在不同的历史时期其研究的侧重点往往有所不同。独立形态的教育学就是伴随着以班级授课制为基本特征的近现代学校教育的产生而产生的，因而从那时起，学校教育就一直是教育学的一个十分特殊而重要的研究对象。

广义的学校的历史可以追溯到公元前 2500 多年，但这里所说的学校指的是以班级授课制为基本特征的近现代意义上的学校。在 17 世纪的欧洲，以班级授课制为基础的近现代学校产生了，独立形态的教育学也伴随其同时产生。这二者滥觞时间上的契合，本身就提示了学校教育作为教育学研究对象的特殊性。这种特殊性主要表现在以下三个方面。第一，学校教育是教育学最主要的研究对象。教育学虽然也研究学校以外的教育现象，但它从产生至今的主要内容都是关于学校教育的。学校以外的家庭教育、社会教育等，在教育学全部内容中所占比例一直远低于学校教育。第二，在所有的研究对象中，教育学对学校教育的研究最为详细，也最为深入。对学校教育这一对象，教育学集中了其主要的力量加以研究，从不同的角度试图揭示潜藏在学校教育深层的各种特点、特性和规律。就目前实际情况而言，教育学对学校教育的认识和理解，也

远远比对学校教育以外其他教育现象的认识和理解要深入和深刻得多。第三，学校教育是教育学研究诸对象中最为专门化、最为典型的一种。人们有时甚至会直接以"教育"来作为"学校教育"的简称。在英文里，schooling（学校教育）和education（教育）虽可辨析出差异，但一般大众经常混用这两个词来指学校教育。在很多情况下，教育学正是通过对学校教育内在规律深入细致的分析研究，来揭示存在于所有教育现象中的普遍规律，通过对学校教育基本原理的探讨，来阐述教育的一般原理。

与教育学的其他研究对象相比，学校教育有着一系列突出的重要特性。譬如，在教育活动的目的性、组织性和计划性方面，学校教育就表现得比其他教育现象要突出得多，这类特性既使得学校教育在知识教学等方面常常比其他教育现象有更高的效率，同时又使得学校教育在某些方面表现出相对的弱势。教育学在研究学校教育这一特殊对象时，既要看到这种教育现象的优势，又要看到其劣势，从而更加深刻地认识和理解人类社会各种教育现象之间既互相补充和促进又不可随意相互替代的辩证关系。教育学要对学校在一定历史时期产生和存在的价值形成辩证的认识，既不因为学校教育在某些方面的突出优势而过度夸大其在人的发展中的作用，也不能由于学校教育在某些方面的缺陷而否定其产生和存在的意义和价值。

作为教育学的一个特殊研究对象，学校教育既具有其他教育现象都具有的教育的一般属性，又具备其他教育现象所不具备的一系列特殊属性。教育学在对学校教育这一特殊教育现象进行研究时，应当辩证地看待其一般性和特殊性，一切都要联系具体情况，避免简单化和片面化。在对学校教育研究过程中发现的带有普遍性的一般教育规律，推广运用到学校以外的其他教育现象时，需要特别注意每一种不同的教育现象都各有其特殊性。同样，在将一般教育规律运用于学校教育时，也要注意学校教育有不同于其他教育现象的特殊性。在人类社会中，每一种教育现象各有其长短，也各有其特殊功用。教育学研究需要注意这两方面的辩证关系，习不可看到学校教育在某些方面具有较高效率，就认为学校教育可以取代其他教育现象，也不能发现学校教育在某些方面存在缺陷，就脱离现实认为学校教育应立刻消亡。只有以辩证的方式来看待学校教育与其他教育现象之间的关系，在实际教育活动中，扬长避短，才能更好地发挥包括学校教育在内的各种教育现象对人的发展的正向作用，尽量规避它们在某些方面的负向作用，从而更好地促进人的发展。

学校教育并非教育学唯一的研究对象。教育学要在普遍意义上探讨和阐述教育的一般规律和基本原理，因而它必须对人类社会的所有教育现象都有所观照。实际上，教育学对学校教育深入细致的研究，有利于我们加深对学校教育以外的其他教育现象的认识；教育学对其他教育现象的研究，也有利于我们加深对学校教育的理解和认识。然而，由于学校教育这一研究对象的特殊性，它在教育学诸多研究对象中占据着十分突出而重要的位置，所以，教育学初学者很容易误认为教育学就是一门研究学校教育的学科。这样的错误倾向往往会导致教育学对教育现象研究的片面化，进而导致人们对教育现象形成片面的认识，特别是对教育概念的狭隘理解。人们对教育现象主观认识的片面化，又可能反过来影响人们的教育活动，从而对人自身的发展形成不良影响。在当代社会，这种现象集中表现为生活的非教育化和教育的非生活化，即教育日益退缩到学校领域而逐渐脱离人的生活，而人们在生活中的教育现象越来越陷入不自觉的无序状态。从理论的角度来看，这就是我们在教育学研究中未能采用辩证法全面的、联系的和发展的眼光看问题所造成的消极后果之一。

第二节　教育学的产生和发展

教育学作为一门独立的学科，伴随着近现代形态的学校教育产生于 17 世纪的欧洲。在始于 18 世纪末的社会研究科学化大背景下，教育学也在 19 世纪初进入了科学化的发展时期。进入 20 世纪，教育学的科学化发展进入了一个新阶段，教育科学的学科群在学科交叉和分化发展中不断壮大，形成了一个由多学科组成的教育科学学科体系。在当前教育学发展的新时期，教育学的科学化发展表现出学科交叉、视野拓展、信息化和国际化等一系列时代特征。

一、教育学的产生

对教育这种常见的社会现象，每个正常人都会在社会生活中形成自己的看法、理解和认识，这些看法、理解和认识最初都是以自发的、经验性的常识而存在的。随着常识性教育经验的不断积累，人们对教育的认识也在不断提高，并通过抽象化和系统化，实现了从经验到理论的提升，进而逐步形成了教育学这一专门研究教育现象的独立学科。在此基础上，经过知识的细化分类，以及研究和论证方法的科学化，关于教育的理论逐步发展成为关于教育的科学理论，即科学的教育学。

1632年，捷克教育家夸美纽斯（1592—1670）的《大教学论》捷克文本完稿①，学界通常视之为近现代独立形态的教育学的发端。在《大教学论》的"致意读者"中，夸美纽斯贬斥了教育领域那些"互不联系的、从肤浅的经验中拾来的方法"，并认为这些教育方法都是"后验的"，而作为"把一切事物教给一切人类的全部艺术"的"大教学论"，才是"能使人获得真实的知识、高尚的行谊和最深刻的虔信的艺术"，并愿意"用先验的方式去证明这一切，就是从事物本身的不变的性质去证明"。②这些论述表明，夸美纽斯是要把人们对教育的认识从零散、肤浅的教育经验，提升为更加深刻、更加系统，进而更具有普遍意义的教育理论。在夸美纽斯之前，有关教育的论述多散见于思想家的各种著述之中，专门研究和论述教育的著述并不多见，而在他之后，专注于教育的理论著述日渐增多。教育学作为一门独立的学科不仅产生了，而且其内容也日益丰富起来。不过，这一时期的教育学仍处于前科学的发展阶段，关于教育现象各种理论的阐发采取的还是理性思辨和逻辑演绎的方式，科学的阐释和验证还没有成为教育学研究必要的构件和环节。

在其前科学的发展阶段，构成教育学的只是人们对教育现象一系列相互联系且在逻辑上能够自洽的理论解释。随着教育学理论的日益丰富，特别是伴随着经验自然科学的兴起并日益昌盛，以及社会科学的发轫和发展，教育学也在科学发展的大潮中逐步走上科学化的发展道路。18世纪末，"社会科学"一词在欧洲出现，经济学、人口学、生理学、心理学（最初为"心灵科学"）等关于社会和人的研究逐渐兴盛起来。到19世纪中叶，以统计学为基本学科支撑的社会调查在欧洲广泛开展。1830年，法国哲学家奥古斯特·孔德（1798—1857）出版《实证哲学教程》，认为人类的认识发展遵循从"神学"经"形而上学"到"实证的科学"的三个阶段，"社会学"是最后一个阶段中应当发展的科学。法国社会学家迪尔凯姆（1858—1917，又译涂尔干）于1895年出版的《社会学方法之规则》，将"社会事实"确定为社会学的研究对象，为科学的社会研究确立了一系列规范。到20世纪初，美国以芝加哥大学为中心的芝加哥学派和以哥伦比亚大学为中心的定量的新实证主义，把社会研究的科学化推到了一个新阶段。在这一过程中，关于人的生理和心理的研究也蓬勃发展并日趋科学化。19世纪70年代，德国心理学家冯特（1832—1920）在德国莱比锡大学建立了世界上第一个常设的心理学实验室。也是

---

① 《大教学论》在1635—1638年间修订并译成拉丁文，1657年作为夸美纽斯的《教育论著全集》第一卷公开发表。
② ［捷］夸美纽斯：《大教学论》新2版，傅任敢译，人民教育出版社1984年版，第3页。

在这一时期，针对德国古典哲学创始人康德（1724—1804）认为人类精神因缺乏空间性特征而无法测量的观点，德国哲学家、心理学家、科学教育学奠基人赫尔巴特（1776—1841）提出了他的感觉测量计划，试图通过实验的方法来对人的心理进行测量。20 世纪初，儿童研究运动在欧美大规模展开，心理学在此过程中逐渐成长为一门科学。在这样的大背景下，教育学也从赫尔巴特的观点中开启了自身的科学化进程。

教育学的科学化过程，就是通过把对教育现象的解释建立在可验证的经验基础之上，从而追求关于教育现象的各种知识的可靠性，并将这些经过验证的知识组织成逻辑上有序且自洽的知识系统的历史过程。概念的严谨性、方法论的清晰性和结论的可验证性，是教育学发展进入科学阶段最重要的表征。康德的学生林克整理了康德在哥尼斯堡大学讲授教育学的讲义等，并于 1803 年出版了《康德论教育》，其中，就已经提出了教育学必须成为一门科学的要求。在康德看来，教育学要成为一门科学，除了进行理性思辨和逻辑演绎外，通过"实验"来进行经验性的验证也是必要的。康德虽然指出了科学化的发展方向，但他的教育学仍然是关于教育的纯粹理性反思和逻辑演绎，还没有将教育学建立在科学事实基础之上，所以还不能说教育学的科学化已经开始。赫尔巴特在 1806 年出版的《普通教育学》，标志着教育学的发展进入了科学化时期，学术界一般也把这本书作为现代意义上科学教育学的开端。

在《普通教育学》中，赫尔巴特明确地将教育学定性为一门"科学"，他说："教育学作为一种科学，是以实践哲学和心理学为基础的。前者说明教育的目的；后者说明教育的途径、手段与障碍。"① 赫尔巴特关于"统觉"的心理学，试图借助物理动力学和数学对人的心理机能进行分析，从而获取对人的心理事实的科学认识。他又把心理学引入教育学领域，试图以可靠的科学知识来解决实际的教育问题，并建立一门可以有效指导教师实践的科学。赫尔巴特关于教育学的性质、理论构成和方法论基础等思想，被教育领域广泛接受，形成"赫尔巴特学派"，并在理论研究和实际教育教学过程中产生了"五段教学法"② 等实用性成果。这些理论和实践的成果，从不同方面标志着教育学作为一门独立形态的科学的产生和

---

① ［德］赫尔巴特：《普通教育学·教育学讲授纲要》，李其龙译，人民教育出版社 1989 年版，第 190 页。
② 赫尔巴特把教学过程分为明了、联想、系统、方法四个阶段，齐勒尔（1817—1882）和赖因（1847—1929）先后对其扩充、完善，制订出五个教学步骤，即预备、提示、联想、总括、应用，也就是"五段教学法"。"五段教学法"在学校教育领域产生了十分广泛、深刻而长远的影响。

确立。

独立形态的教育学是伴随着以班级授课制为基本特征的现代学校教育的产生而产生的，它的主要内容也围绕着学校教育渐次展开并延伸至学校以外的其他教育现象，因而其优势和缺陷也无不与学校教育紧密联系在一起。作为一门科学的教育学的产生，为人类认识教育现象开启了科学的大门，也为人类的教育活动奠定了科学认识的基础。

在此后的发展历程中，随着人类社会教育现象的不断丰富和教育学对教育现象研究视野的日益拓展，教育学本身也经历了一个不断丰富和分化发展的过程。面对今天巨变中的教育现象，教育学更是需要经历一次革命性的变革，才能适应人类社会教育现象的新发展，以及这些新发展对教育学提出的新要求。

二、教育学的发展历程

教育学的发展总体上可以分为前学科时期、前科学时期和科学化时期三个阶段。在"前学科时期"，教育学还没有成为一门独立的学科，教育理论还主要散见于哲学和其他学科的著述之中，专门论述教育理论的知识体系尚未单独建立起来。在"前科学时期"，教育学作为一门独立的学科已经产生，但理性思辨和逻辑演绎仍然是其阐述教育理论的基本方式，科学的研究方法还未能在教育学研究中被广泛运用。"科学化时期"主要指的是从科学的教育学产生至今，教育学从理论、方法到研究活动都不断呈现出越来越突出的科学性。追求概念的严谨性、方法论的清晰性和结论的可验证性成为教育学发展的基本趋势。

在教育学作为一门独立的学科产生之前，关于教育现象的理论和思想一直存在于人类的思想史中。早在春秋时期和古希腊、古罗马时期，有关教育的各种论述就散见于古代哲人们的著述之中。公元前5世纪中叶，智者作为最早的职业教师就出现在古希腊，智者们与苏格拉底（前469—前399）等哲人有关教育问题的辩论散见于他们的著述之中。柏拉图（前427—前347）、亚里士多德（前384—前322）和西塞罗（前106—前43）等人的著述中更是包含了许多有关教育的内容。我国春秋战国时期的孔子（前551—前479）、孟子（约前372—前289）、墨子（约前468—前376）、荀子（约前313—前238）等诸子百家的论著中，也有很多有关教育的论述。这些关于教育的论述，作为中外思想家思想体系的组成部分，已经具有了相当的理论性和系统性。这种理论性和系统性，在漫长的教育思想发展史中，随着人类教育思想的不断进步而日益增强。在文艺复兴时期的伊拉斯谟（约1466—1536）、蒙田（1533—1592），宗教改革时期的加尔文（1509—1564）、路德（1483—1546）等的著作中，关于教育的论述已经出现了专门化的端倪，教育目的、教学原则、德育、体育、学制等问题，都被专门列出并进行系统的理论探讨。教育学作为一门独立的学科，已经处于孕育的状态。

需要说明的是，教育思想的历史长河，源远流长，绵延不绝，就是在教育学形成独立学科并已枝繁叶茂的今天，在教育学的系统知识之外，教育思想的繁花仍四处盛开。在教育学作为一门独立的学科产生之后，这些教育思想既是滋养教育学的理论源泉，同时也受到教育学研究的深刻影响。教育思想的理论化和系统化，以及人类教育实践活动的不断发展，直接促成了教育学的产生。教育学的每一次进步，也深刻地影响着人们对教育的认识和理解。但是，教育学作为一门学科所提供的专门化的知识，是一种专业知识。较之一般的主观看法和想法，学科的专业知识更加系统、全面、可靠。因此，在理论上必须将教育学的发展历史与教育思想史区别开来，辩证地看待二者之间的联系与区别。在实际工作中，也要区别对待教育学关于教育现象的系统化知识和那些有关教育现象的各种主观的看法、各种非系统性的认识和理解，要看到这两种知识在指导我们的教育实践时的不同水平、意义和价值。

教育学自17世纪在欧洲产生之后，迅速散播到世界各地。夸美纽斯的《大教学论》捷克文本发表后被译成拉丁文，并和他的其他著述一起在多国流传开来，启发和引导着学校教育实践。他编写的学校教材《语言学入门》《世界图解》等更是被译成了英、法、德、意、俄等十多种文字，被许多国家的学校采用。1755年，康德获得硕士学位并进入哥尼斯堡大学任教。在15年的任教生涯中，他不仅奠定了德国古典哲学的基础，还讲授了几乎包罗万象的多门课程，其中就包括教育学课程。这是教育学进入大学课程较早的记录，说明当时教育学已经作为一门独立的学科进入大学课程体系，在高等学术训练和专门人才培养中占据了一席之地。在康德提出教育学领域应"理性"与"实验"并举思想的同一时期，瑞士教育家裴斯泰洛齐（1746—1827）在瑞士开办孤儿院和学校，进行了很多教育实验，并据此提出了一系列关于教育目的、任务、原则和具体教学法等的教育学理论。这都预示着教育学作为一门独立的学科即将迈入科学化的发展阶段。

赫尔巴特为教育学的科学化发展做出了重要贡献，至今仍有重要影响。赫尔巴特于1802年在哥廷根大学取得博士学位，并在该校开始讲授哲学和教育学，四年后出版了著名的《普通教育学》。1809年，他应聘进入哥尼斯堡大学讲授哲学和教育学。赫尔巴特在哥尼斯堡大学任教期间创立了世界上第一个教育科学研究所——赫尔巴特教育研究与师资训练所。在理论与实践并进的过程中，赫尔巴特为教育学的科学化发展开辟了道路。19世纪末20世纪初，儿童研究运动和实验教育学的兴起，为教育学的科学化提供了强有力的推动。美国心理学家桑代克（1874—1949）在1899—1940年任教哥伦比亚大学师范学院期间，在实验和调查研究的基础上发现了很多教育和学习规律，并据此阐述了一系列教育基本原理，创立了现代教育心理学，提出并实践了以精确的定量方法来开展教育学研究。在这一时期，曾先后在芝加哥大学和哥伦比亚大学任教的美国哲学家、教育家杜威（1859—1952）关于教育的理论研究，以及他所领导的进步主义教育运动，在批判、继承卢梭（1712—1778）和赫尔巴特教育理论的基础上，不仅开启了教育学科学化发展的新局面，而且给了后来逐渐席卷整个世界的一次又一次教育改革浪潮以巨大推动力。教育学的科学化从此不再仅仅局限于一门学科，而是成为由众多学科组成的教育科学体系的不懈探索与进步。

在教育学的科学化发展阶段，马克思和恩格斯在批判圣西门（1760—1825）、傅立叶（1772—1837）和欧文（1771—1858）等空想社会主义教育理论的同时，也站在辩证唯物主义和历史唯物主义的立场上，把人的发展与人类社会历史的发展联系起来，阐发了关于教育的本质、人的个性和社会性的形成，以及人的全面发展等一系列重要的教育基本原理，开启了人类教育思想发展的新纪元。在《关于费尔巴哈的提纲》等重要论著中，马克思和恩格斯批判了空想社会主义者欧文等认为的人是教育和环境的产物的错误理论，论证了人在教育活动中的主体地位，为教育学的科学化发展提供了极其重要的哲学基础。马克思和恩格斯对教育学科学化发展的贡献，不局限于这些直接的教育理论阐述，更重要的是在于对教育学科学化发展在科学理论和科学方法论上提供的重要指导。辩证唯物主义和历史唯物主义的理论和方法，特别是马克思主义关于人的全面发展的理论，为我们科学认识教育现象提供了理论武器，为教育学的科学化发展提供了重要的哲学基础和思想指引。在西方国家，马克思主义以矛盾冲突来解释社会运动变化的理论，至今仍被批判教育学等理论用来分析和揭示其社会教育制度的不合理。马克思主义经典作家关于教育的理论，经苏联教育学家的系统阐述，并在教育实践中加以应用，形成了一个系统完整的马克思主义教育学理论体系。马克思主义教育学经由苏联传入我国后，在中国化的同时也获得了不少新的发展，并逐渐形成了一定的中国特色。

三、教育学的发展趋势

教育学的发展趋势是多方面、多领域、多维度的，因而是丰富和复杂的，很难一言以蔽之。总的来说，教育学在当代的发展，依然处于科学化的发展时期，因此，科学化仍是教育学发展的根本趋势。同时，教育学的科学化发展在今天表现出一系列的时代特征。

第一，教育学研究呈现与众多学科交叉发展的趋向。与此相联系，教育学的学科体系和研究方法论也变得更加丰富和多样。教育学研究的是人的教育活动及其对人的发展的影响，因此，很多与人相关的学科在一定程度上都与教育学存在着某种联系。教育现象与其他社会现象之间存在着紧密的联系，教育学由此也具有了与社会科学其他学科之间开展交叉研究的基本条件。在整个科学界都呈现出学科交叉发展的大背景下，随着教育科学自身的不断发展，教育学与其他相关学科之间的交叉研究也越来越多。在这一过程中，有的学科交叉研究给教育学带来了可以解释教育现象的新理论，有的则为教育学研究和分析教育现象提供了新的研究手段和方法，还有的则逐渐促成了教育学领域一些新兴学科的产生。所有这些，都从不同方面推动着教育学的学科体系不断分化和丰富。教育学对人类社会教育现象的解释能力和解决教育问题的能力，以及指导人们教育实践的能力，也都不断地得到提高。根据发展现状判断，在可预期的未来，学科交叉、分化发展和研究方法多样化等，仍然会是教育学发展的重要趋势。在教育学科群不断分化和丰富的同时，教育学对教育现象认识的碎片化问题也逐渐受到学术界的关注，在教育学一级学科的层次上加强对教育现象全面、综合、科学的理论研究的要求也日渐凸显。可以预见，在多学科交叉发展的滋养下，教育学的科学化发展有可能在将来获得长足的进步。

第二，教育学的研究视野突破学校教育的框架而向更加广阔的社会生活领域拓展，研究者越来越倾向于从整体上系统地、综合地、全面地认识人类教育现象。20世纪60年代末和70年代初，以出生于奥地利而主要活动在美国和墨西哥的西方著名神学家、哲学家和社会学家伊凡·伊里奇（1926—2002）为代表的一些西方学者掀起了一场反省和批判学校教育制度的思潮，史称"学校消亡论"。这一流派的某些观点虽然过于激进，但其对学校教育制度的很多反省和批判都是相当深刻的。与此同时，很多学者开始加强对学校教育以外其他教育领域的研究和探索，尝试在更加开阔的视野下研究和思考人类社会的教育问题，其中有代表性的著述就有保尔·朗格朗（1910—2003）的《终身教育引论》、埃德加·富尔（1908—1988）担任联合国教科文组织国际教育发展委员会主席时组织编写的《学会生存——教育世界的今天和明天》等。他们提出的"终身教育""学会生存"等教育新理念，从20世纪70年代至今，对全世界的教育发展产生了极其深刻而广泛的影响。在这样的大背景下，教育学研究也正在逐步改变从夸美纽斯、赫尔巴特以来主要集中研究学校教育的学科传统，转而越来越多地超越学校教育的时空，关注学校以外的教育现象，试图从整体上更好地认识和理解人类社会的教育现象。当然，这是一个十分复杂的学科视野拓展过程，短期内很难一蹴而就，需要通过相当长的一个历史时期的发展积累，才能实现从量变到质变的飞跃。

第三，教育学领域的理论与实际之间的联系更加紧密，并呈现出信息化、国际化和全球化等时代特征。理论联系实际是马克思主义理论的基本原则之一，是马克思主义认识论和辩证法对人类认识发展客观规律的重要表述。教育学的发展也印证了这一重要规律。实际上，从作为一门独立形态的学科产生开始，教育学就与人的教育实践之间存在着十分紧密的联系，但最初理性反省的地位相对较高，先验的色彩较浓，这无论是在夸美纽斯还是在康德那里都是明确的。进入科学化发展阶段之后，教育学对教育现象的认识越来越多地来自对具体教育实践的分析研究，同时对教育实践的指导能力也逐渐增强。世界各国的教育改革实践对教育学研究提出的新需要和新要求也日趋增加，教育学研究的理论价值和实践意义都日益彰显。同时，随着全球化发展进程的推进，世界各国教育实践之间的联系在逐步加强，教育学也越来越多地站在跨国和全球的角度来进行研究、认识和阐述人类社会的教育现象。以联合国教科文组织为代表的各种国际组织展开的一系列国际教育研究及发表的一系列研究报告，都从国际的和全球的视角得出了许多对人类社会教育现象的颇具价值的新认识。信息技术的兴起及其在教育领域的广泛应用，既助推了教育国际化和全球化的发展进程，也为这一发展进程增添了信息化的新取向。日新月异的信息技术正在改变着人类的教育活动，大规模在线开放课程、翻转课堂、家庭学校等新教育现象的出现，都离不开信息技术的支撑。教育实践的这种剧变，教育学理论与教育实践之间的密切联系，以及教育学理论视野的迅速拓展，都可能在将来引发教育学在科学化发展道路上取得巨大的进步。

教育学的这些主要发展趋势，表现在教育学的理论内容、研究活动、实践作用等方方面面。面对不断出现的教育学发展新成果，我们应当以马克思主义辩证法联系的和发展的观点来看待教育学的内容构成及发展变化，以开放的心态认识和接受教育学的各种新变化和新发展，共同推动教育学在科学化发展道路上向前迈进。

第三节 中国化马克思主义教育理论的发展

马克思主义于19世纪40年代在欧洲产生以后，迅速在世界传播开来。马克思主义教育理论也随之传遍世界，并在 20 世纪初期传入我国。中国共产党领导的中央苏区和解放区教育的发展，为马克思主义教育理论与中国教育实践找到了最初的结合点。中华人民共和国成立后，特别是改革开放以来，具有中国特色的教育制度和学校教育体系建立并不断完善。同时，我国的马克思主义教育理论在吸收世界先进教育理论和教育经验的基础上，针对中国教育实际提出了一些独特的理论。在这一发展过程中，与中国的具体教育实践相结合，马克思主义教育理论在很多方面都形成了中国特色，成为指导我国教育实践的主要理论。中国化的马克思主义教育理论是马克思主义教育理论与中国教育实践相结合的产物，是中国特色社会主义理论的组成部分，是我国教育工作者在中国共产党的正确领导下进行教育理论探索和实践检验的思想结晶。

一、马克思主义教育理论在中国的传播

我国的西式学校教育是从西方传入的，最初主要是西方传教士在我国兴办西式学校教育。20 世纪初，我国官方的和民间的新式学校教育逐渐兴起。与西式学校教育在中国的发展相适应，西方的教育理论也被翻译介绍到我国。1901 年，王国维主编的《教育世界》杂志在上海创刊。该杂志不仅刊登国内外教育言论，还先后刊登了大量西方教育学译著。在这一时期，斯宾塞（1820—1903）的《教育论》、卢梭的《爱弥儿》、熊谷五郎（1869—1914）的《教育学》以及由日本富山房出版的《学校管理法问答》等众多西方教育论著都先后在我国翻译出版。在西学东渐的大潮下，教育学这门产生于欧洲的学科伴随着 20 世纪的晨曦进入了中国。

几乎在教育学传入中国的同时，马克思主义也传入中国，并和中国共产党领导的中央苏区和解放区教育实践相结合，产生了新民主主义教育思想。马克思主义的新民主主义教育思想，与西方教育思想、国内资产阶级改良派的改良主义教育思想、资产阶级革命派的民主主义教育思想，一起成为当时中国社会的四种主要教育思想。1920 年起，《新青年》就陆续刊出了《苏维埃的平民教育》《俄罗斯的教育状况》《俄国社会教育》《革命的俄罗斯的学校和学生》等系列文章，介绍俄国革命及当时世界上第一个社会主义国家苏联的教育制度、教育理论和教育实践。在这一时期，陈独秀（1879—1942）、李大钊（1889—1927）、毛泽东（1893—1976）、恽代英（1895—1931）、杨贤江（1895—1931）等都开始用马克思主义来探讨教育理论，探寻中国教育发展的社会主义道路。

陈独秀于 1920 年在《致罗素先生》中就明确提出应当以社会主义来发展中国

第三节 中国化马克思主义教育理论的发展

的教育,他说:"我们中国此时才创造教育、工业,在资本制度还未发达的时候,正好用社会主义来发展教育及工业。"① 他的《教育缺点》《新教育的精神》《新教育是什么》《教育不能问政治吗》等,旗帜鲜明地表达了对旧教育的批判和对"注重在改良社会"的新教育的倡导。李大钊在《劳动教育问题》中提出:民主的精神"不但在政治上要求普通选举,在经济上要求分配平均,在教育上、文学上也要求一个人人均等的机会,去应一般人知识的要求"②。他在《青年与农村》中介绍俄国革命,认为"要想把现代的新文明,从根底输入到社会里面,非把知识阶级与劳工阶级打成一气不可"③,因而号召青年人到农村去普及文化教育,以马克思主义的现代新文明去开启民智。恽代英在《革命运动中的教育问题》《教育改造与社会改造》《学术与救国》《学问与职业一贯论》等著述中,阐述了教育在社会改造中的重要作用,同时也批判了教育救国论夸大教育作用的观点。他认为,情意教育比知识教育更重要,能力教育比理论教育更重要,社会科学教育比科学技术教育更重要,特殊人才教育比一般人才教育更重要。中国这些早期马克思主义的传播者,运用马克思主义的思想、观点和方法,从不同层面和不同角度阐述了中国教育面临的实际问题,探讨了中国教育的社会主义新道路。

陈独秀:《今日之教育方针》

毛泽东思想是马克思主义基本原理与中国革命和建设的具体实践相结合的产物,是中国共产党集体智慧的结晶。马克思主义教育思想在中国的传播和发展,同样集中体现于毛泽东的教育思想之中。1914年至1918年毛泽东曾求学于湖南第一师范学校,很早就关注教育问题。早在1917年,毛泽东发表在《新青年》上的《体育之研究》一文,就论述了德智体"三育并重"、全面发展的教育思想,其中已经明显可见辩证法思想。毛泽东1940年1月9日在陕甘宁边区文化协会第一次代表大会上发表题为《新民主主义的政治与新民主主义的文化》的演讲(后改为《新民主主义论》),全面阐述了新民主主义教育理论的基本内容,包括无产阶级社会主义文化教育思想和民族的、科学的、大众的教育等。在《新民主主义论》中,毛泽东明确指出:"现阶段上中国新的国民文化的内容,既不是资产阶级的文化专制主义,又不是单纯的无产阶级的社会主义,而是以无产阶级社会主义文化

---

① 陈独秀:《致罗素先生》,《陈独秀文章选编》中册,生活·读书·新知三联书店1984年版,第52页。
② 《李大钊全集》第2卷,人民出版社2013年版,第408页。
③ 《李大钊全集》第2卷,人民出版社2013年版,第422页。

思想为领导的人民大众反帝反封建的新民主主义。"① 他深入论述了新民主主义教育的重要特点，认为新民主主义教育以无产阶级社会主义文化教育思想作为指导思想；新民主主义教育是民族的教育，它反对帝国主义殖民的、奴化的教育；新民主主义教育是科学的教育，它反对封建迷信和形而上学思想，倡导实事求是、客观真理和理论联系实际的科学世界观与方法论；新民主主义教育是民主的、大众的教育，它为人民大众服务，要使人民大众享受普及的教育权利。毛泽东的《新民主主义论》是马克思主义教育理论与中国教育实践特别是革命根据地教育实践相结合的重要理论成果，是中国特色马克思主义教育理论的早期纲领性文献。1945 年，毛泽东在《论联合政府》中再次重申了新民主主义教育思想，认为"中国国民文化和国民教育的宗旨，应当是新民主主义的；就是说，中国应当建立自己的民族的、科学的、人民大众的新文化和新教育"②。《新民主主义论》和《论联合政府》等关于新民主主义教育思想的论述，表达了对中华人民共和国的新文化和新教育的基本认识和总体设想。

杨贤江是第一位在中国系统传播马克思主义教育理论的教育理论家。他曾当过小学教师，先后在浙江省立第一师范学校、南京高等师范学校担任教职员，1923 年加入中国共产党。在参加革命工作的同时，他也在教育学理论研究上投入了很多精力，撰写和翻译了大量的著述。他翻译了恩格斯的《家族、私有财产和国家的起源》、梅林（1846—1919）的《论历史唯物主义》和平克维支（1884—1939）的《苏维埃共和国新教育》等著作，其代表性的两部著作《新教育大纲》和《教育史 ABC》在中国马克思主义教育理论发展史上具有十分重要的意义和价值。1930 年，杨贤江的《新教育大纲》在上海出版，这是我国现代史上第一本比较系统全面地阐述马克思主义教育理论的著作。他明确以马克思主义的唯物史观为理论基础来分析教育在社会中的地位与作用，认为教育属于"观念形态的劳动领域之一"，因而是社会上层建筑，并且"教育这种上层建筑自是依据经济基础以成形，且跟随经济发展以变迁的"，有着其他上层建筑没有的一系列特性。③ 学校是"赋予劳动力以特种的资格的地方"，教育"不像别的精神生产各有各的内容，而是以其他的

---

① 《毛泽东选集》第 2 卷，人民出版社 1991 年版，第 706 页。
② 《毛泽东选集》第 3 卷，人民出版社 1991 年版，第 1083 页。
③ 《杨贤江教育文集》，中央教育科学研究所、厦门大学合编，教育科学出版社 1982 年版，第 417、534 页。

各项精神生产的内容为内容的"。① 在《新教育大纲》中，杨贤江不仅根据马克思主义的唯物史观来论述教育的本质，而且对教育与劳动的关系、教育的效能、教育平等和教育权等重要的教育理论问题，也都做出了马克思主义的理论阐述。在论述学生时，《新教育大纲》明确表示是从政治立场来论述学生的，认为教育是具有政治性、阶级性的，因而学生应当参与社会政治是毋庸置疑的。杨贤江的《教育史ABC》是我国最早运用历史唯物主义观点和方法的一本教育史著作。在这本著作中，杨贤江以人类社会发展形态为线索来阐述教育发展的历史过程，认为教育史不仅要记录下教育发展的事实轨迹，而且要分析教育的意义、目的、思想和教育中的阶级关系的历史演变过程。杨贤江的这些理论著述，不仅在传播马克思主义教育理论的过程中发挥了重要作用，而且结合中国教育和社会实际提出了中国特色的马克思主义教育新理论。譬如：他于1928年发表在《教育杂志》上的《教育者之政治的使命》一文，强调教育与政治之间的紧密联系，认为教育在革命时期是夺取政权的斗争武器，在取得革命胜利后则是教导民众拥护和巩固新政权的工具。

从中国早期马克思主义教育理论著述中可以看出，中国的这些马克思主义教育理论的先驱们在介绍和传播马克思主义教育理论普遍原理的同时，也结合中国教育的实际，运用马克思主义教育理论来分析和探讨中国教育的发展道路，并且提出了一些针对中国教育的独特概念和理论，有很多理论创新和发展。这说明，马克思主义教育理论从传入中国之始，就已经与中国革命的教育实践紧密结合在一起了，其中国特色在那时就已初露端倪。

二、社会主义革命和建设时期中国教育理论的探索

1949年，中华人民共和国成立，为适应建设与发展的新形势，我国的教育在思想和理论上开始由新民主主义转向社会主义。在经历了对苏联教育学理论的学习和批判之后，我国的教育理论工作者在马克思列宁主义、毛泽东思想的指导下，开始了中国特色马克思主义教育理论的新探索。这一探索历程，既艰难曲折，也成果丰硕。

中华人民共和国成立初期，学习苏联教育经验和教育理论成为我国教育领域的新方向。1949年11月，《人民日报》连载介绍苏联教育家凯洛夫（1893—1978）

---

① 《杨贤江教育文集》，中央教育科学研究所、厦门大学合编，教育科学出版社1982年版，第534、417—418页。

主编的《教育学》。当年 12 月 30 日召开的全国第一次教育工作会议也明确提出，学习苏联教育理论是建设中华人民共和国教育的方向。此后一个时期，大量苏联教育学著作被翻译介绍到中国，除了凯洛夫主编的《教育学》外，还有奥戈罗德尼科夫（1900—1978）和史姆比辽夫著的《教育学》，叶希波夫（1894—1967）和冈查洛夫的《教育学》，马卡连柯（1888—1939）的《马卡连柯教育论文选》，等等。凯洛夫的《教育学》对当时中国的教育理论和教育实践影响最大。这些苏联教育学论著的引进，在当时普及马克思主义教育理论过程中起到了重要作用，对中国教育理论和教育思想产生了深刻而长远的影响。但是，凯洛夫的《教育学》的理论缺陷也很明显，他忽视了学生在教育活动中的能动性，对学生的个性发展也重视不够。他提出的培养"全面发展"、能"担当任何职业"的共产主义社会成员的思想，在当时也明显存在着脱离实际的空想色彩。随着中国教育实践经验的不断丰富，苏联教育学理论不适应我国教育实际的问题日益凸显。随着中苏关系的急剧变化，到 20 世纪 60 年代初期，以凯洛夫教育学理论为代表的苏联教育理论变成被批判的对象，甚至被斥为冒牌的马克思主义教育学。中国特色的马克思主义教育学开始了艰难的独立探索历程。

  1956 年，毛泽东在《论十大关系》中强调学习马克思主义理论一定要与中国实际相结合，明确提出要以苏联在建设社会主义过程中的缺点和错误为鉴，独立探索符合中国实际情况的社会主义建设道路。教育界在这一时期开始对苏联的某些经验，特别是对学习苏联经验导致的教育管理体制权力过于集中，统得过死，限制了业务部门和地方管理教育事业的积极性等问题，进行了反思和批判。1957 年，毛泽东在《关于正确处理人民内部矛盾的问题》一文中明确提出了社会主义教育方针："我们的教育方针，应该使受教育者在德育、智育、体育几方面都得到发展，成为有社会主义觉悟的有文化的劳动者。"[①] 这一教育方针把马克思主义关于人的全面发展的理论贯彻到我国的教育目的之中，这是马克思主义理论与中国社会主义教育实践相结合的产物，是马克思主义教育理论中国化的重要理论成果。

  在这一历史时期，我国教育学者在学习借鉴苏联教育理论和教育经验的同时，也没有停止结合中国教育实际探索马克思主义的教育理论。他们借鉴苏联教育学的基本理论或基本框架，结合中国教育发展的实际情况，以及教育学研究和教学的实际需要，编写了大量教育学教材、讲义和论著，对当时我国教育工作的一些实践经验进行了理论总结，对苏联教育理论展开了反思和批判，并就一系列重要

---

① 《毛泽东文集》第 7 卷，人民出版社 1999 年版，第 226 页。

的教育理论问题展开了讨论，提出了"全面发展和因材施教相结合"等一些有中国特色的新理论。在此背景下，我国教育学界也开始提出马克思主义教育学的中国化问题，并提出了联系实际发展中国自己的教育学的初步设想。教育部1954年颁布的《初级师范学校教育学教学大纲（草案）》就明确提出："新中国的教育学是研究如何对新生一代进行社会主义教育的科学。它是马克思列宁主义教育学说与中国教育实践相结合的产物。"在这里，苏联的教育学理论已不再是中国教育学者们不可逾越的教条。

1957年，反右派斗争开始，国内政治形势急剧变化。1958年，我国的发展进入"大跃进"时期，教育领域也相应展开"教育革命"。中共中央、国务院1958年9月发出《关于教育工作的指示》，提出"党的教育工作方针，是教育为无产阶级的政治服务，教育与生产劳动相结合"。在这一教育方针的指导下，一场教育革命在全国展开。这场教育革命在推动教育工作方面，特别是在提高教学水平和扫除文盲等工作中，取得了不小的成绩，但也出现了政治运动冲击正常教育秩序的倾向。1960年，面对严重的经济困难，中共中央制定了指导全国各项工作的"调整、巩固、充实、提高"八字方针，教育界也开始总结经验教训，先后颁布了全日制小学、全日制中学和教育部直属高等学校的暂行工作条例，试图通过加强制度建设来推进教育事业常规发展。1966年5月，"文化大革命"爆发，全国各级各类学校教育系统很快陷入瘫痪和混乱。此后，我国社会主义教育事业受到冲击，遭受了巨大损失。

在1949年至1966年的17年社会主义革命和建设时期，我们在探索马克思主义教育理论与中国教育实际相结合的过程中，既取得了重要的成果，也有深刻的经验教训。十年"文化大革命"的惨痛教训，更是必须记取的。

三、改革开放以来中国教育理论的发展

1976年10月"文化大革命"结束以后，特别是1978年改革开放以来，我国教育学界在解放思想的大背景下，就马克思主义教育学的一系列重要基本理论问题展开了广泛讨论。随着改革开放的不断深入，世界许多国家的教育理论也被介绍到中国，我国教育学界与国际同行的交流与合作日益增多，马克思主义教育学的理论发展形成了开阔的国际视野。与此同时，我国丰富多彩的教育改革实践又为马克思主义教育学在中国的发展提供了充足的实践基础，教育学界密切联系我国教育改革实际的理论探索与创新与日俱增，马克思主义教育学的中国特色初步形成。

"文化大革命"结束后,教育界开始了拨乱反正。1978年4月22日,邓小平在全国教育工作会议上重申了毛泽东在《关于正确处理人民内部矛盾的问题》中提出的社会主义教育方针。1983年,邓小平为北京景山学校题词:"教育要面向现代化,面向世界,面向未来。""三个面向"成为中国社会主义现代化建设新时期的战略方针,为我国教育发展指明了方向。1985年,《中共中央关于教育体制改革的决定》颁布,明确了教育的目的在于培养高素质的劳动者,提高整个民族的素质。从这一年开始,我国教育界掀起了一轮又一轮大规模教育改革的浪潮。1986年,我国颁布和实施了《中华人民共和国义务教育法》,开始实施九年义务教育。到2011年,我国政府宣布基本实现普及九年义务教育的历史任务。1995年,中共中央、国务院颁布《关于加速科学技术进步的决定》,提出了实施"科教兴国"的战略,

《中共中央关于教育体制改革的决定》

把教育发展和科技进步提升为国家发展和民族振兴的重要战略。1999年,《中共中央 国务院关于深化教育改革全面推进素质教育的决定》明确将提高国民素质作为国民教育的根本宗旨。2012年,中国共产党第十八次全国代表大会提出"把立德树人作为教育的根本任务,培养德智体美全面发展的社会主义建设者和接班人"。教育在实现中华民族伟大复兴的中国梦过程中的基础性、先导性、全局性和战略性的地位和作用,被提到了一个新高度。2017年,党的十九大报告明确指出,建设教育强国是中华民族伟大复兴的基础工程,必须优先发展教育,努力让每个孩子都能享有公平而有质量的教育。"公平而有质量",要求我们以唯物辩证法的思想方法,在新时代我国教育发展过程中寻求新的公平与效率的平衡。我国改革开放以来的教育改革和发展的伟大实践,为我国马克思主义教育学的理论研究提供了思想源泉和创新动力。

《做党和人民满意的好老师——同北京师范大学师生代表座谈时的讲话(2014年9月9日)》

1978年以来,我国教育学者就教育的起源、教育的本质、教育的规律和教育的社会功能等一系列马克思主义教育学的基本理论问题展开了讨论。1978年,随着拨乱反正和改革开放的逐步展开,我国教育理论界就教育的本质问题进行了一次广泛的讨论。学者们就"教育属于上层建筑还是属于生产力""教育是一种生产实践还是一种精神实践""人的社会化和个性化在教育过程中的关系""教育是不是一种产业"等我国教育发展面对的重要理论问题展开研讨。这场讨论在一定程度上澄清了一些重要理论问题,对开阔思路和解放思想起到了一定的积极作用。对教育

本质的讨论又引发了关于教育规律的讨论。我国教育学者围绕"教育规律的概念""教育规律与教育经验、教育原则等的关系""教育规律的分类"等基本理论问题进行了比较深入的研讨。这反映了我国教育学界对马克思主义教育学一些基本理论问题的认识正在不断加深。与教育本质和教育规律的问题相联系，我国教育学者在改革开放之后对有关教育功能的理论问题也展开了讨论，特别是对教育在促进经济增长和科学技术进步方面的重要功能进行了探讨。20 世纪 80 年代初，我国学者展开了一场关于教育起源理论的大讨论。在讨论过程中，我国学者提出了"教育起源于有智慧的劳动""教育起源于古猿的教育""教育起源于生产劳动的需要""教育起源于人与人之间的交往"等众多新的解释。这些新解释尽管在理论上仍然存在着这样或那样的缺陷，也没有出现得到学术界普遍认可的某种新理论，但在探索和发展马克思主义教育学方面仍然具有重要的理论价值。

改革开放以来，在我国教育理论界就马克思主义教育学的一些基本理论问题展开研究的同时，我国教育实践工作者也尝试以马克思主义教育理论为指导，在办学实践中开展了一系列教育改革试验，如成功教育、和谐教育、愉快教育、主体性教育等。教育行政部门还通过设立教育综合改革试验区等措施来推动相关教育改革。这些教育实践领域的探索，也在验证理论、发现问题、分析问题成因和推动理论创新等方面，对马克思主义教育学的理论发展起到了重要的促进作用。

国际交流的迅速增加和教育理论的异彩纷呈，是我国改革开放以来教育理论发展的一大特点。随着解放思想和改革开放的不断深入，中国教育学界与国际同行的交流日益频繁，随之而来的就是西方各种流派的教育理论大量传入中国。与此同时，我国教育学界的教育理论著述大量增加，各种不同的理论、思想和观点空前活跃，教育分支学科迅速发展，教育学的学科体系更加丰富。对中国特色的马克思主义教育学发展而言，这样的局面可以说是机遇和挑战并存。一方面，多姿多彩的理论局面，为我们理论联系实际，在教育改革和发展的实践过程中认识和解决中国教育的实际问题，发展中国特色的马克思主义教育理论，提供了丰富的营养；另一方面，在吸收世界各国先进教育经验和教育理论成果的同时，为了避免偏离马克思主义教育理论的思想路线，我们也要面对大量辨析理论和澄清思想的任务。总的来说，思想解放和改革开放是促进中国特色马克思主义理论发展的重要积极因素。只要我们坚持马克思主义的基本原则，丰富多彩的理论都可以从不同角度转化成马克思主义教育理论发展和创新的营养。例如，近年来复杂性理论的传入和运用，明显提升了我们对教育现象的系统性和复杂性的认识，启发我们更多地运用马克思主义辩证法的普遍联系和发展变化的观点来分析和认识教育问题。

第四节　学习和研究教育学的指导思想

我们在马克思主义指导下学习和研究教育学，要运用辩证唯物主义和历史唯物主义的思想方法，结合我国教育改革和发展的具体实践，与时俱进，开拓创新，以不断创新的马克思主义教育学新理论来解释和解决我国教育改革和发展过程中遇到的新情况和新问题，推动中国特色的马克思主义教育学理论在新时代的新发展。

作为一种思想方法和行动指南，马克思主义在我们学习和研究教育学过程中的指导作用主要表现在以下几个方面：

第一，马克思主义作为一种科学世界观，是我们所学习和研究的教育学最根本的理论基础。我们所学习和研究的教育学，是中国特色的马克思主义教育学。马克思主义理论是指导我们认识普遍存在于人类社会之中的教育现象，阐释教育基本概念和基本理论，揭示人类教育活动基本规律的重要思想原则和理论基础。我们关于各种教育问题的理论论述，关于全部教育基本概念的建立和阐释，关于所有教育发展规律的揭示和确证，关于指导具体教育实践的一切思想和方法的概括和表达，都必须从马克思主义的基本立场出发，运用马克思主义的科学世界观来认识和回答教育实践提出的理论问题。马克思主义学说为我们提供的理论基础，是我们中国特色的马克思主义教育学认识一切教育现象及其内在规律的科学保障。因此，我们在学习和研究这些教育学原理的时候，同样也要以马克思主义为指导，始终把马克思主义作为我们学习和研究教育学原理最基本的理论基础。

第二，辩证唯物主义和历史唯物主义是我们认识教育问题最基本的思想方法，科学社会主义理论是指导我们社会主义教育改革和发展实践最重要的科学理论。从思想方法的角度来说，运用辩证唯物主义的思想方法学习和研究教育学原理，可以使我们在认识教育现象及其内在规律的过程中，用客观的、全面的和联系的眼光看问题，避免出现主观、片面和割裂的偏向；运用历史唯物主义的方法学习和研究教育学原理，可以促使我们从历史的和发展的角度来认识人类社会现实的教育现象，把一时一地的教育现象放到整个历史大背景中，联系过去和未来，把握当下的教育现象，避免犯孤立和僵化的错误。从社会实践的理论指导来说，马克思主义的科学社会主义理论关于社会主义的本质、特性、发展规律的理论体系与实践模式，是我们建设中国特色社会主义伟大实践最重要的理论指导。我们的教育改革和发展实践，是建设中国特色社会主义伟大实践的一部分。因此，这种科学理论也是我们在中国特色的马克思主义教育学原理中，阐述教育方针、教育目的、教育活动的原则和教育教学方法等的重要科学理论依据。

第三，马克思主义理论是我们在中国教育改革和发展实践中解决实际教育问题，并在此基础上提出新的教育学理论的重要行动指南。马克思主义基本原理与中国革命和建设的具体实践相结合，是我们科学地认识中国特色社会主义建设过程中各种问题的基本途径和重要原则，这是在我们的革命和建设实践过程中得到证明的。在中国的教育改革和发展的具体实践中，我们同样要把马克思主义理论贯穿在整个实践及其指导思想的始终，自觉地将马克思主义理论与社会主义教育具体实践结合起来，在运用马克思主义科学理论指导教育实践的同时，推动中国特色的马克思主义教育学的不断创新和发展。

第四，在具体教育实践过程中，马克思主义是指导我们认识学生身心发展规律，并运用对这类规律的认识来正确开展教育活动，成功促进学生身心发展的重要科学指南。马克思主义是马克思和恩格斯等在吸收人类关于自然科学、社会科学和思维科学一切优秀成果的基础上，结合各国革命和建设的具体实践，创立并不断发展起来的科学理论体系。认识人类思维的产生和发展规律，个人发展与社会发展之间的辩证关系，知识作为人类一种主观认识的形成与客观世界之间的关系，教育在人类文明发展中的作用等各种教育理论问题，离不开马克思主义理论的科学指导。同样，我们在运用这些科学原理从事具体的教育实践时，也应当始终以马克思主义理论为指导，并且在实践过程中不断深化对人类社会教育现象及其规律的科学认识。

马克思主义指导中国教育理论的新发展，既体现在我们的教育理论和教育研究过程中，也贯穿我们所有的具体教育实践活动之中。我们只有始终在马克思主义理论指导下，一切从实际出发，理论密切联系实际，才能保证教育学作为一门科学健康地发展。也只有这样的教育学，才能真正在具体的教育实践活动中有效地发挥指导作用。

我们不仅要学习和掌握马克思主义教育学理论，在实际教育工作中灵活运用马克思主义教育学理论，还要在当代中国教育改革和发展的实践中不断进行马克思主义教育学的理论创新，努力推动中国特色的马克思主义教育学不断发展。只有这样，马克思主义教育学才能在正确有效地指导具体教育实践的过程中永葆科学的魅力，并在具体的教育实践过程中不断焕发出科学理论应有的盎然生机与活力。

总而言之，只要我们立足于中国教育改革和发展的实际，面对依法治教、教育公平、课程改革、教育创新等当代中国教育改革和发展中有中国特色的教育问题，运用马克思主义的理论和思想方法，借鉴世界先进教育经验和教育理论，独立进行马克思主义的教育理论探讨和教育科学研究，就一定能够继续推动中国化马克思主义教育学的不断发展。

思考题

一、名词解释题

教育学

二、简答题

1. 教育学的研究对象是什么？
2. 教育学的主要发展趋势有哪些？
3. 简述毛泽东在1957年提出的教育方针，以及邓小平在1978年重申该教育方针的历史与现实意义。

三、论述题

结合教育学的科学化发展和我国教育改革的实际，试述如何推进中国化马克思主义教育学的学科发展和理论创新。

四、材料分析题

教育无用，因为它打破我们的常识。正如米歇尔·德·蒙田在16世纪晚期释义使徒保罗时提出的那样："自以为是的人不再懂得何为'知'。"又或如他在关于维吉尔的一篇文章中所述："科学用过于敏感细微的方式看待事物，太矫揉造作，有别于常理和自然。"他引用塞内加的话说，教育的作用，就是将"简单的美德"改造成"一门晦涩难懂的难以捉摸的科学"。而我们是从常识中求得助益的，正如后来17世纪的科尼利厄斯·阿格里帕所说："因而，我觉得，有时单纯愚笨的'白痴'常常能看到那些被人类'传统'蒙蔽了的'学院博士'所无法察觉的东西。"①

试用唯物辩证法的理论分析上面这段话，阐释其中包含的正确认识，批判其中片面的结论。

---

① [美] 丹尼尔·科顿姆：《教育为何是无用的》，仇蓓玲、卫鑫译，江苏人民出版社2005年版，第2页。

第一章 教育及其本质

教育学作为一门研究人类教育活动及其内在规律的科学，需将明确教育本质，即"教育是什么"作为其必然的认识起点。教育作为一种与人类社会共始终的社会现象和活动，拥有极其漫长的历史。因此，我们要更好地理解"教育是什么"，就不能不了解教育的起源与发展脉络，只有多一分回望，才能多一分智慧。本章将在回顾教育发展历程的基础上，探讨教育的概念与本质，并进一步阐明教育的要素与形态。

第一节 教育的产生与发展

教育是人类最古老的活动之一，它伴随着人类社会的产生而产生，并在人类社会的发展过程中不断演变。这种演变既是教育实践的演变，也是教育思想的演变，因此，要认清教育的本质，就不能不探寻教育产生的源头。

一、教育的起源

教育的起源问题，一直是教育学、历史学、人类学等各门学科的学者共同关注的问题。然而，由于对教育起源的研究缺乏直接的史料，故对这一问题的认识，只能借助于间接的佐证材料，如地下考古发掘出土的文物、古代的传说等，进行逻辑推理。研究者们从不同角度提出的各种观点，可谓仁者见仁，智者见智。其中，比较典型的观点主要有三种：生物起源论、心理起源论和劳动起源论。其中，劳动起源论是马克思主义教育理论对教育起源的正确解释。

（一）生物起源论

生物起源论者认为，人类教育起源于动物界中各类动物的生存本能活动，其主要代表人物有法国的勒图尔诺（1831—1902）、英国的沛西·能（1870—1944）等。他们通过对各种动物生活的观察发现，动物世界中存在着各种示范和模仿，认为教育是一种生物现象，教育活动是按生物学规律进行的本能传授活动。

勒图尔诺在其所著的《动物界的教育》中提出："动物尤其是略为高等的动物，完全同人一样，生来就有一种由遗传而得到的潜在的教育，其效果见诸于个体的发展过程。"① 他认为:"从观察得到的、互相有联系的许多事实已无可争辩地向我证实:兽类教育和人类教育在根本上有同样的基础;由人强加的人为的教育,可以动摇甚至改变动物的被称为本能的倾向,并反复教它们具有一些新的倾向;为取得这一结果,通常只要让年幼动物反复地练习并恰当地利用奖惩也就够了。"② 按照这一观点,人类进行的教育与动物的教育差别不大,教育就是基于生物生存与繁衍的天性本能而产生的。

沛西·能在 1923 年不列颠协会教育科学组大会的演说中指出:"教育从它的起源来说,是一个生物学的过程,不仅一切人类社会有教育,不管这个社会如何原始,甚至在高等动物中也有低级形式的教育。"教育是"扎根于本能的不可避免的行为","生物的冲动是教育的主要动力"。③ 他认为,教育是与种族需要、种族生活相适应的、与生俱来的本能。

生物起源论强调了人的生物属性和动物本能,但它抹杀了人与动物的区别,否认了教育的社会性质,忽略了教育是人类社会特有的有意识、有目的的活动这一特性,因而是不科学的。

(二) 心理起源论

心理起源论者认为,教育起源于儿童对成人无意识的模仿,其主要代表人物是美国教育家孟禄(1869—1947)。他从心理学的观点出发,对生物起源论进行了批驳。根据原始社会没有学校、没有教师、没有教材的史实,推断教育起源于儿童对成年人无意识的模仿。

孟禄在《教育史教科书》第一章中指出:"除了在偶尔的情况下和在最高的阶段,原始人从来没有达到有意识的教育过程。即使就给予的训练而言,至多仅仅指明要做的事情和做事情的过程,而没有试图作解释或阐明,绝大部分纯粹是无意识的模仿。儿童仅仅是通过观察和使用'尝试—成功'的方法学习如何用弓箭射击,如何加工被杀死的动物,如何烹饪,如何编织,如何制作陶器。"④ 他进而认为,原始社会的教育"使用的方法从头至尾都是简单的、无意识的模仿","原始社会以最简单的形式展示它的教育,然而教育的过程在这早期阶段,也具有教

---

① 瞿葆奎主编:《教育学文集·教育与教育学》,人民教育出版社 1993 年版,第 158 页。
② 瞿葆奎主编:《教育学文集·教育与教育学》,人民教育出版社 1993 年版,第 177 页。
③ 转引自 [英] 沛西·能:《教育原理》,王承绪、赵端瑛译,人民教育出版社 1992 年版,"译者前言"第 38 页。
④ 瞿葆奎主编:《教育学文集·教育与教育学》,人民教育出版社 1993 年版,第 186—187 页。

育在高度发展阶段所展现出来的所有基本特征"。① 也就是说,儿童对成人无意识的模仿,既是教育最初的形式和手段,也是教育的本质。

根据心理学的研究,模仿分为有意识的模仿和无意识的模仿。其中,有意识的模仿是人类独有的一种学习方式。但是孟禄把教育全部归为无意识状态下产生的模仿行为,夸大了模仿在教育中的地位和作用,忽视了人是有意识的存在物这一本质规定,从根本上抹杀了教育的有意识性,从根本上否认了人的社会性,把人类社会有意识地提升人格的活动等同于动物无意识的模仿。因而,这种观点是错误的。

(三) 劳动起源论

劳动起源论者在批判生物起源论、心理起源论的基础上,运用历史唯物主义观点对教育的起源进行了分析,认为教育是一种社会现象,教育起源于劳动,起源于劳动过程中人的生产需要和发展需要的辩证统一。这是苏联当时一些教育史学家和教育学家以及我国目前多数学者广泛认同的学术主张。

劳动起源论的直接理论依据和方法论基础是恩格斯的著作《劳动在从猿到人转变过程中的作用》,其主要观点可以概括为:第一,人类教育起源于生产劳动或以生产劳动保证自身生存的社会需要;第二,教育是人类特有的一种社会活动;第三,教育产生于劳动以人类语言的发展为条件;第四,教育从产生之日起,其职能就是传递劳动过程中形成与积淀起来的社会生产和生活经验;第五,教育范畴是历史性与阶级性的统一。

劳动起源论是关于人类教育起源的正确主张,其正确性与合理性源于马克思主义唯物史观。恩格斯说:"劳动是从制造工具开始的。"② 在人类社会的最初形态——原始社会里,所谓社会需要主要是物质资料生产的需要。马克思说:"任何一个民族,如果停止劳动,不用说一年,就是几个星期,也要灭亡……"③ 这句话清楚地表明了物质资料的生产活动是人类社会赖以存在和发展的基础这一历史唯物主义的基本原理。即使是在原始社会,人之所以为人,最为关键的是人对物质生活资料的获取,依靠的不是动物式的本能,而是人类独有的全新形式——劳动。人类的劳动与动物的本能完全不同:人类劳动的根本标志是制造工具;人类劳动是一种有目的、有计划的自觉行为;人类劳动从一开始就是在

---

① 瞿葆奎主编:《教育学文集·教育与教育学》,人民教育出版社 1993 年版,第 179、178 页。
② 《马克思恩格斯文集》第 9 卷,人民出版社 2009 年版,第 555 页。
③ 《马克思恩格斯文集》第 10 卷,人民出版社 2009 年版,第 289 页。

一定的社会关系中进行的,是一种社会性的活动;人类劳动不是对自然界消极被动的适应,而是对自然界的主动探索和积极改造。劳动把人从动物界中提升出来,促使人猿揖别的最终完成。为此,恩格斯指出:"劳动是整个人类生活的第一个基本条件,而且达到这样的程度,以致我们在某种意义上不得不说:劳动创造了人本身。"①

劳动促使人产生了语言和思维,为人类生活和生产经验的传递创造了条件。语言是从劳动中并和劳动一起产生的。人们在劳动中需要互相帮助、互相协作、传递信息和交流经验,彼此间达到了非说不可的地步,由此产生了交际的工具——语言。思维和语言的发生过程与劳动紧密联系在一起。由于劳动使人类的体质不断得到改善和进步,作为思维的器官,大脑的容量不断扩大,结构也愈加复杂。经过相当长时间的进化,人类在劳动过程中,从偶然采集石块发展到有意识地选择石料并将其加工成工具,这一过程既是劳动过程的开始,也是思维产生与发展的过程。

人类的教育就是伴随人类生产劳动的产生而产生的,推动人类教育起源的直接动因是在劳动过程中人们传递生产经验和生活经验的实际社会需要。

在教育的起源问题上,除上述三种经典的主张外,20世纪80年代以后出现的学术主张还有人生发展说、前身起源说、社会化影响说、交往起源说等,这里不再一一列举。各种学说之间互相驳难,虽难以达成统一,但它们深化了教育起源的研究,为我们提供了更多值得深思的视角,对进一步研究教育的起源问题同样具有重要价值。

二、教育发展的历史进程

任何事物都有一个产生、发展的过程,教育也不例外。教育自产生至今,历经了原始社会、古代社会、现代社会等多个不同的历史阶段,且由于不同阶段存在着生产方式和社会文化的差异,教育呈现出不同的性质和特征。

(一) 原始社会的教育

原始社会是人类历史上最初的社会形态,也是一个漫长的历史阶段。它存在了二三百万年之久。那时,人类还不能正确认识种种自然现象和社会现象,仅仅产生了具有巫术性质的舞蹈和仪式性知识,生产力水平低下,没有剩余产品,没有私有制,没有剥削。原始社会的这种社会状况和生活方式,决定了原始社会的

---

① 《马克思恩格斯文集》第9卷,人民出版社2009年版,第550页。

教育具有以下特征：

1. 原始社会的教育没有阶级性

没有剥削，人人参加生产劳动，平均分配劳动成果，这就决定了原始社会的教育没有阶级性。原始社会对年轻一代的照管和教育是氏族的事情，所以儿童都受同样的教育，教育是平等的、普及的，只是根据年龄、性别不同，进行不同的教育而已，如男孩以学习狩猎、农耕、渔牧为主，女孩以学习采集、家务、纺织为主。

2. 原始社会的教育主要是为生产劳动服务的

原始社会的生产力水平低下，为了满足基本的生存需求，人们不得不把精力集中于生产劳动。这就决定了教育活动紧紧围绕生产劳动，以传授制造和使用生产工具技能以及从事渔猎、采集和原始手工业劳动等的经验为主要内容。

3. 原始社会的教育是在整个社会生产和生活中进行的

原始社会的教育还没有从社会生产和生活中分化出来，还没有成为一种专门活动，而是同生产实践以及其他社会活动紧密融合在一起的，是在生产实践中以及政事、宗教、艺术等活动中进行的。

4. 原始社会的教育手段是极端原始的

由于受生产力发展水平的限制，原始社会既没有成熟的文字和书籍，也没有专门的学校和教师。因此，原始社会的教育手段极其原始和贫乏，主要以口头形式表达，在实际生产和生活中进行。

到原始社会晚期，生产力发展水平有所提高，思想文化得以进步，教育活动也随之进入新的状态，主要表现为：教育目的更加明确，教育的任务就是把整个青少年一代培养成合格的氏族成员；教育内容更加丰富，除了学习纺织和编织、烧制陶器等方面的生产技术外，还要熟悉氏族内部的信仰和风俗习惯以及军事训练等；教育形式更加多样化，教育活动除在社会生活实践中进行外，还通过谚语、歌谣、故事、神话等多种方式进行。

（二）古代社会的教育

古代社会包括奴隶社会和封建社会两种社会形态。与原始社会相比，这两个社会历史阶段的生产力有了巨大的进步，并出现了社会阶级的划分，教育也获得了极大的发展并完全为统治阶级所把持。两个社会历史阶段的生产力发展水平和政治经济状况虽各不相同，但相同的剥削阶级社会形态，类似的落后生产工具，手工操作的劳动方式，自给自足的自然经济形态，使两个社会历史阶段的教育存在着一些共同的特征。

1. 出现了专门的教育机构和专职的教育人员

伴随着生产力的发展和社会分工，古代社会出现了专门进行教育活动的场所——学校，以及专门从事教育活动的知识分子。学校的产生标志着教育步入了历史发展的新阶段。一般认为，在原始社会末期就有了学校的萌芽，但是，作为独立存在的社会实践部门，学校教育则是在奴隶社会才出现的。据史料记载，人类最早的学校出现在公元前 2500 年左右的古埃及。在我国，根据古籍记载，在虞舜时代就有了"庠"这种机构，那时的"庠"主要是一种带有教育性质的养老机构，并不能算是学校。到了夏朝已有"庠""序""校"等专门的施教机构，商代和西周时期又出现了"学""瞽宗""辟雍""泮宫"等教育机构。学校的出现标志着人类正规教育制度的建立，使教育从一般的生产和生活过程中分化出来，成为一种独立存在的社会活动形式，极大地推动了教育的发展。

2. 教育对象有了鲜明的阶级性与严格的等级性

由于阶级的产生，学校一开始就被剥削阶级垄断，成为阶级统治的工具。统治阶级把控着教育权，学校成为培养奴隶主阶级和封建统治阶级所需人才的专门场所，劳动人民被剥夺了受学校教育的权利，学校教育具有鲜明的阶级性。在我国，夏、商、周三代的文教政策为"学在官府"，只有奴隶主及其子弟才能享受学校教育，劳动人民子弟被排斥在学校大门之外，只能接受自然形态的非形式化教育。在西方，古希腊斯巴达和雅典的学校专为贵族阶级而设。古埃及的宫廷学校只收王子、王孙和贵族子弟入学。劳动人民只能在生产和生活中，通过长者和师傅的言传身教，接受自然形态的教育。到了封建社会，各国教育在阶级性的基础上又加上了鲜明的等级性，如统治阶级子弟也要按家庭出身、父兄官职高低进入不同等级的学校。学校的等级与出仕授官、权力分配等紧紧联系在一起。人类社会的学校教育从此表现出鲜明的阶级性，只有到阶级被消灭的共产主义社会，教育的阶级性才会随着阶级的消亡而消逝。

3. 教育内容逐渐丰富且与生产劳动相分离

随着文字的发明和典籍的不断积累，有关天文、几何、算术、医学以及工程建筑等方面的专门知识逐渐丰富并形成独立的学科，还产生了文法学、发音学、音韵学等。在神庙学校，除了教授普通的知识，如文字书写、语言、计算、几何、天文等学科的初步知识外，还传授神学、巫术、占星术、法律、医学、建筑、数学、历法等比较高深、专门的学科知识。可以说，这些知识的出现极大地丰富了学校的教育内容。学校将这些知识作为教育的主要内容也就使教育逐渐脱离了生产劳动与社会实践。我国奴隶社会学校教育的主要内容是"六艺"，即礼、乐、射、御、书、数。"礼"是别上下、分尊卑，维持世袭的等级制的典章制度和道德规范；"乐"是祭拜天地、鬼神、祖先，颂扬帝王、贵族，鼓舞军心的音乐和舞蹈；"射""御"是射箭、驾车等作战技术；"书"是语言文字的读写及文学历史方面的知识；"数"是计算以及历法、天文等自然科学方面的知识。封建社会学校教育的主要内容是"四书""五经"，与生产劳动没有直接关系。在欧洲，不论雅典教育、斯巴达教育还是中世纪的教育，也都只重视思想统治教育和军事体育，而蔑视生产知识的学习。不难看出，学校教育与直接的生产劳动相分离成为古代教育的一大特点。

4. 教育方法较多崇尚呆读死记与体罚

以学习书本知识为主的学校教育，把掌握知识视为教育的主要目的，因此，古代社会的教育虽然也有孔子的"不愤不启，不悱不发"和苏格拉底的"产婆术"等教学方法，但总体上更多地表现出的特点是死记硬背书本知识。古代象形文字、楔形文字、图形文字，书写在用植物茎干制成的草纸上或者泥板上，书写很困难。宫廷学校和僧侣学校的学生，一方面要学习已有的各种文稿，另一方面要用大部分时间从事抄写，把各种各样教诲式的格言、铭文、信札等抄写在草纸或泥板上，以备保存，课业负担相当繁重。学校纪律严酷，体罚盛行。

5. 官学与私学并行的教育体制

古代学校教育分成官学和私学。如宫廷学校就是国家主办用以培养官吏的官学。私学则是民间由个人创办的学习机构。在中国，私学兴办于春秋，孔子即为私学创办人之一。官学和私学相互补充、相互影响，共同构成了古代社会的教育体系。

6. 教学组织形式主要是个别施教或集体个别施教

在古代社会，教学组织形式是个别教育或集体个别施教，还未形成系统的集体施教的教学组织形式。一个教师教几个或十几个学生，学生不分年级，教材各不相同。这种形式适应了当时低下的生产力水平和科技文化发展的要求。中国古代的官学和私学，大都采取这种教学组织形式，西方的宫廷学校、职官学校等亦是如此。

(三) 现代社会的教育

现代社会以机器大工业生产为标志。人类社会经过16世纪中叶到18世纪末两百多年的手工工场的发展，逐渐开始用机器生产代替手工生产，这标志着人类由古代社会进入现代社会。资本主义和社会主义的教育都属于现代社会的教育，都是适应了世界产业革命以来机器大工业生产和现代科学技术日益发达的社会发展的需要而形成的教育体系。与古代社会的教育相比，现代社会的教育主要呈现出以下特征：

1. 培养全面发展的人由理想走向实践

教育的最高目的就是造就全面发展的人。从古希腊亚里士多德最早系统论证人的和谐发展理论以来，培养全面发展的人就成为教育的理想。但由于社会生产力发展水平和社会制度的制约，在相当长的时间里，培养全面发展的人只能是教育的美好期盼。在资本主义大工业兴起后，不论是社会生产领域还是社会工作部门，对人的素质都有着全面的要求。在马克思主义诞生后，马克思和恩格斯对人的全面发展进行了科学的论证，才逐渐使全面发展由理想走向现实。进入社会主义社会，社会主义教育把马克思主义作为自己的指导思想，把培养全面发展的人作为最终目标，在各级各类教育中都要求贯彻德、智、体等全面发展的方针。用人单位在考核、录用人员时把德、智、体等全面发展作为基本的标准，这也促进了个人向全面发展的方向努力。在社会主义社会中，社会制度、教育目标、生产一线、工作部门等对人才素质要求的协同统一，使得造就全面发展的人正由理想走向实践。

2. 教育与生产劳动相结合日趋密切

早在百余年前，马克思就把教育与生产劳动相结合视为造就全面发展的人的唯一途径。近现代社会的发展历史已证明，实现教育与生产劳动相结合是促进人的全面发展，推动社会发展进步的必然选择。与古代学校教育脱离生产劳动不同，现代以来教育在世界各国被置于先行发展的地位，主要是由于教育与生产劳动密切关联。现代化工业大生产要求劳动者必须具有一定程度的科学文化素质。随着后继工业革命的不断发生和发展，教育越来越成为国家政府的事务。经济学家的"人力资本"理论成为世界各国建立国民教育制度，保障普及教育和义务教育的重要理论支撑。具有科学知识和技术的劳动者通过国民教育学校的培养后进入生产部门。教育的生产性特点随着资本主义社会的发展日益凸显。

3. 教育普及制度化，教育形式、手段多样化

随着生产力的发展，科学技术的进步，社会对劳动者的要求越来越高。为了提高劳动生产效率，不得不提高劳动者的科学文化素质。于是一些发达的资本主义国家开始普及义务教育，教育对象逐步扩大。世界上最早开始实施义务教育的国家是德国，早在1619年，德国的魏玛邦就颁布《魏玛教育法令》，规定6—13岁的儿童必须接受义务教育。19世纪中叶以后，各个先行的资本主义国家纷纷把普及教育纳入法治的轨道，教育普及逐渐制度化，如1852年美国马萨诸塞州的《义务教育法》，1870年英国的《初等教育法》，1872年日本的《学制令》，1881年法国的《费里教育法》等。正是这些具有强制性质的法律的颁布和实施，使得教育普及得以保障。中国于1986年颁布《中华人民共和国义务教育法》，开始实施九年义务教育。目前，世界发达国家普及教育的基本趋势是向两端延伸。

现代社会在致力于教育普及的同时，也在不断发展新的教育形式，满足不同学习者的需要。首先，在组织形式上，班级授课制的创立并成为教学的基本组织形式，大大提高了教学效率。其次，在教育方法上，从以灌输式的知识教学为主转变为以启发式教学为主，如采用发现法、问题教学法等，创立了一整套较为完整和科学的教学方法体系。最后，在教学手段方面，随着科学技术的发展，幻灯、广播、电影、电视、录音、录像以及计算机辅助教学、互联网学习等技术手段被应用于教育教学，教学手段不断多元化。

4. 教育实施的法制化和民主化

资本主义社会在普及义务教育的初期所实行的义务教育，是通过制定法律来推进和保障的。如英国，作为早发的资本主义国家，由于宗教掌管教育的传统，资产阶级在执政早期并没有设立教育主管部门，也没有把教育纳入政府的公共事务来管理。英国直到1870年才颁布第一个义务教育法，即《初等教育法》。该法规定：各学区有权对5—12岁儿童实施强迫教育。发达的资本主义国家无一例外都是通过立法推进义务教育的。早期推行的义务教育并非免费，发达国家的经验证明：实行免费制是普及教育的保障。因此，世界各国在现代化过程中共同的做法是：通过法律规定实行免费的义务教育。教育的法制化可谓是现代教育的重要标志。

现代教育最显著的发展特征表现为教育的民主化。普及教育虽然在启动的阶段是以强迫的方式推进的。但是随着义务教育年限的延长和民主精神的深入人心，教育的义务观逐渐转变为权利观。进入20世纪，"教育机会均等"表现为人人有入学的机会。时至今日，很多国家不但中小学教育得到了普及，高等教育也实现了大众化。各级各类教育之间的界限也被打破，"教育机会均等"已经不再满足于可以上学。教育民主化要求的是平等、高质量的教育和适合个体个性特征的教育。教育民主化追求趋向个人学习权益的保障，终身学习的实现。人们不仅追求入学机会的平等，还要求过程的自由和结果的高质量。

5. 人文教育与科学教育携手并进

世界各国的古代教育以人文教育①为主，教育的目的在于满足心灵享受和陶冶情

---

① 人文教育通常有三种不同的含义：其一是特指欧洲文艺复兴时期的人文主义教育，亦称"人道主义教育"；其二是人文学科教育，指以人文学科为基本内容的教育，……至19世纪，人文学科逐渐演变为与自然科学并立的一门知识领域；其三是指关于人的教育，或以人为本的教育。（顾明远主编：《中国教育大百科全书》第3卷，上海教育出版社2012版，第1519—1520页。）本书此处为第二种理解。

操，培养新一代的统治者。现代社会，由于科学技术在生产中的广泛应用，科学教育①开始上升到主导地位。教育以发展学生认识与改造物质世界的能力为目的，通过开发人的智力，学习自然科学知识，促进社会物质财富增长和社会发展。

20世纪50年代以来，人们逐渐认识到，科学技术的应用在促进社会发展的同时也带来了环境污染、生态失衡等许多负效应，这促使现代教育开始追求人文教育与科学教育的结合，人文教育与科学教育开始携手并进。通过人文知识的传授，现代教育发展学生认识和处理社会关系、人己关系、物我关系的能力，并引导自己和他人的行为向合人道、合规律、合人类共同利益的方向发展。通过科学教育，现代教育要求学生系统地掌握科学知识、综合技术和有关的专门技术，进行动手和实践能力训练，培养学生追求真理、探索创新、献身科学、为人类造福的科学精神。

6. 教育日益显示出开放性和整体性

古代的学校教育是个封闭的教育系统，与外界社会相隔离，而现代教育突破学校之墙，打破了学校是教育唯一场所的限制，出现了许多教育补充形式或新形式，如夜校、函授教育、远程教育等。现代教育的开放性不仅表现为制度上和组织形式上逐步突破封闭性，而且表现为课程内容、教学方法、教育途径等方面也不再是封闭的，不再局限于课堂内教师传授固定的已有的真理和知识，还提倡发现学习和创造学习，把课堂教学和课外活动以及广阔的生活天地联系起来。在开放的和信息化的社会中，学生接受教育的渠道大大拓宽，大众传播媒介、丰富多彩的课外校外活动、同龄人团体、复杂的邻里和亲朋关系等以不同的方式，从不同的角度开拓着青少年的视野，影响着他们的价值观、人生观、兴趣和个性的发展，成为重要的教育途径。

现代教育作为一个系统，其整体性也越来越强。这种整体性在纵向上表现为大中小幼各个学段之间一体化。过去，各个学段各自为政，独立运行，给学生入学和学校适应带来了很多障碍。今天，各学段之间无论是课程设计、内容组织、活动安排，还是招生宣传、入学教育等，都强调各学段之间的有机衔接和顺利过渡。在横向上，这种整体性表现为各类教育之间的协同化。进入21世纪以来，教育的全球化使得各国教育之间的相互影响日益广泛，相互学习与借鉴已成常态。追求教育的优质发展使得各类教育的改革实践越来越走向均衡和公平，不能顾此失彼。教育的整体性要求教育改革秉持系统化的思想方法，对教育发展的不同学段、不同类别、不同区域做出系

---

① 科学教育通常也有三种理解：其一专指自然科学教育，即数学、物理、化学和生物学等纯理科教育，与人文学科教育相对；其二是广义的科学技术教育（科技教育）；其三特指中小学自然科学教育课程。（顾明远主编：《中国教育大百科全书》第2卷，上海教育出版社2012年版，第1188页。）本书此处为第一种理解。

统的、整体的、长远的设计，以求得教育发展的整体优化效果。

三、当代世界教育发展趋势

随着社会的发展，当代教育除了具备现代教育的一些特征之外，从世界范围来看，还体现出全民化、现代化、国际化、终身化、信息化等发展趋势。

（一）教育全民化

教育全民化是指人人都享有平等的受教育的权利，必须接受一定程度的教育。全民教育，是为了应对全球大量儿童失学、成年文盲比例高、教育质量低下和教育不平等等严峻挑战而发起的。它以联合国儿童基金会、联合国教科文组织等机构1990年在泰国宗迪恩世界全民教育大会上通过的《世界全民教育宣言》为标志，很快成为当今世界教育领域具有广泛影响力的思潮之一，同时也是20世纪90年代以来全球最具力度的普及教育运动。《世界全民教育宣言》要求保障每个人——无论他是儿童、青年还是成人都应该获益于旨在满足其基本学习需要的受教育机会，并提出通过提供广泛的学习机会以促进教育和整个社会的平等。

2000年世界教育论坛在塞内加尔首都达喀尔举行，164个国家的政府承诺实行全民教育。会议制定了《达喀尔行动纲领》，提出了到2015年前全民教育要达成的六项目标，即扩大早期幼儿保育和教育、普及九年义务基础教育、满足青少年和成人的学习需要、扫盲率提高50%、两性公平与平等、提高基础教育质量等。之后，各国均为实现全民教育六项目标而努力，并取得了巨大成就，但目标实现的进程比较缓慢。2015年世界教育论坛在韩国仁川举行，会议总结了"全民教育目标"、与教育相关的"千年发展目标"所取得的进展和依然存在的挑战，在此基础上制定了《教育2030行动框架》，将"确保全纳、公平、有质量的教育，增进全民终身学习机会"作为全民教育发展的总目标，并将其细化为七项具体目标。国际社会做出的这些重要决定，体现了各国对全球教育发展的共同愿景，也彰显着世界教育发展的全民化这一趋势。

（二）教育现代化

教育现代化，即教育将社会现代化的理念和要求逐渐现实化的过程。教育现代化包括教育观念、教育内容、教育体制机制、教育手段方法、教育管理和教师素质等方面的现代化。20世纪50年代，以机器大工业生产技术为基础的资本主义工厂制度开启了社会现代化的历史进程。社会现代化指人们利用近现代的科学技术全面改造自己生存的物质条件和精神条件的社会变迁过程。社会现代化的发展在改变社会物质生产生活的面貌的同时，也在改变着人们的价值观念、思想意识以及生活方式等。社会现代化需要由具有现代意识、现代技术和现代素质的人去设计和施行，而教育是提高人的现代化的强有力影响因素。为此，世界众多国家都把实现教育现代化作为本国社会现代化发展进程的重要组成部分。在中国，邓小平于 1983 年提出"教育要面向现代化"的口号，成为指导中国教育改革和发展的重要思想和指针。时至今日，我们已经向教育现代化的目标迈出了一大步。随着中国经济社会发展进入新常态，社会对教育将提出新的更高的要求，人们对优质教育的期盼更加殷切，教育事业改革发展的任务更加艰巨。2010 年颁布的《国家中长期教育改革和发展规划纲要（2010—2020 年）》也将"基本实现教育现代化"作为我国教育发展的战略目标之一。党的十九大报告再次强调要"深化教育改革，加快教育现代化，办好人民满意的教育"。可见，教育现代化依然是以我国为代表的发展中国家的主要教育发展趋势之一。

（三）教育国际化

教育国际化也是当今世界教育发展的一大趋势。教育国际化，即以国际的视野和全球认同的方式，构建教育发展和运行的完整体系和管理制度。自 20 世纪中叶以来，随着科技的迅猛发展、国际政治格局的变化，国家或地区之间无论是在物质、信息方面还是在资金、知识、人员等方面的交流都日益频繁，特别是经济全球化、贸易国际化突出了培养国际通用人才的重要性，要求教育应该从态度、知识、情感、技能等方面培养受教育者从小就为一个国际化的时代做准备。此外，教育还应帮助人们认识和解决威胁人类生存的国际问题，如和平问题、环境问题、道德问题等。教育国际化的一个重要体现是留学生人数的增长。同时，一些国家纷纷建立国际学校，开设国际课程，并采用先进的教学模式，旨在培养能在未来的国际事务中大显身手的人才。因此，追求教育的国际化成为世界教育发展的一个显著趋势。但是，对于发展中国家来说，教育国际化是一把"双刃剑"，正如西方发达国家在政治和经济方面处于主体和支配地位一样，在教育交流与合作中也处于主体和支配地位，占有明显的科技、资金和信息优势，占据极其有利的地位。因此，在教育国际化这一进程中，发展中国家要学会掌握和运用好国际规则，努力做到趋利避害，同时建立、健全自身的法律法规，保持应有的独立，使教育国际化的正面效应得到最大限度的发挥，同时将负面影响降到最低。

（四）教育终身化

终身教育在不同的国家有不同的名称，在法国、俄罗斯被称为"继续教育"，英国、美国等被称为"终身教育"，日本被称为"生涯教育"。我国曾使用"平生教育""终身教育"的提法。我国有悠久的终身教育传统，荀子讲"学，不可以已"，明确地告诉人们学习和教育不可以停止。终身教育思想认为，学校教育的阶段性结束并不是学习的终止，每个社会成员都应在工作中不断学习，以满足社会发展提出的新要求。终身教育把教育看成一个从出生到生命终止持续不断进行的过程。在时间上，终身教育贯穿人的一生，是不间断的学习过程；在空间上，终身教育融合了学校教育、家庭教育和社会教育，是"多元的立体的整合"。

20 世纪 60 年代，朗格朗首次明确揭示了终身教育的内涵，他在 1965 年出版的《终身教育引论》中提出，终身教育即一个人从出生到进坟墓所受到的各种教育的总和。他认为，过去我们把人生分为两半，前半生用于受教育，后半生用于工作，是毫无科学根据的。接受教育应当是每一个人从出生到死永不停止的事情，教育应当在每个人需要的时刻，以最好的方式提供必需的知识和技能。

终身教育思想提出后，在世界各国引起了强烈的反响。1972 年，联合国教科文组织国际教育发展委员会在《学会生存——教育世界的今天和明天》中，对终身教育进行了进一步的论述和确认，使这一教育理念成为世界各国教育发展的指导原则和共同追求。

(五) 教育信息化

以计算机和互联网为代表的信息技术推动人类社会进入了信息时代，引起了人类生活方式的巨大变革。毋庸置疑，它也会从根本上动摇人类的教育方式和学习方式，甚至有可能引发颠覆性的教育革命。教育信息化就是在教育领域全面深入地运用现代信息技术来提升教育现代化水平的过程，其技术特点是数字化、网络化、智能化和多媒体化，基本特征是开放、共享、交互、协作。教育信息化的发展，带来了教育形式和学习方式的重大变革，对传统的教育思想、观念、模式、内容和方法产生了巨大冲击。近年来，越来越多的学校采取学生通过移动终端设备进行一对一数字化学习。移动终端的普及、无线互联网的改善，让教育实现了通过技术连接课堂内外，连接过去与现在，联通全球的教育资源，并将学习分析、大数据分析渗入各个教学环节之中，从而根据不同的学科演化出不一样的教学方式和学习方式，出现了慕课、翻转课堂等新型教学模式，使教育手段逐渐趋向智能化。教育智能化是教育信息化发展的新阶段，是未来教育发展的重要趋势。

第二节　教育的基本内涵

"教育"，作为我们常用的一个词语，以及作为教育学最为重要的一个基本概念，其内涵十分丰富。更加深刻地认识和理解"教育"这个基本概念，是我们学习和研究教育学的重要基础和基本任务之一。

一、教育的词源与词义

（一）中文的"教育"词源

肖川：《"教育"概念的词源考古与现代研究》

对词语进行深入理解的一条重要途径是对该词进行词源考察，对"教育"一词的理解也不例外。在中国古代主要使用"教"和"学"这两个词述说教育。甲骨文的"教"是" "。其左上角的符号" "是八卦的长短横道，在《易经》中用来占卜天地变化和人世的祸福吉凶。" "的另一种解释是绳索，困扰。综合以上两种说法，" "可以引申为人类千百年来累积起来的生产生活经验，在教育活动中，它指教育内容。" "这个符号代表小孩。" "代表成年人手持鞭子或棍子，意思是成人手拿教鞭。中国古代文字属于象形文字，因此"教"的甲骨文含义就是成人手拿教鞭压迫、监督小孩学习之意。可见，教的本义为学习者在教育者的示范鞭策下学习、觉悟。

中国古代典籍有许多关于"教"的论述。但在不同的语境中，语义不同。概括起来，主要有下列几种：①

其一，教育。《孟子·梁惠王上》："谨庠序之教，申之以孝悌之义。"唐韩愈《祭十二郎文》："当求数顷之田，于伊颍之上，以待余年。教吾子与汝子幸其成；长吾女与汝女待其嫁。如此而已。"清章学诚《文史通义·原学上》："教也者，教人自知适当其可之准，非教之舍己而从我也。"

其二，教导；指点。汉司马迁《报任少卿书》："教以慎于接物，推贤进士为务。"宋王安石《答司马谏议书》："昨日蒙教，窃以为与君实游处相好之日久，而议事每不合，所操之术多异故也。"清蒲松龄《聊斋志异·促织》："成反复自念：得无教我猎虫所耶？"

其三，告诉。《吕氏春秋·贵公》："此大事也，愿仲父之教寡人也。"高诱注："教犹告也。"唐韩愈《柳州罗池庙碑》："于是老少相教语，莫违侯令。"

其四，教练；训练。《论语·子路》："以不教民战，是谓弃之。"何晏集解引马融曰："言用不习之民，使之攻战，必破败，是谓弃之。"《吕氏春秋·简选》：

---

① 罗竹风主编：《汉语大词典》第5卷，汉语大词典出版社1990年版，第444—445页，有改动。

"统率士民，欲其教也。"高诱注："教，习也。"宋苏轼《教战守策》："天下果未能去兵，则其一旦将以不教之民而驱之战。"

其五，政教；教化。《商君书·更法》："前世不同教，何古之法？"唐韩愈《原道》："今也，举夷狄之法，而加之先王之教之上，几何其不胥而为夷也。"清纪昀《阅微草堂笔记·滦阳消夏录二》："圣人之立教，欲人为善而已。"

其六，通"效"，相仿。《韩非子·难势》："尧教于隶属而民不听，至于南面而王天下，令则行，禁则止。"陈奇猷集释："教，借为效……尧教于隶属而民不听，谓尧与隶属相仿则民不听其令也。"

以上六种语义，均是"教"的去声用法，"教"的另外一种发音是平声，jiāo，解释为：把知识或技能传授给人。《左传·襄公三十一年》："教其不知，而恤其不足。"《玉台新咏·古诗〈为焦仲卿妻作〉》："十三教汝织，十四能裁衣。"唐韩愈《曹成王碑》："王亲教之搏力、勾卒、赢越之法。"[1]

"育"字由"毓"字演化而来，其金文大篆为" "，其左侧为"母"字，本义为成熟女人，右侧为倒子（头朝下）居"㐬"之上，为母体分娩之意，从整个字形来看，表示成熟女性将婴儿从母体分娩出来。在中国古代典籍中，与"教"字的意义相关联，"育"字的词义有四种：[2]

其一，生育。《易·渐》："妇孕不育，失其道也。"宋吴曾《能改斋漫录·记事二》："夔部员外郎张咸，其妾孕五岁而不育。"明陈继儒《珍珠船》卷一："供奉官郭垣，在母胎余年不育。"

其二，抚养。《诗·小雅·蓼莪》："拊我畜我，长我育我。"郑玄笺："育，覆育也。"《文选·张华〈鹪鹩赋〉》："育翩翾之陋体兮，无玄黄以自贵。"刘良注："育，养也。"唐韩愈《处士卢君墓志铭》："母夫人既终，育幼弟与归宗之妹。"清侯方域《太常公家传》："又三岁，父赠侍郎公卒，育于伯珣。"

其三，培养；教育。汉匡衡《祷高祖孝文孝武庙文》："思育休烈，以章祖宗之盛功。"唐韩愈《顺宗实录五》："恩翔春风，仁育群品。"王德安《严师》诗："三十年心血育英才，芬芳桃李满天下。"

其四，生长；成长。《礼记·中庸》："致中和，天地位焉，万物育焉。"朱熹集注："育者，遂其生也。"《孟子·滕文公上》："后稷教民稼穑，树艺五谷；五谷熟而民人育。"

---

[1] 罗竹风主编：《汉语大词典》第5卷，汉语大词典出版社1990年版，第445页。
[2] 罗竹风主编：《汉语大词典》第5卷，汉语大词典出版社1990年版，第1186页。

许慎在《说文解字》中所界定"教"和"育"的词义是:"教,上所施,下所效也。"① "育,养子使作善也。"②

孟子最早把"教"和"育"合成一个词运用。《孟子·尽心上》载:"君子有三乐,而王天下不与存焉。父母俱存,兄弟无故,一乐也。仰不愧于天,俯不怍于人,二乐也。得天下英才而教育之,三乐也。"其含义是指培养人的行动。在该语境中,"教育"合成一个词,取"教"和"育"两个词所共同具有的词义,即培养。在中国古代,"教育"一词很少使用。当西方近代教育思想和教育制度传入中国时,西方注重教的话语体系与传统中国注重学的话语体系是相互抵触的,教育学的话语方式发生了巨大变化,发生了从"以学为本"到"以教为本"的转换。1902 年,"教育"一词开始成为汉语系统中的一个常用词,我国出现了以"教育"为题的专论,至此,"教育"成为一个常用词。

(二) 西文的"教育"词源与词义

在西方,"教育"一词的英文是 education,德文是 erziehung。它们均源自拉丁文 educere,这个词由 e 和 ducere 构成,e 指从某个地方出来,ducere 指引导,二者合起来就是引导或启发之意。从词源上说,西文中"教育"一词含有"内发"之意,强调教育是一种顺其自然的活动,旨在把自然人所固有的或潜在的素质自内而外引发出来,成为现实的发展状态。

西文中的"教育"一词,大致可以归纳出以下 11 种含义:(1) 教育、教学工作;(2) 培养、教养;(3) 训练、教导;(4) 教育程度、教育水平;(5) 正规学校教育;(6) 受到的教育;(7) 通过教育所获得的知识、学识、学问、才能、才智等;(8) 教育学、教授法;(9) 通过学校、学院或大学等教育机构的学习而使人的智力得以发展的过程;(10) 连接工作或研究与教学的一般领域;(11) 抚养、养育。

二、教育的概念

什么是教育?古今中外众多教育家从不同角度对此做过解释。回顾和分析这些解释,有助于我们准确地理解教育的基本含义。

(一) 中外教育家对教育的界定

1. 我国教育家对教育的界定

我国古代儒家经典《中庸》载:"天命之谓性,率性之谓道,修道之谓教。"

---

① 许慎撰:《说文解字》,徐铉校定,江苏古籍出版社 2001 年版,第 69 页。
② 许慎撰:《说文解字》,徐铉校定,江苏古籍出版社 2001 年版,第 310 页。

春秋战国末期教育名篇《学记》称："教也者，长善而救其失者也。"战国时期荀子提出："以善先人者谓之教。"可见，我国古代教育家所论教育基本都聚焦于道、德、善，都指向人之德性及其向善的方向的引导和教化。

近代以来，我国教育逐渐与西学接轨。1922年，蔡元培（1868—1940）任北京大学校长时，在《教育独立议》一文中指出："教育是帮助被教育的人，给他能发展自己的能力，完成他的人格，于人类文化上能尽一分子的责任；不是把被教育的人，造成一种特别器具，给抱有他种目的的人去应用的。"① 杨贤江从教育起源的角度，提出教育是"帮助人营社会生活的一种手段"。他说："自有人生，便有教育。因为自有人生，便有实际生活的需要。""这所谓生活，一方面是衣食住的充分获得，他方面是知识才能的自由发展；还有，这种生活是集体的社会的，决（绝）不是孤立的个人的；所以教育的定义应是社会所需要的劳动领域之一，是给与（予）社会的劳动力以一种特殊的资格的。"② 综上，我国近代之后对教育的认识发生了巨大变化，开始将教育作为人类社会独立的社会活动来解析。

2. 外国教育家对教育的界定

古希腊思想家苏格拉底认为，教育"使人得到改进"。人天生是有区别的，但不管这种区别有多大，教育能使人得到改进。

亚里士多德认为，教育是形成人的理性，从而使天性、习惯和理性协调统一。他把人的灵魂分成三种——植物性灵魂、动物性灵魂和理性灵魂，必须使三种灵魂在理性的领导下和谐共存，人才能成为人。

柏拉图在"观念天赋论""心灵回忆说"的基础上，认为教育过程就是理智控制欲望的过程。在这个过程中，教育者要做的就是通过一定的方式帮助儿童提升智力水平，唤醒儿童知晓知识的意识形态。

捷克著名教育思想家夸美纽斯提出，人经过教育所要达成的境地是"适当地吸取了学问、德行和虔信之后，能够有益地利用此生，并且好好地预备来生"③。

法国社会学家涂尔干指出："教育是年长的几代人对社会生活方面尚未成熟的几代人所施加的影响。其目的在于使儿童的身体、智力和道德状况都得到某些激励与发展，以适应政治社会在总体上对儿童的要求，并适应儿童将来所处的特定

---

① 《蔡元培教育论著选》，高平叔编，人民教育出版社2011年版，第394页。
② 《杨贤江教育文集》，中央教育科学研究所、厦门大学合编，教育科学出版社1982年版，第414页。
③ [捷] 夸美纽斯：《大教学论》，傅任敢译，教育科学出版社2014年版，第33页。

环境的要求。"①

英国教育家斯宾塞认为，教育"为我们的完满生活做准备"②，给各种情况下的各个方面的行为以正确指导：如何修身；如何养性；如何处事；如何立家；如何尽公民的义务；如何利用资源来增进福利；如何善用我们的才能。总之，教育就是指导我们如何去经营完美的生活。

美国教育家杜威提出：教育是生活的过程，是生长，"是经验的改造或改组。这种改造或改组，既能增加经验的意义，又能提高后来经验进程的能力"③。

这些关于教育的各种界定，为我们提供了难得的认识阶梯。

（二）教育的定义

对于什么是教育，苏联著名教育家巴班斯基（1927—1987）认为："教育是老一代向新一代传递社会历史经验的过程，其目的在于培养他们参加生活和从事为保证社会进一步发展所必需的劳动。"④ 法兰肯纳认为，教育可以指一个活动或过程，也可以指一门学科。"作为一个活动或过程，教育可能是正式的或非正式的，私人的或公共的，个人的或社会的，但是，它总是在于用一定的方法培养各种倾向（能力、技能、知识、信仰、态度、价值以及品格特性）。作为一门学科，教育是根据关于它的目的、方法、效果、形式、历史、费用、价值以及对社会的关系提出的一些问题来研究这个活动或事业的。"⑤

《中国大百科全书·教育卷》从广义和狭义两个角度对教育进行了界定："从广义上说，凡是增进人们的知识和技能，影响人们的思想品德的活动，都是教育。狭义的教育，主要指学校教育，其含义是教育者根据一定社会（或阶级）的要求，有目的、有计划、有组织地对受教育者的身心施加影响，把他们培养成为一定社会（或阶级）所需要的人的活动。"⑥

近年来，很多教育理论工作者认为，为了说明问题有同一的立脚点，有必要

---

① ［法］埃米尔·涂尔干：《教育及其性质与作用》，张人杰译，《外国教育资料》1987年第6期，第1—12页。
② 《斯宾塞教育论著选》，胡毅、王承绪译，人民教育出版社1997年版，第58页。
③ ［美］约翰·杜威：《民主主义与教育》第2版，王承绪译，人民教育出版社2001年版，第87页。
④ ［苏］巴班斯基主编：《教育学》，李子卓等译，人民教育出版社1986年版，第7页。
⑤ ［美］W. K. 法兰肯纳：《关于教育哲学的一般看法》，张家祥译，《全球教育展望》1981年第2期，第62—65页。
⑥ 《中国大百科全书·教育卷》，中国大百科全书出版社1985年版，第1页。

把教育的概念分成广义的教育与狭义的教育。广义的教育是自有人类产生以来就已产生的教育，这种教育存在于各种生产和生活的活动之中。其定义一般为：教育是人类社会特有的一种社会现象，是培养人的一种社会活动。广泛地说，凡是有目的地增进人的知识和技能，影响人的思想品德的活动，不管是有组织的或是无组织的、系统的或零碎的，都是教育。狭义的教育则是人类社会发展到一定历史阶段的产物。它专指教育活动逐渐从其他社会活动中分离出来，诞生了专门进行人才培养的机构——学校和伴随着学校的出现而同时产生的人才培养的专门过程。

如是，我们把狭义的教育（即学校教育）定义为：教育是教育者根据一定社会的要求和年轻一代身心发展的规律，对受教育者所进行的一种有目的、有计划、有组织地传授知识和技能，培养思想品德，发展智力和体力的社会实践活动，通过这种活动把受教育者培养成为一定社会所需要的人。

三、教育的本质

教育的本质是解决教育是什么的问题。具体地说，就是要阐明教育自身的根本特性，以此使教育能与其他事物区别开来。古往今来，中外教育家对这个问题的回答不同，由此也就出现了对教育本质这一问题看法上的不同主张。

（一）学术界关于"教育本质"的争论

20世纪50年代初，苏联教育界展开了一场关于教育本质的讨论，最后由《苏维埃教育学》杂志总结，提出"教育是社会上层建筑"的观点。受特定历史时期的影响，我国教育理论界在中华人民共和国成立初期的一段时间内基本上接受了"教育是上层建筑"这一结论。

顾明远：《对教育本质的新认识》

1978年，于光远（1915—2013）在《学术研究》第3期上发表了《重视培育人的研究》一文，率先对教育的"上层建筑说"提出了质疑，引发了有关教育本质问题的热烈讨论，并产生了许多新的观点。概括说来，这场关于教育本质的探讨中，主要有上层建筑说、生产力说、双重属性说、多质说和特殊范畴说五种观点。介绍这些观点的目的，主要是让大家了解这场有关教育本质的学术讨论的情况及出现的主要学术主张。

1. 上层建筑说

"教育是上层建筑"这种教育本质观被称为传统派的本质观，其基本观点是：社会存在决定社会意识，在社会存在中，生产关系是社会生活中最基本和最原始的关系，它对整个社会生活，特别是对社会意识具有制约作用，教育属于精神生活，它是由经济基础决定的。这表现为：经济基础的性质决定了教育的性质，经济基础的变化决定了教育的变化；上层建筑有阶级性，教育也有阶级性；教育与生产关系的联系是直接的，与生产力的联系是间接的；教育通过培养人为社会服务，是一种属于意识形态范围的活动。因此，教育是社会上层建筑。上层建筑说的理论基点，是马克思在《政治经济学批判》序言中所确立的原理："这些生产关系的总和构成社会的经济结构，即有法律的和政治的上层建筑竖立其上并有一定的社会意识形式与之相适应的现实基础。物质生活的生产方式制约着整个社会生活、政治生活和精神生活的过程。不是人们的意识决定人们的存在，相反，是人们的社会存在决定人们的意识。"[①]

2. 生产力说

与"上层建筑说"相比较，"教育是生产力"可以称为现代派的教育本质观，体现着人们对于教育本质认识的进步和发展。该学说认为：教育是生产劳动，教育与社会生产之间存在着本质的客观的联系；教育既生产现实的劳动力，又生产科学技术；教育通过传递生产劳动经验，实现人的劳动能力再生产，并且劳动者是整个生产过程中起决定性的因素，因而它是社会再生产的必要条件，是社会发展和延续的手段；教育的产品是使未来劳动者掌握现代生产的知识和技术，从而可直接提高劳动生产率；用于教育的投资是一种生产性投资。因而，教育是生产力。教育本质的"生产力说"来源于马克思的社会再生产理论和生产劳动理论。马克思认为社会再生产中包括了劳动力的再生产，劳动力再生产中又包含了教育和训练。

教育本质的"生产力说"从根本上体现了进入改革开放和以经济建设为中心的新时代，人们对于教育的经济功能的重视。

3. 双重属性说

"上层建筑说"与"生产力说"各自所蕴含的无法自圆其说的悖论，以及两者论争的僵持不下，诱发了"双重属性说"。该学说认为，教育本来具有上层建筑和生产力的双重性质，从来就有两种社会职能：一种是传授一定生产关系所要求的社会思想意识，具有明显的阶级性；另一种是传授与一定生产力发展水平相适应的劳动经验和生产知识，为发展生产力服务。所以，教育本质既不能简单地归为生产力，也不能完全归为上层建筑，它同时具有双重属性。该学说主要的观点有：

[①] 《马克思恩格斯文集》第 2 卷，人民出版社 2009 年版，第 591 页。

教育一部分属于上层建筑，一部分属于生产力，但整体说来，不能说教育就是上层建筑；教育一部分属于上层建筑，一部分属于生产力，但主要属于生产力；教育一部分属于上层建筑，一部分属于生产力，但主要属于上层建筑；教育既属于上层建筑，又属于生产力。

从双重属性说所持的观点来看，这一学说对教育的上层建筑说与生产力说具有折中、调和的色彩，但它并未能解决"上层建筑说"与"生产力说"论争中久悬的疑问。

4. 多质说（或多属性说、多因素说）

多质说认为教育是一种复杂的社会现象，教育本质也应是多质的、多层次的。教育具有多种因素和多种属性，每一种因素都不是可有可无的，而是教育这个整体中的有机部分或方面，各自不能单独决定教育的本质，而是共同决定教育的本质。教育本质是教育的社会性、生产性、阶级性、科学性、艺术性等各种属性的统一。社会结构包括上层建筑、生产关系（经济基础）和生产力三个方面，而且每一方面都是以人为主体的，因而教育作为培养人的活动，不仅与人的成长发展有着直接联系，而且与上层建筑、生产关系（经济基础）和生产力有着直接联系。另外，从教育的发展历程看，最初教育没有与社会生产的过程相分离，它具有社会性和生产性，到了阶级社会它又具有阶级性。所以教育具有多种性质，教育本质便是多种性质的统一。

5. 特殊范畴说

持特殊范畴说观点的学者认为，对教育本质的研究，应抓住教育的内在矛盾结构，寻找教育的特殊性，从而得出教育是独特的社会现象，是特殊的社会范畴的结论。所以，这一观点是把教育当作一个特殊的范畴，力图从教育本身的质的规定性，从教育不同于其他社会现象的特点，从教育的内部矛盾入手来揭示它的本质。该学说认为，教育是独特而非一般的社会现象，是特殊的社会范畴。所以，有研究者认为，教育既不属于上层建筑，也不属于生产关系，更不属于生产力，教育像语言一样，是一种特殊范畴。特殊范畴说关于教育本质的基本看法有：教育的本质是有目的地培养人的社会实践；教育的本质是传授知识或传递社会经验的工具；教育的本质是促进个体的社会化。持特殊范畴说观点的学者主张，对于教育这一复杂的社会现象，不能简单地把它归为上层建筑、生产关系或生产力的某一方面，而只能独立出来，作为一个专门的、特殊的范畴来加以研究。该说法力图突破人们已有的社会基本结构的观念，不纠结教育属于什么，对我们不无启示意义。

（二）教育的"质"的规定性

什么是本质？从哲学上讲，事物的本质就是关于该事物的质的规定性，是决定此事物区别于他事物的根本原因。教育本质是相对于教育现象而言的，是对教育现象的理性抽象。古往今来，教育的外部表现纷繁复杂，多种多样。但变化了的只是教育的外在表现形式，其内在的、同一的、普遍的东西则是永恒不变的。如果我们能够透过这些变化多端的外部现象，探寻出潜藏其中同一的、普遍的、稳定的东西，便是找到了教育的本质，找到了决定教育活动与其他社会活动根本区别的"质"的规定性。

定义通常是事物本质的集中体现。"属+种差"是一种常用的定义方法。以此方法为依据，教育的"属"是活动，是与社会生产、社会政治、科学研究等处于同一层次的"社会实践活动"。教育与其他社会实践活动的本质差别是人的培养，即教育是通过培养人的活动与社会中的其他活动相区别而成为教育，通过培养人的活动而立足、服务于社会。其他社会现象虽也发生在人与人之间，也能够影响人、陶冶人，影响人的身心发展，但都不如教育对人的发展的作用那样直接和显著。

综观中外教育史，关于教育的众多界说，尽管表述各异，但都存在一个根本的共同点，那就是都把教育看作培养人的活动，其目的在于促使个体社会化，促使受教育者的身心得到发展，在知识、品格等方面都能适应社会的需要。这也是人类从古至今纷繁复杂的各类教育现象中同一的、普遍的、稳定的，且又是与其他社会活动相区别的根本点。因此，教育的"质"的规定性是：有目的、有计划、有组织地培养人的社会实践活动，即根据一定社会需要而进行的培养人的活动或培养人的过程。简言之，教育是培养人的活动。

1. 培养人明确了教育活动和其他社会活动的区别

人类的社会活动涉及方方面面，有从事物质产品生产的工业、农业、林业、牧业、渔业，等等，有进行精神产品生产的文学、艺术、科学、宗教，等等。那么，教育活动与其他社会活动的根本区别是什么？我们可以根据"属+种差"的定义方法，对教育的"质"进行探寻。

教育作为培养人的活动，它的"属"是"活动"。在人类社会中存在着多种多样的活动，如社会生产是人们创造物质财富和精神财富以满足其物质文化生活需要的活动；科学研究是为了增进知识（包括关于人类文化和社会的知识）以及利用这些知识去发明新的技术而进行的系统的创造性活动；医疗保健是医师或药师为了改善病人的生命质量而进行的与治疗或保健相关的活动；艺术鉴赏是人们在接触艺术作品过程中产生的审美评价和审美享受活动；等等。因此，作为多种社会实践活动形式之一，教育的"属"同人类社会中的其他社会实践活动是没有区别的。

教育与上述所列活动的种类差别在于其培养人。教育是通过培养人的活动来作用于社会的，它的特定功能或基本职能是：通过人类已有文明的传授，促使受教育者从知之较少到知之较多，从智力的沉睡状态进入激活状态，使其静态的潜能发展为动态的潜能，最终成为一个合格的社会成员。也就是说，教育是通过自身特定的形式——教学，特定的活动场所——学校，特定的活动人员——教师，来进行培养人的活动。

2. 培养人确证了教育的存在特性

教育活动是有意识的以人为直接对象的社会活动，它不同于其他以物质产品或精神产品的生产为直接对象的社会生产活动，也不同于其他有意识的以人为直接对象的活动：教育是以对人的身心发展产生影响为直接目标的。这样就把教育活动和以保护人的身心健康、抵御疾病对人的身心危害的医疗活动，以及以满足人的各种需要为目标的社会服务活动区别开来了。

教育是人类特有的传递经验的形式。其他社会活动也能够影响人、陶冶人，或多或少地影响人的身心发展，但它们对人的发展作用不如教育那样直接和显著，只有教育这种功能特殊的活动，才能更快、更好地完成对人的知识、技能或思想品德等社会化品质的塑造。当然，其他社会活动也都有各自的功能特殊性，这也是各种活动相互区别的根本原因。

3. 培养人是教育的主体活动

教育活动通过培养人而作用于社会，使得社会能够更好地延续和发展。它的具体过程是一部分人以某种特定的影响作用于另一部分人的身心。它的直接目的是使人的身心发生预期的发展变化，获得预期要求的品质和特征。以影响人的身心发展为直接目标的教育活动与其他社会活动的区别不仅在于各自占主导地位的活动内容的不同，并由此区分了各自不同的本质，而且，由该本质决定的活动的具体形式也是不同的。教育作为有意识地培养人的活动，其活动的具体形式也处处体现着它的本质，体现着它与其他社会活动的区别。

教育本质的问题与教育目的的问题是紧密关联的。教育的本质在培养人，紧接着的一个重要问题就是教育要培养什么样的人。习近平曾多次论述教育要培养什么样的人的问题，他明确指出，"古今中外，关于教育和办学，思想流派繁多，理论观点各异，但在教育必须培养社会发展所需要的人这一点上是有共识的"，"每个国家都是按照自己的政治要求来培养人的"①。关于培养什么样的人的问题，

---

① 习近平：《在北京大学师生座谈会上的讲话》，人民出版社 2018 年版，第 5—6 页。

我们将在第四章关于教育目的的论述中进一步展开讨论。

第三节 教育的要素与形态

教育的构成十分复杂，其表现形态也多种多样。认识教育的基本要素，以及教育在社会生活中主要的表现形态，对我们更加深入地学习教育理论、全面深刻地认识教育现象，都十分重要。

一、教育的基本要素

教育作为促进人类发展的社会实践活动，是一个相对独立的社会系统。教育的基本要素主要包括教育者、学习者、教育内容和教育手段。

（一）教育者——教育活动中教的主体

教育者就是从事教育活动的人。由于教育有广义和狭义之分，人们对教育者所对应的主体有不同认识。如果从广义教育的角度来看，一切能够增进人们知识和技能、影响人们思想品德的活动都是教育，那么任何人都可以是教育者。因为在日常生产和生活中，每个人都会通过各种途径接受他人的态度、知识、技能及思想品德产生的影响。在这个意义上，可以说父母是一个人最早的教育者，也可以说在自己身边的人都是教育者。如果从狭义教育即学校教育的角度来理解，教育者主要指那些拥有教师职业身份的人。对于"教育者"这个概念，既应当从身份或职业的方面把握，也应该从素质或资质的方面来把握。"教育者"不仅是对从事教育职业的人的总称，更是对其内在态度和外在行为的一种规定。"教育者"是一种资格，而不是一个具体的、固定的人，应该是那些能够根据个体身心发展和社会发展状况及趋势，在人的发展中起引导、促进、规范作用的人。

教育者是教育活动的主导者，是构成教育活动的支撑性要素。教育是教育者有目的、有计划、有组织地向受教育者传递生产经验和社会生活经验，使其得到培养的活动。因此，离开了教育者，就不存在教育活动。

（二）学习者——教育活动中学的主体

学习者是指在各种教育活动中以学习为基本任务的人，既包括在各级各类学校中学习的儿童、少年和青年，也包括在各种形式的成人教育组织中学习的成年人。学习者是教育的对象，是教育过程中学习和发展的主体。教育是因为人有学习和发展的需要而产生的，教育活动如果没有学习者因学习需要而引发的主体意识和积极参与，就不会获得实质的教育效果，所以，学习者是构成教育活动的驱动性要素，离开了学习者，教育活动便难以发生和展开。

人们通常把学习者称为"受教育者"，这里使用"学习者"主要是考虑到当代教育的形态多样化，教育活动的中心已经日益突出对学习过程的关注和服务，尤其是终身教育的发展使得教育对象的范围扩展到成人乃至整个社会。在终身教育时代，教育者的形象已经远远超出具体人的范围，与之对应的"受教育者"日益多样和不确定。用"学习者"代替"受教育者"，在思维方式和语言风格上放弃了对教育机构机械刻板、简单对应、封闭循环的印象，学习者不是被动接受教育者所施加的身心影响的人，而是有着不同个性特征、思想意识、兴趣爱好、认知风格和习惯偏好的个体，其在教育活动中是以一种高度个性化的状态生活着的。对于教育者而言，他所面对的也不是简单的"受教育者"，他需要对参与其所主导的教育活动的人有充分的了解，并尽可能地结合每个人的特点进行指导和帮助。

（三）教育内容——教育活动中师生共同认识的客体

教育内容是学校基于一定社会生产力和科学技术的发展水平，向学生传授的知识和技能、灌输的思想和观点、培养的行为和习惯的总和。教育内容在学校教育中的主要表现形式是课程标准和教材。

教育内容的组成丰富多彩。从其涉及的范围来说，它包括人类社会各个领域的知识、经验和技能技巧；从其价值来说，它具有发展人的智慧、品德、体力、审美能力和劳动能力的重要作用；从其表现形态来说，它有物质的、符号的、精神的、行为的等不同类型。因此，我们不能把教育内容与学校的课程内容等同起来，也不能把教育内容等同于教材。实际上，课程内容和教材包含在教育内容之中，教育内容的内涵和外延要比课程内容和教材丰富得多。首先，教育内容是联系教育者和学习者的中介。作为一种特殊的中介形式，教育内容把教育者和学习者联系起来，通过教育内容难度的自然延伸，使学习者由不知到知、由知之较少到知之较多、由继承到发展、由个体认识水平上升到人类认识水平，最终把人类的过去和未来联系起来，达到教育的目的。其次，最佳的教育内容是目的性与对象性的统一。教育内容作为联系教育者和学习者的中介，能否解决教育过程中的基本矛盾，关键在于其本身的选编是否科学。制约教育内容选编科学性的因素主要有两个方面：一是一定社会前进的要求。对于国家来说，这种前进的要求主要通过教育目的的形式表现出来，这种要求包括素质的全面性和内容本身的先进性与逻辑性。二是个体身心的发展规律，而它本身既有共性又有个性。因此，教育者要根据学习者的实际情况，安排教育的内容和进程，选择教育内容的难度，增减教育内容的分量，发掘教育内容的价值，最终达到目的性与对象性的统一。

（四）教育手段——教育活动的基本条件

教育手段是指教育者将教育内容传授给学习者所借助的各种形式和条件的总和，它主要包括物质手段和精神手段。

物质手段主要是指进行教育活动时所需要的一切物质条件，包括教育的活动场所和设施、教育媒体以及教育辅助手段等。教育的活动场所和设施在学校中主要是指校舍、教室、操场、实验室、校办工厂、农场等场所以及这些场所内部的设备、装置。教育媒体是指教育活动中教育者与学习者之间传递信息的工具。教育媒体是教育内容的载体，也是教育活动中其他信息的载体。同样的教育内容，可以使用不同的教育媒体。教育媒体包括多种形式，从最简单的实物、口头语言到图片、印刷品、录音带、录像带、多媒体教学设备等。教育媒体的形式随着人类科学技术的发展以及教育活动的日趋普及化、个性化而越来越丰富多彩和综合化。随着教育媒体的发展，教育活动的组织形式、方法、效果等都会发生变化。

精神手段主要指进行教育活动时所运用的各种非实质性手段，包括教育方法、教育途径。教育方法包括教育者的教法和学习者的学法。就教育者的教法而言，有语言的方法、直观的方法和实践的方法；就学习者的学法而言，有接受式学习和发现式学习两大类。教育途径是教育者施加教育以影响学习者的渠道、路径和方式。学校教育活动的基本途径是教学，辅助途径有课外活动、社会活动、咨询辅导等。

从以上对教育的基本要素的分析中可以看出，教育者、学习者、教育内容和教育手段是开展教育活动必不可少的要素。其中，教育者和学习者是影响教育活动成效的决定性因素。对于教育者而言，他在教育活动中必须认真分析和研究三个客体：学习者、教育内容和教育手段。教育者的任务是将既定的教育内容通过一定的教育手段传授给学习者。对于学习者而言，他认识的客体主要是教育内容，他的任务是在教育者的指导下，学习和掌握既定的教育内容，也就是将外在的客体转化为内在的精神财富。

在这四个基本要素中，教育者与学习者之间的关系是最基本的关系，它在教育活动中主要表现为教与学的关系。教包含两层含义：传授知识、思想与教会学习者如何学习。学也包含两层含义：掌握人类积累的精神财富与学会学习。教与学之间的矛盾是教育活动的基本矛盾。教育者代表社会所提出的教育要求与学习者的身心发展水平之间的差距，是推动学习者身心发展的基本动力。

二、教育的主要形态

形态是指事物在一定条件下的形状和表现形式。教育形态是指由教育者、学习者、教育内容和教育手段四个基本要素构成的教育系统在不同时空背景下的变化形式。依据教育活动的规范程度、存在形式和存在范围等，可以对教育进行不同的分类。

（一）正规教育与非正规教育

根据教育活动的规范程度，教育可分为正规教育与非正规教育。

1. 正规教育

对于什么是正规教育，《教育大辞典》将其解释为："指有目的、有组织、有计划、有固定机构与场所，有专职教学人员，对学生进行系统的文化科学知识和思想品德的训练的培养的教育。一般指学校教育。"[1]《新编中国大百科全书》将正规教育界定为："在国家颁布的学制系统中有明确的地位、比较固定的办学任务、培养目标、修业年限、课程标准，经考试合格发给国家承认的学历文凭或专业合格证书的教育。这类教育组织要经国家有关部门批准，才能设立。"[2]《教育大百科全书》则将其解释为："依照外在、确定、均衡的空间、时间和材料形式，教师和学生都规定了合格标准，精心而系统地传授知识、技能与观点（重点是知识），典型的例证是学校教育方式。"[3]《国际教育标准分类法（2011）》指出："正规教育系指通过公共组织和公认的私人团体进行的有制度、有目的、有计划的教育，它们的总和构成一个国家的正规教育系统。"[4] 因此，正规教育课程理应经相关的国家教育当局或任何其他与国家或地方的教育当局合作的相当的机构认可。正规教育主要由学前教育和各级各类学历教育构成。

综上，虽然不同文献对正规教育的观点不尽相同，但都认为：正规教育是指由国家教育部门认可的教育机构（学校）所提供的有目的、有组织、有计划、由专职人员承担的，以培养入学者的身心发展为直接目标的全面系统的训练和培养

---

[1] 顾明远主编：《教育大辞典》第 1 卷，上海教育出版社 1990 年版，第 77 页。
[2] 黄勇、张景丽、金昌海主编：《新编中国大百科全书》（A 卷·经济教育），延边大学出版社 2005 年版，第 167 页。
[3] ［荷］A. 图季曼主编：《教育大百科全书 成人教育》（上），李家永等译，西南师范大学出版社 2011 年版，第 58 页。
[4] 《国际教育标准分类法（2011）》，联合国教科文组织统计研究所 2013 年版，第 36 条，第 11 页。

活动；正规教育有一定的入学条件和规定的毕业标准，其特点是统一性、连续性、标准化和制度化。正规教育是在学校产生之后开始出现的，包括当今教育中的各级各类教育。今天我们所谈的种种教育改革，多是指这种正规教育。

2. 非正规教育

非正规教育，是由美国学者菲利普·库姆斯（1915—2006）在20世纪六七十年代提出的一个概念。库姆斯认为，非正规教育是"业已建立的正规体制以外的有组织的教育活动——或独立操作，或作为某一广义活动的一个重要特征——即试图为某些相同的学习者和学习目的服务"①。非正规教育"是人的终生过程，由此，各人从他（她）的环境中——从家庭与邻居，从工作与实践，从市场、图书馆与群众的交往等日常经验、教育影响和生活源泉中——形成了待人接物的态度、价值观、技能与知识"②。《教育大辞典》认为，非正规教育与正规教育相区别，"指在生产劳动、日常生活和各种教育影响下，个体从家庭、邻里、工作娱乐场所、图书馆、大众宣传媒介等方面获取知识、技能、思想、信仰和道德修养的过程。非正规教育为失去学校教育的人提供学习机会，参与直接同劳动、工作相联系的、内容广泛的学习活动。教学目的具有实用性和直接性，并与个人的学习需要和国家发展要求相一致。它是有组织的，但不是充分制度化的；是系统的，但不是完全常规化的。基本上是在校外进行，其内容、方法、形式比正规教育具有较少的正规性，较多的灵活性。它由各种经济的、社会的和政治的机构负责实施"③。《中国教育大百科全书》则认为，非正规教育是"在正规教育系统外进行的有组织、有计划的教育活动。即国家教育行政部门统一学制要求范围（初等教育、中等教育、高等教育）以外的各类教育活动，如扫盲、文化技术培训、政治学习、业务训练、专题讲座、岗位培训和继续教育等。与'正规教育'相对。非正规教育的特点：是有组织的活动，但未充分制度化，一般不需注册，不发文凭，不授学位；是系统教育，但未完全常规化。教育宗旨是满足人们不断变化发展的、各种各样的学习需求。教育目标、课程设置、教学内容、学习时间、入学条件等均由办学单位根据需要自行确定。教育对象可以不分年龄、性别、工作岗位、以前所受教育程度等，以不同学习需求的学习者为特定群体，以需要解决的共同问

---

① ［瑞典］T. 胡森、［德］T. N. 波斯尔思韦特主编：《国际教育百科全书》第6卷，李进主编，贵州教育出版社1990年版，第390—391页。
② ［瑞典］T. 胡森、［德］T. N. 波斯尔思韦特主编：《国际教育百科全书》第6卷，李进主编，贵州教育出版社1990年版，第391页。
③ 顾明远主编：《教育大辞典》第1卷，上海教育出版社1990年版，第77页。

题为内容,使学习者不断学习新的知识和技能,在专业领域内跟上时代的最新发展"①。《国际教育标准分类法(2011)》指出:"非正规教育,和正规教育一样(而并非非正式的、顺带的或无约束的学习),系指通过教育提供者进行的有制度、有目的、有计划的教育。非正规教育的突出特点是在个人一生学习的过程中对正规教育的追加、替代和补充。其提供的目的通常是保障所有人受教育的权利。它顾及各种年龄的人但无须采用连续的路径结构;可能持续时间短和/或强度低;通常以短课程、研讨班或讲座的形式提供。非正规教育多数提供不被相关国家或地方教育当局公认为正式或等同于正式资格证书的资格证书,或者根本就没有资格证书。"② 根据各国的情况,非正规教育可以包括提供成人和青年扫盲、失学儿童的教育,以及有关生活技能、工作技能和社会或文化发展的课程。③

可见,非正规教育与正规教育的相似之处是精心而系统地传授知识、观点和技能,但其教育的重点是技能。其区别在于非正规教育一般结构松散,时间上有伸缩性,目标更直接,组织较分散,易于因地制宜地使用。非正规教育比较灵活,具有许多不同的发起者、管理者和资金来源,几乎包括所有政府部门和各类非政府机构。非正规教育能够满足个体的学习需求、满足社会均衡和发展的需要,是终身学习的支柱,是21世纪教育的重要组成部分,在学习型社会中起核心作用,在全球化背景下,非正规教育以其灵活性对社会发展迅速做出反应,已构成了判断任何一个社会或国家经济发展水平的有效晴雨表。

正规教育与非正规教育二者合称为正式教育,除此之外,还有非正式教育。非正式教育是"在日常生活、工作中进行的不具有结构性或组织性的自主、偶发性学习活动。如与家人或邻里自三交谈,在工作岗位和市场里进行的讨论,在图书馆、博物馆进行的读书或参观、考察,以及在一定场合进行的娱乐活动等"④。非正式教育的特点是自主、灵活、范围广、时间长,弥补了正规教育和非正规教育的不足。随着社会经济的发展,科技的进步,非正式教育与正规教育、非正规教育一起构成终身教育、终身学习的体系。

(二) 实体教育与虚拟教育

根据教育现象在时空中存在的形态,可以将其划分为实体教育和虚拟教育。

---

① 顾明远主编:《中国教育大百科全书》第1卷,上海教育出版社2012年版,第306—307页。
② 《国际教育标准分类法(2011)》,联合国教科文组织统计研究所2013年版,第39条,第11页。
③ 《国际教育标准分类法(2011)》,联合国教科文组织统计研究所2013年版,第40条,第11页。
④ 顾明远主编:《中国教育大百科全书》第1卷,上海教育出版社2012年版,第307页。

1. 实体教育

实体教育是指在一个现实的空间里，根据现实空间里的要求来规范人们行为的一种教育。"实"与"虚"相对，"实体"，即真实、客观存在的具体事物。因而，实体教育就是具备承担教育者角色的人在具体的现实环境中对那些有学习需要的人的身心施加适当的影响的活动。可以说，自教育产生以来至信息社会前的所有教育都是实体教育。它是为了更好地区分伴随着网络等信息技术而出现的新兴教育形式而提出的。

在实体教育中，教师与学生在真实的空间里面对面地交流。教师在教学时所运用的语言、展现的形体动作、设计的板书等都对学生产生影响。在师生面对面的互动中，教师的治学态度、处事原则、价值观、世界观等也对学生产生潜移默化的影响。教师以自身的人格魅力，在传输知识的同时，为学生树立了学习的榜样。这些方面是虚拟教育无法代替的。在虚拟环境中，人与人直接交往的机会急剧减少，学习者面对的是学习终端机器，或教师上课的画面，人们之间的关系呈现为一种虚拟的人际关系，这种情况很难对教育质量进行检测，难以培养全面发展的人。

虽然实体教育具有自己的优势和特色，但是，在当今社会，它的缺陷也逐渐暴露出来。随着学习型社会的形成，人们已不再满足于仅仅接受青少年时期的学校教育，而是需要终身接受教育。在这种情况下，对于那些由于工作原因而不能亲自到真实环境中接受教育的人来说，虚拟教育的作用和优势就大大超过了实体教育。此外，实体教育要求学生规规矩矩地坐在教室里，认真地倾听教师按照固定的教学计划而实施的教学活动，很难照顾到学生的个体差异，学生学习的积极性和主动性受到一定限制。虚拟教育中的信息传递可以不受时间和地点的限制，学习内容可以重复，可以采用交互的方式进行学习，学生可以自主安排学习进度。

黄蔚：《当虚拟现实与教育亲密接触》

2. 虚拟教育

虚拟教育这一概念的提出，与现代信息科学技术的发展是分不开的。以多媒体和互联网为代表的现代信息技术，正以惊人的速度改变着人们的生活方式和学习方式，并导致发达国家和地区的教育越来越走向网络化、虚拟化、国际化、个性化，从而带给我们一个非常重要的虚拟空间，虚拟教育就是在这样的背景下产生的。它是一种与传统的教育形式相区别的新型教育形式。对于什么是虚拟教育，目前人们对它还没有公认的定义。有人认为虚拟教育指任何一种发生在虚拟现实或虚拟教室中的学习过程；也有人认为虚拟教育指通过互联网提供的教育服务，如网络课程、网上辅导、网上训练及职业发展和指导等；还有人认为虚拟教育是信息和通信技术在教育实践活动中的应用。虚拟教育意味着教学活动可以在很大程度上脱离物理空间的限制，是以电子技术、信息技术以及网络空间为媒介而展开的一种教育形态。它与实体教育刚好相对，教育教学过程发生的场所是一系列虚拟化的教育环境，包括虚拟教室、虚拟实验室、虚拟校园、虚拟学社、虚拟图书馆等。

从上面的分析可以看出：虚拟教育的缺陷就是实体教育的优越性之所在，而虚拟教育的优势就是实体教育的局限性之所在，所以虚拟教育与实体教育应该有机结合，只有实现两者优势互补，才能给人类的教育带来新的活力和新的希望。实体教育优良的学习环境，浓郁的学习氛围，融洽的师生关系，亲密的同学之情，是虚拟教育不能实现的。在信息化社会，仅有实体教育，或仅有虚拟教育，都是不可取的。所以我们可以对未来的教育模式进行展望：虚拟教育不会完全取代实体教育，两种教育方式将相互渗透、融合发展。近年来兴起的"O2O"（从线上到线下）教育模式就是实体教育与虚拟教育相结合的典型例证。①

（三）社会教育、家庭教育和学校教育

从教育活动的存在范围看，可以将教育划分为社会教育、家庭教育和学校教育三种类型。这种分法最早见于苏联的一些教育学著作中，一直沿用至今。

1. 社会教育

社会教育从广义上讲是指一切社会生活影响于个人身心发展的教育；从狭义上讲则是指学校教育以外的一切文化教育设施对青少年、儿童和成人进行的各种教育活动。② 社会教育作为一种教育形态，是伴随人类社会的产生而产生的，原始社会人们定期举行的各种宗教仪式或者各种礼仪活动，都具有社会教育的意义。从广义上看，社会教育实际包括了家庭教育和学校教育——它将所有的教育形态都包含在内。家庭是社会的一个细胞，当然属于"社会生活"；学校不能脱离社会而独立存在，也是"社会生活"的一部分。无论学校教育，还是家庭教育，都是一种社会组织，是隶属于社会的，用社会教育一词似乎完全可以替代学校教育和家庭教育。鉴于此，我们将原来意义上的"社会教育"涵盖的内容加以分解，将它分为职业组织教育、文化组织教育、社区教育。这种分类对教育形态的划分逻辑更加清楚。依据从事教育的机构，可以将教育形态划分为学校教育、家庭教育、职业

---

① 梁琳、黄仁友：《"慕课"与网络孔子学院》，《光明日报》2014年11月6日第15版。
② 《中国大百科全书·教育卷》，中国大百科全书出版社1985年版，第313页。

组织教育、文化组织教育、社区教育五类。职业组织教育是各种各样的职业部门所从事的职业技能训练等；文化组织教育主要由文化机构，如少年宫、图书馆、博物馆等来承担；社区教育由社区机构承担，是社区机构间的一种横向联系与协调。社会教育具有自愿性和自主性，伸缩性和灵活性，持久性和巩固性等特点。

2. 家庭教育

家庭是一个基本的社会单位，承担了大量的教育任务。家庭教育的作用非常重要，特别是在培养青少年的健全人格方面，更是学校教育无法取代的。当今学校教育面临的问题越来越多，家庭教育显得尤为重要，人们对家庭教育的重视程度也有了较大的提高。在某些国家和地区出现了"家庭学校"这种新型的教育方式。

家庭教育具有七个特点。第一，从实施教育的环境来看，家庭是以婚姻为基础，以血缘为纽带自然形成的社会组织形式，这种自然形成的生活环境，对人们的思想品德和行为习惯的影响既深刻又持久。第二，教育者和学习者的关系不是单纯的师生关系，而首先是家长（主要是父母）和子女、长辈和晚辈的关系，他们之间具有天然的血缘关系。从社会学角度来看，家庭中的教育者和学习者都是双重社会地位、双重角色。第三，从教育者的条件来看，家长一般都没有接受过专业的教师职业训练，缺乏教育理论修养和知识，因此，家庭教育的效果，并不是在所有家庭里都能得到保证。第四，从确定培养目标的依据来看，没有统一的、固定的目标和目的。第五，在教育内容上，家庭教育的内容是不确定的，主要由家长决定，"遇物而诲""相机而教"。第六，在教育的过程、途径和方法上，家庭教育具有非规范化和非程序化的特点。第七，在组织管理方面，家庭教育的实施是非制度化的，没有行政部门领导和管理，家长有很大的自主权和很强的独立性。

3. 学校教育

学校教育即社会通过学校对学习者的身心所施加的一种有目的、有计划、有组织的影响，以使学习者发生预期变化的活动。学校教育作为一种独立的教育形态，具有四个特点。第一，较强的目的性、系统性和组织性。学校教育有特定的教育目的，有自己明确的教育方向，有自己的组织机构和相关的职能部门，具有严格的组织纪律性。第二，较强的可控性。学校教育是有目的、有计划、有组织地进行的，其教育途径、教育手段和教育媒介都受到一定部门和教育者的控制和掌握。第三，教育的专业性。学校教育是由专门的机构和专职人员承担的，学校的任务是专门培养人，这些人是取得入学资格的。第四，教育时空的集中性和效率性。课程设置、教材的编写都立足于浓缩人类文明知识的精华，专职教师运用科学合理的方法进行知识的传授，这些就使学习者在相对短的时间里高效率地掌握文化知识及一定的道德观念，从而表现出比非正规教育更高的效率。学校教育正是由于这些特征，才成为一种主导性的现代教育形态。

思考题

一、名词解释题

教育　生物起源论　心理起源论　劳动起源论

正规教育　非正规教育　实体教育　虚拟教育

二、简答题

1. 简述古代教育的特征。
2. 简述现代教育的特征。
3. 简述教育的基本要素。

三、论述题

1. 结合新的时代发展形势和各国教育实践，谈谈你对世界教育发展趋势的认识。
2. 谈谈你对教育本质的理解和主张。

四、材料分析题

有报道称：人类可能不是世界上唯一向后代"传道授业"的物种。科学家发现，成年猫鼬也会有技巧地教育幼崽如何捕猎，可谓"优秀教师"。剑桥大学的亚历克斯·桑顿等人在美国的《科学》杂志发表文章说，他们观察发现，成年猫鼬会把活的蚱蜢和蝎子等食物带给幼崽，有意识地训练其捕食技巧，还会根据"学生"捕食的熟练程度，对食物进行预先处理，让"学生"能更好地掌握捕食技巧。比如，成年猫鼬带一只活的蚱蜢给"学生"后，一般会在旁边看着"学生"捕捉猎物。一旦"学生"水平不够，蚱蜢要逃走，"教师"会出来把蚱蜢的翅膀打掉，再让"学生"练习。"教师"还会把所捕捉到的蝎子的尾刺拔掉，让"学生"安全练习。

阅读上述材料，你是否同意"动物界也存在教育"这种观点？为什么？

第二章 教育与社会发展

教育与社会发展的关系是教育学的基本问题之一。教育与社会发展的关系就是要探讨教育与社会各构成要素之间的相互关系,即彼此之间的作用与反作用。教育不仅是一种社会现象,而且是一个不断生成的社会系统。教育与社会发展之间存在着广泛、复杂和内在的相互关系。从本质上说,教育与社会发展的关系既要探讨社会发展对教育的影响,又要探讨教育对社会发展的影响。一方面,教育作为一种社会现象,其过程本身就是社会发展过程的一部分,它的产生、发展会受到社会发展的影响;另一方面,教育作为一种培养人的社会实践活动,具有多方面社会功能,会对社会发展起到巨大的推动和促进作用。我们不能离开社会发展对教育的影响来孤立地谈论教育,也不能离开教育的社会功能去认识教育及教育活动。

第一节 社会对教育发展的影响

社会对教育发展的影响是指教育与社会发展密切相关,并受其制约。社会是"以共同的物质生产活动为基础而相互联系的人们的总体"①。在一定意义上,社会是人们交互作用的产物,生产关系的总和构成所谓的社会关系和处于一定历史发展阶段、具有独特特征的社会。实际上,教育产生和发展的过程不是孤立、空洞和自我依赖的,而要受到社会发展的重要影响。显然,教育从来都不是按照自身特殊规律"与世无涉"地自我运动与发展的,而必须立足于当时社会发展的现状及趋势获得可能的发展。社会通过教育过程和教育活动向学习者传递一定的文化知识和思想意识,目的就是使学习者能够成为社会所需要的人。那么,从本质上说,教育过程也就是使学习者逐步适应社会发展要求的过程。教育的产生、发展,教育的性质、宗旨和目的,甚至教育的内容、方法、手段,均取决于社会发展的要求。正因如此,社会发展的要求必然会影响教育发展的进程。

一、生产力对教育的影响

恩格斯说过:"一切社会变迁和政治变革的终极原因,不应当到人们的头脑

---

① 上海辞书出版社编:《辞海·哲学分册》,上海辞书出版社1980年版,第89页。

中，到人们对永恒的真理和正义的日益增进的认识中去寻找，而应当到生产方式和交换方式的变更中去寻找；不应当到有关时代的哲学中去寻找，而应当到有关时代的经济中去寻找。"① 这意味着，"物质生活的生产方式制约着整个社会生活、政治生活和精神生活的过程"②。无疑，物质资料的生产是人类社会存在和发展的前提。在物质资料生产中，生产力是最活跃、最革命的因素，它的变化发展影响着生产关系，也对教育发展产生着巨大影响。教育的进步和发展越来越离不开经济发展，尤其是生产力的发展，主要是因为："现代教育也把经济与生产作为它的基本'市场'，它所培养的人才，首先并且是大量的投入经济和生产领域，为此，它从经济和生产的发展中获得其基本动力——需求的动力。"③ 具体来说，生产力对教育发展的影响主要表现在四个方面。

（一）生产力发展水平影响教育发展的规模和速度

任何社会办教育必须以一定的人力、物力和财力等物质条件为基础，必须以现实生产力发展水平所能提供的物质条件为前提，而社会能够给教育发展提供的物质基础是由生产力发展水平决定的。一定社会的生产力发展水平决定着社会剩余劳动产品的多少、自由劳动时间的多少，而剩余劳动产品、自由劳动时间的多少又直接关系到社会财富的积累和允许多少人脱离或暂时脱离物质生产过程。生产力发展在给教育提供一定物质基础的同时，对教育事业的规模和速度产生影响。生产力发展水平直接影响一个国家在教育经费方面的支付能力，而教育经费的支付能力直接影响校舍建设、仪器设备、教材建设、师资待遇和教师培养等多方面的教育条件，从而成为影响教育事业发展规模和速度的主要因素。教育经费的支付能力不仅体现在教育经费的绝对数值上，也体现在国内生产总值中教育经费支出所占的比例上。一般来说，生产力发展水平较高的国家，公共教育经费在整个国内生产总值中所占的比例较高，反之则较低。一般而言，教育发展的规模与速度总是与社会生产力发展水平成正比，教育发展不能超越生产力发展可能达到的限度，只有生产力发展了，教育才有可能发展。

（二）生产力发展水平影响教育目的

教育的根本问题是培养什么样的人的问题。生产力的发展水平之所以影响教育目的，主要是因为社会生产力水平和方式决定了劳动力的规格，进而也决定了教育所培养的人的规格，尤其是人的知识、技能和态度的规格。"个人是什么样

---

① 《马克思恩格斯文集》第3卷，人民出版社2009年版，第547页。
② 《马克思恩格斯文集》第2卷，人民出版社2009年版，第591页。
③ 鲁洁主编：《教育社会学》，人民教育出版社1990年版，第54页。

的，这取决于他们进行生产的物质条件。"① 从本质上来说，生产力的发展过程是人的素质不断提高、潜能被不断发掘的过程。生产力发展在客观上要求教育能够培养出适应其发展需要的人，要求他们能够掌握与生产力发展相适应的知识和技术，具有与之相适应的素质。那么，生产力发展对人的这种要求也就必定带来教育在人才培养质量和规格上的变化。生产力发展要求教育能够满足由于劳动分工带来的对不同层次、不同类型的劳动者的需要。为此，教育就必须依照生产力发展带来的劳动分工结构变化来确定教育目标，培养与生产力发展水平相适应的不同质量和规格的人才。

（三）生产力发展影响课程设置及内容选择

生产力发展促进科学技术的发展与更新，也必然会影响学校课程设置及内容选择。从教育发展的历史来看，由于时代不同，生产力和科技发展水平不同，学校课程设置及内容选择也各不相同。在古代社会，由于生产力极不发达、科技水平低下，尤其是科技并未实现与生产结合，因而学校教学内容极为贫乏，以社会典章制度和简单读写常识为主，所设置的课程门类多为哲学、政治、道德、宗教等人文学科以及语言、文字等工具课程，与生产劳动直接相关的自然科学和技术课程涉及很少。到了近代社会以后，在算术、几何、天文学等传统课程的基础上，代数学、三角学、植物学、动物学、物理学、化学等相继进入课程。究其原因，除了政治、经济、制度和文化等因素的发展变化外，古代社会学校课程设置与当时落后的、自给自足的生产力发展状况息息相关。近代以来学校课程的发展，与近代以来生产力的迅猛发展水平和状况是一致的。在古代社会，由于生产力发展速度缓慢、水平较低，直接从事生产的劳动者不需要经过专门训练和教育，学校也不承担培养劳动者的任务。随着生产力发展，到了近代社会以后，较为完备的学科门类形成了，教育目标也发生了变化，迅猛提高的生产力发展水平对人才培养提出了新要求。由此可见，课程设置及内容选择是以生产力发展水平为基础和前提的。

（四）生产力发展影响教学方法、手段及组织形式

学校在物资设备、教学实验仪器、组织管理过程中所使用的工具和技术，都是一定生产工具和科学技术在教育领域的应用，它反映了生产力发展水平。例如，理化实验、幻灯、电影乃至多媒体的演示教学等，无不与生产力发展水平的不断提高息息相关。特别是现代科学技术的发展为教育提供了更多有效平台，没有现

---

① 《马克思恩格斯文集》第1卷，人民出版社2009年版，第520页。

代科技支撑，就不会有多种形式的远程教育跨越时空阻隔，将优质教育资源投放到每个村落更是天方夜谭。

此外，教学组织形式的演变也与生产力发展水平相关。在古代社会，个别教学是主要的教学组织形式；到了近代社会，班级授课制成为基本的教学组织形式；到了20世纪中后叶，个别化教学呈现出良好的发展势头。这些变化无不与生产力水平的发展变化直接相关。换言之，它们都是生产力发展的必然要求，与社会物质生产和科学技术发展密不可分。

二、政治对教育的影响

政治是阶级利益的集中反映，所以，政治对教育不但有着直接的制约作用，而且，这种制约作用波及教育的一切方面。① 教育的根本任务和核心内容是培养人，而培养什么样政治方向和思想意识的人，是由这一社会的政治制度所决定的。一般而言，在阶级社会里，掌握生产资料的阶级一定要通过政治组织机构、法律制度、思想意识以及其他行政手段来控制教育，对教育的性质、目的、制度、内容乃至方法、手段等给予一定影响，使其能够更好地为本阶级利益服务。"教育作为一项社会事业，深受政治的制约，任何社会的教育都体现着该社会的政治特征。"② 具体来说，政治对教育的影响主要体现在四个方面。

（一）政治制度决定教育的社会性质

一定社会的教育具有什么性质，是由这个社会的政治制度直接决定的。教育发展的历史证明，有什么样的社会关系和政治制度，就有什么样的教育。例如，欧洲古代中世纪教育的神学性是由宗教僧侣对教育的垄断决定的，近代资本主义教育的阶级性是由资本主义物质生活方式所决定的。这是马克思和恩格斯在《共产党宣言》中所揭示的教育的普遍特征。列宁根据俄国当时的实际情况也指出，俄国教育的等级性完全是由俄国社会的封建等级制度决定的。资产阶级的社会关系性质决定了学校完全会变成资产阶级统治的工具。因此，教育的社会性质主要取决于政治制度的性质。同时，社会关系和政治制度的发展变化也直接决定了教育的发展与变革。当新的社会关系、政治制度代替旧的社会关系、政治制度时，就必然产生与之相适应的新教育。因此，阶级社会的教育都反映着统治阶级的需要。教育从属于一定的社会关系和政治制度，成为社会统治的一种重要工具。

---

① 叶澜：《教育概论》，人民教育出版社1991年版，第146页。
② 鲁洁主编：《教育社会学》，人民教育出版社1990年版，第93页。

（二）政治制度影响教育宗旨和目的

教育宗旨和目的作为指导和支配整个教育过程的"魂"，是教育实践活动的出发点和归宿。在一定社会中，教育宗旨和目的是一个社会的政治制度对教育所提出的主观要求的集中体现，它直接反映统治阶级的利益和需要。因而，在政治制度不同的社会里便有着不同的教育宗旨和目的。在社会中占统治地位的阶级为了确保教育能够培养出他们所需要的人才，总是利用所掌握的国家机器直接控制教育，为教育确定规格标准、选择教育内容、提出道德要求等，使教育为特定的社会关系服务。具体来说，在社会中占统治地位的阶级主要是通过如下方式实现对教育宗旨和目的的影响的：一是利用其拥有的立法权，颁布一系列教育法律、政策和规章，借此将教育部门执行教育宗旨和目的合法化；二是利用其拥有的组织人事权控制教育部门人员的教育行为，使之符合教育宗旨和目的的要求；三是利用经济手段来控制教育发展的方向。

（三）政治制度影响教育领导权和受教育权

教育领导权和受教育权是判断和确定教育性质最主要的标志。首先，政治上的统治者同时也是教育上的统治者，统治阶级依靠其掌握的政治经济权力掌握了教育领导权。统治阶级对教育的控制是通过国家机器实现的，他们通过国家政权颁布教育法律、政策和规章，规定办学宗旨、方针，以强制手段监督执行，并通过任命教育机构领导人等有效手段掌握教育领导权。同时，统治阶级还通过控制教育经费直接决定教育发展的规模和速度，通过以主流指导思想来编写或审定教科书、教学参考书和各种课外读物等，保证在思想上占据教育领导地位。其次，受教育权亦是由政治制度决定的，即由国家政权的法律规定或由受教育者和其他各种条件决定。例如，谁有接受学校教育的权利、谁没有接受学校教育的权利、谁有接受什么样的学校教育的权利、学校教育以什么内容和方法来培养人等，都是由一定政治制度决定的。

（四）政治制度对教育管理体制有着重要影响

教育管理体制直接受制于社会关系和政治制度。在教育发展历史上，不同的社会政治制度历来决定着不同的教育管理体制。例如，法国、日本高度中央集权的政治制度决定了学校管理体制的集中统一；美国地方分权的政治制度决定了美国的教育分权制，各州有权根据各州实际颁布各种教育法规，而不是由联邦一统到底。我国强调发挥中央和地方两方面的积极性，因而在教育管理体制上实行大政方针上的集中统一、具体实施上的地方分级管理，既有中央集中，又有地方灵活性。这些都是不同社会关系和政治制度在教育管理体制中的具体反映。

三、人口对教育的影响

人口是居住在一定地区内或一个单位内的人的总称。按照马克思主义的观点，人口是一个具有许多规定和关系的丰富的群体。简言之，人口是指生活在一定社会、一定地区，具有一定数量、质量与结构的人的总体。① 人口是人类社会存在和发展的基础，也是社会生态基础的重要组成部分。从整体上看，人类生产分为物质再生产和人口再生产两大类。所谓物质再生产，是指处于一定社会关系的人在生产劳动过程中借助生产工具不断从自然中获得其生存所必需的物质生活资料。所谓人口再生产，是指以物质再生产为前提和基础，通过一定形式的婚姻制度所进行的人类自身繁衍。就人类自身的再生产来看，它是生活在一定时空内的人口繁衍、代代延续的过程。这个过程既包括人口数量的再生产，也包括人口质量的再生产，以及在此过程中形成的人口结构。因此一般而言，人口是由人口数量、人口质量和人口结构三部分构成。具体来说，人口对教育的影响作用主要表现在三个方面。

（一）人口数量对教育的影响

1. 人口数量影响教育事业发展的规模和速度

一定数量的人口是构成教育事业及其活动的前提和基础，尤其是学龄人口数量直接影响教育事业发展的规模和速度。从学理上说，人类社会的人口增长有三种类型：第一种是高出生和高死亡构成的人口低增长；第二种是高出生和低死亡构成的人口高增长；第三种是低出生和低死亡构成的人口低增长。第一种类型的人口增长

项贤明：《人口空间位移背景下的教育问题》

在现代社会已经很少发生。第二种类型的人口增长对教育规模和发展速度方面的影响较大且不稳定，情况比较复杂。这主要体现在随着人口的高增长，必然要求不断扩大教育规模、提升发展速度，以满足人口的教育需要。第三种类型低出生和低死亡构成的人口低增长，对教育规模和发展速度方面的影响较为稳定，只要有适度的经济力量支持，教育就能很好地满足人口接受教育的需要。

2. 人口数量增长速度影响教育发展战略目标的实现和战略重点的选择

教育发展战略目标是教育在一个较长时期内关于全局发展的奋斗目标，而教

---

① 叶澜：《教育概论》，人民教育出版社1991年版，第104页。

育预期要达到的未来发展的总要求和总水平受到诸多因素影响，其中，人口增长速度是一个重要因素。一个时期内，在其他各方面条件都具备的情况下，若人口增长过快，就必然要求教育规模有较大和较快发展，教育发展战略目标的实现难度也必然随之提高。教育发展的战略重点是指在教育发展过程中对于实现战略目标具有关键作用的环节和部分。教育发展战略重点的选择不仅应依据经济、社会及教育自身发展的法则和需要，而且还应考虑人口因素。例如，在人口增长速度比较快的地区，教育发展应以扩大规模、增加数量为战略重点；而在人口增长速度较为平缓且经济发展又比较好的地区，教育发展则应以提高教育质量为战略重点。因此，人口数量增长速度对于教育发展战略目标的实现和战略重点的选择具有影响作用。

（二）人口质量对教育的影响

人口质量对教育的影响主要包括直接影响和间接影响两个方面：直接影响是指入学者已有的水平对教育质量的影响；间接影响是指年长一代人口质量影响新生一代人口质量，从而影响以新生一代为教育对象的学校教育质量。总之，学校教育质量不仅取决于教育者一方，还与受教育者的初始水平有关，与社会、家庭对学校的期望、支持与协作程度有关，即与现有社会的人口质量有关。

（三）人口结构对教育的影响

1. 人口年龄结构影响教育发展

不同的人口年龄结构对教育发展提出的要求是不同的。一般来说，有什么样的人口年龄结构，就会有什么样的教育结构与之相适应。例如，在人口的年龄结构中，学龄人口的基数多、比例大，包含中小学在内的基础教育在整体教育体系中的比例就必然会提高。相反，如果成人人口比例大，教育体系的重心就会转移到成人教育方面。

2. 人口就业结构影响教育发展

人口就业结构取决于一定地区的生产力发展水平，特别是产业结构和技术结构，但它又必然会对教育发展产生影响。例如，如果生产力发展水平低，大多数劳动者集中在第一产业和第二产业就业，此时的教育发展水平必然十分有限，教育的类型结构也相对单一。相反，如果产业结构和技术结构中的科技含量加大，劳动人口流向第三产业，就必然会促进教育发展水平不断提升，教育环境不断改善，教育的类型和结构也必然呈现多样化特点。

四、文化对教育的影响

文化是人类劳动实践的产物，而教育作为一种特殊的劳动实践形态，在人类文化发展过程中起着重要作用，负责传递人类所创造的精神财富，并使这些精神财富转化为个人财富。因此，文化和教育具有不可分割的必然联系。同时，文化对教育的影响也非常明显，一国教育之所以区别于他国教育，文化差异是其中一个重要原因。具体来说，文化对教育的影响主要体现在三个方面。

（一）文化观念影响教育观念

文化观念是长期生活在同一文化环境中的人们逐渐形成的对自然、社会和人本身比较一致的观点和信念。教育观念是存在于人们头脑中的对教育现象和教育问题的认识、观点和看法。事实上，教育观念是文化观念在教育领域的反映。具体来说，文化观念对教育观念的影响主要表现在两个方面。一是文化观念影响人们对教育的态度和行为。例如，同样处在工业化历史进程中，日本、德国等具有大工业意识的国家十分重视发展教育，重视人口素质的提高对社会高质量发展的重要作用。相反，英国等传统和保守的国家则把社会发展归之于政治制度的作用，必然导致社会发展进程缓慢。二是文化观念影响教育思想的产生和发展。任何教育家的教育思想都是在一定社会文化背景中孕育的，是其世界观和价值观的反映。例如，中国近代教育史上黄炎培的职业教育思想、陶行知的平民教育思想，都是他们所处时代社会需要的集中反映。西方教育史上夸美纽斯、卢梭、裴斯泰洛齐的"自然教育"原则，则是资产阶级上升时期要求"肯定人性、削弱神性"的社会潮流的反映。

（二）文化类型影响教育目标

文化类型不同，教育目标也不同。任何社会的教育目标都是社会统治阶级利益的集中体现，是统治阶级主观意志的产物。人的意志和决断取决于人的需要和价值取向。所以，教育目标中的主观成分越多，受文化的影响就越大。例如，中国古代社会的主流文化是以儒家为核心的"伦理型"文化，这种文化将"崇善"作为最高范畴，强调的教育目的是"在明明德，在亲民，在止于至善"，在人才规格上强调"贤者"与"君子"的培养。古希腊文化将"爱智慧"作为最高范畴，注重通过知识学习达到对真理的认识，同时重视自然现象领域中各种知识的教育。

（三）文化传统影响教育内容和教育方法

文化传统包括民族创造力表现形态、共同心理素质、特有思维方式及行为方式、特有价值观念等，一般通过民族心理素质、思维方式和风俗习惯等多方面体现出来。文化传统对于教育内容和教育方法的影响主要体现在两个方面。第一，文化传统影响教育内容。文化传统典型地反映了一定民族文化的特定内涵。不同民族积淀成不同的民族文化传统，不同民族文化传统又塑造了不同的教育。例如，欧洲中世纪占统治地位的文化是宗教文化，知识的主导形态是基督教神学知识，因此，中世纪大学的教学内容以神学知识为主。到了文艺复兴时期，古希腊、古罗马的文学艺术被重新发现，学校的教学内容则以世俗性知识为主。此外，同一文化时代，不同国家由于受不同文化影响，教育内容的差异也普遍存在。中国古代社会长期重农抑商、追求仕途，导致教育内容主要以典章制度为主，很少有自然科学和生产知识；英国一向崇尚人文精神，直至今日古典人文课程仍占较大比例。第二，文化传统影响教育方法。例如，中国传统文化强调"书读百遍，其义自见"和"听君一席话，胜读十年书"，即读书和聆听先生教诲是获得知识、增长才干的最佳途径。这反映到教育方法上，就是学校把教师的系统讲授看作获取知识的最佳途径，把读书看成获得真知的唯一源泉，故而倡导"多教多得、少教少得，不教不得"的理念。总的来看，中国传统文化倡导因材施教、启发诱导、温故知新、学思并重、循序渐进、由博返约、长善救失、教学相长、言传身教、尊师爱生等教学思想，应该说，这些文化传统无时无刻不在影响着教育方法的选择。

第二节　教育对社会发展的促进功能

教育功能是教育活动、教育系统对个体、社会发展所产生的各种实际作用和影响。这种作用和影响可能是正向的促进，也可能是负向的阻碍。从作用对象上划分，教育功能分为教育的个体功能和教育的社会功能两大类。教育的社会功能是指教育在与社会的相互关系中所表现出来的能力。教育主要是通过培养人来实现其社会功能的，教育的这一根本性特征使教育的社会功能具有间接性、隐含性、潜在性、迟效性、超前性等特点。需要指出的是，教育对社会发展的促进功能是有限度的。教育的社会功能大小除了取决于教育自身，还受到社会各种条件的影响。换言之，教育只能在社会发展允许和需要的范围内发挥其社会功能。本节将系统阐述教育对社会发展的促进功能。具体来说，教育对社会发展的促进功能主要表现为教育对经济、政治、人口、文化等社会子系统具有正向作用。

一、教育的经济功能

教育的经济功能是指教育系统对一定社会经济发展所起的作用。事实上，在资本主义上升时期，资产阶级经济学家就已经注意到教育的经济效果。英国经济学家亚当·斯密（1723—1790）认为：学习一种才能，须受教育，须进学校，须做学徒，所费不少。这样费去的资本，好像已经实现并且固定在学习者的身上。这些才能，对于他个人自然是财产的一部分，对于他所属的社会，也是财产的一部分。工人增进的熟练程度，可与便利劳动、节省劳动的机器和工具同样看作社会上的固定资本。教育对经济发展的促进功能在当代社会愈发凸显。随着科学技术的迅猛发展和当代经济发展中科技含量的大幅提高，当代经济增长方式已由依靠物质、资金、资源的粗放型增长模式转变为依靠技术、知识和人力资本的集约型增长模式。经济增长模式的转变，日益彰显了教育的重要性。具体来说，教育对经济的促进作用体现在三个方面。

（一）促进经济增长

教育是以培养人为己任的社会活动，而在生产力三要素中，人是最关键、最能动的因素。1960年，美国经济学家、诺贝尔经济学奖获得者西奥多·舒尔茨（1902—1998）以《人力资本投资》为题的演讲，使"人力资本"成为当今经济学、教育理论中最重要的范畴。人力资本是指体现在人身上的资本，是对生产者进行教育、培训等支出及其接受教育的机会成本等的总和，以人的劳动能力的高低和可使用程度作为衡量依据。舒尔茨提出了人力资本收益测算法，强调了教育及教育投资对国民经济增长的贡献率，将教育作为促进经济增长、发展社会经济的重要支撑点。一般而言，在初级机械化生产阶段，生产中体力劳动与脑力劳动的比例是9∶1；在中等机械化生产阶段，这个比例是6∶4；在自动化生产阶段，这个比例是1∶9。许多国家的经济发展经验也已表明，采用先进生产工具和提高劳动者素质，对于提高劳动生产率具有重要作用。有研究证明，一个受过初等教育的工人可以使劳动生产率提高30%；而一个熟练工人进修一年，比他在工厂工作一年提高劳动生产率1.6倍。总之，教育能够通过自身的独有功能提高劳动力的劳动熟练程度，进而提高劳动生产率，最终促进经济增长和发展。

（二）推动科技发展

不容忽视，学校特别是高等学校不仅是传授知识的教育机构，承担着再生产科学知识的任务，也是从事科学研究的重要基地，担负着生产新科学知识和生产力的重要使命。科学研究，一方面可以生产出新科学知识，发挥精神生产方面的作用；另一方面也可形成科学—技术—生产体系，在实验室里研制创造出许多新的生产工艺，可以直接参与物质生产过程，从而推进生产力发展。

高等学校应该是教学与科研的统一体。首先，通过教学可以实现高效率的科学知识再生产，完成培养人的光荣任务和使命。由学校教育过程实现的这种科学知识再生产既是一种无限的、永恒的再生产，又是一种高效率的再生产。诚如马克思所说："因为再生产科学所必要的劳动时间，同最初生产科学所需要的劳动时间是无法相比的，例如学生在一小时内就能学会二项式定理。"[①] 只要人类社会存在一天，只要人类需要进行劳动力的培养和训练，需要对年轻一代进行知识武装、智力开发、能力培养、思维发展，需要向全体社会成员进行科学知识普及，就需要通过教育进行科学文化知识传播，把已经成形的科学理论传授给新一代，让新一代掌握和继承。科学知识的一次传授过程便是一次再生产过程。这种再生产也是一种扩大再生产，因为由教育所进行的这种知识传授，可以使原来为少数人所掌握的科学知识为更多的人所了解，从而不断扩大传播范围，形成辐射效应。只要人类社会发展下去，这种再生产便将永远进行下去。其次，更为重要的是，在教学实现科学知识再生产的同时，通过科学研究，教育也能创造新科学知识和新生产力。高等学校承担着教学和科研的双重任务，通过承担科研课题、技术革新，不仅可以创造发明新的生产工具、生产工艺，而且也可以发现新的科学规律，建立新的科学理论。高等学校重视人才梯队建设，拥有一流的专家资源，构成了良好的专业结构，这就使高等院校有条件进行一些高水平研究。

可见，高等院校在推动科技发展、促进科学进步过程中发挥着十分重要而明显的作用。

（三）提高劳动者素质

马克思曾指出："劳动生产力是由多种情况决定的，其中包括：工人的平均熟练程度，科学的发展水平和它在工艺上应用的程度，生产过程的社会结合，生产资料的规模和效能，以及自然条件。"[②] 可以看到，这五个因素都与人有关。教育担负着培养人、培养劳动力的主要任务，是社会再生产的必要条件，也是经济增长的必要条件，在经济发展中具有举足轻重的重要作用。教育能够把可能的劳动者转变为现实的劳动者，把一般性劳动者转变为专业性劳动者，把较低水平的劳动者转变为较高水平的劳动者，把一种形态的劳动者转变为另一种形态的劳动者，把单维度的劳动者转变为多维度的劳动者。概括来说，首先，教育可以把可能的劳动力转化为现实的劳动力。劳动能力是劳动者体力和智力的总和，但它不是自然形成的，而是通过教育得以形成，并适应于一定的生产劳动需要。当人还不具

---

① 《马克思恩格斯全集》第 26 卷第 1 册，人民出版社 1972 年版，第 377 页。
② 《马克思恩格斯文集》第 5 卷，人民出版社 2009 年版，第 53 页。

有任何生产劳动知识和技能时，他只拥有自然力，是一种可能的劳动力。要把这种可能的劳动力转化为现实的劳动力，就需要接受教育。因此，马克思说，"教育会生产劳动能力"①，"为改变一般人的本性，使它获得一定劳动部门的技能和技巧，成为发达的和专门的劳动力，就要有一定的教育或训练"②。劳动者劳动能力的形成是通过教育和培养实现的，而已经形成的劳动能力要随着生产发展发生适应性转变，也必须通过教育来完成。只有如此，才能提高科学知识的物化程度。其次，教育可以改变劳动能力形态，提高劳动者的生产能力。教育不仅能形成劳动能力，而且还能使劳动能力形态发生改变。也就是说，教育能使劳动者提高对劳动过程的理解程度和劳动技能技巧的熟练程度，从而提高工作效率。总之，教育能使劳动者提高学习知识和技能的能力，缩短学习新技术或掌握新工种所需的时间，提高创新意识和创新能力，提高加强生产管理的愿望与能力。

二、教育的政治功能

政治是一种复杂的社会现象，建立在一定经济基础之上，属于上层建筑范畴，是任何人都无法回避的社会事实。政治的本义是对各种城市生活的处理，特别是公共事务的管理。但在阶级社会中，政治最为鲜明的特征是阶级性。只有在阶级被彻底消灭的社会，政治才能回归到"对公共事务的管理"这一应然状态。一般来说，政治的表现形态分为三种：一是政治的管理、机构形态，即国家的政治制度、法律制度和各级政府机构、各个党派等政治管理和机构形态；二是政治的活动形态，即各阶段、各党派所进行的各种活动；三是政治的观念形态，即反映政权、政党、各阶级利益的路线、方针、政策以及与之相关的理论与学说。

教育的政治功能主要表现为一个社会的统治阶级通过教育把符合他们需要的社会主流政治思想渗透、灌输给受教育者，从而维护本阶级的统治地位和利益。无疑，教育是培养能够从事现代社会政治生活的合格公民的基本手段。教育的政治功能主要包括两方面：一是培养政治人才以补充社会的管理阶层；二是对广大青年进行政治教育，促使他们的政治社会化。我们应该看到，作为一种政治工具，教育在影响社会政治生活、维护社会稳定、促进社会发展等方面都起到了不容忽视的重要作用。具体来说，教育对政治的促进作用体现在四个方面。

---

① 《马克思恩格斯全集》第33卷，人民出版社2004年版，第249页。
② 《马克思恩格斯文集》第5卷，人民出版社2009年版，第200页。

(一) 维系社会政治稳定

作为一种复杂的社会实践活动，教育的首要政治功能表现在它对维护社会政治稳定发挥着十分重要的作用。《礼记·学记》中就曾明确提出，"古之王者建国君民，教学为先"，这就充分表明教育是"化民成俗"，是治国安邦的关键，而这正是教育的基本功能所在。从社会历史发展进程来看，即便是通过法治手段实现对社会的政治控制，也是借助教育的力量达成的，因为法的控制在本质上也是通过法治思想的教化得以实现的。在此意义上，自古以来，任何国家或政权都无一例外以教育作为维系社会政治稳定的基本途径。教育维系社会政治稳定主要通过为社会培养各种政治人才、培养具有一定政治素质的社会公民、宣传统治阶级思想、制造一定社会舆论等方面来实现。

(二) 提高社会政治文明水平

一般来说，教育是通过传播思想、制造舆论来影响社会政治生活的。教育，特别是学校教育，历来是知识分子和青少年群体集中的领域，他们思想敏锐，有见解、有学识，是新思想、新文化的发源地。此外，教育者和受教育者的言论、行动、讲演、文章，学校的教材、书刊等，也能起到宣传思想、制造舆论、动员民众、影响政治生活的作用。在现代社会，教育发挥着弘扬社会政治、思想、道德及文化领域中的正面因素，抑制与抵御腐朽、落后等消极因素，进而提高社会政治文明水平。一个国家的政治文明水平，取决于该国的政体，但同时也与人民的文化素质、教育水平密切相关。一个国家的教育普及程度越高，公民素质也就越高，就越能具有公民意识，越能认识到政治文明的价值并推崇政治文明的措施，越能在政治生活和社会生活中积极履行政治文明的权利，承担相应义务。因此，教育的发展和全体公民素质的不断提高，是推进政治文明水平不断提升的重要前提和有力保证。

(三) 促进社会政治变革

教育促进社会政治变革主要体现在三个方面。第一，教育的普及化是现代社会政治变革的重要标志，同时也是推进它的重要力量。教育普及化表明政治的平等与开放，因此，教育普及化水平的不断提高将有力推动社会政治的变革与进步。第二，教育通过传播先进思想和弘扬优良道德来促进社会政治变革。教育能动的主导作用在于它能弘扬社会政治、思想和道德领域的正面因素，从而推进社会政治的变革及先进化水平。第三，政治民主化是现代社会政治发展的必然趋势，而这依赖教育的发展和推动。这是因为，民主意识和观念的养成必须通过教育才能达到。所以，教育水平的提高是实现社会政治民主化的重要前提和基础。

（四）培养社会政治人才

人不仅是生产力的重要因素，而且是社会政治发展的重要一员。作为培养人的重要方式和有效工具，教育通过培养具有一定政治态度、思想意识的人，在维护和巩固一定的政治制度中发挥积极作用。这种运用教育力量培养年轻一代具有某种政治意识形态的过程，被许多西方学者称为政治社会化的过程。这个过程旨在使个体融入社会政治生活，这对于稳定社会制度、提高公民参与政治的水平、

冯建军：《公民教育目标的当代建构》

营造有利于政治发展的社会环境均具有积极意义。在阶级社会里，无论哪个时代、哪个国家，掌握政权的阶级总是利用手中的权力掌握和支配教育的优先权，利用占统治地位的思想和道德去培养年轻一代，以使他们具有统治阶级所需要的知识技能和思想品德，同时具备国家和政府所希求的世界观、人生观、价值观。因此，教育是通过培养一定社会所需要的合格公民和政治人才来实现教育的政治功能的。应该看到，在社会管理高度专业化的趋势下，通过教育培养大批领导和管理人才、培养具有专业化水平的政治和社会管理人才，已经成为现代教育的重要功能之一。

三、教育的人口功能

教育的人口功能是指教育对调控人口数量、调整人口结构、改善人口质量和提高全民素质具有直接促进作用。人口是社会存在的生态基础，其数量与质量在不同社会发展阶段作用不一。当社会发展处于较为落后状态时，经济发展所需要的人以体力劳动为主，因此社会关注人口数量；当社会发展处于较为先进状态时，经济发展所需要的人以脑力劳动为主，社会势必强调人口质量。教育是提高人口质量的根本途径，教育可以提升人口的身体素质、科学文化素质和思想道德素质等综合素质，在调控人口数量、调整人口结构、改善人口质量和提高全民素质等方面具有重要作用。由此，全民受教育程度和水平也就成为一个国家现代化水平的重要指标。具体来说，教育对人口的作用体现在四个方面。

（一）教育是调控人口数量的重要手段

调控人口数量的手段有很多，发展教育是其中一种十分重要的手段，而且被认为是一种能够长久起作用的手段。一些人口学家研究后得出结论：国民受教育程度越高，人口出生率越低。一些在拉丁美洲进行的调查表明：有工作的女性生

育率低于家庭妇女的,有专业知识的女性生育率低于一般女性的,受过中等程度教育的女性所生育的婴儿的死亡率低于文盲女性的。我国的一些调查资料也反映出同样的倾向,即人口的平均文化程度越高,人口出生率就越低,反之亦然。一系列研究表明,受教育程度不同导致了不同的生育观:受教育程度较低的群体或个人倾向于不加节制地、高数量地生育;受教育程度较高的群体或个人倾向于有节制地、比较合理地生育,并且更加注重子女的教育。国家可以通过教育有目的地影响育龄人群的生育观念,从而间接地实现对人口数量的调节,使人口增长与经济发展等社会因素相协调。

教育供给、教育成本以及相关教育政策,都会直接影响育龄人群的生育观念。在教育供给不足、教育成本提高的情况下,越是重视子女教育的人群往往越不愿意生育。如果国家通过相应的政策来扩大教育供给,降低教育成本,无疑有利于提高育龄人群的生育愿望。良好的教育供给,可以使得育龄人群对未来子女教育有良好预期,从而促进人口增长。同时,社会就业在教育方面的要求,也会直接影响家庭在子女教育投入方面的成本预期,进而影响育龄人群的生育策略选择。就业中过高的教育门槛,意味着家庭在子女教育上必须有更大的投入,因而会降低育龄人群的生育愿望。如果国家运用政策手段适当调整社会就业的基本教育要求,避免就业过程中对教育的过度要求,就可以减轻育龄人群在子女教育投入方面的心理压力,有利于刺激生育愿望。

人口与经济发展之间的关系十分复杂,国家会根据经济发展的需要来调整人口政策。在经济发展需要减缓人口增长的情况下,教育的普及和全民教育水平的提高,促进育龄人群理性地、有节制地生育儿女,无疑可以很好地发挥抑制人口增长的功能;在经济发展需要提高生育率的情况下,全民教育水平的提高,特别是育龄女性教育水平的提高,可以降低婴儿的死亡率。同时,教育还可以通过提高人口的质量,来更好地将人口资源转化为经济发展需要的有效人力资源,使同样数量的人口增长在经济发展中能够发挥更大的促进作用。与此同时,国家也可以采取相应的政策手段,包括通过相应的教育措施引导和刺激知识女性的生育愿望,从而以不同的方式发挥好教育调控人口数量的作用。

由此可见,教育具有调控人口数量的社会功能。为了更有效地发挥这一功能,不仅要普遍提高社会民众的文化水平,而且应对成人和青少年进行专门的人口教育。对成人的教育可通过大众传播媒介进行,使民众懂得人口数量与国家发展、家庭幸福的关系,懂得怎样实现优生优育。对青少年的教育主要通过学校来实现,可在学校中增设人口教育课程,主要内容是揭示人口变化、人口状况、人口发展与基本生活质量等方面的相互关系。通过这些，我们可以更好地发挥教育对人口数量的调节作用。

（二）教育是提高人口素质的重要途径

人口素质由人口的身体素质、科学文化素质和思想品德素质等方面构成，它们都与教育息息相关。第一，教育可以提高人口身体素质。身体素质是指人的身体健康状况和大脑功能状况。它取决于两个因素：一是先天遗传；二是后天营养、保健和锻炼。一般说来，受过较高教育的人，一般都容易掌握优生学和遗传学的知识，懂得近亲结婚以及各类遗传病对新生一代的危害，能有意识地注意女性孕期的保健卫生，尽量减少因用药不慎、疲劳过度、神经紧张等对胎儿带来的不利影响，从而大大减少先天性残疾儿童的出生。第二，教育对人口科学文化素质的影响更为明显和直接。在一定意义上，人口科学文化素质的高低主要取决于教育水平和状况。世界上通常使用下列指标来衡量人口的科学文化素质：文盲率或识字率、义务教育普及程度和提高程度、就业人口的平均受教育年限、每万人口中科技人员数等。显然，这些衡量指标的达成和实现程度，都与教育发展水平息息相关。第三，人口思想品德素质的形成也依赖于教育。可以说，有什么样的教育环境，就会培养出什么品质的人。一个文化素质较高、文化氛围较浓的家庭以及良好健全的学校教育和社会教育的环境，对提高人口思想品德素质的作用是不容忽视和不可低估的。

（三）教育可使人口结构趋于合理

人口结构包括人口的自然结构和人口的社会结构。自然结构是指人口的年龄、性别等方面的比例。社会结构是指人口的阶级、文化、职业、地域、民族等方面的比例。所谓人口结构的合理化就是指人口结构有利于社会生产和人口的自然平衡。首先，教育可使人口性别结构趋于合理。受过一定教育的人的生育观发生改变，摆脱了"重男轻女"传统思想的束缚，从而降低了女胎流产率，进而调整了新生儿的性别结构。其次，教育可使人口的城乡结构趋于合理。人口的城乡结构实际上就是城镇人口的比例。城镇人口比例的大小是衡量一个国家经济发展水平特别是工业发展水平高低的重要标志。我国历来是一个农业大国，中华人民共和国成立以来，随着社会主义经济建设不断发展和进步，城镇人口比例有所上升，但仍低于世界平均水平。因此，我们要加快农业国向工业国的转化，就有赖于大力发展教育，不断提高人口素质。

（四）教育有利于人口流动和迁移

人口流动和迁移是指人口从一个地点向另一个地点的迁居活动。合理的人口流动和迁移，对适应生产力发展，促进资源开发，促进地区间文化技术交流、合作与发展等都有积极意义。影响人口流动和迁移的因素有很多，其中教育的影响比较重要且愈发显著。具体来说，教育有利于人口流动和迁移的主要表现是：（1）受过较好教育的人口更容易远距离流动和迁移。受过教育的人不易受本土观念束缚，他们更想到最适合自己生活、最能发挥自己才能的地方去工作。另外，由于迁入城市大多是以资本密集型和知识密集型产业或是第二、第三、第四产业为经济主体的城市，这就决定了迁入这些城市的人必然要具有一定的专业技术水平。（2）教育本身具有人口流动和迁移功能。现代学校特别是现代高等学校如同一个人才集散地，把各地区的人才聚集起来加以培养，然后根据社会发展需要、学习者志愿和特长，再把他们输送出去，从而实现人才跨区域流动。这种由教育本身所实现的人口流动和迁移，最显著的优点在于可使各地区有计划地输入经过专门训练的技术人员和熟练工人，有利于各地区的经济增长和社会发展。

四、教育的文化功能

教育是在文化生态中存活的，但教育并不是一个可有可无的仅仅为社会文化所决定、支配和控制的被动要素。作为人类创造物的文化，具有多种表现形式，主要包括物质文化、制度文化和精神文化等。在一定意义上，文化创造的过程本身就是教育的过程。教育的文化功能是指教育具有促进文化延续和发展的功能。具体来说，教育的文化功能主要表现在四个方面。

（一）文化传承

人类文化的传承大体有两种途径：一是以物的载体为手段实现的延续，例如名胜古迹、实物保存、语言符号等，即通过物质或借助物质载体将精神文化客观化、物质化；二是以人作为载体实现延续，即通过人的活动形式、心理行为方式等保存文化。文化的这两种传承途径都与人的学习和理解有关，离不开对人的教育和培养过程。从人类的其他活动中分化出来成为一种独立的社会活动以来，教育就承担了文化传承的任务。由此，教育是实现文化传承的重要机制。学校教育由于在文化传承过程中的系统性、集中性、高效性和普及性等特性，成为文化传承最基本、最重要的途径。教育对人类文化的传承是通过教育对它的选择和整理实现的。教育通过对人类文化的选择和整理，使之成为与学生发展相一致的力量——教育内容与教育方法，从而传递给年轻一代，实现文化的代际延续。因此，教育是保存文化和传承文化的有效手段。当然，面临文化激增的新时代，教育要发挥其传递功能，必须使教育系统向整个社会文化开放，要让新的知识、新的科学成就、新的道德规范等，不断进入教育的传递过程中，而现代文化的可传递性、可传播性的倾向，也使这种开放具有了可能。①

（二）文化选择

文化选择是文化变迁和文化发展过程中产生的一种重要文化现象，就其系统自身而言，表现为对某种文化的自动吸取或排斥。必须看到，文化选择对文化变迁和文化发展具有重要作用，如果不能发展传统文化中的积极要素、抛弃传统文化中的消极成分，文化发展的生命力就会枯竭。文化构成了教育活动的背景和内容，但并非所有人类文化都能进入教育活动。文化选择以社会发展的需要为基点，只有符合真、善、美标准的文化，才有可能进入教育活动。这意味着，教育需要对文化进行选择与整理。教育的文化选择功能不仅涉及文化自身的进步与发展，更重要的是它将在很大程度上影响社会的进步与发展。教育虽然是文化传递手段，但教育又不等同于文化传递，它不是对所有的文化进行传递，而是有所选择地进行文化传递。教育的文化选择通常遵循两个标准：一是它要与主流文化相一致，即教育所选择的是具有一定社会价值的文化，一般是社会主流文化；二是它要符合人的身心发展规律，即教育过程中所选择的文化要有可能为学生所接受，有利于满足他们品行陶冶、知识增长、体质增强等全面发展的需要。据此，教育的文化选择功能表现为"吸取"和"排斥"的持续过程，往往表现为文化的系统化、条理化、规范化的过程。教育通过不断选择、反思、批判和扬长避短，使文化成为更有助于人类社会健康发展的有益力量。

（三）文化交流

文化是一定时期、特定地域人们的共同创造物，具有时代性和地域性。各个民族、各个国家或地区都有自己的文化特质。随着社会发展，特别是在日新月异的科学技术的影响下，文化的时代性、地域性已被打破，文化的开放性是大势所趋，这使文化在空间上的传播和交流成为一种必然。文化交流是指在一定社会价值体系下，不同文化之间相互影响、吸收和融合的过程。具体来看，教育的文化交流功能主要体现在两个方面。第一，教育是文化交流的前提和动力。应该看到，教育过程本身是一种文化传播过程，而这种文化传播过程因其独具特点而有利于形成文化共享。这是因为，教育过程本身的文化传播过程是通过教育者这一活的媒介实现的。事实上，教育不仅使文化共享成为一种可能，为文化

---

① 鲁洁主编：《教育社会学》，人民教育出版社1990年版，第154页。

交流提供必要前提，而且还有助于人们认识自然、社会、自身及不同文化。这种浓厚兴趣和强烈愿望是文化交流过程中不可或缺的心理动力。第二，教育是文化交流的重要途径。一般而言，教育的文化交流功能主要通过两种途径得以实现：一是以教育活动本身为交流手段，例如，互派留学生、学者进行学术交流等；二是通过教育过程本身对不同文化内容的学习、选择、融合和创造等方式实现文化交流。在这些途径中，教育的文化交流充分体现出层次性、选择性和系统性等特征。

（四）文化创新

交流是文化的生命力所在，而事实上，文化交流本身也是一个综合创造、开拓创新的过程，绝不可能只是简单地复制和模仿。教育的文化交流功能本身就表明它具有文化创新功能，即通过教育使各文化要素不断得以丰富和发展，创造新文化。教育的文化创新功能的实现要以文化的传承、选择和交流等功能为前提，主要是通过两种途径实现：一是教育本身固有的文化选择、批判功能使文化创新成为可能；二是教育自身通过其活动创造新文化。依照知识社会学理论，一名教师在课堂上不会像录音机一样叙述有关内容，而是要根据自身素质对教学内容进行再加工和再创造，从而不断丰富和完善教学内容。需要强调的是，教育的文化创新功能在一定程度上与高等教育紧密相关。换言之，文化创新是高等教育的特殊功能之一。高等教育机构尤其是大学具有不同于其他社会组织系统的内部结构，其基本组成主要来源于各领域专家、学者和研究人员等，肩负着教学和科研的双重任务，既是知识传播者，又是知识创新者。同时，作为各种学术思想和价值观念交会的中心，大学自身的学术传统也有利于文化创新。

第三节　教育在社会主义现代化建设中的地位与作用

把教育作为现代化建设中的战略重点，既符合现代化建设的客观规律，也是教育为现代化建设服务的必然要求，更是社会发展的必然选择。教育在现代化建设中具有突出促进作用，这是因为，科学技术是第一生产力，科技进步靠人才，人才培养靠教育。教育作为提高人口质量的最佳途径，是提高劳动生产率的重要因素，更是建设社会主义精神文明和物质文明的重要内容和手段。在我国社会主义现代化建设过程中，尤其是改革开放之后，教育在社会主义现代化建设中的重要地位和重大作用越发凸显。

一、教育为社会主义现代化建设服务

教育在社会主义现代化建设中的重要地位和重大作用已越来越成为共识，因此，教育现代化理应成为重要奋斗目标，即教育要在观念变革、内容调整、条件设备、管理水平、教师素质等方面积极适应社会主义现代化建设对其提出的需求和挑战。事实上，党的历次重大报告已经明确指出教育的重要地位和作用。

柳海民：《实现4%：教育优先发展的重要保障》

党的十二大报告提出："在今后二十年内，一定要牢牢抓住农业、能源和交通、教育和科学这几个根本环节，把它们作为经济发展的战略重点。"应该说，这种对教育战略的地位的认识和提法在中国共产党的历史上还是第一次。正如邓小平指出的那样："搞好教育和科学工作，我看这是关键。没有人才不行，没有知识不行，'文化大革命'的一个大错误是耽误了十年人才的培养。现在要抓紧发展教育事业。"[①] 那么，当时教育发展的方向便是邓小平提出的"三个面向"，即"教育要面向现代化，面向世界，面向未来"。

党的十三大报告明确提出："百年大计，教育为本。必须坚持把发展教育事业放在突出的战略位置，加强智力开发。""把发展科学技术和教育事业放在首要位置，使经济建设转移到依靠科技进步和提高劳动者素质的轨道上来。"

党的十四大报告强调，要"加速科技进步，大力发展教育，充分发挥知识分子的作用"。"科技进步、经济繁荣和社会发展，从根本上说取决于提高劳动者的素质，培养大批人才。我们必须把教育摆在优先发展的战略地位，努力提高全民族的思想道德和科学文化水平，这是实现我国现代化的根本大计。"

党的十五大报告提出实施科教兴国战略和可持续发展战略，深化科技和教育体制改革，促进科技、教育同经济的结合，并再次强调要切实把教育摆在优先发展的战略地位。

党的十六大报告提出了"全面建设小康社会"的基本要求，明确指出"教育和科技在现代化建设中具有基础性、先导性、全局性作用"。这就要求在21世纪头20年的重要战略机遇期，大力发展教育和科技事业。教育是发展科学技术和培养人才的基础，在现代化建设中具有基础性、先导性、全局性作用，必须摆在优

---

① 《邓小平文选》第3卷，人民出版社1993年版，第9页。

先发展的战略地位。

党的十七大报告提出：优先发展教育，建设人力资源强国。教育是民族振兴的基石，教育公平是社会公平的重要基础。要全面贯彻党的教育方针，坚持育人为本、德育为先，实施素质教育，提高教育现代化水平，培养德、智、体、美全面发展的社会主义建设者和接班人，办好人民满意的教育。

党的十八大报告强调：努力办好人民满意的教育。教育是民族振兴和社会进步的基石。要坚持教育优先发展，全面贯彻党的教育方针，坚持教育为社会主义现代化建设服务、为人民服务，把立德树人作为教育的根本任务，培养德、智、体、美全面发展的社会主义建设者和接班人。特别是 2016 年 12 月，习近平在全国高校思想政治工作会议上强调了高校应坚持"四个服务"，即为人民服务、为中国共产党治国理政服务、为巩固和发展中国特色社会主义制度服务、为改革开放和社会主义现代化建设服务。

党的十九大报告强调：优先发展教育事业。建设教育强国是中华民族伟大复兴的基础工程，必须把教育事业放在优先位置，深化教育改革，加快教育现代化，办好人民满意的教育。要全面贯彻党的教育方针，落实立德树人根本任务，发展素质教育，推进教育公平，培养德、智、体、美全面发展的社会主义建设者和接班人。

由此可见，党的历次报告都充分肯定了教育在社会主义现代化建设中的地位和作用。从将教育作为经济发展的战略重点，到"把发展教育事业放在突出的战略位置"，到"把教育摆在优先发展的战略地位"，到"教育具有基础性、先导性、全局性作用"，再到"坚持教育优先发展"，这些表述的变化实质上也反映了教育的地位和作用的显著提升趋势。

二、科教兴国是一项重要战略

现代学校教育制度兴起的历史背景之一是现代科学技术的兴起。在既存的各种教育形态中，学校教育在科学知识教学中的专业性和高效性，是最为突出的。如今，学校教育已成为科学技术进步的重要前提和基础，发挥好学校教育在科学技术知识传授和推动科技进步过程中的重要作用，对国家发展和民族振兴有着十分重要的战略意义。

党和政府历来重视教育发展的问题，党的十五大报告在经济发展战略中写入了"科教兴国"的重要战略："科学技术是第一生产力，科技进步是经济发展的决定性因素。要充分估量未来科学技术特别是高技术发展对综合国力、社会经济结构和人民生活的巨大影响,把加速科技进步放在经济社会发展的关键地位,使经济建设真正转到依靠科技进步和提高劳动者素质的轨道上来。""科教兴国"是指全面落实科学技术是第一生产力的思想,坚持教育为本,把科技和教育摆在经济、社会发展的重要位置,增强国家的科技实力及向现实生产力转化的能力,提高全民族的科技文化素质,加速实现国家的繁荣强盛。这次会议强调了社会主义文化建设,即报告中指出的"建设有中国特色社会主义的文化,就是以马克思主义为指导,以培育有理想、有道德、有文化、有纪律的公民为目标,发展面向现代化、面向世界、面向未来的,民族的、科学的、大众的社会主义文化"。"发展教育和科学,是文化建设的基础工程。培养同现代化要求相适应的数以亿计高素质的劳动者和数以千万计的专门人才,发挥我国巨大人力资源的优势,关系二十一世纪社会主义事业的全局。要切实把教育摆在优先发展的战略地位。"尤其是习近平在党的十九大报告中明确提出:从现在到二○二○年,是全面建成小康社会决胜期。要按照十六大、十七大、十八大提出的全面建成小康社会各项要求,紧扣我国主要矛盾变化,统筹推进经济建设、政治建设、文化建设、社会建设、生态文明建设,坚定实施科教兴国、人才强国等战略。这些认识和论述都充分体现了教育在整个国民经济社会建设及发展过程的重要地位和作用。

三、教育是民族振兴的基石

党和政府一直重视教育在民族振兴大业中的重要基础作用。党的十八大报告强调要努力办好人民满意的教育,具体指出:"教育是民族振兴和社会进步的基石。要坚持教育优先发展,全面贯彻党的教育方针,坚持教育为社会主义现代化建设服务、为人民服务,把立德树人作为教育的根本任务,培养德智体美全面发展的社会主义建设者和接班人。全面实施素质教育,深化教育领域综合改革,着力提高教育质量,培养学生社会责任感、创新精神、实践能力。办好学前教育,均衡发展九年义务教育,基本普及高中阶段教育,加快发展现代职业教育,推动高等教育内涵式发展,积极发展继续教育,完善终身教育体系,建设学习型社会。大力促进教育公平,合理配置教育资源,重点向农村、边远、贫困、民族地区倾斜,支持特殊教育,提高家庭经济困难学生资助水平,积极推动农民工子女平等接受教育,让每个孩子都能成为有用之才。鼓励引导社会力量兴办教育。加强教师队伍建设,提高师德水平和业务能力,增强教师教书育人的荣誉感和责任感。"事实上,党的十八大以来,习近平在很多讲话中都强调了教育事业对于国家发展的重要性。例如,习近平在中共中央政治局第十二次集体学习时指出:"提高国家文化软实力，关系'两个一百年'奋斗目标和中华民族伟大复兴中国梦的实现。"习近平在同社会各界优秀青年代表座谈时谈道："历史和现实都告诉我们，青年一代有理想、有担当，国家就有前途，民族就有希望，实现我们的发展目标就有源源不断的强大力量。中国梦是历史的、现实的，也是未来的；是国家的、民族的，也是每一个中国人的；是我们的，更是青年一代的。中华民族伟大复兴终将在广大青年的接力奋斗中变为现实。"习近平在党的十九大报告中再次强调："青年兴则国家兴，青年强则国家强。"因此，教育作为国家发展的智力支撑和人才保障，对国家文化软实力的提升作用至关重要，关乎中国梦能否顺利实现。教育梦是实现中国梦的必要条件，也是其目标之一。若要实现中华民族伟大复兴的"中国梦"，优先发展教育、实施科教兴国和人才强国战略是必选根本路径。

思考题

一、名词解释题

教育功能　教育的经济功能　教育的人口功能

二、简答题

1. 教育有哪些经济功能？
2. 教育有哪些政治功能？
3. 教育有哪些人口功能？
4. 教育有哪些文化功能？

三、论述题

教育发展是如何受社会影响的？

四、材料分析题

每逢新学期开始，山西省朔州市平鲁区凤凰城镇寄宿制小学总会迎来一些刚刚从城里返乡读书的小学生。在不少地方城乡教育差距越拉越大，农村学生进城读书蔚然成风的时候，平鲁区却出现了一股"逆流"——让进城的农村孩子回乡就读。这绝不只是简单的"上山下乡"，其背后蕴含了政府精雕细刻般的运作。在实现了义务教育全免费之后，平鲁区政府将全部精力投入无差别教育的打造上。追求城乡教育均衡发展，摒弃教育不公之痼疾，平鲁区政府成为完全责任人。[①]

试结合教育与社会发展的关系，对上述现象进行深入分析。

---

① 张帆：《真正义务教育的政府责任》，《中国经济时报》2010年4月27日第3版。

第三章 教育与人的发展

教育作为一种社会现象，受经济、政治、文化、人口等社会构成要素的影响，并作用于这些社会构成要素。教育与社会发展的关系，是教育的外部关系，构成了教育的外部规律。但教育是培养人的社会活动，教育对社会各构成要素的影响是通过培养人来实现的，培养人、促进人的发展是教育的内在规定。因此，教育与人的发展，反映了教育的内部关系，也构成了教育的内部规律。

人是教育的对象，也是教育的目的。这里的"人"，是指受教育者个体，是具体的、具有鲜活生命的人，而不是指受教育者群体，更不是一般的、抽象意义上的人。作为教育的对象，教育要遵循个体身心发展的特点、规律。作为教育的目的，教育需要有效地促进个体的发展。

本章将围绕教育与受教育者个体发展的关系，揭示影响人的身心发展的因素以及教育的独特价值，阐明教育促进个体发展的功能及其实现条件。

第一节 人的身心发展及其影响因素

教育以影响人的身心发展为直接目的。那么什么是人的身心发展？人的身心发展有哪些特征？影响人的身心发展的因素有哪些？教育在人的身心发展中有什么作用？这些都是我们必须回答的问题。只有了解人的身心发展特征，教育才能遵照人的身心发展规律，合理发挥其积极作用。

一、人的身心发展的内涵及特征

教育面向的是个体的人。个体的人千差万别，但在人性上具有共同性。人性是人区别于其他动物的类特性。人性虽然是个体人的共同性，但没有抽象的人性，人性都需要体现在每一个个体身上。离开了个体，人性缺乏载体，也就无从体现。在共同性上，人性包括自然性和社会性。自然性是人作为生命有机体的自然本能，是人与生俱来的生理和心理特点与功能；社会性是人作为社会的产物，在人与人、人与社会的交往中后天形成的各种社会品质，主要表现为人的思想、意识、品德、社会适应能力、社会化水平等。自然性与社会性密切联系。没有自然性，社会性发展就缺少生物基础；没有社会性，人的自然性就等同于动物的本能。自然性与社会性是作为人性的两个方面而存在的，它们相互交叉、相互制约，共同构成人性的整体。

人性的共同性体现在个体上，则是人的生理与心理。所以，人的发展，就个体而言，包括身体和心理两个方面。身体的发展指向个体身体素质的发展和生理机能的完善；心理的发展指向个体认知、情感、意志、个性方面的发展和完善。虽然个体发展可以分为身体、心理两个方面，但它们又是相互交织的有机整体。从过程来看，发展是一个动态的过程，起点是一个人的出生，终点是生命的结束。发展是一个人从出生到生命结束身心所发生的一切变化。学校教育通常把发展的主体定位为青少年，把人的发展理解为一个身心发育不断走向成熟的过程。如此理解，发展只是人生某一阶段中局限于学校教育的事情。随着终身教育理念的兴起，个体的发展要超越人生的某一阶段，要贯穿生命的全程，这就意味着"个体发展不再被认为只是以身体的生长发育作为标志，而是把个体随着年龄的增长，自身蕴含的潜在可能不断转化为现实个性这种整体性变化，作为发展的实质性的含义，从而使个体发展与个体变化几乎成为同义"①。综合个体发展的内容和过程，教育学视域中的个体发展，是指个体随着年龄的增长，身心各自内部及其整体性结构所发生的不断变化的过程，尤其指学校教育阶段，个体身体成长、心理成熟的过程。

人的身心发展的特征，主要表现为顺序性、阶段性、差异性、不平衡性和互补性。教育必须遵循人的身心发展的规律，与身心发展相适应，并能够有效促进身心发展，这是教育的基本规律之一。

1. 身心发展的顺序性

大自然是有顺序的，个体的身心发展作为生命的自然成长，也是有顺序的，而且这种顺序是不可逆的。身心发展的顺序性表现为个体生命的发展由低级到高级、由简单到复杂、由量变到质变的过程。例如，身体的发展由头部、躯干向四肢发展，由中心向边缘发展，由骨骼向肌肉发展。心理机能的发展遵循从简单到复杂、从低级到高级的发展顺序。例如，从无意注意到有意注意，从机械记忆到意义记忆，从形象思维到抽象思维，从喜怒哀乐等情绪到道德感、理智感、美感等情感。这种顺序是自然发生的，是不可改变的。外部的力量，只能加快发展速度，但不能改变发展的顺序。

遵循人的身心发展的顺序性，教育必须做到循序渐进，螺旋上升，逐步完善。

---

① 叶澜：《教育概论》，人民教育出版社2006年版，第185页。

人的发展的顺序性，决定教育不能超越相应的发展阶段。揠苗助长的教育，违背了身心发展的顺序性。人的身心发展的顺序性并不意味着教育只能尾随在身心成熟之后亦步亦趋。教育在遵循人的身心发展顺序性的基础上，可以最大限度地促进人的发展，提升人的发展水平。

2. 身心发展的阶段性

人的身心发展是一个持续终身的过程，在这个过程中，既有量的积累，也有质的变化。量的积累达到一定阶段，产生质的变化，使身心发展进入一个新的阶段。我们通常把人的一生分为婴儿期、幼儿期、童年期、少年期、青年期、中年期、老年期等，每个时期代表身心发展的不同阶段。阶段性是身心发展的年龄特征，是个体在身心发展的某个阶段所表现出来的典型的、一般的、本质的特征。这些特征不是该阶段某个人所特有的，而是普遍的、总体的特征，是该阶段人所共有的，反映这一年龄阶段的人典型的、一般的、本质的特征，是区别于其他年龄阶段的特征。处于身心发展的不同阶段，个体发展的速度和侧重点不同，面临的矛盾和发展任务也不同。

人的身心发展的阶段性，要求教育必须根据每个阶段身心发展的不同特征，制订不同的教育目标，选择不同的教育内容，采用不同的教育方法，施以符合该阶段年龄特征的教育。教育不能"凌节而施"，把小学生当作中学生对待，把儿童当作成人对待。因为他们的身心发展阶段不同，心智发展水平和对事物的认知理解也有差异。中学生能够理解的，小学生不一定能够理解；成人能够理解的，儿童不一定能够理解。因此，在教育中，要把儿童当作儿童，而不能当成"小大人"。

3. 身心发展的差异性

身心发展的差异性，是指每个个体都是一个独特的生命体，其身心发展的状况具有独特性，构成了人与人之间身心发展的差异性。人的身心发展的差异性，既有群体层面的差异，也有个体层面的差异。就群体层面而言，不同文化背景、不同阶层、不同性别的儿童，其身心发展具有差异性。就个体层面而言，差异性是其根本特性。如同世界上没有两片完全相同的树叶一样，也不会有两个完全相同的人。人与人之间的差异性，既来自生理的遗传，也来自后天的影响与教育。即便是双胞胎，因后天生活环境和教育的不同，在兴趣、爱好、个性发展上也会表现出一定的差异性。

按照人的身心发展的差异性，教育就是要适合每个人的个性特长，做到因材施教、长善救失，最大限度地促进每个人的发展。身心发展的差异性，反对把人看作抽象的人，实施划一性教育。身心发展的差异性，意味着每个人都是一个独特个体，教育要适合每个人的发展，打造适合每个人的个性化教育，"使人成为他自己，'变成他自己'"①。

4. 身心发展的不平衡性

所谓身心发展的不平衡性，是指身心发展速度不平衡，有时快，有时慢。身心发展的不平衡性，有多个方面的体现。第一，就身心发展的总体而言，发展的进程不是匀速的，在不同阶段出现高峰期，如幼儿期、儿童期、青春期是身心不同方面发展的高峰期。第二，身心发展的不同方面，发展的速度是不均衡的。有的在早期发展速度较快，后期则较慢，如神经系统的发展就是先快后慢；有的是早期发展较慢，后期则发展较快，如生殖系统的发展就是先慢后快。在心理发展方面，感知系统最先发展，思维系统次之，最后得到发展的是高级情感系统。第三，身心同一方面的发展，在不同的年龄阶段，速度是不均衡的。例如，就身高而言，人生有两个高峰，一个是出生后的第一年，另一个是青春发育期，这两个阶段身高增长的速度远远快于其他阶段。

针对身心发展的不平衡性，教育工作者要抓住身心发展的敏感期。身心发展的敏感期，是指身心对某些刺激比较敏感，其某方面机能和能力最适宜形成的时期。在这一特定的时期，人的发展对某种刺激非常敏感，受到适当的刺激，身心比较容易得到发展，而过了敏感期，尽管还可以获得这些发展，但相对比较困难。教育应该重视身心发展的敏感期，及时而教。

5. 身心发展的互补性

人的身心发展尽管可以分为身、心两个方面，身心内部还可分为各自更多的要素，但这些要素组成的是一个有机的统一体，当其中一个要素缺失或不完善时，其他要素可以发挥补充作用，从而形成一个互补的整体。人的身心发展的互补性，主要表现为两个方面。第一，身体机能和心理的互补。人区别于动物，就在于人能够有意识地支配自己的生命活动。当一个人身体某方面机能受损后，可以通过意识和精神力量的调节，确立坚强的意志，克服身体的缺陷，创造完美的人生，身残志坚的人往往就是如此。相反，一个人的精神承受能力太弱，或者缺乏坚强的意志，即便是身体健全，遇到困难也可能意志消沉、精神萎靡。可见，心理是身心发展的动力调节系统，既可能发挥积极的作用，弥补身体的缺失，也可能使

---

① 联合国教科文组织国际教育发展委员会编著：《学会生存——教育世界的今天和明天》，华东师范大学比较教育研究所译，教育科学出版社1996年版，第14页。

人走向消沉，降低一个人的发展成就。关键是怎样激发心理发展的动力，发挥其对身心发展的积极调动作用。利用身心发展的互补性原理，鼓舞学生的士气，培养学生的自信心和坚强的意志品质，是教育的重要内容。第二，身心发展的互补性还表现在身体某一机能丧失之后，可以通过其他方面机能的超常发展得到补偿。例如，盲人的听觉、触觉通常比健全人更为发达，就是通过发达的听觉和触觉弥补视觉的不足，从而达到与生活环境的协调，满足其生活的要求。

二、影响人的身心发展的主要因素

人的身心发展是最复杂的，是多因素共同影响的结果。就复杂性来说，身心发展既有连续的一面，又有非连续的一面。影响身心发展连续性的因素具有相对稳定性，可以预期；影响身心发展非连续性的因素，则具有很大的偶然性，难以预期。也就是说，人的发展是包括预期的和非预期的多因素共同作用的结果。这些因素难以一一列举，但大致可以归为三类：第一类是个体自身的因素；第二类是外部环境因素；第三类是实践活动。这些因素对人的影响不是孤立的，而是相互的、有机联系的。

影响人的身心发展因素的不同观点

把其中任何一个因素孤立出来，如"遗传决定论""环境决定论""教育万能论"，都是不成立的。遗传、环境、教育只是诸多因素中的一部分因素，需要和其他因素相互配合，共同促进人的身心发展。

（一）影响人的身心发展的个体因素

个体自身的因素，既是个体自身的构成，也是个体发展的基础。在这类因素中，既有先天的，也有后天的。先天的因素指遗传和成熟等个体自然发生的因素，后天的因素指个体在发展中已经获得的知识、经验、能力，已经达到的发展水平和个体发展的动力。先天因素在个体发展的早期和身体的发展中起主要作用。随着个体发展逐步趋于成熟，后天因素对个体发展，尤其是心理发展的影响越来越明显，作用也越来越大。

1. 遗传因素对个体发展的影响

遗传因素是先天继承下来的，与生俱来的解剖生理特征，如机体的结构、形态、感官和神经系统类型，等等。遗传赋予了生物体第一要件，构成了个体发展的原始起点。只有在遗传基础上，个体才可能有其他方面的发展。

遗传因素对个体发展的影响，主要表现为：遗传赋予了人的自然生命，为人的发展提供了物质基础。没有遗传的生理基础，人的发展就缺少相应的物质条件。

但是遗传因素对于身心发展正常的人而言，只提供了发展的可能性，不起决定作用。"遗传决定论"的错误就在于夸大了遗传在人的发展中的作用，它甚至被别有用心的人所利用，演化为"血统论""成分论"，破坏了人与人之间的平等。

就个体而言，遗传因素是有差异的，这种差异也影响到个体后天的发展。一个先天禀赋优异的学生，再加上后天的努力，能够发展得更快些，更完美些。相反，对于一个先天的低能儿来说，不管提供多好的环境和条件，其发展还是会受到一定的限制。因此，我们既要看到遗传对个体发展的影响，又不能盲目扩大这种影响；要优生优育，利用良好的遗传因素，为个体的发展提供有利条件。

大脑是影响个体先天素质的重要因素。大脑主要包括左、右大脑半球，是中枢神经中最大和最复杂的结构，也是最高部位；是调节机体功能的器官，也是意识、精神、语言、学习、记忆和智能等高级神经活动的物质基础。认知神经科学研究者运用功能磁共振成像技术从大脑结构、大脑的神经效能等方面来寻找导致人类智力个体差异的原因。遗传因素可能通过影响各皮层的灰白质总体积来影响智力。① 随着脑科学和神经科学的发展，越来越多的脑科学研究成果会揭示大脑的工作机制及其对个体的影响，同时，基于脑科学的研究成果，为学习者提供适宜的刺激和材料，促使大脑发生可塑性的变化。②

2. 成熟对个体发展的影响

人的身心发展，尤其是低级生理、心理机能的发展，是受遗传因素控制的自发的成熟过程。所谓成熟，就是个体生理机能和心理机能在遗传因素的控制下自然生长，从而达到比较完备状态的过程。例如，生理的成熟状态是第二性征的出现，心理的成熟状态是有独立的意识和自我判断能力，等等。成熟是个体发展的机制和模式，人与人之间的差异只表现为成熟时间的差异，有的早些，有的晚些，但都必然要走向成熟。就个体身心发展而言，生理的成熟要先于心理的成熟。

美国心理学家格塞尔（1880—1961）是成熟决定论者，他运用同卵双生子的实验说明成熟对个体发展的决定作用。他以一对46周发展水平相近的同卵双生子（A和B）为被试，进行爬梯子的实验。其中A每天做10分钟的爬梯子训练，B不做训练，A训练的时间为6周，然后测试A的成绩为26秒，B的成绩为45秒，A的成绩优于B的成绩。但A训练6周后，即第52周时，对之前受训练的A和未受

---

① 周加仙：《教育神经科学引论》，华东师范大学出版社2009年版，第54页。
② 王亚鹏、董奇：《基于脑的教育：神经科学研究对教育的启示》，《教育研究》2010年第11期，第42—46页。

训练的 B 同时进行 2 周的爬梯子训练，到第 54 周时，结果发现 A 和 B 都只用了 10 秒就完成了爬梯子的任务，A 和 B 没有差别。格塞尔据此认为，在第 46 周儿童发展未成熟的时候，训练的效果不大；到第 52 周儿童发展成熟的时候，训练起来就事半功倍。因此，他认为，成熟对个体的发展起决定作用。

成熟是个体身心发展的过程，个体在成熟过程中表现出顺序性、阶段性等特征。成熟的顺序性规定了个体身心发展的基本路线，阶段性规定了个体身心发展在不同阶段的特征。教育要循序渐进，要适合不同年龄阶段学生身心发展的特征，就必须以身心的发展成熟为基础。也就是说，当身心发展没有达到一定的成熟要求或发展水平时，教育的作用是微小的，或者是费力的。只有身心发展达到一定的发展阶段，教育才是可能的，才能起到事半功倍的效果。在心理学家看来，早于或迟于这个成熟水平，教育都难以有效、高效。这意味着教育要以个体发展的成熟为基础，但这并不意味着教育要尾随在成熟后面，对个体的发展"无能为力"。因为成熟只是个体发展的基础性条件，而且多局限于身心的低级机能的发展，不等于个体发展的全部。教育要以身心的自然成熟为基础，促进身心的高级机能的发展。所以，我们要承认成熟对个体发展有影响，但不能夸大其作用，更不能走向"成熟决定论"，不能否认教育对个体发展的促进和提升作用。

3. 后天获得性素质对个体发展的影响

遗传因素和成熟对个体发展的影响，随着个体年龄的增长而逐渐减弱，到了青春期身心发展成熟之后，这些先天因素的作用就微乎其微了，有的甚至不再起作用了。在先天因素基础上获得的后天素质对个体发展的影响会进一步增大。所谓后天获得性素质，是个体在先天因素的基础上，受后天环境和教育的影响形成的个体身心素质，包括身体生长发育的水平和健康状况，个体积累的知识、经验、能力、情意、行为特征和社会倾向性等。这些因素，既是前期发展的结果，又是后期发展的基础。一个人已有的知识水平，构成了个体进一步掌握知识的基础。深厚的知识基础显然有利于个体的再发展，相反，知识基础太薄弱则不利于个体的发展。一个人已经形成的情感、态度、价值观和社会倾向性，直接影响他对己、对人、对事的态度，影响他对人、对事、对物的行为选择与作用，进而形成新的情感、态度、价值观和社会倾向性。人的知识、经验、能力和心理发展到达一定水平后，就能够运用已有的知识、经验和能力，解决问题，创造新的事物。所以，个体后天获得的发展状况，直接决定着人生进一步的发展，为个体进一步发展奠定基础。因为发展是连续的，个体的发展总是建立在已有基础上的，是发展量的积累和不断超越，并走向质变和完善。没有足够的、充分的量的积累，不可能实现质变和超越。

4. 自我意识和主观能动性对个体发展的影响

人不同于动物，不仅在于人是自然界的一部分，是社会的动物，具有自然性和社会性，后天可以获得知识、智慧、情意等，更重要的是，人是有意识的类存在物。马克思指出，动物和它的生命活动是直接同一的，是自然界的一部分，表现为本能活动。但人能够把生命变为自己的意识对象，意识到自我的存在，并有意识地支配自己的生命活动，使人超越于自然的局限，超越于动物，构成人区别于动物的类特性。"一个种的整体特性、种的类特性就在于生命活动的性质，而自由的有意识的活动恰恰就是人的类特性。"①

正是因为人的意识和自我意识，才使人的发展表现出主观能动性。毛泽东指出："思想等等是主观的东西，做或行动是主观见之于客观的东西，都是人类特殊的能动性。这种能动性，我们名之曰'自觉的能动性'，是人之所以区别于物的特点。"② 主观能动性是个体发展的自我意识和自我追求，是不断超越自我的意志和精神，它构成个体发展中积极的、能动的动力系统。主观能动性代表了个体想发展、要发展的主观性，主观性转化为外在的行为，使得行为不是盲目的、自发的，而是人有意识努力的结果。

在个体自身的因素中，自我意识和主观能动性是最高层次的内在因素。如果说，先天性因素和后天获得性因素提供了个体发展的自然基础和社会基础的话，主观能动性为个体的发展提供了内部动力，而动力是个体发展的源泉。一个具有自我发展意识、主观能动性的人，一定会明确发展方向，充分利用发展的资源，寻找发展的空间和可能的突破。更进一步，个体的发展既要依赖自然和社会的基础，又要超越自然和社会的限制，使发展成为一种自由、自觉的活动，体现着客体规律和主体需要的双重尺度，是合规律与合目的的统一。

人所面对的世界，既有外部的客观世界，也有自我的主观世界。主观能动性使个体既成为改造外部客观世界的主体，又成为自我改造的主体。作为改造外部客观世界的主体，人在面对外部不利环境时，能够发挥主观能动性，克服困难，积极改造世界，而不是被外部环境所压垮。"出淤泥而不染"就是人的主观能动性的很好表现。所谓自我改造的主体，是指人的发展不为外力所驱动、所支配，而是一个自我发展、自我建构、自我超越的过程。主观能动性为人自身的发展创造

---

① 《马克思恩格斯文集》第 1 卷，人民出版社 2009 年版，第 162 页。
② 《毛泽东选集》第 2 卷，人民出版社 1991 年版，第 477 页。

条件，同时，勾画自己未来的发展目标和愿景，为实现目标不懈进取。对于教育而言，固然要传授知识，发展能力，培育人格，但更要激发个体发展的自我意识和能动性，唤醒生命发展的自觉性，赋予个体不懈发展的动力。

（二）影响个体发展的外部环境因素

恩格斯指出："归根到底，自然和历史——这是我们在其中生存、活动并表现自己的那个环境的两个组成部分。"① 恩格斯所说的"自然"和"历史"，就是我们赖以生活的自然环境和社会环境。在这里，恩格斯不仅说明了环境的两个组成部分，而且还说明了环境的特质——"在其中生存、活动并表现自己"。也就是说，环境是客观存在的外部世界。对于个人来说，只有生存在其中，并在其中活动和表现的环境，才能够成为一个人的环境。可见，环境不是外在于人的客观世界，而是人参与其中建构的世界。人建构和创造了环境，环境体现了人的意志，也影响着人的发展。

环境泛指个体生活于其中，影响个体身心发展的一切外部因素。按性质来分，环境可分为自然环境和社会环境。自然环境是人所赖以生存的自然条件，包括地理位置、气候条件等，影响人身体的发育、自然的特征，乃至性格的形成。例如，东北人的豪爽、西北人的粗犷、南方人的细腻，等等。社会环境是个体通过交往所形成的社会关系，包括政治、经济、文化、习俗以及与个体发展相关的其他社会关系，影响个体的社会性发展。例如，中华人民共和国成立前后社会环境的差异，改革开放前后社会环境的差异，都影响了人的思想意识、道德观念和行为方式等。

按范围不同，环境可分为大环境和小环境。大环境是指个体所处的总体自然环境与社会环境，如某一国家、某一地区，乃至全球环境。小环境是指与个体直接发生联系的自然环境和社会环境，如家庭、学校、社区。一个人童年和少年时生活范围较小，更多受身边的小环境影响。随着年龄增长，个体长大成人，生活空间的扩大和社会流动频繁，加之社会通信、交往手段的丰富和便利，人的生活早已超越了身边的小环境，社会大环境对人的影响越来越大。大环境对人的影响，不只是影响某个人，而是影响一代人、一个群体。对于个体而言，小环境的影响更为直接。在同一国家、同一个地区，个体生活的大环境相差不大，之所以会出现千差万别，与他们生活的小环境有关。一个人的力量有限，很难改变大环境，但小环境会随着个体自身活动和选择而改变。孟母三迁的例子，说的就是家庭居住的小环境对孟子成长的影响。当然，随

---

① 《马克思恩格斯全集》第39卷，人民出版社1974年版，第64页。

着个人年龄的增长，小环境也在不断变化，从家庭到学校，再到工作单位，不同时段的小环境对一个人的发展产生不同的影响。

在小环境中，家庭是一个非常重要的因素。因为家庭不仅是个体出生后最早接触的环境，而且是接触机会最多、最频繁、最直接的环境。家庭结构的类型（如大家庭、核心家庭、单亲家庭、寄养家庭），家庭气氛，父母的教养方式，家庭子女的多少都会对儿童人格的形成起重要的作用。尤其是家长的素质、人格、举止言谈、生活方式、教育态度等，会有意或无意地对儿童的思想观念、行为准则以及行为习惯的形成等产生重要的影响。正因为家庭对儿童的成长具有基础性作用，因此，不能把家庭教育视为可有可无，或者放任自流，而是要充分认识家庭教育的重要性，做好家庭教育的指导工作。

人不能离开世界，也不能离开环境。环境为人的发展提供了外部资源。人的发展是通过对环境资源的占有和利用、把环境资源转化为自身要素而实现的。具体来说，环境对人的发展的影响主要表现在三个方面。

1. 环境为人的发展提供了条件和可能性

人作为一个自然生物体，离不开自然环境；作为一个社会人，离不开社会环境。环境不是外在于人的，而是人参与其中创造和建构的。环境为人的发展提供外部资源和条件，缺少这些外部条件，就会影响人的正常发展。狼孩的例子就是一个很好的证明。具有正常人类遗传因素的孩子，因为到了狼的生活环境中，脱离了人正常的生活环境，就具有了狼的习性，而不具有正常人的特征。狼孩只有回到人的生活环境中，人性才能逐步得以恢复。

环境是影响个体发展的外部因素，但环境不能决定人的发展。行为主义是一种倾向于"环境决定论"的心理学流派，它以"刺激—反应"的模式来解释人的行为和心理，把人作为被动的个体，人的行为由外界刺激决定，其发展也是由其所处的环境决定的。环境决定论只看到环境对人的作用，而忽视了人对环境的态度。环境能否对人的发展起作用，取决于人对待环境的态度。只有被人所选择并参与其中的环境，才能转换为人的发展因素，对人的发展起到影响作用。在这个意义上，环境只能为人的发展提供外部条件和发展的可能性。

2. 环境对人的影响有自发的和自觉的，有积极的和消极的

我们生活的一切外部条件都是环境。我们可能控制其中的一部分，比如，我们可以通过控制家庭教育和学校教育的环境，使之对人的发展产生自觉的影响。但有些环境，尤其是大的社会环境，我们无法控制，但它们也对人的发展产生影响。这种环境因无法控制，对人的发展的影响是盲目的、自发的。

从环境影响的性质看，良好的环境对人的发展产生积极的作用；不良的环境对人的发展产生消极的作用。中小学教育中存在着"5+2=0"的不良现象，即5天的学校教育的积极影响，被周末2天的社会消极影响所抵消，教育效果为零。所以，我们要重视对社会不良环境的控制，为学生健康成长营造良好的环境。教育作为有意识的人为活动，不仅要塑造良好的教育环境，而且要引导人们抵制和消除不良的社会环境，为儿童的发展提供良好的外部环境，促进他们的身心健康发展。

3. 环境对人的影响具有个体差异性，也与个体的发展水平有关

环境对人的发展有影响，但其影响有着较大的个体差异性。有的人"染于苍则苍，染于黄则黄"，受环境影响较大；有的人则"出淤泥而不染"，受环境影响较小。有的人在逆境中一蹶不振；有的人则在逆境中发愤图强。有的人沉溺于优越的环境，消解了奋斗的意志，终身碌碌无为；有的人则能利用优越的环境提供的良好条件和资源，如鱼得水，成就卓著。同样是逆境，同样是顺境，不同的人结果不同。这说明，环境对人的影响取决于个体自身，尤其是取决于个体对待环境的主观能动性。因此，对于教育而言，不仅要重视环境的塑造，更要重视人的自我意识和自觉能动性的激发，培养人在环境面前积极的人生态度。

总体来说，环境对人的影响，随着主体自我意识的形成和自觉能动性的提升而相对减弱，影响的性质也由限制逐渐转向更有效的利用。人生活在环境中，自然要受环境的影响，但人生的不同阶段，环境对人的影响作用的大小、人对待环境的方式也不同。一般来说，幼年、童年，乃至少年阶段，个体受小环境影响较大，个体利用环境的能力较弱，环境更多的是对人的一种限制。随着年龄增长，个体真正进入社会后，大的环境尤其是社会环境、文化传统等对人的影响开始不断增强，而且个体能够主动改造环境，有效地利用环境，使环境转化为人的发展资源，为个体发展所用。

（三）实践活动对个体发展的影响

个体自身因素和外部环境因素，都只是影响人的发展的可能性因素。为什么说它们是可能性因素？因为不通过实践活动，二者无法结合起来，环境无法成为个体发展的外在资源。因此，个体自身因素和外部环境因素等这些可能性因素要想转化为现实性因素，对人的发展真正产生影响，必须通过实践活动的转化。实践是"人为了解决自身需要与外部世界的矛盾而进行的活动"，是"人能动地改造世界的社会性的物质活动"[①]。实践活动把个体自身因素和外部环境因素结合起来，

[①] 《马克思主义哲学》编写组：《马克思主义哲学》，高等教育出版社、人民出版社2009年版，第76、75页。

并通过对外部因素的消化和利用，转化为个体自身新的因素，实现人的发展。没有实践活动，内外两种因素就不可能结合，也不可能实现人的发展。在这个意义上，实践活动是个体发展的现实力量，是个体发展从可能状态转化为现实状态的决定性因素。

实践活动不仅使个体发展的可能性转化为现实性，而且实践本身是人的生存方式。人依赖实践而存在，实践也创造了人本身。正如马克思所说："个人怎样表现自己的生命，他们自己就是怎样。因此，他们是什么样的，这同他们的生产是一致的——既和他们生产什么一致，又和他们怎样生产一致。"[①] 人在实践中，结成了双重的关系：一是人与自然的关系，表现为人对自然的改造；二是人在改造自然中结成的人与人之间的关系。前者是人作用于自然的物质实践活动，后者是人与人之间交往的社会实践活动。物质实践活动不仅满足人的物质生活本身需要，而且是社会实践关系产生的基础。社会实践活动创造了人的社会关系，形成了人的社会性本质。

实践活动是人对自然、对社会的能动活动，不是人的本能活动，也不是自然界的客观运动。实践活动体现着人的自主性、能动性、创造性。在这个意义上，实践活动就是"生命实践"活动，它是"内含生命活动的、个体亲历的实践性活动"[②]。所以，实践活动虽然指向外部的自然和社会，但其内部却蕴含着个体的生理和心理的活动，生理活动和心理活动伴随着实践活动而产生。

不同类型的实践活动，影响着人的发展的不同方面。但总的来说，实践活动对人的发展的作用主要表现在三个方面。

1. 人通过实践活动得以发展

人的发展的机制是什么？瑞士心理学家皮亚杰（1896—1980）的《发生认识论原理》揭示了认识的机制："认识既不是起因于一个有自我意识的主体，也不是起因于业已形成的（从主体的角度来看）、会把自己烙印在主体之上的客体；认识起因于主客体之间的相互作用，这种作用发生在主体和客体之间的中途，因而同时既包含着主体又包含着客体……"[③] 这种能够将主体和客体结合起来的中介就是实践活动。不仅人的认识是通过实践活动实现的，人的心理方面的发展也是通过实践活动实现的。苏联心理学家维果茨基（1896—1934）、列昂节夫（1903—1979）等人通过研究得出结论：人的心理发展是在其完成某种活动的过程中实现的，即人在活动过程中对社会历史文化经验的掌握，促进了人的发展。从机制上

---

① 《马克思恩格斯文集》第1卷，人民出版社2009年版，第520页。
② 叶澜：《教育概论》，人民教育出版社2006年版，第211页。
③ ［瑞士］皮亚杰：《发生认识论原理》，王宪钿等译，商务印书馆1981年版，第21页。

看，实践活动两端连接着人与客观世界。在这个改造过程中，既有人对物的改造，也有物对人的影响。前者使主体人的意志、力量转化在客体物身上，创造出了一个属人的对象世界；后者通过实践活动，使客体物的特性转化为对人的素质要求，成为人的生命结构的因素或人的本质力量的因素。也就是说，实践活动使人在改造世界中也改造了人自身。

2. 实践活动是使人的潜在的、可能的因素转化为现实性的力量

人的素质不会自动生成，需要借助外部世界，但外部世界也不会自动转化为人的素质。人需要吸收和摄取外部世界的资源，并转化为自己的需要。人与外部世界相互作用的过程就是实践活动。只有通过实践活动，人的内部因素和外部世界才能发生联系，相互作用，实现静态因素动态化、可能因素现实化，才能使潜在的、可能的因素转化为现实性的因素，实现人的发展。实践活动是人的潜能的转换器，也是新的潜能的再生器。通过不断的实践活动，人的潜能与现实不断转换，实现人的发展。

3. 实践活动对人的发展的有效影响取决于活动的组织程度和人的自觉性

在一般意义上，实践活动能够促进人的发展，但这种发展是自发的、盲目的。有效地促进人的发展，需要对实践活动本身进行组织，这种实践活动是一种有目的的活动。有目的的活动比自发的活动对个体的发展影响更明显、更有效。怎样设计有效的实践活动目标？按照维果茨基的"最近发展区"理论，实践活动对个体发展的作用取决于活动对个体提出的要求与个体现有的发展水平之间的差距，差距过大或过小，都不利于实践活动对个体发展的作用，有效的实践活动所提出的目标必须落在"最近发展区"内。

实践活动是否能够真正成为个体发展的有效力量，还与个体参与活动的积极性、自觉性有关。被迫参与的活动，或者为别人支配的活动，对个体发展的影响，就没有自主、积极参与的活动影响大。所以，我们在肯定实践活动对个体发展的影响后，还必须研究什么样的实践活动能够有效促进个体的发展，提高实践活动的自主程度及其对个体的发展效应。

三、学校教育与个体发展

(一) 学校教育的特殊性

在上述影响人的发展因素中没有提及学校教育，这并不意味着学校教育在人的发展中不重要，而是因为学校教育是上述三种因素的综合，不是与它们并列的单一因素。学校教育是有目的设计的，是特殊的主体在特殊的环境中进行的特殊

的活动。正因为学校教育的特殊性，它能够有目的地整合个体自身的因素、外部环境因素与实践活动三种因素，共同促进个体的发展。

1. 学校教育主体的特殊性

学校由专门从事教育教学活动的教师和学生组成。教师作为专业的教育人员，具有从事教育教学的知识、能力和道德人格，负有教育学生的责任和任务。学生是处于人生某一阶段的儿童，是发展中的人，他们不仅具有可塑性，而且有发展的强烈愿望，在发展的过程中需要得到教师的指导。学校教育是由担当教育责任的教师和具有发展愿望的学生共同参与的活动。

2. 学校教育环境的特殊性

学校教育与一般的环境不同。一般的环境是自发的，而学校的环境是围绕着学生的发展需要专门设计的，具有极大的人为性和教育性。学校有完备的教学条件、系统的教育内容、合理的教学计划、浓郁的文化氛围，弥漫着文化和道德的气息，包含着教育意义的环境，这些都是能够促进学生发展的有意义的教育资源。

3. 学校活动的特殊性

学校教育是通过教育教学活动影响学生发展的。教育教学活动具有明确的目的性、计划性和组织性。教师在先进教育理念的指导下，围绕着教育目的和教学目标，通过选择合适的教学内容，实施有效的教学活动和教学方法，在专门的时空中对学生施加系统的影响，促进学生的有效发展。

（二）学校教育在个体发展中的独特价值

学校教育是特殊主体在特殊环境中进行的特殊活动，这决定了学校教育在个体的发展中具有独特的价值，对个体的发展具有自觉的引导作用。

康德说："人只有通过教育才能成为人。"[①] 教育是成"人"的必要条件。教育人类学的研究也表明，教育是人的未特性化的需要，人是需要教育的生物。[②] 但他们所说的教育，是宽泛意义上社会生活中的教育，而不是狭义的学校教育。学校是一定历史阶段的产物，人类发展早期没有学校，但存在教育。一个人可能没有进过学校，但不等于没有受过教育。古代社会如此，即便今天，在某些发展中国家，这种状况依然存在。但总体来看，近代以来，随着义务教育的普及，受教

---

① ［德］伊曼努尔·康德：《论教育学》，赵鹏、何兆武译，上海人民出版社2005年版，第5页。
② ［德］O. F. 博尔诺夫：《教育人类学》，李其龙等译，华东师范大学出版社1999年版，第36页。

育成为人的基本权利，每个人都必须接受一定年限的学校教育。学校教育开始成为人的发展的必要条件，在人的发展中发挥独特的价值。学校教育在个体发展中的独特价值具体表现在如下四个方面。

1. 学校教育引导个体发展的方向，为个体发展做出符合社会要求的规范

与一般的环境影响相比，学校教育独特的价值在于引导个体发展的方向。一般环境对个体发展的影响是自发的，但教育是有目的的活动，它围绕个体的发展，有目的、有计划地组织教育活动，引导个体朝着预定的方向发展。同样是教育活动，与家庭教育相比，学校教育更代表社会为个体的发展提出社会性规范要求，个体必须按照这种规范性要求，认同社会的主流价值观，形成符合社会需要的品质，成为符合社会要求的人。

2. 学校教育加速个体的发展，促进个体又好又快地发展

人作为生命个体，在社会生活中同样能够得到成长，但这种成长可能更多的是一种自然成长，是一种自发成长。这是个体生命成长的基本规律，学校教育要遵循生命的自然成长规律，正如《中庸》所说，"天命之谓性，率性之谓道，修道之谓教"。但这并不意味着教育只能尾随在生命的自然发展之后。学校教育的价值就是要在遵循生命发展规律的基础上，以一种科学有效的方式，提升个体发展的速度，缩短实现发展目标的时间，使个体能够在有限的时间内又好又快地发展，为生命的发展赢得时间和速度，使人在有限的生命中获得最大化的发展。

3. 学校教育能够开发个体的特殊才能和发展个性

教育面对的是具体的人，而人是有差异的，这种差异表现为个体的特殊才能和个性。真正的教育是适合每个人的独特教育，是一种因人而异的个性化教育。我们之所以需要学校教育，就是希望学校教育能够根据每个学生不同的发展需要，进行个性化的设计，为他们的发展提供最适合的教育内容、教育方式，开发他们的特殊才能，促进他们的个性发展。

4. 学校教育唤醒生命的自觉意识，为个体生命发展奠基

人不可能一辈子接受学校教育，即便是在终身教育时代，学校教育也只是人生旅程中的一段。学校教育的目的不能只为这一段负责，而要为整个一生负责。这就要求学校教育必须为个体生命发展奠基，即便是离开了学校，个体依然能够自觉地发展。学校教育传授的是基础性知识，基础性知识具有普遍性和迁移性，对个体的进一步发展具有基础性价值。此外，学校教育不仅传授知识、发展能力，而且唤醒生命、发展自觉，赋予个体生命主动发展的意识，提高个体的自我教育

能力，使个体发展的过程成为生命的自觉行为。

第二节 教育促进个体发展的功能

教育的个体发展功能是教育对个体发展的积极影响和作用。尽管教育具有社会功能，但作为培养人的社会实践活动，教育以促进人的发展为直接目标。促进人的发展是教育的本体功能，教育通过培养人，培养社会所需要的人，间接地促进社会的发展。因此，教育促进人的发展的功能是教育的本体功能，教育促进社会发展的功能是教育的派生功能或工具功能。教育社会功能的发挥，必须通过培养社会需要的人，而不是把教育作为工具，直接作用于社会。

生活中的每一个人，既是社会的一员，符合社会的要求；又是一个与众不同的独特的人，是他自己。作为社会成员，具备社会的身份，就必须社会化；作为他自己，是一个独特的自我，必须个性化。教育促进人的发展，也包括两个方面的功能：一是促使个体社会化，二是促使个体个性化。社会化是社会对个体的共同要求，个性化是个体自己独特的发展需求，二者在相互张力中实现人自身发展的统一。教育只有完成这两个方面的功能，才能造就一个既符合社会要求又具有个性的人。

一、教育促进个体社会化的功能

（一）个体社会化的含义

儿童成长就是不断适应社会要求，参与社会生活，履行社会角色的过程，是自然人转变为社会人的过程。其实，完全的自然人只存在于母体中，婴儿一出生，就需要学会适应社会，开启个体社会化的征程。人是一种社会性动物，不可能离开其他人而生存，因此，人必须通过社会化而成为人，社会性是人的本质属性。这就是马克思所说的："人的本质不是单个人所固有的抽象物，在其现实性上，它是一切社会关系的总和。"[1]

正因为社会性是人的本质属性，所以，人的发展要社会化。人的社会化，是个体在其社会文化环境中，通过社会交往活动，学习和掌握知识、技能、语言、社会价值观和行为规范等，适应社会生活，参与社会生活，创造社会新文化的过

---

[1] 《马克思恩格斯文集》第1卷，人民出版社2009年版，第505页。

程。总之，社会化就是个体学习社会规范、承担社会角色、成为社会成员的过程，也就是个体通过社会规范的内化，从一个"自然人"转变为"社会人"的过程。

社会化有很多内容，主要涉及政治社会化、道德社会化、法律社会化、职业社会化、性别角色社会化等。社会化的过程，是学习和内化社会规范的过程。个体通过学习和掌握政治、道德、法律、职业和性别角色的规范，形成符合政治、道德、法律、职业和性别要求的社会角色。角色是一个人的社会担当。一个人一生要担当很多角色，而且角色会不断变化。作为孩子，有孩子的角色要求；作为学生，有学生的角色要求；工作后，承担岗位上的某个角色，有相应的岗位角色要求；为人父母了，有父母的角色要求；即便到了退休年龄，适应退休生活，从工作状态转为休闲状态，也需要再次社会化。因此，个体社会化是持续终身的过程。人生活在社会中，不断地适应社会，就需要不断地社会化。

影响社会化的因素很多，如家庭、学校、同伴群体、大众传媒、职业组织、社区，等等。不同年龄阶段，影响个体社会化的主导因素不同。幼儿阶段以家庭为主，青少年阶段以学校为主，成年阶段以职业或工作为主，退休后以社区和家庭为主。

学校作为青少年生活的主要场所，对青少年的社会化起着重要的作用。法国社会学家涂尔干认为，"教育是年轻一代系统地社会化的过程"①。尽管促进个体社会化的因素不只是学校教育，但学校教育在促进青少年个体社会化中发挥着主导作用。这是因为学校教育代表社会，尤其是代表社会主流价值观对青少年提出要求，为青少年的发展提供社会性规范，培养社会所需要的合格成员。教师是社会的代言人，代表社会对学生提出要求，进行有效的规范引导。教育内容，尤其是学校正式的课程，作为一种法定课程和文化，代表着统治阶级的利益和价值观。因此，学校教育具有鲜明的社会性，学校是青少年社会化的重要场所。

（二）教育促进个体社会化的表现

按照狭义社会化的内涵，教育促进个体社会化的功能主要表现在形成社会价值观、完善自我观念、掌握社会技能和塑造社会角色四个方面。

1. 形成社会价值观

社会是人与人的集合，但人与人聚集在一起，可能是松散的联合体，并不必然构成社会。社会必须具有凝聚力，而凝聚力来自社会价值观。社会价值观是一

---

① [法]爱弥尔·涂尔干：《道德教育》，陈光金、沈杰、朱谐汉译，上海人民出版社2001年版，第309页。

个社会、国家和民族中所存在的、为其成员所共同认可的理想和信念。对于一个社会、国家和民族来说，社会价值观是精神支柱，对其社会成员具有一种精神聚合的作用，同时，为社会成员的行为指明方向。一个人、一个民族能不能把握好自己，在很大程度上取决于社会价值观的引领。教育促进个体社会化，首先个体必须学习和掌握社会价值观，尤其是社会的核心价值观，并将其内化，形成个体的社会意识，成为个体确定行为目标和行为方式的导向。教育就是根据社会需要，对个体学习和掌握社会价值观的过程予以积极引导，培育和践行社会价值观。对于我国来说，教育就是要引导学生践行社会主义核心价值观，成为社会主义的建设者和接班人。

其次，个体社会化必然要学习和掌握社会规范，将之内化为自己的行为规则，做出符合社会规范的行为。社会规范是社会价值观在社会成员行为中的体现，是用以调整、控制、规约人们行为的准则。社会规范有正式和非正式之分，正式的社会规范表现为社会的道德、法律、规章、制度、纪律等，非正式的社会规范表现为社会的习俗、传统、民风、时尚等。一个人在社会中生活，必然受社会规范的制约。社会规范，作为客观存在，必须内化为个体的社会价值观，并在社会生活中表现出来。总之，社会价值观和社会规范的形成都是人的社会性的重要内容，教育必须引导学生学习和掌握社会价值观，尤其是社会核心价值观和公民道德规范，形成符合社会要求的行为习惯，实现个体的政治社会化和道德社会化。

2. 完善自我观念

一个人怎样认识自我，决定了他在社会生活中的角色，影响着他的社会行为。培养和塑造自我观念，对个人社会化非常重要，而且，因为人是社会的建构者，所以个体的自我观念也是社会发展的基础。

个体的自我观念有两个方面：一是人对自我的认识，尤其是对自己个性和独特性的认识；二是对自我与他人、社会相互关系的认识。前者使个体保持一个独立的自我，成为一个有个性的人；后者使自己从他人、社会中获得自我，使个人发展与社会要求相统一，成为一个社会中的我。这两个方面虽有矛盾，但又在矛盾中实现对立统一。孤立地强调某个方面，都不是对个体自我观念的正确认识。人能否正确地认识自我观念的两个方面，并且处理好这两个方面的关系，是需要教育引导的。促进个体正确处理好个人与社会之间的关系，成为社会中的我，是教育促进个体完善自我观念的重要任务。

3. 掌握社会技能

生活在社会中的人，必须具有一定的社会技能。社会技能是人生存的基本条件，也是人生活和工作的基本支撑。社会技能包括基本的生存技能和职业技能两个方面。基本的生存技能，包括衣食住行的技能，用以维持一个人基本的社会生存。在所有生物中，人是本能最不成熟的生物，人类学家将人的自然未成熟性称为人的"未特性化"，也就是人的未完成性。人的这种未完成性为人的发展留下了较大的空间，需要通过教育来弥补。教育可以使一个人掌握基本的生存技能，具备基本的生存能力，适应环境的要求和社会生活。职业技能即谋生的技能。人是社会生活的创造者，儿童期依赖父母生活，成年后则需要自己创造价值，需要自我谋生，这就需要掌握一定的职业技能。传统社会，当技术水平较低时，家庭承担着传授职业技能的职责；现代社会，随着职业的技术要求越来越高，职业技能的掌握必须依靠专门的教育。马克思指出："为改变一般人的本性，使它获得一定劳动部门的技能和技巧，成为发达的和专门的劳动力，就要有一定的教育或训练。"① 这种教育不完全是职业教育。职业教育固然直接传授专门的职业技能，但大工业生产"用那种把不同社会职能当做互相交替的活动方式的全面发展的个人，来代替只是承担一种社会局部职能的局部个人"②。现代社会职业的流动性，职能的更迭，使人的全面发展显得尤为必要。普通教育虽不直接传授职业技能，但它促进人的全面发展，为人适应大工业生产的全面流动奠定基础。科学家爱因斯坦（1879—1955）也指出，"青年人在离开学校时，是作为一个和谐的人，而不是作为一个专家"，"发展独立思考和独立判断的一般能力，应当始终放在首位，而不应当把获得专业知识放在首位"。③

4. 塑造社会角色

社会化的最终结果就是培养出符合社会要求的社会成员，在社会生活中担当一定的角色，创造价值，为社会发展服务。角色本指演员在戏剧中所扮演的人物。社会学借用这个概念，意指每个人都在社会上扮演一定的社会角色。社会角色是指个体在特定的社会关系中的身份及由此而规定的行为规范和行为模式的总和。具体地说，社会角色就是个人在特定的社会环境中相应的社会身份和社会地位，并按照一定的社会期望，运用一定权利来履行相应社会职责的行为。它规定一个人活动的特定范围和与人的地位相适应的权利、义务与行为规范，是社会对一个处于特定地位的人的行为期待。

---

① 《马克思恩格斯文集》第5卷，人民出版社2009年版，第200页。
② 《马克思恩格斯文集》第9卷，人民出版社2009年版，第312页。
③ 《爱因斯坦文集》第3卷，许良英、赵中立、张宣三编译，商务印书馆1979年版，第146、147页。

个人在社会生活中扮演着各种各样的角色，在家庭中，可能是儿女，可能是父母，可能是兄弟姐妹；在学校里，可能是教师，可能是学生，可能是同学；在社会中，可能是同事，可能是上级，可能是邻居，可能是朋友。每一个角色有其相应的行为规范，按照规范行动，才能真正承担其角色。例如，学生应该以学习为主，遵守学校纪律，认真学习，积极完成作业，等等，这样才符合人们对学生的角色期待。因为不同的社会角色具有不同的社会规范，决定了角色必须通过学习获得，这种学习不只是课堂中的知识学习，更重要的是在社会生活中、在交往中、在角色扮演中学习。一个人在生活中可能会担任多种角色，这些角色之间可能会发生某种冲突，教育必须教会学生合理地进行角色协调，避免角色冲突。

二、教育促进个体个性化的功能

（一）个体个性化的含义

社会化是社会对人的共性要求。一个时代的人，一个民族的人，一个国家的人，一个行业的人，其社会化的要求都是相同的。例如，我们都是中国人，我们都是生活在 21 世纪的中国人，我们都是 21 世纪的中国大学生，因此，社会对我们有着中国人、21 世纪的中国人、21 世纪的中国大学生的共同规范和行为要求，这些规范和行为要求具有民族性、时代性和群体性。但社会化并不必然导致同质化，不可能造就完全相同的人，因为每个人的遗传因素不同，生活环境和所受教育不同，所参与的实践活动不同。加之个体具有主观能动性，即便对同样的影响，个体的认识和反应也不相同。因此，人在社会化中虽然形成了社会性的共同要求，但也使人与人之间个体的差异性显现出来，显示出人的独特性。因此，个体社会化不排斥个性化，而且社会化的过程，本身就是社会要求在个体身上显现的过程，每个人的个性都是个体社会化过程中的差异性。

个性化固然要发展人的个性，但不能等同于心理学上作为"人格"同义词的"个性"发展。心理学的个性特指一个人独特的、稳定的和本质的心理倾向和心理特征的总和，如能力、气质、性格、兴趣、爱好、动机、志向、价值观等。个体个性化并不局限于个体的心理特征，也指个体的独特性和差异性。怎样使一个人在社会化基础上成为一个独特的自我，是个性化的核心。与社会化的求同不一样，个性化是一个尊重差异性的求异过程，它反映的不是对社会的适应，而是在适应基础上的发展、变革和创造。因此，个体个性化，就是在人的共同社会性的基础上，发挥人的自主性和能动性，充分把人的差异性和独特性彰显出来，实现个体我与社会我的统一，生命的个体价值与社会价值的统一。

(二) 教育促进个体个性化功能的表现

围绕个体个性化的任务，教育促进个体个性化的功能主要表现为通过唤醒人的生命自觉，尊重个体的差异性和独特性，促进个性和创造性的发展，实现社会性和个性的统一。

1. 唤醒人的生命自觉

马克思说，人区别于动物，就在于人"使自己的生命活动本身变成自己意志的和自己意识的对象。他具有有意识的生命活动"①。人能够有意识地支配自己的生命活动，是一个自觉的生命体，具有自主性和能动性。所谓自主性，是人作为主体对待客体时所表现出来的积极的、能动的特性。人所面对的客体有两类，一类是外部的客观世界，一类是人的自我。人作为主体，要积极改造外部世界，同时，人作为主体，也要超越自我，获得新的自我。因此，自主"有两个尺度。第一个尺度描述个体的客观状况、生活环境，是指相对于外部强迫和外部控制的独立、自由，自决和自己支配生活的权利与可能。第二个尺度是对主观现实而言，是指能够合理利用自己的选择权利，有明确目标，坚韧不拔和有进取心"②。人对外部世界和内部世界的改造是统一的，外部世界的改造是内部世界改造的资源和条件，人正是通过对外部资源的占有和吸收，来获得自我发展的资源和改造自身的。自主性使人在对待外部世界和自身时表现出能动性。能动性是人特有的认识世界、改造世界的能力，以及在认识世界、改造世界中所具有的精神状态，如决心、意志力和进取心。

人的发展受社会的制约，如果没有生命的自觉，没有人的自主性和能动性，人的发展就会陷入被动之中，人就成为同质化的社会工具，而不是一个独特的我。人的自主性、能动性是个体社会化的前提。没有个体的自主性、能动性，就不可能有人的个性化。自主性、能动性虽是人的特性，但它不是与生俱来的，而是通过后天的实践获得的。教育在唤醒人的自主性和能动性方面，具有重要的责任。对于个体发展而言，教育不仅是传授知识，发展能力，更是唤醒个体发展的主体意识，增强主体发展的能动性，使发展的过程成为一个主体自我提升的过程，一个唤醒生命自觉的过程。教育要给人知识，但获得知识不是教育的全部目的，还要把知识转化为促进个体自我发展的能力，使其成为滋养个体发展的能量。灌输式的教育，不可能唤醒和激发人的自主性、能动性，这就需要主体教育，给学生以主动探索、自主支配的时间和机会，把发展的主动权还给学生，让学生自主学

---

① 《马克思恩格斯文集》第1卷，人民出版社2009年版，第162页。
② [苏] 伊·谢·科恩：《自我论：个人与个人自我意识》，佟景韩、范国恩、许宏治译，生活·读书·新知三联书店1986年版，第407页。

习、探究学习，激发生命的自觉，促进生命创造性的发展。

2. 尊重个体的差异性和独特性

人与人之间是有差异的，而且差异是绝对的。这种差异，首先来自遗传。遗传因素的不同，塑造了个体不同的生物特性。虽然这些生物特性不能决定人未来发展的方向和成就，但它为人的个体发展、个性差异提供了物质条件，打上了底色。在这样一个生物学个体差异的基础上，人的发展取决于后天的环境、教育和实践活动等方面的影响。个体由于生活环境和实践活动的不同，后天发展的途径、方式及其结果都会表现出较大的差异，即便是同卵双生子也是如此。不过，这种个体发展的差异性，既有生物学的自然影响，也有社会生活的自发影响。这种自发影响可能出现有利于个体个性化的一面，也可能出现有碍于个体个性化的另一面。

教育作为有目的地促进人的发展的实践活动，需要依据每个学生的个别差异进行。真正的教育，是适合每个人的个性化教育、有差异的教育，而不是大一统的划一性教育。划一性教育假定全体儿童是没有差异的，以统一的教育内容、统一的教育进度、统一的教育方式面对所有学生，泯灭了学生的个别差异和独特性。教育必须改变这种"目中无人"和"千人一面"的现象，根据每个人的特性和发展的不同要求，创造适合每个人的教育环境，设计适合每个人的课程，采取适合每个人的教育方式，发展每个人的个性特长。这样的教育未必是回到古代的个别教学，在班级授课制的集体教学中，可以通过改革教学形式，实施"走班制"、分层教学、分类指导，增加选修课，开发校本课程等，因材施教，为每个学生找到最适合自己的发展资源和发展方式，充分发挥每个人的潜能，让每个人都成为最好的自己。

3. 促进个性和创造性的发展

个体个性化的最终结果是促进人的个性发展。个性是在一定社会历史条件下，通过社会实践活动形成和发展起来的，是个体在社会实践中作为主体表现出来的观念、能力和行为。在一定意义上，个体的自主性、能动性、差异性、独特性，既是个性的表现形态，也是促进个性形成的因素。教育要发展人的个性，首先是要唤起人的自主性和能动性，尊重并适应个体差异性和独特性，同时，针对个体差异性和独特性，实施特色化、个性化的教育。对个人发展而言，学生更乐意接受适合自己优势潜能和兴趣爱好的学习方式，因此，我们必须为学生的优势潜能和兴趣爱好的发展提供合适的教育，允许他们选择适合自己的教育，推进学校的特色化和多元化发展，为学生的个性化选择提供条件。

创造性是人的个性的核心品质，是个体在创造活动中所表现出的自主、独特、与众不同的心理倾向。个性不是说与别人不同的话，做与别人不同的事，这些不同的话、不同的事能否成为个性，取决于它是否具有价值，是否能够成为一种创造性活动。创造是人生产新颖、独特、有价值的产品的活动。创造性不仅是自我意识的独特表现，同时其所表达的观点、所具有的行为都要新颖、有价值。胡言乱语尽管是独特的，但不是创造性，因为它没有产生出新颖的、有价值的产品。创造性不是自发的，需要有意识地培养。创造性培养就是要激发人的好奇心与求知欲，培养人的创新意识和创新精神，教给人创造的方法，发展人创造的能力，特别是创造性想象和创造性思维的能力，以及善于进行变革和解决问题的能力。创造性的培养不是某种心理品质的培养，不能通过某种专门的创造性（思维）课程来完成，"人是在创造活动中并通过创造活动来完善他自己的"①。也就是说，人只有在创造性教育中，通过创造活动，才能促进创造性生长。保守的教育活动，无法培养人的创造性，相反，还会压抑人的创造性。

三、教育促进个体社会化与个性化的关系

教育具有个体社会化和个性化的功能，二者之间的关系需要我们进一步探讨。历史上曾经出现过两种极端的取向：一种是个人本位论，另一种是社会本位论。

个人本位论出现于 18 世纪至 19 世纪上半叶，以卢梭、裴斯泰洛齐、福禄培尔（1782—1852）为代表。卢梭在《爱弥儿》的开篇就指出："出自造物主之手的东西，都是好的，而一到了人的手里，就全变坏了。"② 卢梭反对社会对儿童的残害，主张教育要尊重儿童的本性，顺乎儿童的自然天性，把儿童培养成"自然人"。

扈中平：《个人本位论和社会本位论及各自内部的差异》

理解卢梭的"自然人"不能离开其社会背景。相对于古代社会人的依赖关系而言，18 世纪是产生"孤立个人的观点的时代"，有其历史的必然性和进步性。18 世纪"孤立的个人"是对于 16 世纪以来就做了准备而在 18 世纪大踏步走向成熟的"市民社会"的预感。所以，卢梭虽然反对培养"社会人"，但他反对的只是教育适应当时没落的封建社会而培养的社会人。他所倡导培养的"自然人"是 18 世纪市民社会的公民，代表着新兴资产阶级的利益。18 世纪后期到 19 世纪，个人本位论开始强调个人的和谐发展。裴斯泰洛齐指出，人的自然天性是与生俱来的，教育要

---

① 联合国教科文组织国际教育发展委员会编著：《学会生存——教育世界的今天和明天》，华东师范大学比较教育研究所译，教育科学出版社 1996 年版，第 188 页。
② ［法］卢梭：《爱弥儿：论教育》上卷，李平沤译，商务印书馆 1978 年版，第 5 页。

遵循人的发展的自然规律。福禄培尔认为，儿童的心理发展具有自动性，这种自动性既是人的表现，也是神的要求。①

19世纪末20世纪初，个人本位论的"人的和谐发展"的理想受到了挑战。涂尔干指出，人的和谐发展过于理想，并非都能够实现，"因为它与人们同样必须遵循的另一个行动准则有矛盾。这个行动准则规定，我们必须献身于某一特定而有限的任务"②。生活在现实中的人必须遵循社会的逻辑，杜威也持同样的观点，他批评个人本位的人的和谐发展"显然与社会生活或社会成员身份没有关系"，如果离开了人所依托的社会关系而强调人的和谐发展，教育就"变成了一种体操"③，所以，不能孤立地表达个人的发展。这就有了继个人本位论后的社会本位论。

社会本位论出现于19世纪与20世纪之交，以涂尔干、纳托尔普（1854—1924）、凯兴斯泰纳（1854—1932）等为代表。涂尔干指出："教育在于使年轻一代系统地社会化……塑造社会我，这就是教育的目的。"④ 纳托尔普则更加极端地指出："在教育目的的决定方面，个人不具任何的价值；个人不过是教育的原料；个人不能成为教育的目的。""教育的目的，只是社会化，因社会化而使一个民族的整个生活道德化。""离了社会，便没有教育存在。"⑤ 凯兴斯泰纳对于教育目的的认识，更倾向于国家主义。他认为："国家一切的教育制度只有一个目标，便是造就公民。"⑥ 所以，社会本位论强调个人依赖于社会。

教育应该根据社会的要求，促进人的社会化，使个体获得社会性，成为有别于"个体我"的"社会我"。个人本位论和社会本位论在历史发展的不同阶段，有其积极的意义，但也有其局限性。它们的问题是把"人"或"社会"都抽象化了。现实中人与社会是统一的，人的交往与集合构成了社会，人是社会中的人，社会影响和塑造了人。

个人本位论和社会本位论把个性化与社会化对立起来，走向了极端。正确认识个体社会化和个性化的关系，既要看到二者对立的一面，又要看到二者统一的一面。

个体社会化和个性化的对立主要表现在三个方面。第一，基点不同。个体社

---

① 张斌贤主编：《外国教育史》，教育科学出版社2008年版，第310—314页。
② 张人杰主编：《国外教育社会学基本文选》，华东师范大学出版社1989年版，第2页。
③ [美]杜威：《学校与社会·明日之学校》第2版，赵祥麟、任钟印、吴志宏译，人民教育出版社2005年版，第140页。
④ 张人杰主编：《国外教育社会学基本文选》，华东师范大学出版社1989年版，第9页。
⑤ 吴俊升：《教育哲学大纲》，福建教育出版社2011年版，第189页。
⑥ 吴俊升：《教育哲学大纲》，福建教育出版社2011年版，第189页。

会化基于社会的需要，反映的是社会对人的要求，代表的是社会利益；个体个性化基于个体自身的发展，反映的是个体自身发展的独特需要，代表的是个人的利益。第二，目的指向不同。个体社会化发展的是人的社会性和共性，个体个性化发展的是人的个性和独特性。第三，人与社会的关系不同。个体社会化反映的是人对社会的适应，社会对人的决定关系；个体个性化按照人自身的发展需要，发展个体的社会批判能力，反映的是人对社会的变革与超越。由于在上述方面的不同，个体社会化和个性化呈现出对立的一面。在不同的社会，对立的程度、性质不同。古代社会，在"人的依赖关系"状态下，社会完全压制个人，个人没有独立性。近代社会，重视"以物的依赖性为基础的人的独立性"，解放个人和个性，这就是18世纪"孤立的个人"时代和资本主义的"市民社会"。资本主义私有制使个人与社会对立起来，社会主义公有制使个体的利益与社会的利益相统一，保证了个人发展与社会要求的统一。

个体社会化和个性化的统一主要表现在以下四个方面。第一，它们是人的发展不可缺少的两个方面。社会性和个性是人的发展不可分割的两个方面，个体社会化和个性化也是促进人的发展不可或缺的两个方面。单一的某个方面，不可能造就一个真正的人。第二，二者在社会实践活动中实现统一。虽然指向不同、目的不同，但个体社会化和个性化不是孤立的，二者统一于社会实践活动中。社会实践活动既有社会对个体的客观要求，实现个体的社会化，又有个体对社会要求的主观建构，实现个体的个性化。因此，社会实践活动既造就了人共同的社会性，又塑造了人独特的个性，是社会性和个性有机统一的过程。第三，人类社会发展的最终目的，是实现社会要求和个性发展的完美统一。历史发展的不同阶段，人与社会存在不同性质的矛盾，导致了个体社会化与个性化之间的矛盾。这种矛盾是生产力发展不充分、社会民主不完善的结果。马克思论述了共产主义社会每个人的自由发展与一切人的自由发展的关系："代替那存在着阶级和阶级对立的资产阶级旧社会的，将是这样一个联合体，在那里，每个人的自由发展是一切人的自由发展的条件。"[①] 个人自由发展的实现，以社会的发展即"自由人联合体"的形成为前提。只有在"自由的联合体"中，个人才能获得全面发展其才能的条件和可能。这就是说，共产主义作为人类社会的理想，最终将实现社会要求与个人发展的完美统一。第四，当代中国，在科学发展观的指导下，实现经济、社会和人的全面、协调、可持续发展。科学发展观是以人为本、全面、协调、可持续的发

[①] 《马克思恩格斯文集》第10卷，人民出版社2009年版，第666页。

展观。发展包括经济的发展、社会的发展和人的发展。科学发展观提出的全面、协调、可持续就是指经济、社会和人的全面发展,以及三者之间的协调发展、可持续发展。实现三者之间的可持续发展,必须坚持以人为本,以人的全面发展为核心,把依靠人作为发展的根本前提,把提高人作为发展的根本途径,把尊重人作为发展的根本原则,把为了人作为发展的根本目的。这是科学发展观区别于单纯追求国内生产总值增长的非科学发展观的不同。如果离开人的发展,经济、社会发展就会迷失方向,陷入物质主义、功利主义之中。因此,科学发展观以人的全面发展为核心,做到发展为了人民、发展依靠人民、发展成果由人民共享,共同推动社会的进步。

第三节 教育促进个体发展的条件

教育促进个体的发展,就是要实现个体社会化和个体个性化的统一。但并非所有的教育都能够促进个体社会化和个性化的统一,有的教育反而有损于个体社会化和个性化,或造成二者的对立,以社会化的要求压制人的个性化发展。这种对个体发展消极的阻碍作用,就是教育对个体发展的负功能。例如,划一性的教育、陈腐的传统教育思想和落后的教学方法,都压制人的自主性、独特性、差异性,窒息人的创造精神,泯灭人的个性,都属于教育对个体发展的负功能。所以,教育要发挥促进个体发展的功能,必须正确地认识和把握促进个体发展的条件,在遵循这些基本条件的前提下,实施适合个体的教育。

鲁洁:《教育的原点:育人》

教育要实现促进个体发展的功能,首先,要确立"育人为本"的教育理念;其次,在活动中要确保学生的主体地位,发挥学生的主体作用;最后,要创新教育理念、机制、方式、方法,寻找适合个体发展需要的个性化、特色化教育。

一、把"育人为本"作为教育工作的根本要求

以人为本是科学发展观的本质和核心,也是教育发展的核心命题和基本价值取向。在教育领域中落实以人为本的科学发展观,必须树立育人为本的教育理念,把教育的重点转向人本身,确立人是教育的出发点,在教育过程中把人的全面发展放在核心位置。这是教育的本质所在,也是教育促进人的发展的基本要求。

科学地理解"育人为本"的内涵和精神实质，需要把握以下几个方面。

1. 以人为出发点

教育的出发点是人，还是社会？这是一个有争议的问题。社会本位论者把社会作为教育的出发点，个人本位论者把人作为教育的出发点。但无论是社会本位论，还是个人本位论，都割裂了个人与社会的关系，都不符合马克思主义的观点。马克思主义认为，社会和人是统一的。人是社会的人，人的本质是社会关系的总和；社会是人的社会，社会是人的存在形式。社会不能离开人，人也不能离开社会，人与社会相互决定、互为条件。马克思把人视为历史的"剧中人"，又把人视为历史的"剧作者"。作为历史的"剧中人"，历史塑造着"人"；作为历史的"剧作者"，人创造着历史。虽然人与社会相互作用，相互规定，但相对于社会而言，人是一个更根本的因素。人是社会历史的主体，历史是人的创造物。

既然社会是人的社会，历史是人的历史，那么，要推动社会发展，首先必须着眼于人的发展。人的发展是社会发展的目的。马克思主义对人的认识不同于个人本位论，个人本位论抛开了社会对人的制约性，是一种抽象的人性观。马克思主义既看到了社会对人制约的一面，又看到了人创造社会的一面。对于个体来说，前者使人作为社会的产物，适应社会的要求；后者使人按照自己的意志，改造社会，彰显个性的一面。因此，马克思主义所说的人，是社会性和个性统一的人。

教育作为培养人的社会实践活动，意味着教育必须直面人的存在、促进人的发展。人是教育的出发点，促进人的发展是教育的归宿。这是教育的本质所在，也是教育促进个体发展的基本条件。首先，人是教育的出发点，社会不是教育的出发点。教育的直接目的不应该是满足社会的需要，而是满足个体生命发展的需要。促进人的自由而全面的发展是教育的最高目的。其次，培养人是教育的根本职能。教育促进社会发展的功能，只能通过培养人来实现，而不是把教育等同于某一社会子系统（如政治、经济），对社会发挥直接作用。教育通过培养人，创造和引领社会发展，而不是被动地适应社会的要求。最后，教育培养的是社会历史的创造者，而不是复制社会的客体。人作为社会的客体，只思考社会需要什么样的人，什么样的教育适合社会的需要，这是一种适应性的教育。人作为社会的主体，需要思考什么样的社会适应人的发展需要，什么样的教育能够满足人的发展需要。教育通过培养社会历史的主体引领社会发展，这是一种超越性的教育。

2. 以促进人的发展为根本职能

确立了人是教育的出发点，使教育的中心由社会要求转向了人的发展，但解决好培养什么人、怎样培养人，依然是需要进一步思考和回答的重大问题。因为对"人"的不同理解往往会形成不同的教育价值取向和教育实践追求。例如，有的教育是把人作为"人"来培养，以人为目的，注重人的全面自由发展，可以称之为人本教育；有的教育则把人作为工具塑造，以人为手段，开发人的工具价值，称之为工具式教育。

工具式教育不是从人出发，也没有把人作为目的，只是把人作为满足社会要求的手段。这种教育，虽然也在发展人，但强调教育的社会工具价值，忽视教育在培养人、促进人的发展方面的本体价值。它强调人的社会化共性的一面，忽视甚至压抑人的个性化独特的一面。培养的人缺乏个性、独立人格和创造活力，只是作为社会的工具，被动地适应社会的要求，而不是作为社会历史主体，去改造和超越现实，推动社会的发展。工具式教育强调教育为社会发展服务，忘记了社会发展的根本目的是人的发展，结果本末倒置，把手段当成目的。这种教育只知道要把人培养成社会工具，为既定的社会服务，不知道社会更要为人服务，而且首先要为培养人服务，为人的发展服务。人的教育，应该把人作为目的，而不是作为工具和手段，应该全面扩展人的价值，提高整个人的素质，促进人的全面发展。

尽管在社会中，每个人都承担一定的社会角色，成为社会的一员，但这并不意味着人必然成为社会的工具。在人与社会的关系中，人是主体，人在创造社会关系中，形成人自身，满足人的发展需要。所以，教育促进人的社会化，使人成为某一社会角色，但不能只局限于此，否则，教育就陷入了狭隘的世俗主义、功利主义之中，只满足于眼前的需求，忽视人自身的长远发展。人的全面发展是人承担某一社会角色的前提。教育首先使人成为人，然后，才能使人在社会生活中承担某种角色。联合国教科文组织国际教育发展委员会主席埃德加·富尔在致联合国教科文组织总干事勒内·马厄（1905—1975）的函中指出："人类发展的目的在于使人日臻完善；使他的人格丰富多彩，表达方式复杂多样；使他作为一个人，作为一个家庭和社会的成员，作为一个公民和生产者、技术发明者和有创造性的理想家，来承担各种不同的责任。"[①] 联合国教科文组织在《教育——财富蕴藏其中》中再次强化了这一思想："教育不仅仅是为了给经济界提供人才；它不是把人作为经济工具而是作为发展的目的加以对待的。使每个人的潜在的才干和能力得到充分发展，这既符合教育的从根本上来说是人道主义的使命，又符合应成为任

---

① 联合国教科文组织国际教育发展委员会编著：《学会生存——教育世界的今天和明天》，华东师范大学比较教育研究所译，教育科学出版社1996年版，"呈送报告"部分第2页。

何教育政策指导原则的公正的需要，也符合既尊重人文环境和自然环境又尊重传统和文化多样性的内源发展的真正需要。"① 因此，育人为本教育理念的实质，就是坚持以人的全面进步和发展为本，把人作为社会的主体和中心，在社会发展中以满足人的需要，提升人的品质，实现人的全面发展为终极目标。

3. "育人为本"是教育工作的根本要求

党的十七大把科学发展观写入了党章，党的十八大又把科学发展观确立为党的指导思想。科学发展观的第一要义是发展，核心是以人为本，根本方法是统筹兼顾。以科学发展观为指导，党的十七大报告提出了教育改革必须坚持"育人为本，德育为先"。党的十八大深化"育人为本"的教育理念，提出"把立德树人作为教育的根本任务，培养德智体美全面发展的社会主义建设者和接班人"。党的十九大再次明确提出，"要全面贯彻党的教育方针，落实立德树人的根本任务，发展素质教育，推进教育公平，培养德智体美全面发展的社会主义建设者和接班人"。"育人为本"不是空洞的理念，它旨在落实立德树人的根本任务，发展素质教育，培养德智体美全面发展的社会主义事业的建设者和接班人，它回答了我国教育"为谁培养人，培养什么人，怎样培养人"的重大问题，为今后的教育改革指明了发展方向。

"育人为本"作为教育工作的根本要求，具体就是要做到以下四个方面。

第一，把立德树人作为教育的根本任务，发展素质教育。坚持育人为本，在教育工作中就是要面向全体学生，加强青少年学生的道德教育，把社会主义核心价值观融入教育的全过程，渗透于教育教学的各个环节，贯穿学校教育、家庭教育和社会教育的各个方面，引导和教育学生自觉践行社会主义核心价值观；把弘扬以爱国主义为核心的民族精神和以改革创新为核心的时代精神作为时代道德教育的重要内容，着力提高学生服务国家、服务人民的社会责任感、勇于探索的创新精神和善于解决问题的实践能力；就是要不断地发展素质教育，提升学生的核心素养，发展其关键能力。

第二，坚持全面发展，能力为重。育人为本，就是要坚持把人作为完整的人来培养，全面加强和改进德育、智育、体育、美育和劳动技术教育；坚持文化知识学习与思想品德修养的统一、理论学习与社会实践的统一、全面发展与个性发展的统一；坚持能力为重，强化关键能力培养，着力提高学生的学习能力、实践能力、创新能力。

---

① 联合国教科文组织国际21世纪教育委员会编著：《教育——财富蕴藏其中》，联合国教科文组织总部中文科译，教育科学出版社1996年版，第70页。

第三，教育要面向全体，关心每个学生发展，赋予每个学生平等的发展机会。坚持育人为本，就是要使教育应面向每一个学生，关心每个学生，促进每个学生主动地、生动活泼地发展；坚持尊重个性和承认差别，办好适合每个学生成长需要的个性化和特色化教育，为每个不同家庭背景、不同智力水平、不同性格和志向的学生提供与之相匹配的学习和成才机会。

第四，坚持以满足人民群众的需要为本，满足人民群众对公平而有质量的教育的需求，办人民满意的教育。以人为本中的"人"，不仅指个体，而且指人民。教育为了每个人的发展，也就是为了人民谋福祉。因此，育人为本，不仅以个体发展为本，而且要以人民为本，以满足人民群众的需要为本，特别是要满足人民群众渴望接受公平而有质量的教育的需要，切实保障人民群众及其子女接受良好教育的权益，推进教育公平，促进教育优质均衡发展，努力办好让人民满意的教育，办好让人民满意的学校，让教育发展的成果惠及全体人民。

二、把学生作为教育活动和发展的主体

从教育活动的要求看，教师在教育活动中起主导作用，学生是教育活动中的主体。学生是教育活动的主体有三个方面的含义。第一，学生是发展的主体。教育促进人的发展，而人的发展是自己的发展，是他人所不能替代的，是自主的发展。虽然人的发展借助于教育，教育可以加速和引导人的发展方向，但教育必须遵循人的发展规律，必须把人作为发展的主体。这是教育促进人的发展的又一基本要求。第二，学生是教育活动的主体。马克思认为，自由自觉的活动恰恰就是人的类特性。人只能在自由自觉的活动中得到发展，在由他人所支配的活动中，个体不可能得到发展。学生在教育活动中的发展是通过自我设计、自我构建、自我努力实现的。第三，学生是教育过程中的主体。在教育过程中，虽然学生接受教师的指导，但教师不能强制学生的发展，更不可能代替学生的发展，学生发展必须由学生自己完成，教师只起引导作用。因此，在教育过程中，学生是活动的主体，是自我教育、自我发展的主体。这是落实素质教育，促进学生生动活泼地主动发展的前提。

传统的教育观念，把教师作为教育的主体，把学生作为教育的客体，教育就是教师对学生施加影响的过程。这种教育观念无视学生发展的主体地位，也无视学生在教育活动中的主体性。巴西教育学家保罗·弗莱雷（1921—1997）在《被压迫者教育学》中详细描述了这种状况：（1）教师教，学生被教；（2）教师无所不知，学生一无所知；（3）教师思考，学生被考虑；（4）教师讲，学生听——温

顺地听；(5) 教师制订纪律，学生遵守纪律；(6) 教师做出选择并将选择强加于学生，学生唯命是从；(7) 教师做出行动，学生则幻想通过教师的行动而行动；(8) 教师选择学习内容，学生（没人征求其意见）适应学习内容；(9) 教师把自己作为学生自由的对立面而建立起来的专业权威与知识权威混为一谈；(10) 教师是学习过程的主体，而学生只纯粹是客体。① 上述这些表现已经成为传统教育的常态，制约了学生主动的发展，使培养出的学生缺乏活力，缺乏创造，唯唯诺诺，难以成为社会的主体。

改变传统教育，必须改变"学生是客体"的观念，树立"学生是主体"的观念。这就要求在教育过程中确立学生的主体地位，通过学生的主体活动，发展学生的主体性。

1. 确立学生在教育活动中的主体地位

教育主体是教育活动中具有自主性与能动性的存在者，是教育活动中人的因素。教育活动中人的因素有两个：教师和学生。教师和学生谁是教育活动的主体，一度存在着争论。如前所述，传统教育把学生作为客体，20 世纪 80 年代，顾明远先生提出学生既是教育的客体，又是教育的主体，引起了教育过程中教师和学生主客体地位的大讨论，先后出现了"教师单一主体论""学生单一主体论""教师与学生双主体论""教师主导学生主体"等多种不同的认识，尽管这些认识还存在着差异，但越来越多的学者都认识到学生在教育过程中的主体地位。教育过程不是教师对学生进行灌输和强迫改变的过程，而是教师引导学生自主发展、自我建构的过程。教师不能把学生作为被动的客体施加影响，作为接受知识的容器灌输，只能把学生作为发展的主体、学习的主体。教师的作用是为学生的发展提供资源，调动学生学习的积极性，引导学生独立学习，自主发展。联合国教科文组织国际教育发展委员会在《学会生存——教育世界的今天和明天》报告中深刻地指出："未来的学校必须把教育的对象变成自己教育自己的主体，受教育的人必须成为教育他自己的人；别人的教育必须成为这个人自己的教育。"② 教育要确立学生在教育过程中的主体地位，把学生真正当主体，防止教师不合适地发挥"主导"作用，使学生成为"被主导"的客体，剥夺学生发展的主动权。在教育过程中，教师要真心实意把学生作为主体，而不是虚假的主体。教育是教师引导与学生自主建构

---

① ［巴西］保罗·弗莱雷：《被压迫者教育学》，顾建新、赵友华、何曙荣译，华东师范大学出版社 2001 年版，第 25—26 页。
② 联合国教科文组织国际教育发展委员会编著：《学会生存——教育世界的今天和明天》，华东师范大学比较教育研究所译，教育科学出版社 1996 年版，第 200 页。

的结合，教师既要放手学生，让他们自主发展，又要做好引导工作，充分调动他们发展的主动性和自觉性，同时，也要防止学生的发展偏离了社会发展的要求，及时引导他们形成正确的价值观。

2. 把发展的主动权还给学生

就像一个人只能亲自生活，而不能由别人代为生活一样，一个人只能亲自发展，而不能由别人代为发展，这是一个朴素的真理。在教育过程中，教师不能代学生发展，发展的主动权只能掌握在学生自己的手中。但是，在传统教育中，课堂和班级都牢牢地掌握在教师手中，教师常常剥夺学生自主发展的权利，以详细的讲解和示范，代学生思考，代学生活动，学生被教师所控制，失去思考的机会、活动的机会，丧失发展的主动权，处于"被发展""被塑造"的状态。改变这种实践状况，就需要把发展的主动权还给学生。

发展的权利本应该在每个人自身，之所以要把发展的主动权"还"给学生，是因为传统的教育剥夺了学生发展的主动权。把发展的主动权由教师"还"给学生，实现学生发展方式的转型，使学生由被动的接受者转变为主动的学习者，为此，必须为学生主动学习提供可能的时间、空间和机会，为他们主动发展提供保障。

学生主体性的发展，只能通过实践活动来实现。"人的活动是社会及其全部价值存在与发展的本原，是人的生命以及人作为个性的发展与形成的源泉。"① "离开了探究，离开了实践，一个人不可能成为真正的人。"② 学生作为教学实践活动的主体，其主体性的发展必须在探究和活动中实现。因此，教育重要的不是告诉学生什么，不是给予学生什么，而是让学生通过主动探索和创造活动，在对知识的理解、对活动过程的体验中获得主体性的提升，体验成长的意义。

3. 培养学生的主体性

学生的主体地位，不能只停留在教师"还"权于学生，教师把学生作为主体，更重要的是唤醒学生的主体意识，培养学生的主体性。主体性是指主体在与客体相互作用时所表现出来的积极的、能动的功能态势，集中表现为自主性、能动性和创造性。但仅仅把主体性限定为主客体对立关系中，是不全面的，因为"马克思认为，主客体关系是以主体间的交往为中介的，主体性不仅表现在'他们对自然界的一定关系'中，而且表现在'劳动主体相互间的一定关系'中。也就是说，

---

① 瞿葆奎主编：《教育学文集·课外校外活动》，人民教育出版社1991年版，第3页。
② ［巴西］保罗·弗莱雷：《被压迫者教育学》，顾建新、赵友华、何曙荣译，华东师范大学出版社2001年版，第25页。

在马克思看来，人的主体性还包括不同的主体在一定的社会历史条件下为变革某一客体而进行的相互交往的特性"①。这种主体和主体之间相互交往的特性，就是主体间性，它是人的主体性的重要组成部分。可以说，主体间性是主体性在人与人之间关系中的表现。因此，培养学生的主体性，不是培养单子式的个人主体性，而是培养其交往主体性，即主体间性。主体间性，不仅把自己当作主体，也把他人当作主体，人与人之间是共主体。

主体间性超越了在主客体关系中个人主体性理念，把主体性置于主体与主体的关系之中。主体间性不是对个人主体的否定，相反，它保留了个人作为主体的根本特征，同时强调主体间的相关性、和谐性和整体性。② 所以，教育要培养学生的主体性，但不能使个人主体性走向个人主义，必须用主体间的关系约束个人主体性的过分张扬，强调主体间的平等对话、理解、交往。教育不是培养一个占有性的个人主体，一个"精致的利己主义者"，而是培养和谐社会的主体，人类社会的主体。

三、坚持教育创新

社会发展的过程，是一个不断创新的过程。没有创新，社会只能循环往复、停滞不前。教育要发展，根本靠改革，因此，教育也需要改革创新，改革创新是教育发展的强大动力。教育只有改革创新，才能适应时代的要求，适应人的发展新要求。但创新不是割断历史，不是推倒重来，创新是在继承传统合理内核的基础上，进行符合时代要求的革新。一方面，创新要继承历史的合理性；另一方面，创新要革新历史，在否定中发展。教育创新，应该源自教育内在变革的创新，来自教育自身发展的迫切需要。

教育的核心是人，促进人的全面发展是教育创新的根据。教育为什么需要创新？创新什么？怎么创新？我们只能根据人的发展需要，根据时代对人的发展要求，改革不利于人的发展的教育模式，创建有利于人的自由充分发展的教育模式。因此，教育创新目标就是不断提高国民素质，培养适应不断发展的社会需要的人才。教育创新活动应该围绕这一总体目标展开。美国学者库姆斯在反思 20 世纪 60 年代美国教育改革的教训时指出：在美国，多年来，各种各样的人一直在试图改变教育，但"多半都没有获得成功"，是因为那些尝试"关注的是物，而不是人"。所谓"物"，指的是装置、机械、方法、学科，以及组织或管理方式，而"教育是

---

① 袁贵仁：《马克思主义人学理论研究》，北京师范大学出版社 2012 年版，第 107 页。
② 冯建军：《主体教育理论：从主体性到主体间性》，《华中师范大学学报（人文社会科学版）》2006 年第 1 期，第 115—121 页。

一项人的事业",涉及数以亿计的学生和数以千万计的专业教育工作者。要在教育中进行真正有效的变革,"只有通过促使人的变化——尤其是促使教师,即与学生接触十分密切的人的变化——才能完成"。① 所以,教育创新,核心在人,不在物。物质手段对于教育创新是必要的,但只是辅助手段,不能作为教育创新的根本。教育创新的根本在于培养人,关键在于教师素质的提高,教师的教育观念、教育教学方式方法的创新,教育制度为教育创新提供保障。

教育创新不同于创新教育。教育创新是围绕着人的发展,对教育观念、教育模式和教育制度等进行全面的变革和创新。创新教育是关于创新素质的培养,尤其指人的创新意识、创新精神、创新能力和创新人格的培养。教育创新和创新教育的目的是一致的,都指向人的培养,但创新教育只指向人的创新素质的培养,教育创新则指向人的全面发展。创新教育是培养创新素质的教育,核心在"教育";教育创新是围绕人的全面发展进行的教育观念创新、教育模式创新、教育制度创新,核心在"创新"。《国家中长期教育改革和发展规划纲要(2010—2020年)》指出,要创新人才培养体制、办学体制、教育管理体制,改革质量评价和考试招生制度,改革教学内容、方法、手段,建设现代学校制度,以利于创新人才的培养。可见,教育创新是创新教育的保障。

教育创新不只是教育技术手段的创新,也不只是教育某些部分或某些环节的变化,它是涉及观念、模式、制度等诸多层面的整体性变革。

1. 教育观念创新

教育是一种有目的的、人为的活动,就在于它以观念为先导。不同教育观念,决定了不同的教育模式、教育方法。因此,观念的创新是教育创新的先导。在观念创新方面,主要是人才观、教育观。人才观回答什么样的人是时代需要的,教育观回答什么样的教育是好的教育。这两个方面各有所侧重,但密切相连。教育是培养人的事业,不同的人才观需要不同的教育。人的全面发展是对人才的基本要求,因此,要树立全面发展观念、人人成才观念和多样化人才观念,尊重个人选择,鼓励个性发展,确立"适合的教育才是最好的教育"观念。围绕这一人才观,树立终身学习观念、系统培养观念和特色教育观念,形成体系开放、机制灵活、渠道互通、选择多样的人才培养体制。

2. 教育模式创新

观念是先导,人才观念和教育观念的创新,必然要通过教育模式转化为教育

---

① 瞿葆奎主编:《教育学文集·国际教育展望》,人民教育出版社1993年版,第273—274页。

行为和教育实践。因此,教育模式是教育创新的抓手和落脚点。没有教育模式的创新,即便是再好的教育观念,也难以落地生根,创新只是徒具虚名。教育模式是在一定的教育观念指导下,教育要素的不同组合方式和结构。教育模式是在长期教育实践基础上形成的,一旦形成就具有相对的稳定性。但任何教育模式都是建立在部分正确的假设的基础上,从部分正确的假设入手,只能导致部分正确的答案,从而把教育改革"锁在一个封闭系统内"①。随着教育的发展和实践的变化,教育模式必须基于新的假设进行改革创新。

就当代中国教育而言,人才培养模式是教育模式创新的核心。为此,要深化教育教学改革,创新教育教学方法,实现教育中心从教师转向学生,从以学科为中心转向以学生为中心,从规范的统一性转向有选择的多样性,从学生"被教"转向教师的引导与学生自主学习的结合,从灌输性教学转向自主学习、探究学习,等等。围绕着教育教学方式的这些变化,课程、师生关系、教学组织形式等也都发生相应的变化:课程从过分强调分科转向综合,从单一的知识逻辑转向素养的提升,从机械的预设转向有目的的动态生成;师生关系从教师独白转向师生对话,从专制转向民主;教学组织形式从划一性班级授课制转化为班级教育和个别教育的结合,推进分层教学、走班制和增加选修课程、校本课程等个性化模式;改革封闭的学制系统,扩大学习时空,增强学制弹性;等等。

3. 教育制度创新

教育观念和模式的创新,需要制度的创新作保证。创新模式使创新观念落地生根,创新制度为创新模式保驾护航。没有制度的创新,模式的创新也举步维艰。因此,《国家中长期教育改革和发展规划纲要(2010—2020年)》把制度创新作为改革的重点。2017年,中共中央、国务院颁布的《关于深化教育体制机制改革的意见》提出:"系统推进育人方式、办学模式、管理体制、保障机制改革,形成充满活力、富有效率、更加开放、有利于科学发展的教育体制机制。"制度创新不仅对教育创新起保障作用,而且在一定程度上对人的全面发展、个性发展具有解放作用,尤其是人才培养体制和考试招生制度改革直接关系到人的发展。在人才培养体制方面,现有的制度过于强调统一性和标准化,所有的人一个模子、一个标准、一个程序,不利于学生个性的充分发展,更不能适应创新精神与能力的培养。人才培养的改革,要打破划一管理模式,探索适应不同类型教育和人才成长的学校管理体制与办学模式,避免千校一面,扩大学校办学自主权,把办学的自

---

① 瞿葆奎主编:《教育学文集·国际教育展望》,人民教育出版社1993年版,第274页。

主权还给学校，把选择的自主权还给学生。建立以学生发展为本的新型教学关系。健全全员育人、全过程育人、全方位育人的体制机制。人才培养的改革，要推进学校特色化建设，尊重学生的自主选择权，使他们能够按照自己的兴趣爱好和优势潜能，选择适合自己的学校。在考试招生制度方面，除了规范招生制度和程序，维护招生公平外，人才培养的改革，要按照有利于科学选拔人才、促进学生健康发展的原则，赋予学校自主考试和选拔人才的权利，逐步形成分类考试、综合评价、多元录取的考试招生制度；要不拘一格选人才，让那些才华出众的人才有破格录取的机会，使学校真正成为创新性人才成长和施展才华的舞台。

思考题

一、名词解释题

人的身心发展　遗传因素　成熟　教育的个体发展功能　个体社会化　个体个性化

二、简答题

1. 人的身心发展有哪些特征？认识这些特征对于教育有什么意义？
2. 影响人的身心发展的因素有哪些？
3. 学校教育在个体身心发展中有哪些独特价值？
4. 简述教育促进个体发展的功能及其表现。

三、论述题

1. 结合现实，试列举教育对个体发展的负功能，并分析其出现的原因。
2. 结合实际，试论怎样才能有效地发挥教育促进个体发展的功能。
3. 列举影响人的发展因素的各种理论，并对它们进行评析。

四、材料分析题

目前我国幼儿教育中存在着较为严重的"小学化"倾向，很多幼儿园以课堂学习代替游戏，给幼儿提早进行小学拼音、识字和数学等方面的教学。为此，教育部于2011年发出了《教育部关于规范幼儿园保育教育工作，防止和纠正"小学化"现象的通知》，明确要遵循幼儿身心发展规律，纠正"小学化"教育内容和方式。2012年，在教育部印发的《3—6岁儿童学习与发展指南》中明确指出，"严禁'拔苗助长'式的超前教育和强化训练"，重申"严禁幼儿园提前学习小学内容"。2017年，中共中央、国务院颁布的《关于深化教育体制机制改革的意见》再次强调："要加强科学保教，坚决纠正'小学化'倾向。遵循幼儿身心发展规律，坚持以游戏为基本活动，合理安排幼儿生活作息。"2018年，教育部办公厅下发的《关于开展幼儿园"小学化"专项治理工作的通知》，对幼儿园提出"严禁教授小学课程内容""纠正'小学化'教育方式""整治'小学化'教育环境"等治理服务。

请结合幼儿身心发展的特征，阐述幼儿教育"小学化"的危害。

第四章 教育目的

马克思说:"蜜蜂建筑蜂房的本领使人间的许多建筑师感到惭愧。但是,最蹩脚的建筑师从一开始就比最灵巧的蜜蜂高明的地方,是他在用蜂蜡建筑蜂房以前,已经在自己的头脑中把它建成了。"① 这说明,人与动物的不同,在于人是有意识的,人的活动是有目的的。教育,尤其是学校教育,作为人的活动、人为的活动,其目的性更强。一切教育活动,包括课程内容的确定、教学方法的选择、教学效果的评价、教育功能的实现等都依据教育目的而确定,围绕教育目的来展开。教育的一切活动最终都是为了实现教育目的。所以,教育目的既是教育活动的出发点,也是教育活动的归宿。教育目的是教育的根本性问题,对一切教育工作具有指导意义,同时,也是教育理论建构的根基。准确认识和把握教育目的,对于教育活动和教育理论来说,都极为重要。

教育的目的,还直接关系到教育工作的基本方向。习近平在全国高校思想政治工作会议上的重要讲话,站在实现中华民族伟大复兴的全局和战略高度,科学回答了学校应该培养什么样的人、如何培养人以及为谁培养人等根本问题,体现了我们党和国家对教育目的问题的高度重视。

第一节 教育目的概述

一切教育活动都是围绕教育目的而组织、为实现教育目的的活动。什么是教育目的?它与培养目标、课程目标、教学目标之间是什么关系?如何确定教育目的?其依据是什么?这些都是教育目的研究需要首先回答的问题。

一、教育目的的内涵

目的是人活动的指向,是对活动结果的期待。教育作为培养人的社会实践活动,教育目的是对培养人的期待和要求,即通过教育能够培养什么样的人。这种期待可能来自不同的主体,有政党、国家、社会等团体,也有政治家、教育家、教师、家长等个人。在宽泛意义上,所有团体和个人对教育培养什么样人的期待,

---

① 《马克思恩格斯文集》第 5 卷,人民出版社 2009 年版,第 208 页。

即使受教育者成为什么样的人，受教育者身心发生什么样的变化，都可以称之为教育目的。但现代教育隶属于国家，教育是国家的事业，具有公共性，国家对培养什么样的人有着特定的要求，这就构成了狭义的教育目的。狭义的教育目的是国家对培养什么人的总体期待，即国家对各级各类学校培养人才的质量和规格的总体要求。不管是幼儿园、小学、中学，还是高等学校、职业学校，尽管他们的培养目标有差异，但在教育目的上是一致的，体现了国家对人才培养的共同要求。社会团体和个人对受教育者成为什么样的人，会有不同的期待和要求，但国家对受教育者的期待和要求是根本的，对广义的其他的教育目的起指导、调节、统摄的作用。也就是说，广义上其他的教育目的应与国家的教育目的保持一致。

这里所讲的教育目的，就是指狭义的教育目的，即国家对本国教育要培养的人才的质量和规格的总要求。国家的教育目的可能由某个人（如政治家、教育家等）提出、倡导，但它是得到国家认可的，由国家机关制定推行的，体现着国家的意志，代表着国家对受教育者的总要求。

从内容上讲，教育目的主要包括两个方面：一是培养为什么社会服务的人，对教育培养人才的社会价值做出定位，明确教育培养人才的社会性质。二是培养什么素质的人，对教育培养人才的身心素质做出规定，明确受教育者在哪些方面得到发展，发展的水平要求如何。例如，我国的教育目的是培养德、智、体、美、劳全面发展的社会主义建设者和接班人，其中，社会主义建设者和接班人明确了我国培养人才的社会性质，德、智、体、美、劳全面发展的内容则体现了我国人才培养的素质要求。

与教育目的紧密联系的还有教育方针、教育宗旨。教育方针是国家为实现教育目的所规定的教育工作总方向，是一定时期国家教育发展的总的指导思想和发展方向，它包括对教育的性质、宗旨以及实现教育目的的基本途径等方面的原则性规定。教育目的和教育方针都体现了国家对教育的要求，但二者的着眼点和角度不同。在我国，教育方针由国家制定，具有权威性，它规定了教育目的、教育手段以及教育事业发展的根本策略等。教育目的是对教育培养人的总要求。教育方针要及时反映特定时期社会政治、经济的要求，具有易变性；教育目的指向人才的培养，具有相对稳定性。教育目的和教育方针虽然有所区别，但因为教育方针包含教育目的，我们说教育目的时，通常提及的是教育方针，因此，在实际中两者经常混用。

教育目的、教育方针自近代以来直到中华人民共和国成立前，多以教育宗旨表示。就教育宗旨的主体来说，属于国家政府部门，具有权威性；就内容而言，主要指实施什么样的教育，培养什么样的人。中华人民共和国成立后，教育宗旨不再出现在官方的文件中，代之以教育目的。

二、教育目的的层次结构

教育目的是国家对各级各类学校培养人才的总要求，它适合于各级各类学校，具有一般性和普遍性。但各级各类学校在教育对象、学习要求等方面都存在差异，一般的教育目的难以涵盖不同学校的要求，这就需要把各级各类学校的特殊要求与一般的教育目的相结合，根据各级各类学校的特殊要求，使一般教育目的具体化为各级各类学校的培养目标。培养目标必须通过课程来实现，所以，还需要把培养目标进一步具体化为课程目标，通过开设不同的课程，完成课程目标，保证培养目标的实现。课程目标需要通过每一个时段（节或单元）的教学来实施，因此，课程目标还需要具体化为教学目标，在每一时段的教学中完成。

教育目的作为教育的总体目标，它的实现需要不断具体化，构成一个层级体系，这一层级体系从抽象到具体依次为：教育目的、培养目标、课程目标、教学目标。对于教育目的，前面已经论述，这里主要分析培养目标、课程目标、教学目标及其之间的关系。

1. 培养目标与教育目的

培养目标是教育目的在各级各类学校的具体化，是对各级各类学校人才培养的特殊要求。它是由特定社会领域（如农业生产领域、工业生产领域、服务业领域、教科文卫领域等）和不同的技术水平（如初级、中级、高级等）的要求决定的，也随着教育对象所处学校的年级和类别而变化，是为了满足各行各业、各个层次的人才需求和不同年龄层次受教育者的学习需求而制定的。例如，义务教育和高中教育都是普通教育，但义务教育阶段的培养目标与高中教育阶段的培养目标不同，是由教育对象的特点和发展需要决定的。普通高中和职业高中都属于高中教育阶段，但普通高中的培养目标与职业高中的培养目标不同，是由于它们所面对的领域不同，对受教育者的要求不同。中职教育和高职教育都属于职业教育，但它们为社会培养人才的层次不同。在高等教育中，不同专业也都有自己的培养目标。即便是同一级、同一类的学校，不同学校也可以有自己独特的培养目标，显示着不同学校在人才培养上的独特性。教育目的由国家提出，对所有学校来说是唯一的，但培养目标是以教育目的为指导、结合学校的特殊性提出的，因此是多样化的。教育目的和培养目标的关系是一般与特殊的关系。教育目的是对各级各类学校的普遍要求，培养目标是针对某一级、某一类，甚至某一学校人才培养的特殊要求。培养目标的制定，必须依据教育目的，同时考虑不同领域、不同类别、不同学校对人才培养的特殊要求。不过，尽管培养目标是教育目的的具体化，但就所表达的人才培养目标要求而言，仍然是比较概括的，只是概括的程度不同而已。教育目的是对所有学校而言的，更具有概括性；培养目标是针对某类学校或某一学校而言的，具有特殊性。

2. 课程目标与培养目标

培养目标的实现主要是通过学校所设置的课程而达成的，课程是实现培养目标的载体，培养目标必须由一门一门的课程来落实。课程目标是受教育者在学习完某一课程门类或科目以后，在身心各方面所能达到的发展水平。

我国课程目标的变化，大致经历了从"双基"到"三维目标"再到"核心素养""关键能力"的变化。"双基"是指基础知识、基本技能，这是我国长期以来对课程目标的定位。1999年，《中共中央 国务院关于深化教育改革全面推进素质教育的决定》对我国基础教育课程目标和培养目标产生了重要影响。2001年开始的

余文森：《从三维目标走向核心素养》

新一轮课程改革提出了"三维目标"，即知识与技能（能力）、过程与方法、情感态度与价值观。相比于"双基"目标，"三维目标"更加关注人的全面发展，尤其是关注了人的情感态度与价值观，矫正了"双基"只注重认知领域的偏差，这是一种极大的进步。"三维目标"强调学生的发展是三维整合的结果，"三维"是一个目标的三个方面，而不是三个互相孤立目标的简单相加。人在复杂的、不确定的现实生活中解决问题需要的是一种综合性品质。这一品质既基于各个学科，又超越各个学科，是对各个学科的知识与技能（能力）、过程与方法、情感态度与价值观的综合，这就是人的素养。素养的主体不是学科，而是人。但并不是人的所有素养都是核心素养，核心素养必须是"核心的"素养，是"三维目标"、全面发展、综合素质等中间的"关键少数"素养。2014年，《教育部关于全面深化课程改革 落实立德树人根本任务的意见》将学生发展核心素养定义为"学生应具备的适应终身发展和社会发展需要的必备品格和关键能力"（在课程标准中又加上了"正确价值观"）。2017年，中共中央、国务院印发的《关于深化教育体制机制改革的意见》指出："要注重培养支撑终身发展、适应时代要求的关键能力。在培养学生基础知识和基本技能的过程中，强化学生关键能力培养。培养认知能力，引导学生具备独立思考、逻辑推理、信息加工、学会学习、语言表达和文字写作的素养，养成终身学习的意识和能力。培养合作能力，引导学生学会自我管理，学

会与他人合作，学会过集体生活，学会处理好个人与社会的关系，遵守、履行道德准则和行为规范。培养创新能力，激发学生好奇心、想象力和创新思维，养成创新人格，鼓励学生勇于探索、大胆尝试、创新创造。培养职业能力，引导学生适应社会需求，树立爱岗敬业、精益求精的职业精神，践行知行合一，积极动手实践和解决实际问题。"文件中突出了对核心素养中关键能力的培养。

3. 教学目标与课程目标

课程必须通过教学来实施，一门课程需要通过多个时段的教学来完成。所以，课程目标必须进一步具体化为教学目标。教学目标是师生通过教学活动预期达到的结果或标准，是期望学生通过完成某一教学时段的学习之后，在知识与技能（能力）、过程与方法、情感态度与价值观三个方面预期产生的变化。课程目标是对一门课程而言的，教学目标是对某一个时段教学而言的，课程要通过很多时段的教学来完成，因此，众多的教学目标聚合完成课程目标，教学目标是课程目标在每一个教学时段的分解和具体化。教学目标既要反映特定的教学内容，又要用特定的行为描述学生学习后所应该达到的效果。它一般以行为目标来表述，行为主体是学生，不是教师，行为可观察、可操作、可检测，还要有明确的行为条件，以及可测量的行为标准。课程目标与教学目标相比，没有本质上的差异，只是细化和具体化的程度不同。教学目标是课程目标在每一个教学时段结合教学内容的具体化、操作化。

4. 教育目的、培养目标、课程目标、教学目标之间的关系

教育目的和培养目标都属于培养人才的概括性要求，前者是针对各级各类学校的总要求，后者是对某一级或某一类学校的特殊要求，二者的性质是相同的，它们是一般与特殊的关系。课程目标与教学目标都指向学生在知识与技能（能力）、过程与方法、情感态度与价值观方面的变化，前者是就某一课程而言的，后者是就某一教学时段而言的，二者在内容指向和要求上是相同的，它们之间只有具体化程度的不同，相比课程目标，教学目标更加具体。教育目的、培养目标与课程目标、教学目标相比，教育目的、培养目标总体上说是抽象的、概括的，课程目标与教学目标是具体的、可测量的。从教育目的、培养目标到课程目标和教学目标，是一个由抽象到具体不断细化的过程，是教育目的的层层落实的过程。正是通过一门一门课程、一节一节课，达成了培养目标，最终实现了教育目的。

三、教育目的的社会基础

教育目的指向人的培养，但人是不变的，还是变化的？如果变化，变化的依

据是什么？这些都直接影响教育目的的制定。在西方，古典人文主义和永恒主义认为，人性本善，且永恒不变。"人的天性，无论何时何地——在东方或西方，南方或北方，任何时代，本质上常是一样的。由于人类本性的恒一不变，促使很多人坚决地相信，理智的超群是教育的主要目标，因为自史前时代，理智就使人异于禽兽。"① 古典人文主义把人性看成永恒不变的，理性是人的本质，因此，教育永恒的目的就在于发展理性，培养人性，使人成其为人。这种教育目的超越了历史、超越了社会、超越了阶级。马克思主义批判了这种抽象的人性观，指出："人的本质不是单个人所固有的抽象物，在其现实性上，它是一切社会关系的总和。"② 人是社会的产物，社会造就了人。人不可能离开社会而存在，正如一个人不可能拔着自己的头发离开地球一样。人不仅在社会中生存，而且教育培养的人，要服务于社会，创造新的社会。因此，马克思主义反对抽象的人性观以及抽象的教育目的，主张从社会关系认识人的本质及教育目的。教育目的的制定，总是以一定的社会基础为前提的，受各种社会条件的制约。从社会关系认识教育目的，教育目的受社会交往范围、社会生产力发展水平、社会政治制度以及文化传统制约。在阶级社会，教育目的还具有鲜明的阶级性。

马建军：《人文主义与科学主义教育目的观》

1. 教育目的受社会交往范围的制约

马克思主义认为，人的本质是社会关系的总和，而人的社会关系是社会交往的产物。人在社会交往中成为人，社会交往决定着人类的发展程度。依据社会交往范围，马克思把人类社会发展分为三种形态：第一种形态是"人的依赖关系"，"在这种形式下，人的生产能力只是在狭小的范围内和孤立的地点上发展着"，③ 而且"我们越往前追溯历史，个人，从而也是进行生产的个人，就越表现为不独立，从属于一个较大的整体：最初还是十分自然地在家庭和扩大成为氏族的家庭中；后来是在由氏族间的冲突和融合而产生的各种形式的公社中"④。第二种形态是"以物的依赖性为基础的人的独立性"，"在这种形式下，才形成普遍的社会物质变换、全面的关系、多方面的需要以及全面的能力的体系"。⑤ 近代生产力的发展、

---

① 瞿葆奎主编：《教育学文集·教育目的》，人民教育出版社1989年版，第536页。
② 《马克思恩格斯文集》第1卷，人民出版社2009年版，第505页。
③ 《马克思恩格斯文集》第8卷，人民出版社2009年版，第52页。
④ 《马克思恩格斯文集》第8卷，人民出版社2009年版，第6页。
⑤ 《马克思恩格斯文集》第8卷，人民出版社2009年版，第52页。

商品经济的出现，打破了自然经济对人的交往的局限，使个体超越了血缘、地缘关系，进入一个以商品为核心的交往体系中，形成了"普遍的物质交换、全面的关系"，使个人超越了人与人的依赖关系，具有了个人独立性和自由。但这种独立性和自由是在商品交换中形成的，是"以物的依赖性为基础的"，人依靠对物的占有，即资本获得个体的独立性，实际上，"资本具有独立性和个性，而活动着的个人却没有独立性和个性"①，人被物所支配，被物所奴役，同时，"这种生产才在产生出个人同自己和同别人相异化的普遍性的同时，也产生出个人关系和个人能力的普遍性和全面性"②。第二种形态虽然出现了人的物化状态，但这种物的联系比没有联系要好，它也为第三种形态的出现创造了条件。马克思指出，人类社会发展的第三种形态是"建立在个人全面发展和他们共同的、社会的生产能力成为从属于他们的社会财富这一基础上的自由个性"。这一形态不同于第二种形态个人对物的占有和依赖，它是"在共同占有和共同控制生产资料的基础上联合起来的个人所进行的自由交换"③，是人与人之间自由的、充分的、普遍的世界交往。只有在自由的、充分的、普遍的世界交往中，才可能形成全面发展基础上的自由个性，即马克思所说的人的全面的自由发展。

任何一个国家的教育目的，都不可能离开它所在的时代。人类社会不同发展阶段的交往影响着这个时代人的发展的一般特征。今天已经进入全球化的时代，全球化把国与国之间紧密联系起来，关注人类的共同利益，因此，教育目的也必须将"人类命运共同体"纳入视野。

2. 教育目的受社会生产力发展水平的制约

马克思主义认为，生产力和生产关系的矛盾运动是社会发展的动力，生产力是矛盾的主要方面。社会的发展是由生产力的发展所推动的。生产力的发展，创造着新的社会，也对人的发展不断地提出新要求。"个人是什么样的，这取决于他们进行生产的物质条件。"④ 也就是说，生产力的发展是人的发展的促动因素。生产力发展的不同要求，体现在教育目的上，就是不同社会对人才的核心素质和质量规格要求不同，使教育目的表现出不同的社会特点。

原始社会生产力发展水平低下，教育没有成为专门的、独立的社会活动，而是寓于社会生产与生活之中，人们在生产劳动和社会生活中接受教育，学会生产

---

① 《马克思恩格斯文集》第 2 卷，人民出版社 2009 年版，第 46 页。
② 《马克思恩格斯文集》第 8 卷，人民出版社 2009 年版，第 56 页。
③ 《马克思恩格斯文集》第 8 卷，人民出版社 2009 年版，第 53 页。
④ 《马克思恩格斯文集》第 1 卷，人民出版社 2009 年版，第 520 页。

和生活必需的经验和习俗。奴隶社会生产力的发展，促使学校出现，学校成为奴隶主阶级和贵族阶级的特权工具，教育目的则是培养统治阶级所需要的政治人才，为统治阶级服务。这种培养统治阶级所需要的政治人才的教育目的观，在封建社会更加突出。中国的封建社会培养为统治阶级服务的臣民。在西欧的封建社会中，宗教统治了教育。教会学校的目的在于培养僧侣，世俗封建主的教育目的是培养骑士。僧侣和骑士都是封建统治阶级所需要的人。资本主义社会生产力快速发展，科学技术在生产中广泛运用，这要求提高劳动者的素质，因此，教育目的不仅要培养统治阶级所需要的政治精英，而且要培养社会生产所需要的熟练劳动者。资本主义社会生产力发展的不同阶段，对劳动者规格的要求也不同。第一次工业革命要求劳动者具有小学文化程度，第二次工业革命要求劳动者具有初级中学文化程度，第三次工业革命要求劳动者具有高级中学文化程度。随着生产力的发展，生产的自动化和智能化水平不断提高，对劳动者劳动技能的要求不断降低，但是对管理的要求不断提高，于是，教育目的从培养熟练劳动者转变为培养大工业生产的管理者。回顾上述生产力发展对教育目的的要求，可以看出，生产力发展水平决定着人才培养的类型和规格。

3. 教育目的受社会政治制度的制约

如果说生产力发展水平决定着人才培养的规格和类型的话，那么，社会政治制度决定着人才培养的性质，决定着教育为谁培养人，培养的人为谁服务。现代教育属于特定的国家，一个国家或者一个政党需要教育，就是为了维护国家或政党的利益，巩固国家或政党的统治。因此，国家必然要求教育培养为统治阶级利益服务的人。在阶级社会，教育具有鲜明的阶级性，任何超越国家或政党利益的教育目的都是不存在的。生产力的发展水平使人们可能生活在相同的时代，但不同国家的社会政治制度不同，他们的教育目的在培养什么性质的人上，表现出明显的差异。不同国家培养为不同国家政治服务的人。中国是社会主义制度的国家，教育要为社会主义建设服务，为人民服务，培养社会主义的建设者和接班人。

4. 教育目的受社会文化传统的制约

人不仅是政治的产物，也是文化的产物。文化具有整体上育人的功能，它对人的影响是潜移默化的全方位渗透。因此，任何国家在制定教育目的时，必然要结合自己民族的历史文化传统，在消化、吸收和弘扬本民族优秀传统文化的过程中，重塑本国公民的思想、道德、文化价值观，使教育培养的人体现出一国所特有的民族性。民族性是一个民族特有的、根植于人的内心的文化模式。我国社会学家孙本文认为，中国民族有重人伦、法自然、主中庸、求实际、尚情谊、崇德化六种特性。① 习近平也强调，要"深入挖掘和阐发中华优秀传统文化讲仁爱、重民本、守诚信、崇正义、尚和合、求大同的时代价值"②。民族性的核心是民族精神，它不仅是一个民族的人格特征，也是支撑和推动一个民族发展的强劲动力。中国的文化传统孕育出了"国家兴亡，匹夫有责"的爱国主义精神；自力更生、发奋图强的自强不息精神；以和为贵的团结友善精神；勤劳勇敢、知难而进的奋斗精神；"富贵不能淫，贫贱不能移，威武不能屈"的坚毅精神。中华民族优秀的精神传统在近现代得到了继承和发扬，爱国情怀、忧患意识、自强精神、宽容精神、重德精神、大同精神等都有新的表现。改革开放之后，又培育了包括开放精神、竞争精神、兼容精神、科学精神、理性精神、民主精神等在内的民族精神，以使民族精神富有时代气息，顺应时代发展潮流。

总之，不同社会、不同时代、不同国家的政治、经济和文化传统，通过影响一定时期的人的发展，进而影响教育目的，使教育目的成为社会要求的集中反映，呈现出社会制约性。教育目的的社会制约性，是社会要求对人的发展的反映，使人成为一个时代的人，实现社会要求与人的发展的统一。强调社会制约性，并非否定教育目的的人本性。马克思主义与社会本位论的不同，就在于马克思主义把社会的要求与人的发展统一起来。社会本位论和个人本位论的错误就在于把社会要求与人的发展对立起来，孤立地强调一个方面。因此，人们对教育目的社会制约性的认识，既要看到社会生产力、政治制度和文化传统对教育目的的制约和影响，也要看到这种制约与影响反映到人的发展上，使教育目的也符合人的发展需要。这种人，不是西方思想家所言的"抽象人"，而是马克思主义所言的"作为社会关系总和"的"现实的人"。

第二节 我国教育目的的理论基础

教育目的既受社会客观历史条件的制约，也来自一定的教育理念。前者构成了教育目的的客观依据，后者构成了教育目的的理论基础。不同国家的教育目的选择不同的理论基础。马克思主义关于人的全面发展学说，是中国特色社会主义

---

① 庄泽宣、陈学恂：《民族性与教育》，商务印书馆1938年版，第343页。
② 习近平：《把培育和弘扬社会主义核心价值观作为凝魂聚气强基固本的基础工程》，《人民日报》2014年2月26日第1版。

教育学的理论基础，也是我国教育目的的理论基础。因此，认识我国的教育目的，必须先理解马克思主义人的全面发展学说的科学内涵及其实施要求。

陈桂生：《两种"人的全面发展"学说的区别》

一、马克思主义人的全面发展学说

1. 历史上的全面发展理论

教育作为一种育人的活动，人的全面发展是一种教育理想，在马克思主义之前早已存在。例如，古希腊哲学家亚里士多德就提出了身体、德行与智慧和谐发展的思想。欧洲文艺复兴的人文主义教育家维多里诺（1378—1446）、拉伯雷（1495—1553）和蒙田等批判经院主义教育，强调人的身体、精神、道德的全面发展和个性解放。17世纪夸美纽斯的泛智教育、洛克的绅士教育，18世纪卢梭的自然教育、康德的理性主义教育、裴斯泰洛齐的要素教育思想等，也都强调人的全面发展、自由发展，培育人的健全人格。西方教育思想家把教育建立在个体发展的基础上，以尊重人性、满足人生的需要为教育的目的，促进人的完满发展，构成了近代西方教育思想的个人本位论。人的全面发展是西方个人本位教育思想家的理想，但他们对人的认识建立在抽象的人性观基础上。如果把人看作抽象的、脱离具体历史条件的永恒人性，抽去了人的全面发展的社会基础和客观条件，人的发展就失去了现实的可能。因此，这些学说的局限性就不言而喻了。

值得一提的是，在西方教育思想史上出现了空想社会主义教育思想。早期的空想社会主义教育思想产生于文艺复兴时期，以英国的莫尔（1478—1535）和意大利的康帕内拉（1568—1639）为代表，他们批评了资本主义私有制，倡导公共的普及教育，主张人人具有平等的受教育权；批判资产阶级的不劳而获，强调劳动和劳动教育，重视儿童教育。这种教育与当时的人文主义教育思想不同，虽带有空想的性质，但已经把人的发展与社会发展相联系，走出了抽象的人性论。早期的空想社会主义者，无论是莫尔的《乌托邦》，还是康帕内拉的《太阳城》都是一种社会理想，缺少现实条件。19世纪，资本主义生产得以迅速发展，同时，资本主义社会的矛盾也日渐暴露。以欧文、傅立叶和圣西门为代表的空想社会主义者，把教育作为社会改革和实现理想社会的根本手段，提倡人的全面发展和教育与生产劳动相结合。例如，傅立叶勾画的社会理想是全体社会成员都能够从事多种劳动，从而"实现体力和智力的全面发展"①。欧文提倡要"培养体、智、德全

---

① 《傅立叶选集》第3卷，冀甫译，商务印书馆1964年版，第217页。

面发展的有理性的男男女女"①，其途径就是把理论学习和实践相结合。空想社会主义者看到了分工对人的全面发展的破坏，因此，他们主张把教育与生产劳动结合起来，使儿童参加生产劳动，以达到体力和脑力的全面发展。相比于文艺复兴时期的人文主义思想的抽象的人性论，空想社会主义者是一个极大的进步，他们不仅提出了"全面发展的人"的理想，而且认识到了分工是破坏人的全面发展的社会根源，并试图通过教育与生产劳动相结合，以实现人的全面发展。马克思对空想社会主义者关于人的全面发展思想和教育与生产劳动相结合的思想给予了高度的评价，空想社会主义者的这些思想是马克思主义人的全面发展思想的直接来源。

马克思认为，"人的本质不是单个人所固有的抽象物，在其现实性上，它是一切社会关系的总和"②。人的本质是由社会关系决定的，不同的人是社会关系的不同承担者，不同的社会关系决定了人的发展的不同状况。人的社会关系是在物质生产实践中形成的人与人之间的关系，物质生产实践是形成社会关系的根本，社会关系是由物质生产实践决定的。所以，归根结底，人的发展是由物质生产实践决定的。马克思指出："他们是什么样的，这同他们的生产是一致的——既和他们生产什么一致，又和他们怎样生产一致。"③ 马克思从分析现实的人与现实的生产关系入手，通过考察现实社会的物质生产实践，进而考察社会关系，把握人的发展状况，预言在生产力高度发展的基础上，在消灭了阶级对立和压迫的共产主义社会中人的全面发展的现实性。"在马克思人学理论中，人的发展指每个人在劳动、社会关系和个体素质诸方面的全面、自由而充分的发展。"④

2. 马克思主义人的全面发展的内涵

马克思主义把人的发展归结为社会物质生产实践的产物，因此，以分工来考察人的发展。分工对人的影响有两个方面：一方面，分工使每个人致力于某一个方面的工作，有助于劳动者职能的专门化和生产经验的积累，这是积极的一面。另一方面，分工的专门化，使每个人只做自己的工作，只承担自己的职能，只熟悉和掌握与自己专业有关的知识、技能，对其他方面的职能、知识、经验漠不关心，知之甚少，甚至无知无能，使人的发展只局限于某个方面，越来越片面。恩格斯在《共产主义原理》中深刻论述了资本主义生产的分工给工人带来的问题：

---

① 《欧文选集》第2卷，柯象峰、何光来、秦果显译，商务印书馆1981年版，第133页。
② 《马克思恩格斯文集》第1卷，人民出版社2009年版，第505页。
③ 《马克思恩格斯文集》第1卷，人民出版社2009年版，第520页。
④ 袁贵仁：《马克思主义人学理论研究》，北京师范大学出版社2012年版，第270页。

"每一个人都只隶属于某一个生产部门,受它束缚,听它剥削,在这里,每一个人都只能发展自己才能的一方面而偏废了其他各方面,只熟悉整个生产的某一个部门或者某一个部门的一部分。"① 恩格斯这里所说的分工是指局限于某一特定的生产部门或生产环节的"旧的分工"。在旧的分工中,工人只从事某一局部的生产,只需具备某一方面的知识、技能,"逐渐地失去了全面地从事原有手工业的习惯和能力"②,造成了工人智力和体力片面的、畸形的发展。

资本主义工场手工业的分工,使人的片面发展达到极端。但工场手工业向大工业的发展,客观上为人的全面发展提出了要求,也提供了可能。机器大工业承认劳动的变换、职能的更替,使劳动分工不断地发生变化,造成工人的全面流动,使他们从一个生产部门转到另一个生产部门,从从事一种生产职能转变为从事另一种生产职能。大工业的全面流动推翻了工场手工业旧的分工职能的固定化,一方面,工人的全面流动,使工人失去了安宁感和稳定感,他们需要不断地转换职业、转换职能,甚至面临失业的危险,这是消极的一面。但另一方面,劳动的全面流动、职能的更替,需要工人的全面发展,以适应大工业生产的要求。因此,大工业生产"用那种把不同社会职能当做互相交替的活动方式的全面发展的个人,来代替只是承担一种社会局部职能的局部个人"③。所以,人的全面发展是大工业生产的产物,也是大工业生产的内在要求。

大工业生产为消灭旧式分工提供了技术上的可能,也为人的全面发展提出了客观的要求,但大工业的出现并不意味着旧式分工的消灭和个人全面发展的实现。因为大工业虽然从技术上突破了旧式分工的制约,但大工业的资本主义运用和性质决定了"工人为生产过程而存在,不是生产过程为工人而存在"④。因此,要彻底消灭旧式分工,必须消灭资本主义私有制,使劳动为每个人而存在、成为自由的劳动、成为人的一种内在需要,这就是共产主义社会的理想。共产主义作为"自由人的联合体",在那里,"联合起来的生产者,将合理地调节他们和自然之间的物质变换,把它置于他们的共同控制之下,而不让它作为一种盲目的力量来统治自己"⑤。因此,个人的全面发展是作为共产主义社会的一个重要特征而存在的,只有消灭资本主义私有制,才能为人的全面发展的实现扫除制度的障碍。这也是

---

① 《马克思恩格斯文集》第 1 卷,人民出版社 2009 年版,第 688 页。
② 《马克思恩格斯文集》第 5 卷,人民出版社 2009 年版,第 391 页。
③ 《马克思恩格斯文集》第 9 卷,人民出版社 2009 年版,第 312 页。
④ 《马克思恩格斯文集》第 5 卷,人民出版社 2009 年版,第 563 页。
⑤ 《马克思恩格斯文集》第 7 卷,人民出版社 2009 年版,第 928 页。

马克思主义人的全面发展学说区别于西方人本位思想家关于人的发展学说的根本所在。

马克思从大工业生产的要求提出人的全面发展，人的全面发展是指适应大工业的劳动变换、职能更替、工人全面流动所要求的人的劳动能力或才能的全面发展，这是马克思主义人的全面发展的基本含义。马克思把劳动力或劳动能力理解为"人的身体即活的人体中存在的、每当他生产某种使用价值时就运用的体力和智力的总和"①。这里的"人"不只是指工人，而是"每个人""社会的每一个成员"；这里的"能力"，既包括人的体力，也包括人的智力；这里的"发展"是尽可能多方面的、充分的、自由的发展。因此，马克思主义人的全面发展，是指每个社会成员的体力和智力尽可能多方面的、充分的、自由的发展。这是马克思主义以分工考察人的全面发展所得出的最初结论。在这个意义上，马克思所说的"全面发展的人"是"各方面都有能力的人，即能通晓整个生产系统的人"②。

马克思主义以分工考察人的全面发展，分工与个人的能力、才能有着直接的关系。道德虽然是人的全面发展不可缺少的一个方面，但道德与能力是不同的范畴。一方面，道德与分工没有直接的关系（道德与协作关系密切）；另一方面，道德不存在全面不全面的问题，只存在性质上的差异。所以，马克思主义人的全面发展的最初含义，只指人的能力、才能的全面、自由的发展。

我们不能僵化地对待马克思主义人的全面发展理论。马克思从分工来考察人的全面发展，主要分析的是生产劳动过程中的全面发展关系，除此之外，由生产劳动而形成的人与人之间的社会交往关系，也是全面发展的重要内容。人的全面发展，既需要人在劳动过程中的全面发展，也需要人在社会关系中的全面发展。生产劳动中的全面发展，要求人打破分工的固定化、局部化，全面地从事各种生产劳动，因此，需要人的劳动能力的全面发展。社会交往关系的全面发展，要克服不合理社会关系对人的限制，寻求人与人之间普遍的、自由的交往，在广泛的社会关系和社会交往中丰富和发展自身。马克思主义理想的"自由人的联合体"就是"以生产力的普遍发展和与此相联系的世界交往为前提的"③。

人的发展是劳动能力和社会关系的全面发展、和谐发展，也是自由发展。自由发展是马克思主义人全面发展的重要方面，马克思经常把全面发展和自由发展联系起来使用，称之为"每个人的全面而自由的发展"或"自由的全面发展"。

---

① 《马克思恩格斯文集》第5卷，人民出版社2009年版，第195页。
② 《马克思恩格斯全集》第4卷，人民出版社1958年版，第370页。
③ 《马克思恩格斯文集》第1卷，人民出版社2009年版，第539页。

"人的自由发展"是人作为主体的自觉、自愿、自主的发展。① 这种发展不是指人的天性的自由发展，而是指人在社会关系中的自由发展。在旧的分工中，"不仅把工人固定在某一操作上，成为机器的一部分，而且使他们在劳动过程中更加失去了劳动主体的地位，在片面化的同时又被从属化"②。所以，旧的社会分工不仅造成了人的片面、畸形发展，也使人的发展失去了自由而被奴役。马克思把其称为"偶然的个人"。人的全面发展，在一定意义上就是"有个性的个人"逐步取代"偶然的个人"。

如果没有自由发展，全面发展就可能成为平均发展和整齐划一的同质性发展。正因为有了自由发展，每个人才能在其基本素质发展中形成自己独特的个性。在这个意义上，全面发展是自由发展的基础，全面而自由发展的人是一个具有个性的人。这就是马克思期盼的人的发展的最高形态，"建立在个人全面发展和他们共同的、社会的生产能力成为从属于他们的社会财富这一基础上的自由个性"③。

所以，马克思主义关于人类社会的理想就是实现人的全面而自由的发展。共产主义社会是人类社会历史发展的必然，共产主义事业需要全面发展的一代代新人持续创造。这里的人，不是某个人，而是每一个人，每一个社会成员。这里的全面发展，是人的发展的完整性、多方面性，包括人的智力、体力和社会关系（社会性）。这里的自由发展是指人的自觉、自愿、自主的发展，不屈从于任何外在的压力和支配，按照自己的意志，选择适合自己的发展。全面而自由的发展，就是要使每个人按照自己的素质特点，自己的优点和不足，自由发展，形成自己独特的素质结构和个性特点。因此，完整地理解马克思主义人的全面发展的内涵，是指每个人的全面的、自由的、个性的发展。

3. 人的全面发展的实现与教育

马克思主义人的全面发展学说之所以不同于西方教育思想家的全面发展理论，就在于马克思把人作为社会的产物，物质生产条件和社会关系决定着人的发展状况。马克思把人的片面发展归结为旧的社会分工。旧的社会分工，把人的劳动职能固化、局部化，成为人的发展的桎梏。人的片面发展的消灭，归根到底取决于旧的社会分工的消灭。大工业革命出现后，其本性"决定了劳动的变换、职能的更动和工人的全面流动性"④，从而使得"承认劳动的变换，从而承认工人尽可能

---

① 袁贵仁：《马克思主义人学理论研究》，北京师范大学出版社2012年版，第269页。
② 扈中平等：《教育人学论纲》，高等教育出版社2015年版，第120页。
③ 《马克思恩格斯文集》第8卷，人民出版社2009年版，第52页。
④ 《马克思恩格斯文集》第5卷，人民出版社2009年版，第560页。

多方面的发展是社会生产的普遍规律"①，为人的全面发展提出了要求和可能。这就是说，要促进人的全面发展必须消灭旧的社会分工，但大工业生产并不一定必然能消灭旧的分工，"大工业从技术上消灭了那种使一个完整的人终生固定从事某种局部操作的工场手工业分工，而同时，大工业的资本主义形式又更可怕地再生产了这种分工"②。大工业的资本主义形式，不仅没有使工人在大工业生产中获得主体的自由地位，相反，资本主义大工业导致了工人劳动的异化，工人"不能把劳动当做他自己体力和智力的活动来享受"③，工人越生产，越被异化，越无法实现人的自由发展。所以，实现人的全面发展，不仅需要生产力高度发展，而且还需要改变资本主义大工业生产的方式。换言之，只有消灭了旧的分工和资本主义私有制，才能实现人的全面发展。消灭旧的分工和私有制，就是要实现共产主义。马克思指出，共产主义社会是"以每一个个人的全面而自由的发展为基本原则的社会形式"④，是一种"自由人的联合体"。共产主义社会将使个人全面发展的理想变为现实。

由此可见，人的全面发展的实现，首先需要一定的社会条件，这种社会条件包括高度发达的生产力，也包括消灭旧的分工和资本主义私有制，实现人与人之间的平等、普遍的交往。人的真正的全面发展，也就是马克思所说的"人以一种全面的方式，就是说，作为一个完整的人，占有自己的全面的本质"⑤。只有在生产力高度发展的共产主义社会，才能最终实现。所以，人的全面发展是人类社会发展的一种理想和追求，人类社会的发展就是不断趋向这一理想，逐步实现这一目标。

社会条件包括物质生产条件和社会关系，是人的全面发展的前提，一定意义上，它决定着人的发展状况。没有生产力的高度发展，没有公有制及其充分平等、普遍的社会交往关系，就不可能有人的全面发展。教育对人的全面发展的作用，必须以这些社会条件为前提。这就是说，教育对人的发展的作用不是无限的，它受制于生产力和社会关系。在此前提下，教育才能发挥应有的作用。

教育是促进人的发展的活动，人的全面发展，既是教育的目标，也是人类社会发展的目标。所以，马克思主义人的全面发展为社会主义教育目的指明了方向，

---

① 《马克思恩格斯文集》第 9 卷，人民出版社 2009 年版，第 312 页。
② 《马克思恩格斯文集》第 5 卷，人民出版社 2009 年版，第 557 页。
③ 《马克思恩格斯文集》第 5 卷，人民出版社 2009 年版，第 208 页。
④ 《马克思恩格斯文集》第 5 卷，人民出版社 2009 年版，第 683 页。
⑤ 《马克思恩格斯文集》第 1 卷，人民出版社 2009 年版，第 189 页。

是社会主义教育应当努力达到的目标。

人的全面发展教育目的的实现，需要社会主义全面发展教育。全面发展教育是为了促进人的全面、充分、自由发展所进行的系统教育的总和。社会主义全面发展教育通常包括德育、智育、体育、美育和劳动教育，简称"五育"。五育之间各有侧重，共同构成全面发展教育的整体，促进人的全面发展。

二、马克思主义教育与生产劳动相结合的理论

教育与生产劳动相结合的理论，是马克思主义人的全面发展理论的重要组成部分。认识和理解马克思主义教育与生产劳动相结合的理论，对于培养全面发展的人至关重要。

1. 在马克思主义以前教育与生产劳动相结合的思想

马克思主义的教育与生产劳动相结合的理论，同马克思主义关于人的全面发展学说一样，也是建立在前人思想的基础上的，是对前人思想的批判继承。

在古代社会，学校教育是统治者的特权，教育培养政治精英，教育同生产劳动相脱离。到了近代，教育与生产劳动结合的问题才引起关注。16世纪，英国早期空想社会主义者莫尔在《乌托邦》中阐述了教育同农业、手工业相结合的思想，要求每一个人都要参加农业劳动，在劳动中学习农业和手工业技术，边学习边劳动，"他们无不从小学农，部分是在学校接受理论，部分是到城市农庄上作实习旅行"①。17世纪，英国资产阶级政治经济学家约翰·贝勒斯在《关于创办一所一切有用的手工业和农业的劳动学院的建议》中，提出要建立"劳动学校"，把教育同体力劳动结合起来。18世纪，法国资产阶级民主启蒙思想家卢梭，批判社会上那些游手好闲、不劳而获者，他把劳动看作每个人应尽的义务和不可推卸的责任，赞成儿童参加农业劳动，尤其推崇手工劳动（因为只有手工劳动，才能使人依赖自己的劳动而生活，从而成为一个自由人），把手工劳动看作儿童智力发展的手段，也是理解社会关系的手段。他要求学生在学校期间，每周到工场整日劳动一两次，学习农业劳动和手工劳动。他给学生提出的要求是：像农夫一样劳动，像哲学家一样思考。瑞士教育家裴斯泰洛齐不仅提出了"使功课和劳动合一的思想"，而且躬行实践。他组织了一个孤儿院，不仅教孩子读书、学习，而且教他们劳动，把教育与劳动结合起来。以上思想家都关注劳动，把生产劳动视为促进儿童发展的重要手段，尤其强调儿童学习手工劳动，重视儿童参加手工劳动，学习

---

① ［英］托马斯·莫尔：《乌托邦》第2版，戴镏龄译，商务印书馆1982年版，第55页。

劳动技能，在劳动中促进各方面的发展。但这些思想家对劳动意义的认识，只是基于人的发展需要，没有看到人的片面发展的现实和其深刻的社会根源。

18世纪，英国经济学家亚当·斯密看到了工场手工业旧的分工对人的发展的影响。他说，工场手工业"局限于少数极单纯的操作，往往单纯到只有一两种操作"，这使得人变成"最愚钝最无知的人"。① 工场手工业使劳动贫民，即大多数人民，陷入了这种状态。18世纪的教育，作为特权的象征，主要是为有身份、有财产的人所拥有，实际上，居于人民大多数的劳动者更需要教育。亚当·斯密对教育与生产劳动相结合的认识，建立在工场手工业分工对人的现实发展影响的基础上，打破了以往思想家从人性出发论述劳动对人的发展的价值，具有强烈的现实意义，也得到了马克思的认可和赞赏，马克思在《资本论》等著作中多次引用亚当·斯密提出的一些观点。

19世纪，空想社会主义思想家傅立叶、欧文将教育与生产劳动相结合的思想沿着亚当·斯密开拓的社会分工的路线进一步推进，这成为马克思主义教育与生产劳动相结合思想的直接来源。

傅立叶批判资本主义"文明制度"，主张以"协作制度"代替"文明制度"。在协作制度下，人们一边工作，一边学习，科学和劳动永远结合在一起，"在那里轮流锻炼自己的体力和智力，使之能够得到充分的发展"②，"协作教育的目的在于实现体力与智力的全面发展，把他们全部精力、甚至把娱乐都用在生产劳动上"③。傅立叶主张，儿童既参加农业和手工业劳动，同时也参加科学和艺术活动，使生产劳动从一种苦差事变成"一种娱乐"。

欧文对教育与生产劳动相结合的贡献更引人注目。他从社会分工入手，考察了大批破产的手工业者变成了无产者，工场主对他们的剥削，以及他们畸形的片面发展状况。欧文为这些手工业者，尤其是童工，争取受教育权，使他们的劳动与教育结合起来，消灭体力劳动与脑力劳动的对立。为此，1800年，欧文接管了苏格兰纽拉纳克纺织厂，以慈善家的身份，改善工人的生活和劳动条件，禁止招收不满十岁的儿童来工厂做工。为了使幼儿得到完善的教育，他设计出了一种前所未有的学前教育机构，即专门招收不满6岁的儿童学习的"幼儿学校"。1824年，欧文又建立了"新和谐实验区"，在实验区开办"工业和农业学校"，对不同

---

① [英]亚当·斯密：《国民财富的性质和原因的研究》下卷，郭大力、王亚南译，商务印书馆1974年版，第338、339页。
② 《傅立叶选集》第3卷，冀甫译，商务印书馆1964年版，第65页。
③ 《傅立叶选集》第3卷，冀甫译，商务印书馆1964年版，第217页。

年龄阶段的儿童安排劳动实践课，使劳动与学习交替进行。在资本主义制度下，欧文的实验只办了四年，最终以失败告终。虽然欧文的实验失败了，但马克思指出："正如我们在罗伯特·欧文那里可以详细看到的那样，从工厂制度中萌发出了未来教育的幼芽，未来教育对所有已满一定年龄的儿童来说，就是生产劳动同智育和体育相结合，它不仅是提高社会生产的一种方法，而且是造就全面发展的人的唯一方法。"①

2. 马克思主义教育与生产劳动相结合的内涵

马克思主义批判地继承了之前先驱们的思想，把教育与生产劳动相结合建立在大工业生产的基础上，建立在大工业生产对人的发展要求的分析上，完成了教育与生产劳动相结合的变革，创立了马克思主义教育与生产劳动相结合的科学理论。

马克思主义教育与生产劳动相结合的思想，首先是从分析大工业生产初期工厂使用童工开始的。大工业生产初期，生产中存在着大量的童工。他们缺乏教育，致使他们片面畸形发展。针对这种情况，马克思为童工争取受教育权，迫使资本家"把初等教育宣布为劳动的强制性条件"②，把童工接受教育视为抵制资本主义制度对儿童和少年身心摧残的"最必要的抵御之策"③，也是"改造现代社会（指存在于一切文明国度中的资本主义社会——引者注）的最强有力的手段之一"④。由此可以看出，马克思主义教育与生产劳动相结合的思想，最初是针对生产劳动中的工人（主要是童工）而言的，使他们在生产劳动的同时，接受一定程度的教育，这是为工人阶级子女争取受教育权的策略性考虑。因此，生产劳动与教育相结合是马克思主义教育与生产劳动的"早期结合"。生产劳动与教育的结合，针对的是生产劳动中的工人，解决的是他们受教育的问题，目的是提高社会生产。

马克思由生产部门的生产劳动与教育相结合，看到未来教育的萌芽：对于已满一定年龄的儿童来说，就是教育与生产劳动相结合。马克思在《共产党宣言》中指出，在无产阶级夺得政权后，要"对一切儿童实行公共的和免费的教育"，"把教育同物质生产结合起来"。⑤ 与生产劳动与教育相结合不同，教育与生产劳动相结合是对教育领域的学生而言的，解决他们参加劳动的问题，目的在于促进他

---

① 《马克思恩格斯文集》第 5 卷，人民出版社 2009 年版，第 556—557 页。
② 《马克思恩格斯文集》第 5 卷，人民出版社 2009 年版，第 555 页。
③ 《马克思恩格斯全集》第 21 卷，人民出版社 2003 年版，第 269 页。
④ 《马克思恩格斯文集》第 3 卷，人民出版社 2009 年版，第 449 页。
⑤ 《马克思恩格斯文集》第 2 卷，人民出版社 2009 年版，第 53 页。

们的全面发展。马克思是从社会生产的现实看到了未来教育的理想，因此，教育领域的"教育与生产劳动相结合"是从社会生产领域的"生产劳动与教育相结合"派生出来的。

由此可见，马克思主义的教育与生产劳动相结合，包括两个相互联系、相互依存和相互促进的子系统：一是社会生产过程中的生产劳动与教育相结合；二是国民教育过程中的教育与生产劳动相结合。对此，马克思在《资本论》中指出，工厂法的教育条款把初等教育宣布为劳动的强制条件。"这一条款的成就第一次证明了智育和体育同体力劳动相结合的可能性，从而也证明了体力劳动同智育和体育相结合的可能性。"[1] 这是马克思对教育与生产劳动两个结合的表达。列宁也明确指出："没有年轻一代的教育和生产劳动的结合，未来社会的理想是不能想象的；无论是脱离生产劳动的教学和教育，或是没有同时进行教学和教育的生产劳动，都不能达到现代技术水平和科学知识现状所要求的高度。"[2] 生产劳动与教育的结合、教育与生产劳动的结合，既相互联系，又相对独立。前者着眼于社会生产，是"提高社会生产的方法"；后者着眼于人的全面发展，是"造就全面发展的人的唯一方法"。教育学主要讨论的是国民教育过程中的教育与生产劳动相结合的问题。

3. 教育与生产劳动相结合和人的全面发展

在马克思主义看来，教育与生产劳动相结合有三大意义：它是"改造现代社会的最强有力的手段之一"，是"提高社会生产的一种方法"，是"造就全面发展的人的唯一方法"。第一点主要是针对资本主义社会而言的，第二点是针对社会生产而言的，第三点是针对未来教育而言的。三点虽然各有侧重，但无论是"改造现代社会"，还是"提高社会生产"，最终都取决于"造就全面发展的人"。"造就全面发展的人"，是教育与生产劳动相结合的根本所在。

马克思从克服生产过程中人的片面发展中找到了造就全面发展的人的唯一方法。人类社会出现分工，逐渐导致了脑力劳动与体力劳动的分离。但近代以前，二者的分离主要是由社会制度造成的，就生产过程而言，农业和手工业本身还是体脑并用，只不过，简单劳动所应用的知识非常有限。近代大工业生产，机器代替了手工劳动，使劳动职能简化，加上劳动者又被机器所操控，失去了自由，结果造成了人的体力与智力的畸形与分离。马克思从人的片面发展的现实出发，把

---

[1] 《马克思恩格斯文集》第5卷，人民出版社2009年版，第555—556页。
[2] 《列宁全集》第2卷，人民出版社1984年版，第461页。

生产劳动与教育相结合看成消除生产过程中体力劳动与脑力劳动的分离、劳动者片面发展的现代社会弊端的解毒剂。"教育将使他们摆脱现在这种分工给每个人造成的片面性。"① 这就有了工厂法的颁布，为工人争取了受教育权，使他们把生产劳动与教育结合起来，消除他们的片面发展。

马克思由工人的生产劳动与教育的结合，也看到了在无产阶级夺取政权后，在一个合理的社会制度中，对于已满一定年龄的儿童来说，教育与生产劳动相结合也是培养全面发展的人的唯一方法。教育与生产劳动相结合，并不必然促进人的全面发展。促进人的全面发展的教育与生产劳动相结合，是有条件的，不仅对劳动有一定的要求，对教育也有一定的要求。就劳动而言，需要成为"真正自由的劳动"；就教育而言，必须以科学教育为中心，同时进行以科学教育为基础的劳动教育、综合技术教育、职业教育等。所以，教育与生产劳动相结合的实质，就是对学校的儿童、青少年和生产过程中的劳动者，通过各种形式进行科学教育、劳动教育和综合技术教育，把他们培养成为体脑并用的、能适应现代生产过程中全面发展的劳动者和适应现代社会生活的社会成员，从而推动生产和社会的高速发展。②

第三节　我国的教育目的

教育是培养人的活动，教育目的规定了培养什么样的人。作为一个国家的教育目的，它代表国家的意志，是由国家通过其颁布的权威文件而规定的本国教育应培养人才的基本要求。

一、我国教育目的的历史演变

教育目的不是固定的，即便对一个国家而言，也会根据不同阶段社会的发展情况，制定不同时期的教育目的。

(一) 中华人民共和国成立前的教育目的

中华人民共和国成立以前，教育目的通常以教育宗旨表示。1902 年以前，中

---

① 《马克思恩格斯文集》第 1 卷，人民出版社 2009 年版，第 689 页。
② 成有信：《论教育和生产劳动相结合的实质》，《中国社会科学》1982 年第 1 期，第 163—176 页。

国没有确定的全国统一的教育宗旨。① 梁启超于 1902 年发表《论教育当定宗旨》一文，提出制定和贯彻全国统一的教育宗旨的必要性。在中国近代教育史上，由国家制定的教育宗旨，始于 1903 年的《奏定学堂章程》。《奏定学堂章程》的指导思想是"中学为体，西学为用"，它规定学堂的立学宗旨是："以忠孝为本，以中国经史之学为基，俾学生心术壹归于纯正，而后以西学瀹其智识，练其艺能，务期他日成材，各适实用，以仰副国家造就通才、慎防流弊之意。"② 这一教育宗旨以培养国家所需要的"各适实用"的通才为目的。1906 年，清政府学部颁布并明确了国家的教育宗旨是"忠君、尊孔、尚公、尚武、尚实"，这是我国近代教育史上第一个正式颁布并实施的教育宗旨。同年颁布的《上谕》也明确规定："学堂以中学为主，西学为辅；培养通才，首重德育；并以忠君、尊孔、尚武、尚实诸端定其趋向。""忠君、尊孔、尚公、尚武、尚实"的教育宗旨中，前两项为"中国政教所固有"，后三项为"中国民质所最缺"。前两项固守了中国封建社会的根基，后三项吸收了西方社会发展的成果。这一教育宗旨与《奏定学堂章程》的宗旨一脉相承，体现了"中学为体，西学为用"的思想，但封建社会的"中学为体"，没有改变教育宗旨的封建主义性质。

1911 年，辛亥革命推翻了清政府的封建统治。1912 年，中华民国临时政府成立。1912 年 2 月，教育总长蔡元培在《教育杂志》上发表《对于新教育之意见》，4 月又在《东方杂志》上发表《对于教育方针之意见》，阐述了他对中华民国教育方针的认识。他批判清末教育宗旨中的"忠君、尊孔"，因为"忠君与共和政体不合，尊孔与信仰自由相违"。他提出了以军国民教育、实利主义教育、公民道德教育、世界观教育、美感教育"五育"并举的教育宗旨。根据蔡元培提出的这一教育宗旨的表述意见，1912 年 7 月，全国临时教育会议讨论通过了中华民国的教育宗旨，即注重道德教育，以实利教育、军国民教育辅之，更以美感教育完成其道德，并于 1912 年 9 月 2 日正式公布实施。这一教育宗旨否定了清末教育宗旨的封建主义性质，充分体现了资产阶级关于人的德、智、体、美和谐发展的思想，是历史的一大进步。

1927 年大革命失败后，国民党加强对教育的控制，提出"党化教育"的方针，积极推行三民主义教育。1929 年，国民党召开第三次代表大会，讨论通过了三民主义的教育宗旨，即"中华民国之教育，根据三民主义，以充实人民生活，扶植

---

① 孙培青主编：《中国教育史》，华东师范大学出版社 1992 年版，第 582 页。
② 陈学恂主编：《中国近代教育史教学参考资料》上册，人民教育出版社 1986 年版，第 529 页。

社会生存,发展国民生计,延续民族生命为目的;务期民族独立,民权普遍,民生发展,以促进世界大同"①。这一宗旨由南京国民政府通令颁布,实际上是为国民党一党专制服务的。

1931年,中国共产党领导的中华苏维埃共和国临时中央政府成立。中国共产党以"教育方针"代替"教育宗旨"。1934年,毛泽东提出了苏维埃文化教育的总方针:"在于以共产主义的精神来教育广大的劳苦民众,在于使文化教育为革命战争与阶级斗争服务,在于使教育与劳动联系起来。"② 这一方针是新民主主义教育方针的最初表述。1940年,毛泽东在《新民主主义论》中提出了建立"民族的、科学的、人民大众的新文化和新教育"③ 的新民主主义教育方针。这个方针一直沿用到中华人民共和国成立初期。

(二) 中华人民共和国的教育目的

1949年9月,中国人民政治协商会议第一届全体会议通过的具有临时宪法作用的《中国人民政治协商会议共同纲领》规定:"中华人民共和国的文化教育为新民主主义的,即民族的、科学的、大众的文化教育。人民政府的文化教育工作,应以提高人民文化水平,培养国家建设人才,肃清封建的、买办的、法西斯主义的思想,发展为人民服务的思想为主要任务。"1949年12月,中华人民共和国第一次全国教育工作会议明确了"为人民服务,首先是为工农兵服务,为当前的革命斗争与建设服务"。1950年5月,教育部副部长钱俊瑞在《人民教育》杂志创刊号上发表《当前教育建设的方针》一文,明确了"为工农服务,为生产建设服务是实行新民主主义教育的中心方针"。

1953年我国开始了大规模的社会主义改造,1956年社会主义改造基本结束,并进入社会主义建设的历史新阶段。面对社会主义建设的新阶段、新任务,1957年毛泽东在最高国务会议上提出:"我们的教育方针,应该使受教育者在德育、智育、体育几方面都得到发展,成为有社会主义觉悟的有文化的劳动者。"虽然这里使用的是"教育方针"一词,但实际上表述的是"教育目的"的内容。1958年,在中共中央、国务院颁布的《关于教育工作的指示》中,明确地把党的教育工作方针表述为"教育为无产阶级政治服务,教育与生产劳动相结合",把"共产主义社会的全面发展的新人"表述为"既有政治觉悟又有文化的,既能从事脑力劳动

---

① 顾明远主编:《教育大辞典》(增订合编本)下,上海教育出版社1998年版,第2078页。
② 《建党以来重要文献选编(1921~1949)》第11册,中央文献出版社2011年版,第127页。
③ 《毛泽东 邓小平 江泽民论教育》,中央文献出版社、人民教育出版社、北京师范大学出版社2002年版,第45页。

又能从事体力劳动的人",并指出"党所提出的'培养有社会主义觉悟的有文化的劳动者'的口号,正确地解释了'全面发展'的含义"。至此,确立了中华人民共和国对于教育目的的第一次完整表述,这一表述延续到改革开放前,同时,也为我国教育目的后续的表述奠定了基调。

1978年,第五届全国人民代表大会通过的《中华人民共和国宪法》第十三条指出:教育必须为无产阶级政治服务,同生产劳动相结合,使受教育者在德育、智育、体育几方面都得到发展,成为有社会主义觉悟的有文化的劳动者。这是对1957年、1958年教育方针的重新肯定。

1981年,标志着党完成了指导思想拨乱反正的《关于建国以来党的若干历史问题的决议》(简称《决议》)颁布。《决议》指出,坚持德智体全面发展、又红又专、知识分子与工人农民相结合、脑力劳动与体力劳动相结合的教育方针。同年11月召开第五届全国人大工作会议,在政府工作报告中,把教育目的表述为:"使受教育者在德育、智育、体育几方面都得到发展,成为有社会主义觉悟的有文化的劳动者和又红又专的人才,坚持脑力劳动与体力劳动相结合。"这一教育目的的表述,除了继续强调"有社会主义觉悟的有文化的劳动者",又增加了"又红又专的人才",并把"脑力劳动与体力劳动相结合、知识分子与工人农民相结合"作为培养"有社会主义觉悟的有文化的劳动者和又红又专的人才"的途径提了出来。

1982年,修订后的《中华人民共和国宪法》第四十六条规定:"中华人民共和国公民有受教育的权利和义务。国家培养青年、少年、儿童在品德、智力、体质等方面全面发展。"这里将早先表述中的"在德育、智育、体育几方面都得到发展",改为"在品德、智力、体质等方面全面发展",表述更为精准。

1985年,中共中央颁布了《关于教育体制改革的决定》(简称《决定》)。《决定》指出,教育体制改革的根本目的是"提高民族素质,多出人才,出好人才"。"所有这些人才,都应该有理想、有道德、有文化、有纪律,热爱社会主义祖国和社会主义事业,具有为国家富强和人民富裕而艰苦奋斗的献身精神,都应该不断追求新知,具有实事求是、独立思考、勇于创造的科学精神。"《决定》首次使用了"四有新人"的提法,提出的"两热爱、两精神"是适应改革开放和以经济建设为中心对20世纪90年代至21世纪初人才的要求。

1986年,《中华人民共和国义务教育法》颁布,其中提到"使儿童、少年在品德、智力、体质等方面全面发展,为提高民族素质,培养有理想、有道德、有文化、有纪律的社会主义建设人才奠定基础"。这一表述是《中华人民共和国宪法》提到的"品德、智力、体质等方面全面发展"和《关于教育体制改革的决定》

提到的"四有新人"的综合。

总的来说，20 世纪 80 年代，我国教育目的表述的变化比较频繁，使得教育目的在这一阶段缺少稳定性。20 世纪 90 年代以来，这种情况得以改变。

1990 年，《中共中央关于制定国民经济和社会发展十年规划和"八五"计划的建议》提出"教育必须为社会主义现代化建设服务，必须与生产劳动相结合，培养德、智、体全面发展的建设者和接班人"的方针。这一教育方针的表述，包含"培养德、智、体全面发展的建设者和接班人"的教育目的。以"建设者和接班人"定位我国教育目的中的人，这是第一次。"德、智、体全面发展的建设者和接班人"的这一表述，奠定了 20 世纪 90 年代以来我国教育目的新基调。

1993 年中共中央、国务院颁布的《中国教育改革和发展纲要》，重申各级各类学校要认真贯彻"教育必须为社会主义现代化建设服务，必须与生产劳动相结合，培养德、智、体全面发展的建设者和接班人"的方针。

1995 年，《中华人民共和国教育法》颁布，其中第五条明确指出："教育必须为社会主义现代化建设服务，必须与生产劳动相结合，培养德、智、体等方面全面发展的社会主义事业的建设者和接班人。"这里对教育方针和教育目的的表述更具有权威性。这一表述与前面略有调整：一是提出了"德、智、体等方面全面发展"，不是"德、智、体全面发展"；二是在建设者和接班人前面加了"社会主义事业"的定语，使表述更加严谨、完整。

1999 年，《中共中央 国务院关于深化教育改革全面推进素质教育的决定》颁布，指出："实施素质教育，就是全面贯彻党的教育方针，以提高国民素质为根本宗旨，以培养学生的创新精神和实践能力为重点，造就'有理想、有道德、有文化、有纪律'的、德智体美等全面发展的社会主义事业建设者和接班人。"这一表述，指出了当前教育目的应该强调的重点是"培养学生的创新精神和实践能力"，同时，把"有理想、有道德、有文化、有纪律"的"四有"与"德智体美等全面发展"共同作为"社会主义事业建设者和接班人"的素质规定。从逻辑意义上讲，"有理想、有道德、有文化、有纪律"应该包含在"德智体美等全面发展"之中。

1999 年 6 月，时任中共中央总书记江泽民在第三次全国教育工作会议上强调："我们必须全面贯彻党的教育方针，坚持教育为社会主义、为人民服务，坚持教育与社会实践相结合，以提高国民素质为根本宗旨，以培养学生的创新精神和实践能力为重点，努力造就'有理想、有道德、有文化、有纪律'的，德育、智育、体育、美育等全面发展的社会主义事业建设者和接班人。"表述中第一次出现了"教育为人民服务""教育与社会实践相结合"，是教育方针在新时期的发展。

2002年,江泽民在庆祝北京师范大学建校一百周年大会上指出:"要坚持党的教育方针,坚持教育为社会主义事业服务,坚持教育与社会实践相结合。"同年,党的十六大报告正式确认,"全面贯彻党的教育方针,坚持教育为社会主义现代化建设服务,为人民服务,与生产劳动和社会实践相结合,培养德智体美全面发展的社会主义建设者和接班人"。这一表述是中国共产党长期形成的教育方针的全面而系统的总结,更是21世纪指导教育工作的总体方针,也为今后修订国家教育法律中的教育方针表述提供了基本依据。

2006年6月29日,中华人民共和国第十届全国人民代表大会常务委员会第二十二次会议修订通过的《中华人民共和国义务教育法》第三条明确规定:"义务教育必须贯彻国家的教育方针,实施素质教育,提高教育质量,使适龄儿童、少年在品德、智力、体质等方面全面发展,为培养有理想、有道德、有文化、有纪律的社会主义建设者和接班人奠定基础。"

2007年,党的十七大报告中提出了"科学发展观",科学发展观的核心是以人为本。科学发展观体现在教育上,就是十七大报告所指出的,"要全面贯彻党的教育方针,坚持育人为本、德育为先,实施素质教育,提高教育现代化水平,培养德智体美全面发展的社会主义建设者和接班人,办好人民满意的教育"。其中,"坚持育人为本、德育为先,实施素质教育"是全面贯彻党的教育方针带有根本性的举措,体现了科学发展观和以人为本的核心思想;"提高教育现代化水平"是全面贯彻党的教育方针的时代需要;"办好人民满意的教育"是全面贯彻党的教育方针与改善民生、促进公平的共同要求。

2010年,《国家中长期教育改革和发展规划纲要(2010—2020年)》颁布,重申了"坚持教育为社会主义现代化建设服务,为人民服务,与生产劳动和社会实践相结合,培养德智体美全面发展的社会主义建设者和接班人"的教育方针,同时,结合现阶段社会发展的要求和教育中存在的问题,提出"要促进学生全面发展,着力提高学生服务国家服务人民的社会责任感、勇于探索的创新精神和善于解决问题的实践能力",坚持"德育为先""能力为重""全面发展"。这一表述,不仅重申了我国新时期的教育方针和教育目的,而且提出了现阶段教育目的需要强调的"社会责任感""创新精神"和"实践能力"。

2012年,党的十八大报告指出:"全面贯彻党的教育方针,坚持教育为社会主义现代化建设服务、为人民服务,把立德树人作为教育的根本任务,培养德智体美全面发展的社会主义建设者和接班人。全面实施素质教育,深化教育领域综合改革,着力提高教育质量,培养学生社会责任感、创新精神、实践能力。"党的十八大报告把"立德树人"作为教育的根本任务。立什么德，树什么人，是教育的根本问题。

2015年12月27日，第十二届全国人民代表大会常务委员会第十八次会议通过了第二次修正的《中华人民共和国教育法》，其中第五条规定："教育必须为社会主义现代化建设服务、为人民服务，必须与生产劳动和社会实践相结合，培养德、智、体、美等方面全面发展的社会主义建设者和接班人。"第六条规定："教育应当坚持立德树人，对受教育者加强社会主义核心价值观教育，增强受教育者的社会责任感、创新精神和实践能力。国家在受教育者中进行爱国主义、集体主义、中国特色社会主义的教育，进行理想、道德、纪律、法治、国防和民族团结的教育。"

2017年，党的十九大报告指出："要全面贯彻党的教育方针，落实立德树人根本任务，发展素质教育，推进教育公平，培养德智体美全面发展的社会主义建设者和接班人。"

2018年5月2日，习近平在北京大学师生座谈会上再次明确强调，"我们的教育要培养德智体美全面发展的社会主义建设者和接班人"①。他还进一步指出："'国势之强由于人，人材之成出于学。'培养社会主义建设者和接班人，是我们党的教育方针，是我国各级各类学校的共同使命。"②

2018年9月10日，全国教育大会召开。习近平在大会上发表了重要讲话，强调要坚持中国特色社会主义教育发展道路，培养德智体美劳全面发展的社会主义建设者和接班人。这次会议指出，要在学生中弘扬劳动精神，教育引导学生崇尚劳动、尊重劳动，懂得劳动最光荣、劳动最崇高、劳动最伟大、劳动最美丽的道理，长大后能够辛勤劳动、诚实劳动、创造性劳动。在培养人的素质上，把"劳"与"德智体美"提到同等重要的位置。

2021年4月29日，第十三届全国人民代表大会常务委员会第二十八次会议通过了第三次修正的《中华人民共和国教育法》，其中第五条规定："教育必须为社会主义现代化建设服务、为人民服务，必须与生产劳动和社会实践相结合，培养德智体美劳全面发展的社会主义建设者和接班人。"

二、我国教育目的的基本要求

从以上对中华人民共和国成立后教育目的的回顾可以看出，尽管不同时期我

---

① 习近平：《在北京大学师生座谈会上的讲话》，人民出版社2018年版，第4页。
② 习近平：《在北京大学师生座谈会上的讲话》，人民出版社2018年版，第5页。

国教育目的的表述有所不同和侧重，但有些内容一直保持不变，这些内容构成了我国社会主义教育目的的基本要求。

（一）坚持人才培养的社会主义性质

教育目的受社会制度制约，主要表现在社会制度制约着培养人才的社会方向，即教育培养的人才，为哪个社会、哪个阶级服务。社会主义教育目的，必须为社会主义建设服务，为人民服务。这种服务，就是培养社会主义事业所需要的人才。回顾中华人民共和国成立以来的教育目的，尽管有"劳动者""合格人才""建设者和接班人"等不同提法，但这些不同时期的提法，前提都是社会主义的人才，是"有社会主义觉悟、有文化的劳动者""坚持社会主义方向的各级各类人才""社会主义建设者和接班人"。"古今中外，每个国家都是按自己的政治要求来培养人的，世界一流大学都是在服务自己国家发展中成长起来的。我国社会主义教育就是要培养社会主义建设者和接班人。"① 这是由我国社会主义制度决定的。教育正是通过培养社会主义建设者和接班人，才能为社会主义建设服务；正是通过培养社会主义的建设者和接班人，才能真正地为人民服务。

（二）培养德、智、体、美、劳全面发展的人才

社会主义教育目的，应该培养社会主义的人才。社会主义规定了人才的性质，但人才的素质如何？我国的教育目的以马克思主义人的全面发展理论为基础，培养全面发展的人。至于说，怎样才是人的全面发展，全面发展包括哪些方面？从前面的回顾可以看出，在表述上还存在少许的差异，有"德、智、体全面发展""德、智、体等方面全面发展""德、智、体、美全面发展""德、智、体、美等方面全面发展""德智体美劳全面发展"等不同提法，其差异就在于全面发展的元素有哪些。马克思主义人的全面发展的理想是"作为一个完整的人，占有自己的全面的本质"②，没有具体说明完整的人有哪几个要素。我们在注重德、智、体基本素质发展的同时，也要注重其他素质的形成和发展，例如，审美素质、劳动素质、个性素质、心理素质等。全面发展就是各种素质尽可能多方面的、充分的、自由的发展。

（三）坚持教育与生产劳动和社会实践相结合

马克思把教育与生产劳动相结合作为培养全面发展的人的唯一方法。我国教育目的以培养全面发展的人为追求，因此，教育与生产劳动相结合成为教育目的

---

① 习近平：《在北京大学师生座谈会上的讲话》，人民出版社2018年版，第6页。
② 《马克思恩格斯文集》第1卷，人民出版社2009年版，第189页。

的重要组成部分。自 1958 年党的教育方针明确提出"教育与生产劳动相结合"之后，我国一直把教育与生产劳动相结合贯彻在教育实践之中，并在教育实践中对马克思主义这一基本原理进行了创造性的发挥。毛泽东把教育与生产劳动相结合作为知识分子改造的重要手段。1939 年 5 月 1 日，毛泽东《在纪念五四运动胜利二十年周年时对青年的讲话》中指出："知识分子如果不和工农民众相结合，则将一事无成。革命的或不革命的或反革命的知识分子的最后的分界，看其是否愿意并且实行和工农民众相结合。"① 他把"知识分子与工人农民相结合、脑力劳动与体力劳动相结合"作为知识分子正确成长的唯一道路，提倡知识分子到群众中去、到工厂去、到农村去。知识分子与工人农民相结合，对于知识分子的成长是有帮助的，但"文化大革命"期间，知识青年"上山下乡"的极端做法，使青年学生从事简单的体力劳动，违背了马克思主义教育与生产劳动相结合的原理，给一代青年学生的成长造成了深重的灾难。

卓晴君：《邓小平教育与生产劳动相结合思想的时代特征》

改革开放以后，教育与生产劳动相结合的思想不断得以发展。邓小平把"整个教育事业必须同国民经济发展的要求相适应"②，作为贯彻教育与生产劳动相结合的重要内涵。他指出，如果学与学的与社会主义现代化要求不相符合，就从根本上违背了教育与生产劳动相结合的方针。2001 年国务院颁布的《关于基础教育改革与发展的决定》，把"教育与社会实践相结合"和"教育与生产劳动相结合"并列，共同作为培养社会主义建设者和接班人的方法。

（四）根据不同时期社会发展的要求，突出强调某些方面的素质

我国的教育目的在培养人才的性质和基本素质要求方面是相同的，但不同时期的教育目的不完全相同。其不同表现在不同时期对人才素质的要求不同。例如，1957 年的教育目的强调使受教育者"成为有社会主义觉悟的有文化的劳动者"；1985 年的教育目的强调培养的人才应该"有理想、有道德、有文化、有纪律，热爱社会主义祖国和社会主义事业，具有为国家富强和人民富裕而艰苦奋斗的献身精神，都应该不断追求新知，具有实事求是、独立思考、勇于创造的科学精神"；1999 年的教育目的强调"以培养学生的创新精神和实践能力为重点"；2010 年的教育目的强调"着力提高学生服务国家服务人民的社会责任感、勇于探索的创新

---

① 《毛泽东选集》第 2 卷，人民出版社 1991 年版，第 559 页。
② 《邓小平文选》第 2 卷，人民出版社 1994 年版，第 107 页。

精神和善于解决问题的实践能力"；2012年党的十八大报告把"立德树人"作为教育的根本任务，要求培养学生社会责任感、创新精神、实践能力，强调要"大力弘扬民族精神和时代精神，深入开展爱国主义、集体主义、社会主义教育……积极培育和践行社会主义核心价值观"；2017年党的十九大报告提出"培养担当民族复兴大任的时代新人"，"广泛开展理想信念教育，深化中国特色社会主义和中国梦宣传教育，弘扬民族精神和时代精神，加强爱国主义、集体主义、社会主义教育，引导人们树立正确的历史观、民族观、国家观、文化观"。总之，社会发展面临的矛盾和急需解决的问题不同，对人某些方面的素质提出了迫切的要求，教育目的必须强化这些特定方面的素质，以满足社会发展的需要。现阶段，培育和践行社会主义核心价值观，培养学生的社会责任感、创新精神和实践能力，是教育目的着力强调的素质，也是当前中国社会发展所急需的。

第四节 素质教育与创新人才培养

人的全面发展，既是一种崇高的理想追求，又是一个现实的实践探索。培养全面发展的人，实施全面发展教育，在现阶段的中国，就是实施素质教育。素质教育是具有鲜明时代特征的中国教育理论，是带有标志性的教育理论创新。它是马克思主义人的全面发展思想与中国现阶段实际相结合的产物，因此，是马克思主义人的全面发展和社会主义全面发展教育的中国实践和中国特色，是中国特色社会主义教育理论的重要组成部分。

自改革开放以来，特别是1999年第三次全国教育工作会议以来，党和国家出台了一系列政策和措施，大力推进素质教育。素质教育已经提升为党和国家教育的重大决策，成为当代中国教育改革的战略主题，成为当前中国教育改革的主旋律。现阶段，实现教育目的、培养全面发展的人，必须大力推进素质教育，培养创新人才。

一、素质教育的提出与发展

素质是人的身心发展的基本状态和水平，它是以人的天赋为基础，在后天的环境和教育影响下形成的，主要包括身体素质、心理素质、道德素质和社会文化素质等。教育作为培养人的活动，其目的就是不断提升人的素质，促进人的发展。从这个意义上说，素质教育是教育的本质。但素质教育在20世纪80年代以来成为中国政府高度关注的一项改革举措，有其特殊的背景。

在中国，"素质教育"作为一个概念，源于20世纪80年代对"应试教育"的反思和批判，最初是作为"应试教育"的反义词和矫正"应试教育"的弊端出现的。20世纪80年代，中国教育尤其是高中教育存在着严重的"片面追求升学率"的现象，为应试而教，为应试而学，考什么学什么，不考不学，教育演变为考试的工具，出现了严重的重智育轻德育和体育、重知识轻能力、重分数轻素质等情况，严重地限制了学生综合素质的发展，限制了学生能力的充分发挥，出现了"高分低能"和学生素质的片面发展等状况。为此，1983年12月，教育部出台了《关于全日制普通中学全面贯彻党的教育方针、纠正片面追求升学率倾向的十项规定（试行）》。应试教育不仅有悖于人的全面发展理论，而且所培养的学生难以适应工作要求和社会发展的实际需要。再加之，"片面追求升学率"使教育只面向少数升学有望的学生，忽视了大多数学生发展的需要，严重挫伤了学生学习的积极性，使教育成为少数升学学生的教育。为了改变应试教育的这种状况，20世纪80年代中期，教育理论界开展了"端正教育思想，明确培养目标"的大讨论。作为克服"片面追求升学率"弊端的措施，素质教育逐渐浮出水面。针对"应试教育"中存在的忽视德育和体育、忽视基础知识和能力的培养，素质教育提出全面提升学生的素质。

素质教育提出的历史背景，有克服"应试教育"弊端的要求，但总体上是为了提高教育质量，目的是提升中小学生的整体素质，培养高素质的人才。[1] 这既符合世界教育"提高质量"的发展趋势，也是我国社会主义现代化建设的迫切要求。

1985年5月19日，中共中央、国务院召开全国教育工作会议，邓小平指出："我们国家，国力的强弱，经济发展后劲的大小，越来越取决于劳动者的素质，取决于知识分子的数量和质量。"[2] 同年5月27日发布的《中共中央关于教育体制改革的决定》明确指出："在整个教育体制改革的过程中，必须牢牢记住改革的根本目的是提高民族素质，多出人才、出好人才。"

20世纪90年代，社会主义现代化建设进入新的阶段。1992年，党的十四大召开。党的十四大报告指出："科技进步、经济繁荣和社会发展，从根本上说取决于提高劳动者的素质，培养大批人才。我们必须把教育摆在优先发展的战略地位，努力提高全民族的思想道德和科学文化水平，这是实现我国现代化的根本大计。"

---

[1] 顾明远：《中国教育路在何方——教育漫谈》，《课程·教材·教法》2015年第3期，第3—16页。
[2] 《邓小平文选》第3卷，人民出版社1993年版，第120页。

党的十四大报告把民族素质的提高摆到了我国现代化建设的关键地位，教育被赋予了提高民族素质的使命。1993年，中共中央、国务院印发了《中国教育改革和发展纲要》，把基础教育视为提高民族素质的奠基工程，要求"中小学要由'应试教育'转向全面提高国民素质的轨道，面向全体学生，全面提高学生的思想道德、文化科学、劳动技能和身体心理素质，促进学生生动活泼地发展"。这是在党和国家的文件中，首次明确使用"素质教育"的概念，并对素质教育的内涵做出了规定：素质教育指向国民素质的提高，面向全体学生，提高学生的全面素质，促进学生生动活泼地发展。《中国教育改革和发展纲要》拉开了中国全面实施素质教育的序幕。1994年，第二次全国教育工作会议召开，会议进一步动员全党全社会认真实施《中国教育改革和发展纲要》，使素质教育真正进入国家战略阶段。全国上下，从基础教育到高等教育，都开始了素质教育的探索和实践。教育部也先后出台了《关于当前积极推进中小学实施素质教育的若干意见》（1997）和《关于加强大学生文化素质教育的若干意见》（1998），规范和指导中小学和大学的素质教育实践。

世纪之交，知识经济初见端倪，科学技术日新月异，民族素质和创新能力成为综合国力的重要标志。为了全面总结素质教育的经验和成果，进一步推进素质教育走向深入，1999年，中共中央、国务院召开了第三次全国教育工作会议，会议以全面推进素质教育为主题，颁布的《中共中央 国务院关于深化教育改革全面推进素质教育的决定》指出："实施素质教育，就是全面贯彻党的教育方针，以提高国民素质为根本宗旨，以培养学生的创新精神和实践能力为重点，造就'有理想、有道德、有文化、有纪律'的、德智体美等全面发展的社会主义事业建设者和接班人。"这一文件把实施素质教育提高到"全面贯彻党的教育方针"的高度，素质教育以提高国民素质为根本宗旨，以培养学生的创新精神和实践能力为重点。文件提出要把素质教育贯穿幼儿教育、中小学教育、职业教育、成人教育、高等教育等各级各类教育，贯穿学校教育、家庭教育和社会教育等各个方面，把德育、智育、体育、美育等有机地统一在教育活动的各个环节中。这次会议不仅全面地检验了素质教育的成果，而且对素质教育进行了全面、深刻、系统的界定，从课程体系、招生改革、教学改革、考试评价、教师队伍等多个方面对素质教育的实施做了系统的部署，使素质教育的实施进入一个新的历史阶段。为了全面推动素质教育的实施，2001年，国家启动了第八次基础教育课程改革，课程改革的目标是全面推进素质教育，构建符合素质教育要求的新的基础教育课程体系。

进入21世纪后，党和国家以科学发展观为指导，对素质教育的思想进行了新的思考，赋予了以人为本的时代内涵。2010年颁布的《国家中长期教育改革和发展规划纲要（2010—2020年）》把素质教育作为重要的战略主题，指出：坚持以人为本、全面实施素质教育，是教育改革发展的战略主题，是贯彻党的教育方针的时代要求，其核心是解决好培养什么人、怎样培养人的重大问题，重点是面向全体学生、促进学生全面发展，着力提高学生服务国家服务人民的社会责任感、勇于探索的创新精神和善于解决问题的实践能力。《国家中长期教育改革和发展规划纲要（2010—2020年）》提出了素质教育的三个实施要点：一是坚持德育为先，把社会主义核心价值观融入教育全过程；二是坚持能力为重，着力提高学生的学习能力、实践能力、创新能力；三是坚持全面发展，坚持文化知识学习和思想品德修养的统一、理论学习与社会实践的统一、全面发展与个性发展的统一。2012年，党的十八大报告再次强调，"全面实施素质教育，深化教育领域综合改革，着力提高教育质量，培养学生社会责任感、创新精神、实践能力"。2017年，党的十九大报告指出，"要全面贯彻党的教育方针，落实立德树人根本任务，发展素质教育"，并把"立德树人"作为教育的根本任务，把"培育和践行社会主义核心价值观"作为素质教育的重要内容，发挥社会主义核心价值观对国民教育、精神文明创建、精神文化产品创作生产传播的引领作用，把社会主义核心价值观融入社会发展各方面，转化为人们的情感认同和行为习惯。

回顾素质教育发展的历程，我们看到，从20世纪80年代纠正"应试教育"，到20世纪90年代"提高国民素质"，到21世纪把"立德树人"作为实施素质教育的中心，素质教育进一步丰富和发展了社会主义全面发展教育的内涵。在新的历史条件下，素质教育是落实教育科学发展、贯彻党的教育方针的集中体现。因此，我们需要在马克思主义人的全面发展理论和以人为本的科学发展观指导下，深入理解素质教育的内涵。

二、素质教育的内涵

总体来说，素质教育以提高国民素质为目的，重点是面向全体学生，促进学生主动地、生动活泼地发展，着力提高学生服务国家服务人民的社会责任感、勇于探索的创新精神和善于解决问题的实践能力，培养德、智、体、美、劳全面发展的社会主义建设者和接班人。

具体来说，素质教育内涵包括以下五个方面。

（一）素质教育以提高国民素质为目的

素质教育最初是为了克服"应试教育"的问题而出现的，带有临时性和策略性。国家第一次对素质教育的明确表述是在1993年颁布的《中国教育改革和发展纲要》中明确指出,中小学要从"应试教育"转到全面提高国民素质的轨道,将素质教育上升到国家和民族的利益。因为国民素质的问题,是综合国力的集中体现,更是社会发展的根本所在,它直接关系到 21 世纪中国的发展,关系到中国能否从"人口大国"向"人力资源强国"的转变。1999 年,《中共中央 国务院关于深化教育改革全面推进素质教育的决定》更加明确提出,素质教育"以提高国民素质为根本宗旨",并对受教育者提出了"四个统一"的要求,即"使受教育者坚持学习科学文化与加强思想修养的统一,坚持学习书本知识与投身社会实践的统一,坚持实现自身价值与服务祖国人民的统一,坚持树立远大理想与进行艰苦奋斗的统一"。2002 年,党的十六大报告提出,要"全面推行素质教育,造就数以亿计的高素质劳动者、数以千万计的专门人才和一大批拔尖创新人才"。素质教育以提高国民素质为目的这一根本定位,使素质教育超越了学校教育,成为政府、学校、社会和家庭的共同责任,成为"一项事关全局、影响深远和涉及社会各方面的系统工程"。2012 年,党的十八大报告提出:"全面实施素质教育,深化教育领域综合改革,着力提高教育质量,培养学生社会责任感、创新精神、实践能力。"

(二)素质教育是面向全体学生的教育

素质教育是为了克服"应试教育"只面向少数学生而提出的,因此,面向全体学生,一直是素质教育的要求之一,也得到国家关于素质教育政策的有力支撑。从 1993 年的《中国教育改革和发展纲要》,到 1999 年的《中共中央 国务院关于深化教育改革全面推进素质教育的决定》,再到 21 世纪的《国家中长期教育改革和发展规划纲要(2010—2020 年)》都明确提出:素质教育面向全体学生,为每个学生的全面发展创造相应的条件。素质教育以提高国民素质为目的,国民素质不是某部分人的素质,而是全体国民的素质。因此,素质教育必须面向全体,致力于提高每个人的素质。实施素质教育,在教育教学过程中,不仅不能剥夺每个人的受教育权,而且要为每个人提供平等的教育机会、均等的教育资源,为每个人提供适合的教育,促进教育的公平发展。

(三)素质教育具有全面性、主体性和可持续性

从发展的特征看,素质教育具有全面性、主体性和可持续性。(1)全面性。素质教育是马克思主义全面发展教育的现实化,是全面发展教育思想在现阶段中国的具体化。所以,实施素质教育,必须把德育、智育、体育、美育、劳动技术教育有机地统一起来,使诸方面教育相互渗透、协调发展,促进学生的全面发展和健康成长。(2)主体性。素质教育要求学生主动地、生动活泼地发展,以区别于"应试教育"中学生死记硬背、灌输式的被动发展。从学生发展的形式看,素

质教育是一种主体教育，它把学生视为教育主体，强调学生自主探究，自主发展。（3）可持续性。应试教育沉重的学业负担，机械的学习毁灭了学生求知的欲望和学习兴趣，这是以牺牲学生的发展动力为代价的。素质教育激发学生的兴趣、爱好，培养他们自主学习和终身学习的能力。全面的素质发展，为他们进一步发展奠定了基础，提供了动力，促使学生后续可持续的发展。

（四）素质教育是促进学生个性发展的教育

素质教育全面提升学生的素质，全面发展学生每一方面的素质，包括思想道德、文化科学、劳动技能和身心素质等。素质教育要求学生全面发展，但全面发展既不是平均发展，也不是划一发展。因为每个人都是一个独特的个体，他们的兴趣、爱好、个性特征、理想追求不同，具有差异性。教育为他们全面发展提出要求，同时，也为他们个性发展提供适宜的条件，包括因材施教、多元化教育、特色教育等。所以，素质教育重视学生的全面发展，使他们在基本素质方面达到统一标准，实现共同发展。在此基础上，重视学生的差异性，为不同的学生提供不同的教育，提出不同的要求，促进他们的个性发展。在实践中，一些学校提出了"合格+特长"的模式。"合格"是对全体学生共同发展的整体要求，是最基本的标准，也是发展特长的基础，学生必须在德智体等方面打下坚实的基础。"特长"是对全体学生差别发展的个性教育，也是合格基础上的发展，注重培养学生的兴趣，鼓励每一个学生在某一方面形成优势、学有所长。'合格+特长"体现了素质教育共性和个性的统一要求。

（五）素质教育要着力提高学生的社会责任感、创新精神和社会实践能力

素质教育要发展人的素质，在全面素质的基础上，不同的历史阶段又有不同的侧重点。当今世界，创新是科技发展、国力竞争的根本。因此，21世纪的素质教育要以培养学生的创新精神和实践能力为重点。这不仅因为社会发展需要创新，也因为我们的教育在培养创新精神和实践能力方面存在着不足，需要强化学生创新精神和实践能力的培养。21世纪，面对各种道德问题和道德困境，社会出现了一定程度的道德危机。为了及时走出道德困境，解决道德危机，素质教育开始强调德育为先，提出全面贯彻落实"立德树人"根本任务，把"提高学生服务国家、服务人民的社会责任感"与"培养学生的创新精神和实践能力"共同作为素质教育的重点。《教育部关于全面深化课程改革　落实立德树人根本任务的意见》明确提出：全面深化课程改革，"把培育和践行社会主义核心价值观融入国民教育全过

实施素质教育过程中需要澄清的若干认识问题

程","推动社会主义核心价值观进教材、进课堂、进头脑,着力培养学生高尚的道德情操、扎实的科学文化素质、健康的身心、良好的审美情趣,努力使学生具有中华文化底蕴、中国特色社会主义共同理想、国际视野,成为社会主义合格建设者和可靠接班人"。

当然,在实践中,对素质教育的认识,还存在一些误区。例如,有的人认为,应试也是一种素质,素质教育也需要考试,把应试教育等同于考试,把素质教育与考试对立起来;也有人把素质教育只看作课外活动中的特长教育、兴趣爱好教育,所谓"课外搞素质教育,课内搞应试教育","素质教育轰轰烈烈,应试教育扎扎实实";还有人认为,应试教育提高升学率,素质教育必然以牺牲升学率为代价,从而排斥素质教育。种种误解,要么源于对素质教育的不正确认识,要么源于一种狭隘的功利主义教育思想。所以,实施素质教育,一方面需要正确理解素质教育的内涵,另一方面需要排除各种功利主义思想,营造全社会推进素质教育的良好氛围。

三、创新人才的培养

素质教育是全面提升国民素质的教育,是促进学生素质全面发展的教育。但素质教育又会针对某个时期社会的要求和教育存在的不足,突出和强调某一方面的素质。当前,素质教育以培养学生的创新精神为重点,突出创新人才的培养。这是时代的呼唤,也是现阶段素质教育的重点。

钱学森之问

(一)培养创新人才是时代的呼唤

21世纪是知识经济时代,影响经济发展的关键因素不再是传统的物力因素,如资源、资本和人口,而是新的人力因素,包括知识、技术和创新精神、创新能力。创新是知识经济时代的根本要求。当今世界的竞争,是综合国力的竞争,实则是知识总量、人才素质和科技质量的竞争,归根结底是民族创新能力的竞争。所以,创新和创新人才的培养已成为世界各国高度关注的问题。

中国在人口多、资源少的情况下,要全面地实现小康社会的目标,必须依靠创新,创新是我国经济和社会发展的现实要求。对此,几代党和国家领导人对创新和创新人才都给予了高度重视。毛泽东领导无产阶级创建了中国共产党,成立了中华人民共和国,开创了中国社会主义的建设道路。邓小平作为改革开放的总设计师,非常重视创新在社会主义建设中的作用。早在1978年改革开放之初,邓小平就指出："干革命、搞建设，都要有一批勇于思考、勇于探索、勇于创新的闯将。没有这样一大批闯将，我们就无法摆脱贫穷落后的状况，就无法赶上更谈不到超过国际先进水平。"① 深圳经济特区就是邓小平亲自开辟的最早的改革开放的试验地之一。1992 年初，邓小平在南方谈话中总结深圳的敢闯经验，再次强调："改革开放胆子要大一些，敢于试验……没有一点闯的精神，没有一点'冒'的精神，没有一股气呀、劲呀，就走不出一条好路，走不出一条新路，就干不出新的事业。"② 1995 年 5 月 26 日，江泽民在全国科学技术大会上发表了《实施科教兴国战略》的重要讲话，指出："创新是一个民族进步的灵魂，是一个国家兴旺发达的不竭动力。……一个没有创新能力的民族，难以屹立于世界先进民族之林。"③ 1999 年 8 月，江泽民在全国技术创新大会上再次强调："科技创新越来越成为当今社会生产力解放和发展的重要基础和标志，越来越决定着一个国家、一个民族的发展进程。如果不能创新，一个民族就难以兴盛，难以屹立于世界民族之林。"④ 以胡锦涛为总书记的党中央也曾明确提出，把推动自主创新摆在全部科技工作的突出位置。把提高自主创新能力作为调整经济结构、转变增长方式的中心环节。习近平也指出："创新是一个民族进步的灵魂，是一个国家兴旺发达的不竭动力，也是中华民族最深沉的民族禀赋。在激烈的国际竞争中，惟创新者进，惟创新者强，惟创新者胜。"⑤ 创新是引领社会发展的第一动力，抓创新就是抓发展，谋创新就是谋发展。2014 年 6 月，习近平在中国科学院第十七次院士大会、中国工程院第十二次院士大会上的讲话指出，我国科技发展的方向就是创新、创新、再创新。实施创新驱动发展战略，最根本的是要增强自主创新能力。2015 年，党的十八届五中全会审议通过了《中共中央关于制定国民经济和社会发展第十三个五年规划的建议》，提出了创新、协调、绿色、开放、共享的五大发展理念，"创新"居首，创新发展是方向，因此，必须把创新摆在国家发展全局的核心位置，贯穿党和国家一切工作之中。

创新的事业，人才是关键，教育是基础。江泽民指出："教育是知识创新、传播和应用的主要基地，也是培育创新精神和创新人才的重要摇篮。无论在培养高

---

① 《邓小平文选》第 2 卷，人民出版社 1994 年版，第 143 页。
② 《邓小平文选》第 3 卷，人民出版社 1993 年版，第 372 页。
③ 《江泽民文选》第 1 卷，人民出版社 2006 年版，第 432 页。
④ 《江泽民文选》第 2 卷，人民出版社 2006 年版，第 392 页。
⑤ 习近平：《在欧美同学会成立 100 周年庆祝大会上的讲话》，《人民日报》2013 年 10 月 22 日第 2 版。

素质的劳动者和专业人才方面，还是在提高创新能力和提供知识创新、技术创新成果方面，教育都具有独特的重要意义。"① 2002 年 9 月，江泽民在庆祝北京师范大学建校 100 周年大会上的讲话中再次强调："教育是培养人才和增强民族创新能力的基础，必须放在现代化建设的全局性、战略性的重要位置。"② 他在这次讲话中，提出了"教育创新"的概念，认为"教育创新，与理论创新、制度创新和科技创新一样，是非常重要的，而且教育还要为各方面的创新工作提供知识和人才基础"。创新人才的培养不仅是当代中国实现小康社会目标的要求，也是中华民族屹立于世界民族之林、走向强大的关键。

创新人才的培养，不仅是社会发展的要求，也是教育改革的必然。创新能力的培养是素质教育的核心，是素质教育区别于应试教育的根本所在。应试教育繁重的学习任务、僵化的教学模式、呆读死记、重复训练、机械作业、标准化考试，这些不仅无助于学生创新，反而压制了学生的创新精神和创新能力。素质教育的全面发展不仅为创新奠定基础，而且素质教育是主体教育、个性化教育，它重视学生的主体参与、自主探究和个性化发展，重视学生的社会实践和生活体验，这些都有助于培养学生的创新精神和创新能力。

重视创新和创新人才培养，也是现代教育与传统教育的根本区别。传统教育与传统社会相适应。传统社会是封闭的、发展缓慢的社会，重复是传统社会的典型特征，也是传统社会的要求。传统社会教育的基本功能之一就是重复，重复地把上一代从祖先那里继承下来的知识传给每一代，因此，传统教育本身是保守的。③ 这里的保守并非贬义和对传统教育的批评和责备。现代教育是现代社会的产物。现代社会建立在大工业生产之上，是受科学技术促动的、快速发展的社会。尤其是 20 世纪后半叶，不仅社会的发展越来越依靠科学技术，而且科学技术日新月异，知识创造、更新的速度急剧加快。对于现代教育而言，传授知识虽然还是教育的重要职能，但教育不能为传授知识而传授知识，知识必须转化为创新能力培养的手段，创新是现代教育的根本要求。因此，培养创新人才，也成为现代教育与传统教育的区别。

（二）创新人才的培养需要创新教育

创新人才不仅需要创新思维，还需要创新人格。创新思维是根据一定的目的，

---

① 《江泽民文选》第 2 卷，人民出版社 2006 年版，第 331 页。
② 《江泽民文选》第 3 卷，人民出版社 2006 年版，第 499 页。
③ 联合国教科文组织国际教育发展委员会编著：《学会生存——教育世界的今天和明天》，华东师范大学比较教育研究所译，教育科学出版社 1996 年版，第 85 页。

运用一切已知信息，产生出某种新颖、独特、有社会价值或个人价值的产品的思维品质。创新思维具有流畅性、变通性和独创性。创新人格是有助于创新的个人特征，诸如求知欲、好奇心、意志力等。创新思维是创新人才的方法系统，创新人格是创新人才的动力系统，二者相辅相成，缺一不可。一个创造性强的人，智力可能只是中等或中等以上，但他一定具有超强的创新人格、创新精神。创新人格在创造性活动中发挥着更重要的作用。

知识经济时代需要创新人才，我国社会的发展也需要创新人才。创新人才需要培养。但反思我国的教育，应试教育和传统教育的影响仍在，甚至还很强大，这在一定程度上阻碍了创新人才的培养。所以，培养创新人才，一方面，需要改革现实的教育，实现观念的创新、人才培养模式的创新和管理制度的创新。没有教育创新，就不可能变革传统教育和应试教育，就不可能有创新人才的培养。因此，教育创新是创新人才培养的基础和保证。另一方面，需要实施创新教育。创新教育，从目标上说，是以培养学生的创新精神和创新能力为重点，以培养创新人才为价值趋向的教育。其核心是着重研究和解决如何培养学生的批判性思维、创新思维和创新人格、创新精神问题。

虽然创新思维是创新人才的重要品质，但创新教育不等于创造教育。创造教育是为培育学生创造力或创造思维技法而进行的专门思维训练或教育。例如，奥斯本—帕内斯创造性解题训练模式、托兰斯创造思维训练，以及发散性思维训练、头脑风暴、智力开发和小发明、小创造活动，等等。创造教育是创新教育的重要组成部分，但不等同于创新教育。创新教育是围绕着创新人才的培养，对教育的整体定位，是带有全局性、结构性的教育发展的价值追求。创新人才，不是通过某个活动或某门课程所能够完成的，而是全部教育活动的结果。因此，创新教育要求的是教育全方位的创新，也需要全方位的保证。

所谓教育全方位的创新，包括教育各个要素的创新及其整体的创新，例如，教育观念、人才观念的创新，教学方法的创新，课程内容的创新，考试和评价方法的创新，人才培养模式的创新，教育管理体制的创新。所谓全方位的保证，包括教育制度、教师队伍、教育技术等为创新教育提供保证，也包括社会、家庭、社会舆论等为创新人才培养提供保证。因为有时候，存在于教育领域中的问题，并不都是教育的问题，而是社会的问题、体制的问题、传统文化的问题等，只靠教育是不可能完全解决的。创新人才的培养，也不可能只由学校完成，更不可能只靠一门课程完成。学校教育在培养创新人才，尤其是培养创新人格特质方面具有重要的作用，但不是唯一的因素。社会生活和工作，既是创新人才施展才能的地方,也是创新人才成长的场所。因此,培养创新人才,需要凝聚全社会的力量,齐心协力,共同营造创新人才成长的空间和支持系统。

思考题

一、名词解释题

教育目的　培养目标　课程目标　教学目标　素质教育　创新教育

二、简答题

1. 简述教育目的的层次系统。
2. 简述教育目的的社会制约性。
3. 简述当前我国的教育目的及其基本精神。
4. 简述素质教育的内涵。

三、论述题

1. 试述马克思主义人的全面发展的基本思想。
2. 试述马克思主义教育与生产劳动相结合的基本思想。
3. 试述马克思主义人的全面发展学说与素质教育、创新教育的关系。

四、材料分析题

一位纳粹集中营的幸存者,后来当上了美国一所中学的校长。每当有新老师来到学校,他就会交给新老师一封信。信中这样说:"亲爱的老师,我亲眼看到人类不应当见到的情景:毒气室由学有专长的工程师建造;儿童被学识渊博的医生毒死;幼儿被训练有素的护士杀害。看到这一切,我怀疑:教育究竟是为了什么?我的请求是:请你帮助学生成长为具有人性的人。只有在使我们的孩子具有人性的情况下,读写算的能力才有价值。"①

请就这封信的内容,反思教育存在的问题,说说教育应该培养什么样的人。

---

① 张志勇:《创新教育:中国教育范式的转型》,山东教育出版社2004年版,第186页。有改动。

第五章 人的全面发展教育

人的全面发展，是马克思主义教育学说的核心内容，也是社会主义教育的终极追求。马克思主义理论所说的"人"不是抽象的"人"，而是"社会的、现实的个人"。实现人的全面发展，以社会生产关系的变革为条件，同时也有赖于人的全面发展的教育。人的全面发展的教育，包括德育、智育、体育、美育、劳动教育等。学校教育教人行善、求真、健体、审美，并最终使人成为社会事务的承担者。德育重在教人求善，智育重在教人求真，体育重在教人健体，美育重在教人审美，而劳动教育则重在通过使个体掌握劳动工具的使用，创造能够满足人的需要的生产和生活的物品。它们不能相互替代，各有特定的内涵、任务和功能，对社会发展和个体发展的价值也各不相同。同时，它们彼此之间又相互渗透，不可分割，每一方面都包含着对人的品行、认知、健体、审美和创新的要求。此外，五育之间还具有相互促进的意义，存在着彼此互为目的和手段的关系。本章立足于对人的全面发展教育的总体认识和把握，着重阐述全面发展教育各组成部分的内涵、意义、目标和内容。

第一节 德　育

德育作为全面发展教育的重要组成部分，是全面贯彻党和国家的教育方针、实现教育目的的根本保证，是为社会主义现代化建设、实现中华民族伟大复兴的中国梦提供道德支撑的重要条件，也是培养学生政治意识、思想观念和道德品质的基本途径。在我国，德育作为学校的首要工作，是促进青少年全面和谐发展、终身发展和个性发展，引导学生坚持和发展中国特色社会主义的不可或缺的部分。

《关于深化新时代学校思想政治理论课改革创新的若干意见》

一、德育的内涵和意义

德育有广义和狭义之分。广义的德育指社会有目的地对其成员的政治意识、思想观念和道德品质等方面施加影响的活动，包括社会德育、社区德育、学校德育和

《新时代学校思想政治理论课改革创新实施方案》

家庭德育等。狭义的德育指学校德育，是学校通过教育者和学习者的交往实践活动，有目的、有计划、有组织地对学习者施加政治意识、思想观念和道德品质等方面的影响，使学习者通过内化形成社会所需要的品德的教育活动。无论是广义还是狭义，德育本质上都是"育德"。不同社会对个体在"德"上的要求不一样，因而德育的目标和任务也就各不相同，由此延伸出"品德教育"和"政治教育、思想教育和道德教育"之分。前者重在通过教育使个体能够按照社会的道德规范妥善地处理个体与个体之间的关系，后者则不仅要求通过教育使个体妥善地处理好与其他个体的关系，而且要求个体处理好个体与集体、个体与社会、个体与国家的关系。

在我国，人们通常在更广泛的意义上使用学校德育的概念。学校德育包括政治教育、思想教育和道德教育，还包括心理教育、法治教育等。政治教育旨在培养学生正确的政治观念和政治信仰；思想教育旨在培养学生正确的世界观、人生观和价值观；道德教育旨在促进学生的道德发展和良好道德行为习惯的养成。可以说，我国学校德育不同于西方语境中的道德教育，而是一种涵盖整个社会意识形态教育的"大德育"。

中小学德育是对青少年学生实施社会主义政治意识、思想观念和道德品质的教育，具有十分重要的意义。

第一，德育是实现我国教育目的的基本要求。中华人民共和国成立以来，我国的教育目的虽然在具体内容上有所变化，但其基本精神，即培养德智体美劳全面发展的社会主义建设者和接班人，一直得到坚持和贯彻。其中，政治意识、思想观念和道德品质是青少年学生全面发展的核心内容。只是不同社会时期社会主义建设的任务和目标不同，对青少年学生在道德品质上的要求，特别是政治意识和思想观念方面的要求，在内涵上有所变化。因此，可以说，促进青少年学生政治意识、思想观念和道德品质的发展，是实现教育目的的基本内容，同时也是实现教育目的的基本标志。没有德育，我国社会主义教育目的就不可能实现，培养全面发展的人也就无从谈起。

第二，德育为我国培养高素质的社会主义合格公民奠定基础。我国政治制度的社会主义性质，要求个体要具有社会主义公民应具有的政治意识、思想观念和道德品质等素质。学校教育不仅要培养健全人格意义的"人"，同时更要培养社会主义建设所需要的有理想、有道德、有文化、有纪律的建设者和接班人。提高人民的道德素质，教育是基础，学校则是实施系统道德教育的重要阵地。推进素质教育，德育处于主导地位。培养具有社会责任感、创新精神和实践能力的建设人才,同样离不开德育。

第三,德育对于促进学生的全面发展具有积极意义。学生的全面发展,是学生在德、智、体、美、劳等方面的发展。德育有计划、有目的、有组织地对学生施加社会主义思想和价值观影响,可以培养学生良好的政治素养并引导学生的道德实践。德育制约并影响学生的发展方向,对促进学生的全面发展具有导向作用。

二、德育的目标

德育目标是学校通过德育活动而要求学生在政治意识、思想观念和道德品质上应该达到的基本要求,是衡量和评价学校教育质量的重要标准。学校德育以学生的身心发展水平为起点,以德育目标为归宿。德育目标决定着学校德育的内容、组织形式、方法和手段以及途径等,制约着学校德育的全过程。

不同的国家对个体的道德素质要求不一样,因而德育的目标也有很大的差异。2001年教育部颁布的《基础教育课程改革纲要(试行)》明确指出:"要使学生具有爱国主义、集体主义精神,热爱社会主义,继承和发扬中华民族的优秀传统和革命传统;具有社会主义民主法制意识,遵守国家法律和社会公德;逐步形成正确的世界观、人生观和价值观;具有社会责任感,努力为人民服务;……成为有理想、有道德、有文化、有纪律的一代新人。"这个目标落实到课程中,则形成更为具体的课程目标:在掌握必要的人文社会科学知识和技能的基础上,体验对历史和现实问题进行综合探究的过程和方法,正确面对人生和社会发展的各种问题,逐步树立爱国主义、集体主义和社会主义思想,初步形成科学的世界观、人生观和价值观。据此,可以将中小学德育目标分解为以下几个方面。

(一)掌握马克思主义立场、观点和方法

学校德育是马克思主义立场、观点和方法的教育,是中国特色社会主义理论的教育。不同性质的社会,无论是社会主义国家,还是资本主义国家,学校都在用不同的方法和手段实施道德教育。学会运用马克思主义的基本观点和方法,逐步提高明辨是非的能力,实事求是、与时俱进地观察问题、分析问题、解决问题,是我国中小学德育的重要目标之一。通过德育,使青少年学生认识、理解、掌握中国特色社会主义理论,形成正确的政治立场,做到身体力行。

(二)具有坚定的社会主义政治立场和理想信念

学校德育要使学生具有坚定的社会主义政治立场和理想信念,具有爱国主义、集体主义和社会主义思想,初步形成正确的世界观、人生观和价值观。现阶段,

学校德育的主要任务是在青少年学生群体中培育和弘扬社会主义核心价值观。"培育和弘扬核心价值观，有效整合社会意识，是社会系统得以正常运转、社会秩序得以有效维护的重要途径，也是国家治理体系和治理能力的重要方面。"① 新时代学校德育就是要坚持育人为本、德育为先，围绕立德树人的根本任务，立足中华优秀传统文化，把社会主义核心价值观纳入学校德育体系中，贯穿学校教育的全过程和全领域，落实到教育教学和管理服务等各环节，覆盖到所有学校和全体受教育者，形成课堂教学、社会实践、校园文化多位一体的价值教育平台。

（三）树立社会主义法治意识

树立社会主义法治意识，是社会主义精神文明建设的重要组成部分和根本历史任务之一。习近平指出："党的十八大强调，依法治国是党领导人民治理国家的基本方略，法治是治国理政的基本方式，要更加注重发挥法治在国家治理和社会管理中的重要作用，全面推进依法治国，加快建设社会主义法治国家。"② 青少年是国家和民族的未来，加快建设社会主义法治国家意味着应当教育广大青少年学生树立社会主义法治意识。教育学生树立社会主义法治意识，关键是加强以法治为主要内容的社会主义核心价值观教育，做到道德教育与法治教育紧密结合，增强青少年学生法治的道德底蕴，强化学生的规则意识，倡导契约精神，尊崇公序良俗。教育学生树立社会主义法治意识，最根本的是要引导学生正确认识法治，使学生认识到，法律乃行为之准则，任何人都必须依照宪法和法律来行使权利、履行义务或职责，从而教育学生养成权利与义务对等、利益与责任并存的法治思维，以身作则，积极弘扬社会主义法治精神。

（四）养成良好的道德行为习惯和高尚的道德情操

学校德育要逐步提高学生的道德修养，形成社会主义道德观，培养学生高尚的道德情操。学校德育应努力使学生具有现代社会生活应有的自主、自立、自强的能力和态度。道德教育的主旨是：启发和指导学生掌握道德规范，提高明辨是非、善恶、美丑的能力以及按照道德规范调节自身行为的能力；引导学生在道德认识和道德实践中形成正确的道德情操，增强社会责任感和义务感；通过实践锻炼和行为规范的训练，养成学生良好的行为习惯。

三、德育的内容

党和国家历来十分重视德育工作，党的十八大报告明确指出："把立德树人作

---

① 《习近平谈治国理政》，外文出版社2014年版，第163页。
② 《习近平谈治国理政》，外文出版社2014年版，第138页。

为教育的根本任务。"党的十九大报告再次强调:"要全面贯彻党的教育方针,落实立德树人根本任务。"《国家中长期教育改革和发展规划纲要(2010—2020年)》指出:"坚持德育为先。立德树人,把社会主义核心价值体系融入国民教育全过程。加强马克思主义中国化最新成果教育,引导学生形成正确的世界观、人生观、价值观;加强理想信念教育和道德教育,坚定学生对中国共产党领导、社会主义制度的信念和信心;加强以爱国主义为核心的民族精神和以改革创新为核心的时代精神教育;加强社会主义荣辱观教育,培养学生团结互助、诚实守信、遵纪守法、艰苦奋斗的良好品质。加强公民意识教育,树立社会主义民主法治、自由平等、公平正义理念,培养社会主义合格公民。加强中华民族优秀文化传统教育和革命传统教育。把德育渗透于教育教学的各个环节,贯穿于学校教育、家庭教育和社会教育的各个方面。切实加强和改进未成年人思想道德建设和大学生思想政治教育工作。构建大中小学有效衔接的德育体系,创新德育形式,丰富德育内容,不断提高德育工作的吸引力和感染力,增强德育工作的针对性和实效性。"根据这一要求,我国中小学德育的基本内容可概括为如下几个方面。

(一)世界观、人生观、价值观教育

世界观是人们对整个世界以及人与世界关系的总的看法和根本观点。人生观是世界观的重要组成部分,是人们在实践中形成的对于人生目的和意义的根本看法,它决定着人们实践活动的目标、人生道路的方向和对待生活的态度。价值观是指人对客观事物的需求所表现出来的评价,它包括对人的生存和生活意义(即人生观)的看法,属于个性倾向性的范畴。世界观、人生观和价值观有正确和错误之分。在基础教育阶段,世界观、人生观、价值观教育应以马列主义、毛泽东思想和中国特色社会主义理论为指导,用辩证唯物主义和历史唯物主义来教育青少年学生,用社会主义核心价值观来引导学生。开展社会主义核心价值观教育,应遵循学生身心发展的特征和规律,紧紧围绕坚持和发展中国特色社会主义这一主题,紧紧围绕实现中华民族伟大复兴中国梦这一目标,紧紧围绕社会主义核心价值观这一基本内容,把培育和践行社会主义核心价值观融入中小学教育全过程,使社会主义核心价值观融入青少年学生学习生活和精神世界。

(二)爱国主义、集体主义和社会主义教育

广泛进行爱国主义、集体主义和社会主义教育,是我国中小学德育的基本内容。热爱祖国,是每个人应该具有的公民道德之一。近代以来,爱国主义教育都是学校教育的重要内容。爱国主义教育使青少年学生形成热爱祖国的情感态度,并树立为之献身的思想意识。在社会主义国家,集体主义是衡量人们道德行为的基本标准，是调节个人与个人、个人与集体、个人与国家关系的指导原则。集体主义教育是社会主义学校德育的一项重要内容。集体主义教育，就是要引导青少年学生热爱、关心集体，以集体利益为重；就是要教育学生正确认识并处理好国家、集体、个人之间的利益关系，在国家、集体、个人三者利益发生矛盾时，能够做到以国家和集体利益为重，个人利益要服从集体利益。社会主义教育的根本目的，就是要让受教育者懂得中国选择社会主义道路的必然性和合理性。社会主义教育使学生认识到社会主义制度是一条不同于资本主义制度的发展道路和发展模式，使学生了解到社会主义建设为中国的发展带来的巨大变化，对中国的发展做出的巨大贡献。

（三）社会主义公民意识教育

公民意识是指个人对自己作为公民地位的自我认识，是公民对自己的责任感、使命感、权利和义务的认识。社会主义公民意识教育就是通过有计划、有组织的教育活动使学生树立社会主义民主法治、自由平等、公平正义理念，形成责任意识、公德意识、民主意识、法治意识等基本道德意识，从而使学生认识并积极而负责地参与国家和社会公共生活，在社会生活中以发展国家和社会为己任，成为社会主义合格公民。社会主义公民意识教育的重点是坚定社会主义信念，增强国家认同感，养成公民美德，发扬社会公德，引导学生学习和认识公民的权利与义务，养成遵纪守法、遵守规则的意识和行为习惯。

（四）理想信念教育

理想是人们对未来美好生活的向往和追求。青少年学生应该树立远大的理想和抱负。信念是引导自我前行的根本动因，是人们基于一定的认识而确立的对思想或事物坚信不疑并身体力行的心理态度和精神状态。理想为青少年学生的终身发展提供正确的前进方向，而信念则为青少年学生未来的发展提供动力支持。因此，中小学必须加强对学生的理想信念教育，引导学生树立远大的理想和社会主义必将更加美好的坚定信念。

开展理想信念教育，重点是引导学生把理想信念建立在对科学理论的理性认同上，对历史规律的正确认识上，对基本国情的准确把握上。一是要开展中国特色社会主义理论教育，让学生真正领会贯穿其中的马克思主义立场、观点、方法，坚定对马克思主义的信仰。二是要开展国史教育，让学生了解党和国家事业发展的来龙去脉，深刻认识共产党的执政规律、社会主义建设规律、人类社会发展规律，坚定共产主义必胜的信念。三是要开展国情、世情教育，引导学生在对不同社会制度、不同发展道路的比较中鉴别优劣、看清趋势，深化对中国特色社会主义的政治认同、思想认同和感情认同。

（五）道德教育

这里所说的"道德教育"，是与政治教育、思想教育并列的德育范畴。道德是以善恶评价为形式，依靠社会舆论、传统习俗和内心信念来调节人际关系的心理意识、原则规划、行为活动的总和。① 现代社会对个体提出更多的道德要求，要求一个人能够正确认识自己，尊重他人，具有合作与团队精神，具有包容和宽容的美德；要求一个人作为公民应该能够自觉行使公民权利并履行公民义务，对自己的行为负责，具有社会责任感；要求一个人应该能够做到行为文明、品质良好，具有社会公德。社会公德是存在于社会群体间的道德，是生活在社会中的人们为了群体的利益而约定俗成的行为规范，如文明礼貌、助人为乐、爱护公物、保护环境、遵纪守法，等等。学校对青少年学生进行道德教育，就是要提高其道德觉悟和认识，陶冶其道德情操，锻炼其道德意志，树立其道德信念，培养其道德品质，养成其道德习惯，最终使他们的行为符合社会所倡导的道德规范和准则。

（六）民主法治教育

民主与法治是中国特色社会主义政治文明和法治中国建设的目标与基本内容。民主为法治奠定基础，法治为民主提供保障。法治将民主制度化、法律化，为民主创造可操作的、稳定的运行和发展空间，为民主的健康发展保驾护航。社会主义民主以保证人民当家作主为根本，坚持人民代表大会制度、中国共产党领导的多党合作和政治协商制度、民族区域自治制度以及基层群众自治制度，注重健全民主制度、丰富民主形式，注重从各层次各领域扩大公民有序政治参与。中国特色社会主义法治，就是要坚持依宪治国、依法执政、依法行政共同推进，坚持法治国家、法治政府、法治社会一体建设，坚持中国共产党的领导，坚持人民主体地位，坚持法律面前人人平等，坚持法治与德治相结合，坚持从中国实际出发。民主法治教育是学校德育的重要内容。加强民主法治教育，根本的任务是教育学生树立民主法治意识，具有民主参与的意识、能力和责任，掌握法律知识，培养法治精神，在社会生活中做到遵纪守法。

（七）民族精神、时代精神和中华优秀传统文化教育

用民族精神和时代精神凝聚力量、激发活力，不断增强对中国共产党领导、社会主义制度的信心，是我国社会主义核心价值观的根本要求，也是全面深化改革、全面依法治国、全面从严治党的根本要求。民族精神的核心是爱国主义，时

---

① 朱贻庭：《伦理学大辞典》（修订本），上海辞书出版社2011年版，第14页。

代精神的核心是改革创新。以爱国主义为核心的民族精神是维系各族人民共同生活的精神纽带,是支撑中华民族生存和发展的精神支柱,是推动中华民族走向繁荣的强大精神动力。以改革创新为核心的时代精神则是中华民族走向复兴的发展之路,是决定中国当代乃至未来命运的关键抉择,是国家发展进步的活力源泉。中小学德育开展民族精神和时代精神教育,也就是开展以爱国主义和改革创新为核心的教育。

民族精神和时代精神教育应与中华优秀传统文化教育紧密结合起来。中华优秀传统文化是中华民族语言习惯、文化传统、思想观念、情感认同的集中体现,凝聚着中华民族普遍认同和广泛接受的道德规范、思想品格和价值取向。中华优秀传统文化教育,是中国特色社会主义教育和中国梦宣传教育的重要组成部分,是构建中华优秀传统文化传承体系,推动文化传承创新的重要途径。教育部印发的《完善中华优秀传统文化教育指导纲要》明确指出,加强对青少年学生的中华优秀传统文化教育,就是以弘扬爱国主义精神为核心,以家国情怀教育、民族团结教育、社会关爱教育和人格修养教育为重点,着力完善青少年学生的道德品质,培育理想人格,提升政治素养。

第二节 智 育

智育是教育全面发展的重要组成部分,是传授知识、技能,发展智力、能力,培养创新精神的重要途径。

一、智育的内涵和意义

1. 智育的内涵

智育是通过师生交往活动,有计划、有组织并系统地向学生传递科学文化知识和技能,发展学生的智能,提升学生的核心素养,培养学生的创新精神和实践能力的活动。从学校教育产生开始,智育就是整个教育活动的重要方面。不同的历史时期,由于社会对个体的知识和心智要求不一样,人们赋予智育的内涵并不相同。古代社会的智育,主要是向学生传授系统的人文知识、社会知识以及日常生产经验。近代以来,随着科学文化知识在日常生活中的广泛应用,学校教育也越来越注重传递科学文化知识,以及与日常生活有关的基本技能。到现代,随着社会对其成员素质要求越来越高,智育的内涵也进一步发生变化。智育在强调发展学生的基础知识、基本技能的同时，更加强调要发展学生的智力，要求学生具有适应终身学习的基础知识、基本技能和方法，要求培养学生的创新精神和实践能力，特别是要求培养学生具有搜集和处理信息的能力、获取新知识的能力、分析和解决问题的能力以及交流与合作的能力等。

在理解智育的内涵时，需要注意辨别智育与教育、智育与教学的区别。首先，就智育与教育的关系而言，智育是教育的组成部分。马克思主义教育理论，把智育作为人的全面发展教育的组成部分。无论一个人持有怎样的教育观念，秉持怎样的教育主张，智育都是其中核心的内容。其次，智育不同于教学，也不等于教学。教学是学校实现全面发展教育、提升学生核心素养的基本途径，因而也是实现智育的基本途径。教学作为实现教育目标的途径，不仅服务于智育，同样也服务于德育、美育、体育和劳动教育。智育侧重基础知识、基本技能以及能力、创新精神的培养；教学过程不仅传递知识和技能，培养学生的创新精神、实践能力，发展其核心素养，还渗透着品德教育、审美教育、健康教育和劳动教育。

2. 智育的意义

智育在人的全面发展教育中具有重要的地位和作用。

首先，智育为促进人的全面发展提供知识基础。人的全面发展，是个体身心各个方面的发展，其中的一个重要方面，就是人的心智发展。心智的发展，是在掌握人类社会已有知识经验的基础上实现的，并在这个基础上实现人类经验的创新和发展。人的心智发展，主要依赖智育。智育，一方面实现人类知识的再生产，另一方面则实现人类智力的再生产和进一步发展。正是在人类知识再生产的过程中，个体的心智得以形成。

其次，智育是实现全面发展教育的重要保证。一是人的全面发展教育包括智育，智育是人的全面发展教育的重要内容。二是智育为德育、美育、体育、劳动教育目标的实现奠定认知和心智基础。德育、美育、体育和劳动教育，都在不同程度上包含着道德、审美、生理以及劳动等知识，同时也在不同程度上含有心智的成分并要求做出心智的努力。人们的道德观、审美观、健康观、劳动观等，都是建立在一定的道德认识、审美认识、身体认识、劳动认识的基础之上的。智育，特别是智育所突出的个体的心智培养，为德育、美育、体育、劳动教育等提供知识和智力基础。可以说，德育、美育、体育、劳动教育等都包含着智育的因素，并且都以智育为基础。

最后，智育是对个体心智能力的培养，有助于促进社会和科技的发展与进步。我国进行社会主义现代化建设，进而建成富强、民主、文明、和谐、美丽的社会主义现代化强国、实现中华民族伟大复兴的中国梦，需要在继承的基础上全面改革，需要个体具有创新精神和创新思维。社会科技创新对个体的心智能力提出新的更高的要求。智育培养学生的心智能力，为社会科技创新奠定智力基础。智育教学生求学问、求知识、寻真理，也教学生在追寻的过程中创造性地解决问题。可以说，智育是科技社会发展不可或缺的条件。

二、智育的目标

1985年以来我国智育工作的不同要求

确立智育目标，需要依据社会发展对个体提出的素质要求，以及个体身心发展的规律和特征。智育对个体全面发展、对全面发展教育以及对社会科技发展具有重要意义，这就意味着智育的目标非常广泛。但这里所说的智育目标，主要是指智育本身的目标，不涉及德育、美育、体育、劳动教育所包含的智育成分或智育因素等。

（一）传授基础知识和基本技能

向学生传授系统的基础知识，是智育的第一个目标。

知识，是指人类认识世界（包括人类自身）的成果。人类的认识是建立在实践的基础之上的，并受到实践的检验。分析哲学研究的成果告诉我们，知识有不同的种类，例如，知识可以分为关于"是什么"的知识和关于"怎样做"的知识，前者是"知道是什么"，后者是"知道如何做"。知识还可以分为"可言说的知识"和"缄默的知识"。前者可以通过语言来表达和传递，后者则主要是通过心领神会，通过长期的观察和模仿而习得。从所涉及的范围看，知识可以分为"普遍性知识"和"地方性知识"，前者反映客观事物的本质和规律，是在学校教育中通过教师的传递或书本知识的学习而获取的，后者则只是在有限的范围内适用或有效，是在实践中通过对周围事物的观察而获得的。从知识获得的途径看，知识可以分为直接经验的知识和间接经验的知识。从知识所反映的内容看，知识可以分为关于自然的知识、关于社会的知识和关于思维的知识。

技能是通过练习而获得的控制动作执行的合乎法则的行动方式。技能可以分为心智技能和操作技能。心智技能是人在头脑中借助内部语言，以简约的形式进行的智力活动，例如默读、心算、构思等；操作技能由一系列外部动作构成，以完成个体行为意图，例如舞蹈、骑车、运动等。

在历史的长河中，人类积累了无数的知识。对于生活在现代社会中的人们来说，究竟应该掌握哪些知识？社会生活涉及的领域十分广泛，人们最需要掌握的技能是什么？中小学教育是基础教育，它传授给学生的知识，应该是最基础的知识和最基本的技能。

在我国，智育应该传授给学生的知识与技能包括多个方面。一是掌握语文、数学、外语等学科的基础知识，掌握听、说、读、写、算以及使用信息技术的方法与技能。二是通过物理、化学、生物学、思想政治、历史、地理等学科的学习，初步认识自然规律和社会规律，系统地掌握这些学科的基础知识。此外，还应该掌握文学、音乐、美术等方面的基础知识，具备一般的文化艺术修养和初步的艺术创造技能，掌握体育卫生保健方面的知识和技能。不过，这方面所传授的基础知识和基本技能，大多已属于美育和体育的目标了。

（二）发展智力

智力是指个体认识、适应和改变外部世界的心智能力，它是适合于多种活动要求、为人所共有的一般能力，包括观察力、记忆力、想象力、思维力、行动力、创新力等。是个体在特定的社会或文化环境下用以解决问题或生产、创造产品的能力。发展学生的心智能力或理性思维能力，一直都是智育的主要目标之一，也是当今世界教育十分关心的重大问题。随着现代生活劳动以及科学技术在日常生活中的应用，智力的因素日益渗透到工作、生产和生活中来，从而凸显出智力的地位和作用。具有高度的抽象思维能力、想象力、探索力、创新能力，已经成为现代人才的重要素质要求。因此，学校智育必须重视发展学生的智力。

（三）培养实践能力

培养学生的实践能力是现代教育的基本要求，也是学校教育的基本目标之一。实践能力是指应用所学理论知识以及各种能够获得的信息，有效解决实践问题的能力。中小学培养学生的实践能力，主要是培养学生搜集和处理信息的能力、获取新知识的能力、分析和解决问题的能力以及交流与合作的能力等。

培养学生的实践能力，需要认识和处理好知识与能力的关系。知识并不等同于能力，知识和能力之间既有区别又有联系。掌握知识并不意味着能力的发展，但发展能力则需要以知识的掌握为基础。因此，学校的智育活动应该创造将知识转化为实践能力的现实条件，通过转变课堂教学方式和学习方式来培养和发展学生的实践能力。

（四）培养创新精神

创新是适应经济全球化和信息化的客观要求，是一个国家和民族发展的不竭动力。所谓创新精神，是指个体综合运用已有的知识和信息进行改革、创新，以提出新方法、新观点的意志、信心、勇气和智慧。创新精神是现代人应该具备的素质。学校在培养创新精神方面肩负着特殊使命。培养学生的创新精神应注重培育其科学精神。科学精神是人们在长期的科学实践活动中形成的、由科学性质决定并贯穿于科学活动之中的基本精神，如求真求实精神、不断探索精神、理性批判精神等。培育学生的科学精神，关键是要培养学生的好奇心和求知欲、对已有事物的怀疑态度和批判精神、追求创新的欲望、求异的观念以及敢为人先的冒险精神等。

三、智育的内容

智育的目标决定着智育的内容。智育的内容主要是以课程的形式显现出来的，体现在中小学的课程中。但智育的内容并不等同于课程。就内容的构成而言，课程既包括智育的内容，也包括德育、美育、体育、劳动教育的内容。此外，学校开展的课内课外活动、综合实践活动等，也都包括智育内容的成分。

就智育传授学生基础知识和技能、发展智力、培养能力和创新精神而言，中小学智育的内容主要包括：（1）语言课程，即关于语言、文字、文学知识等学习与欣赏的课程，培养学生的听、说、读、写能力和形象思维与抽象思维能力等，包括语文、外语等课程；（2）数学课程，传授有关数与空间的知识和概念，培养学生逻辑演算能力和数理逻辑能力等；（3）科学课程，如物理、化学、天文、生物学、自然地理等课程，主要传授有关自然的知识，培养学生的探究能力以及创造性思维等；（4）社会课程，主要传授有关社会及人的知识，训练社会探究的方法与技能，培养观察与理性思维的能力等，包括思想政治、历史、人文地理、哲学等课程。

在智育的内容上，有两个问题需要说明。

一是知识与心智能力的关系。一直以来，在知识和心智能力的关系上，存在着两种对立立场：实质教育论和形式教育论。实质教育论认为，智育就是传授学生基本的知识和技能，学校教育应教给学生实用知识，因而现代语文、算术、历史、地理、物理、商业、法律等学科应该成为学校教授的主要科目。形式教育论认为，学校应该发展学生的心智能力，培养学生的思维、想象、记忆、推理、观察等能力，因此，学校应开设古典语言、语法、逻辑、数学以及古典人文学科等。两种立场各执一端，都没有意识到知识和心智能力是不能截然分开的。知识是心智能力的内容，而心智能力则是知识获得的形式和条件。同时这种争论只是发生在特定的历史阶段，即古典教育向现代教育转变的阶段。当知识与心智能力同特定的社会分工联系在一起的时候，这种争论预示着一种社会阶层（阶级）的分裂。在现代社会中，无论什么职业，其中都包含心智能力的成分，同时也离不开相关的专门知识，因而这种各执一端的争论就失去了现实基础。因比，从智育的内容看，学校教育既应该教授有助于培养心智能力的课程，同时也应该教授有助于获取知识和技能的课程。

二是学科课程与综合实践活动课程的关系。综合实践活动课程属于非学科课程。学科课程之外的课外活动、社会实践等综合实践活动，对智力的培育非常重要。在中小学办学实践中，有一种观点倾向认为，综合实践活动没有智育的成分和内容，因而往往不给予应有的重视，这是需要反思的。要看到，综合实践活动是智育的一部分。综合实践活动的价值在于用所学知识来解决实践问题，从而达到学以致用的目的，同时在应用的过程中巩固所学知识和技能，进而强化学生的智育目标。由此，智育的实施应当是课堂教学与课外活动、社会实践诸环节的统一。

第三节　体　育

体育有着悠久的历史。在古希腊，游戏、角力、体操等曾被列为体育的内容。在我国，古代"六艺"中的射、御科目涉及体育的内容，主要指掌握射箭和驾车的技能。我国传统的体育包括武术、养生、导引等。近现代的"体育"是一个外来词。1907年，清朝学部的奏折中开始有"体育"一词。辛亥革命后，"体育"一词开始逐渐应用开来。1923年，北洋政府公布课程标准，宣布将"体操"改为"体育"，"体操科"改为"体育课"。1949年9月29日，《中国人民政治协商会议共同纲领》出台，其中第四十八条规定："提倡国民体育。"1950年6月19日，毛泽东就健康问题给教育部部长马叙伦写信，要求学校注意健康第一①，体育的地位在学校得到进一步加强。体育成为全面发展教育的重要组成部分。

陈桂生：《马克思关于体育的见解》

一、体育的内涵和意义

（一）体育的内涵

"体育"一词在含义上有一个演化过程。"体育"一词刚传入我国时，作为教育的一部分，是指身体的教

《〈体育与健康〉教学改革指导纲要（试行）》

---

① 《毛泽东文集》第6卷，人民出版社1999年版，第83页。

育,指与维持和发展身体机能有关的各种活动。随着社会的进步和体育事业的不断发展,其目的和内容都大大超出了原来"体育"的范畴,体育的概念也出现了"广义"与"狭义"之分。

广义地看,体育是根据人体生长发育、技能形成和机能完善规律,有目的、有组织地开展身体运动与健康活动,以促进个体全面发育、提高身体素质和运动能力、增强体质、改善生活方式、提高生活质量的社会活动。广义的体育包括体育教育、竞技运动和身体锻炼三个方面。

狭义地看,体育就是指学校体育,是促进学生全面发展,增强学生体质,学习体育知识、技能和锻炼意志力等品质的一种有目的、有计划、有组织的教育活动。学校体育以学生的身体活动为中介,以谋求学生身心健康、全面发展为目的。学校体育的目的在于,让学生掌握体育知识、体育技能,并形成一定的体育道德品质,以期学生能够在今后的工作和生活中,自觉地进行身体锻炼,增强体质。学校体育一般包含五个主要部分:一是以体育课为主要形式的体育教学;二是早操和课间操;三是以学生体育锻炼为主要内容,由学校或学生自行组织的课外体育活动;四是各种形式的体育训练和比赛;五是科学的作息和保健措施等。

(二)体育的意义

《中共中央 国务院关于深化教育改革全面推进素质教育的决定》指出:"健康体魄是青少年为祖国和人民服务的基本前提,是中华民族旺盛生命力的体现。"学校体育对于促进学生健康成长具有十分重要的意义。

1. 促进学生身体生长发育

影响学生身体健康成长的因素有很多,体育锻炼无疑是一个重要的因素。体育锻炼可以促进身体肌肉工作量增加,增加氧气和营养物质的供应量,促进身体的新陈代谢。体育锻炼还使运动中枢高度兴奋,使周围其他神经活动受到抑制并因此而得到休息。学校体育用科学的方法来指导学生的体育锻炼,可以促进学生的神经系统、骨骼、肌肉等正常发育,增强学生的体质,为学生今后的学习、工作和生活,为学生身心发展奠定基础。概言之,学校体育对于促进学生的生长发育和健康成长具有重要的作用。

2. 为智育、德育、美育、劳动教育奠定基础

首先,体育是学生掌握基础知识和技能、发展智力和能力的重要保证。体育能使学生保持旺盛的精力、清醒的头脑、敏锐的观察力和思维的灵活性,从而更加有效地掌握基础知识和技能、发展智力,形成能力。学校教育是一项脑力劳动,掌握知识与技能、发展智力与能力,需要高强度的脑力投入。有效的脑力劳动需

要旺盛的精力和充沛的体力。同时，体育锻炼还能够使疲惫的神经细胞得以休息调整，消除紧张状态，从而提高学习的效率。体育能够为学生复杂的脑力劳动提供保证。

其次，体育是进行品德教育的重要手段。体育活动，意味着学生必须承受一定的生理负荷，克服由此而带来的身体疲劳。这对培养学生的意志品质，特别是耐劳和坚毅的品质，有很好的作用。竞技体育，特别是合作性的竞技体育，不仅能够培养学生的进取精神和规则意识，还能够培养学生的合作精神和团队意识，培养学生遵守纪律和服从大局的意识。

再次，体育也是实施美育的重要手段。体育活动所要求的身体的灵活性和柔韧性、动作的协调性和准确性，以及因协调一致而带来的优美感，都是极好的美育资源和审美教育。特别是，体育锻炼对健壮身体的形成，从而促进身体的优美等，具有积极的意义。

最后，体育还为劳动教育奠定重要基础。体育可以促进学生的身心健康，提高学生身体的各方面素质，帮助学生获得强健的体魄。这一切，都是学生掌握和运用劳动技术、从事和热爱劳动的重要前提和基础。

二、体育的目标

《国家中长期教育改革和发展规划纲要（2010—2020年）》指出："加强体育，牢固树立健康第一的思想，确保学生体育课程和课余活动时间，加强心理健康教育，促进学生身心健康、体魄强健、意志坚强。"我国学校体育的总目标是：增进学生健康，掌握和应用基本的体育与健康知识和运动技能，形成运动的兴趣和锻炼的习惯，形成良好的心理品质，提高人际交往的能力与合作精神，形成健康的生活方式和积极进取的生活态度。体育目标分为运动参与目标、运动技能目标、身体健康目标、心理健康目标（包括品德发展）和社会适应目标。

（一）获得体育的基础知识和技能，形成参与体育活动的态度和行为

体育的运动技能目标是，让学生掌握体育与健康的基本知识，获得运动基础知识和运动技能，学会安全地进行体育活动以及野外活动的基本技能；使学生具有积极参与体育活动的态度和行为，形成积极锻炼的意识和习惯，让学生根据兴趣爱好和需求，选择个人喜爱的方法参与体育活动。

体育的参与目标是，学会用科学的方法参与体育活动，学会学习体育的基本方法，提高体育运动中的安全防范能力，获得在野外环境中的基本生存技能。对体育活动的积极参与，将能够挖掘学生运动潜能，提高学生运动欣赏能力，并由

此形成积极而健康的闲暇生活方式、参与体育活动的兴趣和爱好、坚持锻炼的习惯和终身体育的意识。在促使学生积极参与体育活动的基础上，使学生掌握科学锻炼身体的方法。

（二）增进身体健康

身体健康是学习、工作与生活的基础和前提。身体健康基本的要求是，身体的主要脏器无疾病，身体发育良好，体形匀称，人体各系统具有良好的生理功能，有较强的身体活动能力和劳动能力。身体健康还意味着对疾病的抵抗能力较强，能够适应环境变化、生理刺激、致病因素对身体的影响。身体健康，一方面要求个体的生活方式科学合理，另一方面也需要适当的体育锻炼。两者都与学校教育有着密切的关系。体育的身体健康的目标是，使学生形成正确的身体姿势，发展学生体能，树立关注身体健康的意识，认识营养、环境和行为对身体健康的影响。通过体育让学生提高对身体健康的认识，掌握有关身体健康的知识和科学健身的方法，提高自我保健意识；坚持锻炼，增强体能，促进身体健康；养成健康的生活方式。

（三）提高心理健康水平

学校体育不仅有助于学生的身体健康，同时还能增进学生的心理健康。体育的心理健康目标是，让学生了解体育活动对心理健康的作用，认识体育活动与身心发展的关系，正确理解体育活动与自尊、自信、自强的关系，学会通过体育活动等方法调控情绪，形成主动克服困难的坚强意志品质。体育，特别是有组织的体育活动和体育锻炼，能够使学生在和谐、平等、友爱的环境中体验集体的温暖及由此而带来的情感的愉悦；在竞争的环境中感受挫折和失败，在经历并克服困难的过程中，提高抗挫折能力；自觉运用适宜的方法调控自己的情绪，并培养情绪的自我调节能力，培养坚强的意志品质；在不断体验进步和成功的过程中，增强自信心；养成正确对待失败和成功的心理素质，形成积极向上、乐观开朗的生活态度。

（四）增强社会适应能力，培养良好品行

体育活动对于发展学生的社会适应能力具有独特的作用。体育活动有助于培养学生的合作意识、竞争意识和交往能力，由此促进学生的学习和生活。通过参与体育活动，学生对集体和社会的关心程度会得到提高，并能够让学生更好地理解个人健康与群体健康的关系，建立起对自我、群体和社会的责任感，学会尊重和关心他人。体育的社会适应目标是，使学生建立和谐的人际关系，具有良好的合作精神和体育道德，培养集体主义、社会主义、爱国主义精神，学会获取现代社会中体育与健康知识的方法。培养学生的社会适应能力，要求体育教学要采取有效的教学手段和方法，营造友好、和谐的教学氛围。

三、体育的内容

学校体育的内容，是根据学生的年龄特征和身体生长规律，为实现体育的目标及任务而确定的。根据《义务教育体育与健康课程标准（2011年版）》，我国中小学体育内容分为运动参与、运动技能、身体健康、心理健康和社会适应五个学习领域。"课程标准"改变了传统的按运动项目划分教学内容和安排教学时数的框架，根据体育学科的特点和生理、心理、社会适应的现代三维健康观，以及国际体育课程的发展趋势，拓宽了体育与健康课程的学习内容。

（一）运动参与

运动参与是学生发展体能、获得运动技能、提高健康水平、形成乐观开朗的生活态度的重要途径。使学生主动参与体育活动的关键，是通过形式多样的教学手段、丰富多彩的活动内容，来培养学生对体育的兴趣和爱好。运动参与的内容包括：乐于参加各种游戏活动，认真上好体育课，展示学会的简单运动动作，观察和评价他人的运动动作并示范所学动作，自觉参与体育与健康课的学习，自觉参加课外体育活动，定期进行体育锻炼，并带动他人进行体育锻炼；合理安排锻炼时间，掌握测量运动负荷的常用方法，根据科学锻炼原理制订并实施体育锻炼计划。其中，小学阶段着重让学生体验参加体育活动的乐趣；中学阶段注重学生体育锻炼习惯的养成。

（二）运动技能

运动技能学习领域体现了体育与健康课程以身体练习为主的基本特征，学习运动技能也是实现其他领域学习目标的主要手段之一。运动技能学习包括：获得运动基础知识、学习和运用运动技能、安全地进行体育活动、获得野外活动的基本技能等。

获得运动基础知识包括：简单运动或自己所练习运动的术语，例如球类运动技术术语、体操动作术语、武术动作术语、舞蹈或韵律活动动作术语、田径动作术语、地域性运动项目中的技术或动作术语（如滑冰运动中的蹬冰等）；所学项目的简单技战术知识和竞赛规则；多种运动项目的价值；国内外重大体育事件等。学习和运用运动技能包括：球类、体操、舞蹈、武术等运动的简单技术动作、动作组合和基本技术，运动技战术能力，技战术的应用能力，等等。安全地进行体育活动包括：在运动中避免危险，在各种特定的环境中可能面临的危险、避免危险的方法、运动安全、运动创伤时和紧急情况下的简易处理以及对安全问题的处理等。获得野外活动的基本技能包括：有具体指导下的集体野外活动，野外条件下的活动技能与方法，挑战性的野外活动等。

义务教育阶段注重学生基本的运动知识、运动技能的掌握和应用，不过分追求运动技能传授的系统和完整，不苛求技术动作的细节；高中阶段尊重学生的不同发展需要，引导学生根据自己的情况选择一两项运动项目进行较系统的学习，发展运动能力。

（三）身体健康

少年儿童正处在生长发育最旺盛的时期，这一时期身体状况对他们的健康成长具有重要影响。体育活动是促进学生身体发展和健康的重要手段。学生的身体健康水平与其体能状况紧密相关，而良好的体能是通过持之以恒的锻炼获得的。本学习领域的内容包括：正确的身体姿势，体能发展，关注身体和健康的意识，营养、环境和不良行为对身体健康的影响等。

正确的身体姿势包括：日常学习和生活中的身体姿势，徒手操、队列等练习中的身体姿势等。体能发展包括：柔韧、反应、灵敏和协调能力，速度和平衡能力，有氧耐力和灵敏性，肌肉力量和耐力，与健康有关的体能等。关注身体和健康的意识包括：身体各主要部位的名称和自己身体的变化，身体特征，青春期卫生保健，体育锻炼对身体形态和机能的影响，身体健康的意义，传统保健方法和现代体育锻炼方法等。营养、环境和不良行为对身体健康的影响包括：营养与健康、食品与健康、生活方式与健康、环境与健康、运动与环境等。

（四）心理健康

体育活动不仅有助于身体健康，也能增进心理健康。通过体育活动来提高学生的自信心、意志品质和调节情绪的能力，从而促进心理健康水平的提高，是体育的重要目标。体育的心理健康内容主要有四个方面：一是体育活动与心理健康及身心发展关系，包括体育活动中的心理感受，心理健康对身体健康的作用，体育活动与心理状态等；二是体育活动与自尊、自信、自强，包括体育活动中的自我展示，在体育活动中培养自尊、自信与自强，获得成功感，养成积极的生活态度等；三是体育活动与情绪调控，通过体育活动等方法调节情绪，其他调节情绪的方法等；四是体育活动与困难克服，包括适应陌生环境，困难条件下的体育活动，难度较大的体育活动，克服困难等。

总之，现代体育重视通过体育活动来提高学生的自信心、意志品质和调节情绪的能力。因此，教学要防止只重视运动技能的传授，而忽视心理健康目标达成的现象；要努力使学生在体育活动过程中既掌握基本的运动技能，又发展心理品质，促进学生心理健康水平的提高。

（五）社会适应

体育活动有助于发展学生的社会适应能力。立足于社会适应能力的培养，体育主要有两个方面的内容：一是合作精神和体育道德；二是获取体育与健康知识的方法。前者包括集体活动与个人活动及其区别，体育活动中对他人的尊重，对弱者的尊重和关爱，社区活动，运动角色与体育道德行为，社会体育与健康问题等。后者包括体育与健康资源，媒体的体育与健康信息及其评价，通过互联网获取体育与健康知识和方法，利用互联网资源为体育和健康实践服务。体育培养学生的社会适应能力，应特别注意营造友好、和谐的课堂氛围，采取有效的教学手段和方法，并根据不同学段的不同要求，有针对性地开展相应的体育活动。

第四节 美 育

美育是审美教育，也是情操教育和心灵教育，它不仅能提升人的审美素养，还能潜移默化地影响人的情感、趣味、气质、胸襟，激励人的精神，温润人的心灵。美育是全面发展教育的重要组成部分之一，与德育、智育、体育、劳动教育相辅相成、相互促进。

《关于全面加强和改进新时代学校美育工作的意见》

一、美育的内涵和意义

德国古典文学和古典美学代表人物席勒于 1793 年发表的《审美教育书简》（又译《美育书简》），第一次提出了比较系统和全面的美育理论。民国初期，蔡元培提出的"五育并举"的教育方针，其中就包括美育。中华人民共和国成立以来，特别是改革开放后，美育受到学术界的广泛关注。但是在教育方针表述上，有关全面发展教育的论述，一直沿用德育、智育、体育"三育"的提法。1999 年，《中共中央 国务院关于深化教育改革全面推进素质教育的决定》首次将美育纳入国家教育方针，明确指出"实施素质教育，必须把德育、智育、体育、美育等有机地统一在教育活动的各个环节中"。美育正式融入学校教育全过程，成为全面发展教育的重要组成部分。

关于美育的内涵，早在 20 世纪 30 年代，蔡元培就从美育的本质，美育的目的以及美育与智育、德育的关系三个方面来理解美育,认为:"美育者,应用美学之理论于教育,以陶养感情为目的者也。……所以美育者,与智育相辅而行,以图德育之完成者也。"① 只是将美育的目的局限于情感教育,不免窄化了美育的应有之义。随着美育研究的深入,人们认识到,美育不仅仅是情感教育,同时也是审美教育和心灵教育。美育是有目的、有计划、有组织地运用艺术美、社会美、科学美、自然美等美的形态对受教育者施加审美影响以提升其审美素养、培养其审美情趣和审美能力、发展其表现美与创造美的能力,陶冶其道德情操的过程。

美育的内涵意味着,作为全面发展教育的重要组成部分,美育具有不同于智育、德育、体育和劳动教育的独特性。一是美育的形象性。美育是通过美的事物具体的、鲜明的艺术形象来引起人的美感。人们通过具体的艺术形象来感受和领略美。二是美育的情感性。美育的主旨是陶冶和丰富人的情感。美育是依靠情感的力量来让人体验美、感受美的。以美感人、以情动人是美育的一个重要特点。三是美育化人的渗透性。美育通过引导人们的审美活动,使人们在对形象具体的美感事物的体验中,在对美的对象的感悟和愉悦中,获得心灵的感召,实现美的化育作用。美育化人的渗透性意味着,人们往往在不知不觉中,在情不自禁中,在对美的称心快意的享受中,自然而然、潜移默化地受到美的熏陶、心灵和情感的陶冶。

美育对个人的全面发展有着重要的意义。

第一,美育有助于扩大学生的知识视野,发展学生的智力和创新精神。无论是运用哪一种美的形态实施美育,都能够激发学生认识的兴趣,启迪学生认识世界的智慧。艺术是人们认识世界的重要方法。艺术通过可感知的艺术形象,再现现实生活,从而能够帮助人们认识客观世界和主观世界。运用艺术美实施美育具有极高的教育价值,不仅能够扩充学生的知识面和认识视野,而且还具有培养智力的作用。艺术的直观与具体生动形象,有助于学生的逻辑思维的训练,也有助于学生的观察力、想象力、创新力的培养。运用科学美进行审美教育,更具有知识教育和智力发展的教育价值。科学是抽象思维,而艺术主要是形象思维。在认识客观世界的过程中,抽象思维和形象思维相互补充,相互具有不可替代性。因此,运用科学美实施美育,能够实现科学教育和审美教育、智育和美育、抽象思维和形象思维的完美结合,有助于人们在获得审美教育的同时,认识客观世界,发展智力和创新能力。运用社会美和自然美实施美育,同样有助于认识自然和社

---

① 《蔡元培美学文选》,北京大学出版社 1983 年版,第 174 页。

会、拓宽知识视野、促进智力发展。苏霍姆林斯基（1918—1970）认为："没有一条富有诗意的、感情的和审美的清泉，就不可能有学生全面的智力发展。……大自然的美使知觉更加敏锐，唤醒创造性的思维，以独特的体验充实着语言。"①

第二，美育有助于净化心灵、培养高尚的道德情操。美和善都是紧密联系、不可分割的。在古希腊，美与善几乎是同一的，两者用的是同一个词kalon-kai-agathon，即"美和善"。②孔子将"志道"与"游艺"结合起来，要求"志于道，据于德，依于仁，游于艺"（《论语·述而》）；将诗教与乐教并列，主张"兴于诗，立于礼，成于乐"（《论语·泰伯》）。美与善的密切关系决定了美育和德育难以分开。德育运用说理教育、榜样示范、情感陶冶、自我教育、品德评价等方法，教人以美的心灵，教人弃恶从善；美育运用美的形态来影响人的思想感情，提高人们分辨美丑、善恶的能力，教人爱美恶丑、弃恶从善，养成高尚的道德情操。

第三，美育有助于促进学生身体健美发展。体育是健与美的结合。体育中包含着美，是体与美的有机融合，也是身体运动美的展示与显现。体育运动技巧（技艺美）、健壮的形体（自然美）以及顽强拼搏的精神（社会美）在具体的运动中得到完善的结合。这种结合是依据美的原则予以合理安排的结果。

第四，美育有助于学生培养和形成劳动的观点。艺术起源于生产劳动，是人类在生产劳动中更高的精神追求的升华，是自觉在生产劳动中寻求的情感体验。同是生产劳动，包括劳动的过程和劳动的产品，也都分别蕴含着美。生产劳动的对象、生产资料以及生产出来的物质产品都具有审美的价值。在现代社会中，与生产劳动有关的产品，越来越表现出艺术性与技术性的结合，从而使得劳动产品既具有实用价值，也具有审美价值。利用生产劳动中包含着美的元素进行美育，不仅有助于审美认识，而且有助于对生产劳动的认识；不仅有助于培养审美意识，而且有助于培养劳动意识。

二、美育的目标

美育的基本目标是：帮助学生树立正确的审美观，提高审美能力；培养健康的审美情趣，陶冶高尚的道德情操；激发想象力和创新意识，培养表现美和创造美的能力。在不同的教育阶段，美育的目标有着各自不同的具体要求。

---

① ［苏］苏霍姆林斯基：《教育的艺术》，肖勇译，湖南教育出版社1983年版，第161页。
② 杨道圣：《论"美是道德的象征"——康德哲学中审美与道德关系的初步研究》，《华东师范大学学报（哲学社会科学版）》2000年第1期，第11—17页。

（一）树立正确的审美观点，提高审美能力

由于世界观、人生观以及价值观不同，每个人的审美观也不一样，对同一种现象或同一件艺术作品审美评价和审美判断会有所不同。这里所说的审美观，是指人们在审美活动中，特别是审美评价和审美判断中所持有的观念和看法。审美观主要表现在人们表现美和创造美的活动中，表现在人们的审美活动中。审美观有正确和错误、高尚和低俗之分。在现实生活中，一些人往往把丑的、低俗的事物看作美的，把错误的生活方式、庸俗的思想意识当作追求的对象，这正是源于个体缺乏正确的审美观的原因。因此，美育的首要目标应该培养学生正确的审美观，教育人们什么是美的，什么是丑的；什么是高尚的，什么是低俗的；什么是我们要追求的，什么是我们要坚决摒弃的。

一个人的审美活动不仅要有正确的审美观，还要具有一定的审美能力。因此，美育一方面要帮助学生树立正确的审美观，另一方面还要提高学生的审美能力。审美能力包括感觉美、鉴赏美的能力。审美能力以一定的审美知识为基础，是把审美知识转化为具体审美判断和审美评价的能力。一个人的审美能力在不同的程度上包含着智力的因素，不但涉及对美的认识和评价，也涉及想象力、判断力和思维力等。因此，培养学生的审美能力，一方面要求在实施美育时，传授必要的审美知识，包括艺术基础知识，使学生了解艺术的表现手法和技巧，提高学生的艺术素养；另一方面，要引导学生参加审美活动，例如艺术欣赏、观赏自然风光以及体验社会的美好生活等，来培养学生对美的感受能力、想象能力和对美的事物的评价能力，以加深对美的理解。

（二）培养健康的审美情趣，陶冶高尚的道德情操

人们在感受美、欣赏美的时候，在进行审美判断和审美评价的时候，总是带有一定的感情色彩，产生一定的审美体验。但美的事物以及艺术作品带给人们的审美体验及感受性，有积极和消极之分。同样的事物，同样的作品，有人可能会产生积极的美感体验，产生高尚的有益于身心的体验；而有人则可能产生消极的美感体验，产生低俗的有害于身心的体验。因此，美育应该在形成正确的审美观的基础上，选择适合学生认识能力的美育内容，引导学生欣赏美的事物，使其精神生活得到健康的发展。在这个过程中，激发学生对美的事物的愉悦的情感，对丑恶的事物的厌恶、憎恨的情感，养成健康的审美情趣、高尚的道德情操以及为实现美好事物而努力的进取精神。

（三）激发想象力和创新意识，培养表现美和创造美的能力

美育不仅要培养正确的审美观念、健康的审美情趣，同时还要激发想象力和

创新意识，培养和发展学生表现美和创造美的能力。美育是激发想象力和创新意识的重要手段。美育可以丰富头脑中的表象，为想象奠定基础，而美妙的审美对象则为想象提供范本；审美的愉悦性，有利于培养想象的兴趣；审美欣赏的再创造性及审美创造的自由性，不仅有利于培养想象力，而且有助于培养创新意识。想象力和创新意识的激发，可以促进形象思维形成，为培养学生的表现美和创造美奠定创作灵感基础。表现美和创造美，是人们根据自己的思想情感和生活经验，通过想象和联想进行能动的积极的再创造过程。表现美和创造美，既是艺术的表现和创造，也是生活的表现和创造，后者要求人在社会生活中处处体现美，在生活中注意环境的美化，在行为上做到举止优雅、文明礼貌。如果说审美能力侧重于对美的感受和欣赏，那么表现美和创造美则是人的审美能力的进一步提升，是人通过自己的实际行动，按照高尚的审美情趣和审美理想，来创造美的事物，美化自己的生活、工作和学习环境，丰富自己的生活。

三、美育的内容

美育的内容是指用以培养学生审美观念、审美能力、审美判断，发展表现美和创造美的能力等美的事物。美的事物在形态上有不同的划分。人们一般根据美的形态把美育的内容分为艺术美、自然美和社会美。但还有一种美的形态，因为美学教科书的忽视而不被关注，那就是科学美。实际上，科学美和艺术美、自然美、社会美一样，是一种相对独立的审美形态。由此，我们将美育的内容划分为艺术美、社会美、科学美和自然美四个方面。美育的四个方面内容并不是截然分开的，在美育的实践中，它们往往是相互结合、互相渗透、融为一体的。

（一）艺术美

艺术是人类精神的形象性表现。每一种具体的艺术都包含着特定的思想和情感因素。艺术作为美的一种形态，是艺术家的创造性劳动，寄托着艺术家对世界、对人的理解和认识，也寄托着艺术家的情怀和情感，只是艺术家对世界、对人的理解和认识以及艺术家的情感和情怀是用形象直观的艺术形式表现出来的，是人的本质力量借助艺术形象的直观显现，是艺术家遵从一定的审美目标、审美实践要求和审美理想而创造出来的。因此，艺术教育是美育的核心内容。

美育意义上的艺术教育强调普及艺术的基本知识和原理，强调通过对优秀艺术作品的欣赏和评价，来提高学生的审美修养和艺术鉴赏力，培养正确的审美意识、高尚的审美情趣和健全的审美心理结构；强调通过艺术的形式与艺术家的理性思考、情感生活的相互关系，培养学生用艺术的形式表达、交流思想和情感的能力,最终实现健全人格、陶冶情操的美育功能。例如,可以通过欣赏音乐、绘画、戏剧、舞蹈等作品,将自己的思想和情感反应用擅长的艺术方式表达出来,或者通过学生接触过的诗歌、散文、绘画、音乐、舞蹈、戏剧等作品来感悟艺术家对人生的理解,对社会事物的态度和理性认识,体验友情、悲伤、欢乐等典型情感,并学会用自己喜欢的艺术形式来表达思想和情感;还可以通过不同民族的艺术、不同形式的艺术、不同时期的艺术来比较体验并领悟思想、情感在艺术中的不同表达方式。总之,通过各种艺术形式的学习来领悟作品所包含的思想,体验作品所包含的情感,通过以恰当的艺术形式来表达自己的思想和情感,培养学生对美的领悟和感受能力,培养健康的审美情趣,培养学生表现美和创造美的能力。

(二)社会美

社会美作为美的具体表现形态之一,是社会实践的直接体现。社会美既体现在人类社会实践的过程中,也体现在人类社会实践的成果中。其中,作为社会实践主体的人之美是社会美的核心。在变革社会的实践过程中,人的本质力量不断得到发挥,人的智慧、品德、意志、性格、创造力等得以充分展现,人由此认识到人类实践力量的崇高与伟大,并在对人类自身力量的肯定中产生一种愉悦情感,人的实践活动本身获得了审美的价值。社会美还存在和表现在社会实践的成果上。人类的劳动成果,凝结了人的本质力量,物化了人的审美心理的因素,人因此而按照美的规律创造着自身。作为社会美核心的人之美,包括外在美和内在美两个方面。人生观、理想、修养等属于内在美,它通过行为、语言、风度等外在美而表现出来。外在美显现着内在美,但又具有相对独立性。人的内在美和外在美的和谐统一是社会美的最高形态。

运用社会美来实施美育,能够丰富学生的审美体验和感受,提高学生的审美感知能力,并使学生学会用美的眼光观察社会,用美的方式表现生活、美化生活、提高生活的质量,提高学生的审美境界。例如,引导学生聆听、观看和分辨社会生活中的美的要素,并能够对这些简单的要素表达自己的想法和感受;通过倾听、观看、探究、讨论表现日常生活情境,诸如婚嫁、宴会、比赛、收获等,来发现审美中的生活情感与生活现实的联系和区别,借此加深学生对社会的理性认识,树立正确的审美观念;通过让学生对某些社会现象的观察来体验其中所包含的审美因素而产生社会美感。

运用社会美实施美育,也表现为美育与社会文化的连接,这种连接为理解多元文化和人类文明,加强文化认同感和多元文化意识提供了重要的手段和有效途径。社区和家乡的节日、庆典、联欢等活动文化，借以表达情感和思想并娱乐人们的民族民间音乐、歌舞、戏曲、剪纸、装饰品等，都是社会文化的艺术表现形式。节日、庆典、联欢中的艺术形式，以及通过民族民间音乐、歌舞、戏曲、剪纸、装饰品而展现的文化特色，是美育的很好内容。通过尝试模仿其中的某项活动，学生不仅能够获得有关文化知识和传统文化的教育，同时也获得审美体验并培育浓厚的中华民族情感。那些具有明显文化符号性的艺术形式（如天坛建筑，京剧的脸谱、服装等，国画中的松、梅、竹、菊等，舞蹈中的天鹅、孔雀、鹰等，建筑中的龙、凤等），都有其各自表达的社会文化含义。学生在学习这些社会文化的同时，也可以学习创作表达社会美的作品，从而培养学生表现美、创造美的能力。

（三）科学美

科学美和艺术美一样建筑于自然美的基础之上，是美的一种高级形式，是人类按照美的规律创造的成果，科学美的实质在于反映自然界的和谐。科学是一种"美的组合"。世上万物在其运动过程中就具有简洁、节奏、旋律、和谐、明暗、交叉、重叠、周期等特征（如晶体的结构精巧奇妙，脱氧核糖核酸的双螺旋精美怡人，高倍电子显微镜下原子犹如灿烂星空等），充满艺术美感的科学世界激发人们的好奇和兴趣。科学之中隐含如此丰富的美育内容，主要是通过科学知识和研究活动所包含的美的因素而显现出来。在人类发展的历史进程中，一些科学发明从艺术中汲取灵感，而艺术也从科技发明中获得启示。通过艺术与科学的联系和比较，能够使学生不断提高想象力，使得感性和理性、直觉与逻辑得到平衡，使身心得到和谐发展。日常生活中的各种器具，是客观物质对象和谐组合的结果，是人们通过物质材料的和谐组合来发表思想和情感的成果，是科学、技术与艺术的完美结合。美是人的主观体验，这种主观体验必定包含着对客观对象的直接感受与领会。例如，节日焰火、彩灯、霓虹灯、动画片、油画、国画、陶瓷，以及打击乐器、钢琴、二胡、笛子、电声乐器等，都是人们对某些材料进行技术加工制作的结果，同时也是人类审美经验的表达。

（四）自然美

人生在自然之中，无时不受自然美的熏陶与哺育。自然以其千姿百态和绚丽多彩而向人们呈现其奇妙与美丽，并使人们产生美的体验和感受，由此领略自然美之意境。可以说，美在大自然之中，如庄子所说的那样，"天地有大美"（《庄子·知北游》）。庄子认为，一个人要"备于天地之美"，就要"观于天地"，"原天地之美"，"判天地之美"（《庄子·天下》）。由自然事物呈现出来的自然美可以分为经人类加工改造过的自然之美和未经加工过的自然之美，前者如田地、园林等，后者如山川、河流、森林、海洋、星空，等等。

运用自然美进行美育，即引导学生观察、欣赏和体验自然界事物本然的自然属性以及由此而显现出来的多样的形式美的因素，如线条、形状、声音、色彩等，以使他们从中可以产生审美的意义和体验。欣赏祖国和家乡的自然风光，可以提升学生的审美感知能力和对美的事物的理解能力，激发他们爱祖国的情感。通过欣赏大自然所呈现的美，可以使学生开阔眼界、增长见识，进而唤起他们对生活的热爱之情，陶冶他们的道德情操，培养他们的道德品质。

第五节　劳动教育

教育与生产劳动相结合，是马克思主义关于培养全面发展的人的途径，也是党的教育方针的重要组成部分。劳动教育是全面贯彻党的教育方针的基本要求，是中国特色社会主义教育制度的重要内容，直接决定社会主义建设者和接班人的劳动精神面貌、劳动价值取向和劳动技能水平。

一、劳动教育的内涵和意义

（一）劳动教育的内涵

我国的劳动教育概念有一个变化的过程。1953—1957 年，我国中小学主要强调劳动教育；自 1957 年开始，突出教育与生产劳动相结合；到 1982 年，开始出现劳动技术教育的提法。1982 年颁发的《教育部关于普通中学开设劳动技术教育课的试行意见》明确提出："劳动技术教育是中学教育不可缺少的组成部分。开设劳动技术教育课的目的，在于培养德、智、体全面发展的一代新人。"2001 年，教育部颁发的《基础教育课程改革纲要（试行）》指出："从小学至高中设置综合实践活动并作为必修课程，其内容主要包括：信息技术教育、研究性学习、社区服务与社会实践以及劳动与技术教育。强调学生通过实践，增强探究和创新意识，学习科学研究的方法，发展综合运用知识的能力。"2020 年颁发的《中共中央　国务院关于全面加强新时代大中小学劳动教育的意见》指出："劳动教育是中国特色社会主义教育制度的重要内容，直接决定社会主义建设者和接班人的劳动精神面貌、劳

《中共中央　国务院关于全面加强大中小学劳动教育的意见》

动价值取向和劳动技能水平。"劳动教育的概念,从"劳动教育"到"教育与生产劳动相结合",到"劳动技术教育""劳动与技术教育",再到"劳动教育",反映出不同社会背景下劳动与教育的关系、劳动的形态变化,特别是劳动的技术化对教育的影响。劳动的技术化,引发出劳动的形态变化,进而产生了劳动技术教育

《大中小学劳动教育指导纲要（试行）》

的客观需求。概念的变化所反映的不过是在不同的社会中教育与劳动不同的实践关系,不管劳动教育的概念如何变化,其内涵都始终贯穿着马克思主义关于教育与生产劳动相结合的思想,贯穿着劳动教育对于培养全面发展的人具有重要价值的观念。

劳动教育,是全面发展教育体系的重要组成部分,与德育、智育、体育、美育并列,是新时代党对教育的新要求。实施劳动教育,重点是在系统的文化知识学习之外,有目的、有计划地组织学生参加日常生活劳动、生产劳动和服务性劳动,让学生动手实践、出力流汗,接受锻炼、磨炼意志,培养学生正确劳动价值观和良好劳动品质。理论和实践都表明,劳动教育具有培养学生的劳动观念,磨炼学生的意志品质,使学生树立艰苦创业精神以及促进学生多方面发展等重要作用;学生在参加劳动过程中的情感体验,有助于他们养成正确的劳动观念、劳动态度、劳动习惯,实现以劳树德、以劳增智、以劳健体、以劳育美的育人价值。

劳动教育具有鲜明的思想性,必须将马克思主义劳动观贯彻始终,强调劳动是一切财富、价值的源泉,劳动者是国家的主人,一切劳动和劳动者都应该得到鼓励和尊重;倡导通过诚实劳动创造美好生活、实现人生梦想,反对一切不劳而获、崇尚暴富、贪图享乐的错误思想。劳动教育具有突出的社会性,必须加强学校教育与社会生活、生产实践的直接联系,发挥劳动在个人与社会之间的纽带作用,引导学生认识社会,增强社会责任感;同时注重让学生学会分工合作,体会社会主义社会平等、和谐的新型劳动关系。劳动教育还具有显著的实践性,必须面向真实的生活世界和职业世界,引导学生以动手实践为主要方式,在认识世界的基础上,获得有积极意义的价值体验,学会建设世界,塑造自己,实现树德、增智、强体、育美的目的。

劳动教育的性质,决定了它不同于德育、智育、体育、美育。开展劳动教育应遵循以下四个基本理念。一是强化劳动观念,弘扬劳动精神。将劳动观念和劳动精神教育贯穿人才培养全过程,贯穿家庭、学校、社会各方面。注重让学生在学习和掌握基本劳动知识技能的过程中,领悟劳动的意义价值,形成勤俭、奋斗、

创新、奉献的劳动精神。二是强调身心参与，注重手脑并用。把握劳动教育的根本特征，让学生面对真实的个人生活、生产和社会性服务任务情境，亲历实际的劳动过程，善于观察思考，注重运用所学知识解决实际问题，提高劳动质量和效率。三是继承优良传统，彰显时代特征。在充分发挥传统劳动、传统工艺项目育人功能的同时，紧跟科技发展和产业变革，准确把握新时代劳动工具、劳动技术、劳动形态的新变化，创新劳动教育内容、途径、方式，增强劳动教育的时代性。四是发挥主体作用，激发创新创造。关注学生劳动过程中的体验和感悟，引导学生感受劳动的艰辛和收获的快乐，增强获得感、成就感、荣誉感。鼓励学生在学习和借鉴他人丰富经验、技艺的基础上，尝试新方法、探索新技术，打破僵化思维方式，推陈出新。

（二）劳动教育的意义

劳动是创造物质财富和精神财富的过程，是人类特有的基本社会实践活动。劳动教育是新时代党对教育的新要求，是国民教育体系的重要内容，是学生成长的必要途径，具有树德、增智、强体、育美的综合育人价值。

1. 劳动教育是新时代党对教育的新要求

长期以来，我国各级各类学校坚持教育与生产劳动相结合，在实践育人方面取得了一定成效。党的十八大以来，习近平一直强调弘扬劳动精神，教育学生热爱劳动。他指出："劳动是推动人类社会进步的根本力量。""劳动创造了中华民族，造就了中华民族的辉煌历史，也必将创造出中华民族的光明未来。"人世间的美好梦想，只有通过诚实劳动才能实现。"必须牢固树立劳动最光荣、劳动最崇高、劳动最伟大、劳动最美丽的观念。"① 习近平把对劳动的认识提到人类的本质和文明进步规律的高度，指出："劳动是人类的本质活动，劳动光荣、创造伟大是对人类文明进步规律的重要诠释。"② 在 2018 年全国教育大会上，他进一步明确要求："要在学生中弘扬劳动精神，教育引导学生崇尚劳动、尊重劳动，懂得劳动最光荣、劳动最崇高、劳动最伟大、劳动最美丽的道理，长大后能够辛勤劳动、诚实劳动、创造性劳动。"习近平关于劳动和劳动教育的重要论述，既是新时代党对教育的新要求，同时也为学校开展劳动教育提供了基本遵循。

2. 劳动教育是国民教育体系的重要内容

劳动教育不只是劳动知识、劳动技能的教育和劳动能力的培养，还是劳动观

---

① 《习近平谈治国理政》，外文出版社 2014 年版，第 44、46 页。
② 习近平：《在庆祝"五一"国际劳动节暨表彰全国劳动模范和先进工作者大会上的讲话》，人民出版社 2015 年版，第 5 页。

念的教育、劳动精神的培育，更是通过劳动教育而树德、增智、健体、育美，具有综合育人的价值。劳动教育既是为了劳动的教育，同时也是通过劳动而教育。在2018年召开的全国教育大会上，习近平把劳动教育与德育、智育、体育、美育一起列入教育方针，表明劳动不仅是实现培养目标的途径，而且其本身就是教育的重要内容，是教育培养体系的重要构成部分。① 这既是我国长期教育实践经验的总结，也是教育对现实社会需求和社会问题的回应，抓住了当前教育发展中一个迫切需要解决的关键性问题，进一步明确了我国教育的培养目标和发展方向。

3. 劳动教育是学生成长的必要途径

马克思主义不仅把生产劳动看作人类社会存在和发展的基础，也把它看作培养全面发展的人的根本途径。马克思在《资本论》中已经提出，"生产劳动同智育和体育相结合""是造就全面发展的人的唯一方法"②。1934年，毛泽东在论述苏维埃文化教育的总方针时，要求"使教育与生产劳动联系起来"，1958年又进一步强调，"教育与劳动结合的原则是不可移易的"③。1978年，邓小平在全国教育工作会议上提出，教育与生产劳动相结合是培养全面发展的新人的"根本途径"。④ 2018年，习近平明确提出，"要努力构建德智体美劳全面培养的教育体系"。劳动教育作为学生成长的必要途径，体现了通过劳动而教育的育人意蕴。个人的全面发展，是德、智、体、美、劳等方面的发展。劳动教育为人的全面发展提供条件和基础。劳动实践对实践者提出劳动纪律、劳动态度等要求，要求劳动者能够吃苦耐劳，因而劳动教育亦有助于培养学生热爱劳动、遵守劳动纪律、爱护劳动果实、吃苦耐劳等品质。通过劳动教育，学生可以获得有关劳动工具和劳动对象的知识，并且通过劳动实践过程，将所学知识与实际生产劳动联系起来，有助于促进学生智力的发展。劳动过程还有助于促进学生机体的发育和发展，有助于学生体质的增加。此外，劳动过程以及劳动成果所包含的美的因素，也有助于学生审美意识、审美能力的培养。概言之，劳动过程蕴含着对一个人德、智、体、美诸多方面的要求。学生在亲自参与劳动的实践过程中，不仅能够获得德、智、体、

---

① 田心铭：《教育的"首要问题"和我国教育的"根本任务"》，《红旗文稿》2018年第19期，第4—7页。
② 《马克思恩格斯文集》第5卷，人民出版社2009年版，第556—557页。
③ 《毛泽东 邓小平 江泽民论教育》，中央文献出版社、人民教育出版社、北京师范大学出版社2002年版，第9、73页。
④ 《邓小平文选》第2卷，人民出版社1994年版，第107页。

美等方面的知识和技能，而且能够促进道德、智力、身心、审美全面和谐发展，对德育、智育、体育和美育等都有重要的促进作用。

二、劳动教育的目标

我国劳动教育的总体目标是：通过劳动教育，使学生能够理解和形成马克思主义劳动观，牢固树立劳动最光荣、劳动最崇高、劳动最伟大、劳动最美丽的观念；体会劳动创造美好生活，体认劳动不分贵贱，热爱劳动，尊重普通劳动者，培养勤俭、奋斗、创新、奉献的劳动精神；具备满足生存发展需要的基本劳动能力，形成良好的劳动习惯。劳动教育的目标具体包括以下四个方面的内容。

（一）树立正确的劳动观念

通过劳动实践活动引导学生树立正确的劳动观念，是劳动教育的首要目标。劳动观念涉及劳动与人类发展和社会进步、劳动与人、劳动与价值财富、劳动与美好生活，及社会每个成员对待劳动和劳动人民的态度等。树立正确的劳动观念就是树立马克思主义劳动观，使学生正确理解劳动是人类发展和社会进步的根本力量，认识劳动创造人、创造价值、创造财富、创造美好生活的道理。在对待劳动的态度上，就是要教育学生尊重劳动，尊重普通劳动者，进而使学生牢固树立劳动最光荣、劳动最崇高、劳动最伟大、劳动最美丽的思想观念。

（二）具有必备的劳动能力

学校教育为学生完满地走向社会生活做准备，劳动教育的另一个具体目标就是，着眼于学生当下和未来生活，通过丰富多彩的劳动实践和技术实践，使学生具有必备的劳动能力，掌握基本的劳动知识和技能，正确使用常见劳动工具，增强体力、智力和创造力，具备完成一定劳动任务所需要的设计、操作能力及团队合作能力。通过劳动教育使学生掌握必要的劳动能力，就是使学生认识日常生活中常见的劳动材料，学会使用一些常用的、基本的劳动工具；了解劳动产品设计与制作的基本程序和方法，并进行简单的工艺品和技术作品的设计与制作；初步走进信息技术大门，学会运用计算机进行简单的信息处理；初步具有劳动学习、劳动实践探究及劳动实践能力，通过劳动实践与探究活动，学会简易作品的设计、制作及评价。

（三）培育积极的劳动精神

培育积极的劳动精神，就是通过劳动教育，让学生领会"幸福是奋斗出来的"

的内涵与意义，继承中华民族勤俭节约、敬业奉献的优良传统，弘扬开拓创新、砥砺奋进的时代精神。勤俭节约具有鲜明的中华传统文化特征，敬业奉献具有鲜明的社会主义特征，开拓创新具有鲜明的新时代特征，砥砺奋进具有披荆斩棘、爬坡过坎、百折不挠、在磨炼中奋勇前进的民族特征。积极的劳动精神对于树立时代新人的正确劳动价值观、培养时代新人的崇高劳动品质、塑造时代新人的健全人格等都具有重要意义。重视新时代劳动精神的培育是培养时代新人的必然要求，更是发展中国特色社会主义的重要保证。因此，全社会都应该广泛开展劳动教育实践活动，重视劳动精神的塑造和培养，使之贯穿家庭教育、学校教育、社会教育的全过程。

（四）养成良好的劳动习惯和品质

培养学生良好的劳动习惯和品质是我国社会主义现代化建设的根本要求，是现代学校教育的价值追求。养成良好的劳动习惯和品质，就是通过劳动教育，使学生能够自觉自愿、认真负责、安全规范、坚持不懈地参与劳动，形成诚实守信、吃苦耐劳的品质。珍惜劳动成果，养成良好的消费习惯，杜绝浪费。良好的劳动习惯和品质是在参与劳动实践活动过程中形成的。因此，培养学生良好的劳动习惯和品质，基本的途径就是让学生投身于劳动实践活动之中，投身于社会实践活动中。

三、劳动教育的内容

社会生产技术的发展和产业变革带来的劳动形态的变化，使得我国劳动教育内容在不同的历史时期有着不同的要求。有学者按照劳动教育任务将劳动教育的内容分为工农业生产劳动、第三产业劳动、社会公益劳动和家务劳动。[①] 也有学者根据劳动的对象领域，将劳动教育的内容划分为工业和手工艺生产劳动的知识和技术、农业生产劳动的知识和技术、服务性劳动和公益性劳动的知识和技能、管理生产的初步知识和技能四个方面。[②] 根据教育部印发的《大中小学劳动教育指导纲要（试行）》，劳动教育的内容可概括为日常生活劳动、生产劳动和服务性劳动三个方面。

（一）日常生活劳动

日常生活劳动教育立足个人生活事务处理，结合开展新时代校园爱国卫生运

[①] 王道俊、王汉澜主编：《教育学（新编本）》第2版，人民教育出版社1989年版，第469—473页。
[②] 南京师范大学教育系编写组编：《教育学》，人民教育出版社1984年版，第359—363页。

动，注重生活能力和良好卫生习惯培养，树立自立自强意识。不同学段，日常生活劳动教育的内容有不同的要求。小学低年级，以个人生活起居为主要内容，指导学生完成个人物品整理、清洗，进行简单的家庭清扫和垃圾分类等，树立自己的事情自己做的意识，提高生活自理能力。小学中高年级，指导学生参与家居清洁、收纳整理，制作简单的家常餐等，每年学会1～2项生活技能，增强生活自理能力和勤俭节约意识，培养家庭责任感。初中则兼顾家政学习，承担一定的家庭日常清洁、烹饪、家居美化等劳动，进一步培养生活自理能力和习惯，增强家庭责任意识。普通高中主要是持续开展日常生活劳动，增强生活自理能力，固化良好劳动习惯。

（二）生产劳动

生产劳动教育要让学生在工农业生产过程中直接经历物质财富的创造过程，体验从简单劳动、原始劳动向复杂劳动、创造性劳动的发展过程，学会使用工具，掌握相关技术，感受劳动创造价值，增强产品质量意识，体会平凡劳动中的伟大。不同学段，生产劳动教育有不同的内容。小学低年级主要是进行简单手工制作，照顾身边的动植物，关爱生命，热爱自然；中高年级初步体验种植、养殖、手工制作等简单的生产劳动，初步学会与他人合作劳动，懂得生活用品、食品来之不易，珍惜劳动成果。初中主要是适当体验包括金工、木工、电工、陶艺、布艺等项目在内的劳动及传统工艺制作过程，尝试家用器具、家具、电器的简单修理，参与种植、养殖等生产活动，学习相关技术，获得初步的职业体验，形成初步的生涯规划意识。普通高中统筹劳动教育与通用技术课程相关内容，从工业、农业、现代服务业以及中华优秀传统文化特色项目中，自主选择1～2项生产劳动，经历完整的实践过程，提高创意物化能力，养成吃苦耐劳、精益求精的品质，增强生涯规划的意识和能力。

（三）服务性劳动

服务性劳动不是以实物形式而是以提供劳动的形式满足他人的某种特殊需要。服务性劳动教育让学生利用知识、技能等为他人和社会提供服务，在服务性岗位上见习实习，树立服务意识，实践服务技能；在公益劳动、志愿服务中强化社会责任感。小学低年级，参与适当的班级集体劳动，主动维护教室内外环境卫生等，培养集体荣誉感；中高年级，参加校园卫生保洁、垃圾分类处理、绿化美化等，适当参加社区环保、公共卫生等力所能及的公益劳动，增强公共服务意识。初中定期开展校园包干区域保洁和美化，以及助残、敬老、扶弱等服务性劳动，初步形成对学校、社区负责任的态度和社会公德意识。普通高中选择服务性岗位，经历真实的岗位工作过程，获得真切的职业体验，培养职业兴趣；积极参加大型赛事、社区建设、环境保护等公益活动、志愿服务，强化社会责任意识和奉献精神。

思考题

一、名词解释题

全面发展教育　德育　智育　体育　美育　劳动教育

二、简答题

1. 简述德育、智育、体育、美育、劳动教育各自的目标与内容。
2. 简述德育、智育、体育、美育、劳动教育各自的意义。

三、论述题

1. 怎样理解全面发展教育及其构成关系？
2. 简述智育与教学之间的关系。
3. 简述美育与艺术教育之间的关系。
4. 怎样理解不同历史时期劳动教育概念及其内涵的演变？

四、材料分析题

据报载：某省2017年高考艺术美术类联考在某地举行，超过万名学生参加考试。当天下着雨，考试结束后场外地上到处都是被丢弃的考试资料等。因为沾了雨水和泥浆，清理难度非常大。4位保洁员和一些市民一起足足清理了100多袋垃圾，每袋10多千克。

试从学校美育的角度，分析这种现象折射出来的学校美育之不足，并阐述学校加强美育应注意的问题。

第六章　学校教育制度

教育制度是一个国家各种教育机构的体系，包括学校教育制度（简称"学制"）和管理学校的教育行政机构体系。学校教育制度在国家教育制度体系中占有极其重要的地位，是教育制度中的核心内容。学校教育制度的形成和发展是与学校的形成和发展紧密联系在一起的。现代教育的发展，突出地表现为现代学校制度的普遍建立与发展。随着教育现代化的推进，学校教育制度也必将经历更深刻的变革。

第一节　学校的形成与发展

学校是有目的、有计划、有组织并系统地开展教育活动的专门机构。学校是社会发展的产物，也是教育发展的产物，它在古代社会就已经存在。在社会发展的不同时期或不同历史阶段，教育呈现出不同的发展状况。教育发展状况的不同，又突出地表现为学校发展状况的不同。在现代社会中的学校，被赋予更多的社会职能。

一、学校的产生

（一）中国早期学校的产生

学校的产生可以追溯到远古社会。在中国，最早的学校称为"庠"。在尧、舜统治时期，在王宫附近至少有两种教育机构，一种称作上庠，另一种称作下庠。上庠提供较高等的教育，或称为太学；下庠是提供较低程度教育的场所，或称为小学。[①] 这两种学校，在夏、商两朝依然存在，但名称有所不同。夏朝分别称为东序、西序，商朝分别称为右学、左学。《礼记·王制》记载：有虞氏养国老于上庠，养庶老于下庠；夏后氏养国老于东序，养庶老于西序；殷人养国老于右学，养庶老于左学。在远古时代，国老是指告老退职的卿和大夫，庶老是指告老退职的士。中国早期的学校，在一定意义上也是一种养老敬老的机构。唯有老者方可在学校并成为老师。

---

① 郭秉文：《中国教育制度沿革史》，储朝晖译，商务印书馆2014年版，第16页。

中国远古的学校，还有一些其他称谓，《礼记·王制》又曰："天子命之教，然后为学。小学在公宫南之左，大学在郊。天子曰辟雍，诸侯曰泮宫。"辟雍和泮宫是西周时期学校的称谓。

（二）外国早期学校的产生

外国早期学校的产生，可以追溯到世界最早步入文明的地区。与中国一样，古埃及、西亚古国、古印度等都是世界上最早步入文明的地区，都是人类文明的发源地。也正是在这些地区，出现了人类社会最早的学校。

据外国教育史料记载，世界最早步入文明的东方古国，产生了两大类型的学校：世俗学校和宗教学校。最早创办的世俗学校是宫廷学校。公元前 2500 年左右，古埃及的王宫就有了这种学校，可谓是古埃及最古老的学校。宫廷学校设在王宫内，主要招收皇家贵族子弟，为培养高级官吏服务。早期的世俗学校，除了宫廷学校外，还有职官学校和文士学校。职官学校出现在公元前 2100 年左右古埃及的中王国时期，主要为培养各类管理人才服务。文士学校也是古埃及设立的学校，主要培养能够进行文字书写和计算的书吏，因此亦称书吏学校。世俗学校不只在古埃及多有设立，在公元前 2 世纪的希伯来也有世俗初等学校的产生。

东方古国产生的宗教学校首推古埃及建立的寺庙学校。寺庙学校又称为僧侣学校。它建于古埃及中王国时期，附设在神庙内，学校由祭司执教。

古印度出现的宗教学校，也是早期产生的学校之一。古印度的宗教学校为吠陀学校（"吠陀"译自梵文 veda，意即知识或神圣知识）。吠陀学校产生于公元前 13 世纪开始的古印度的吠陀时代。吠陀学校的兴起与种姓制度及婆罗门教有着密切的关系。吠陀学校主要以培养未来的婆罗门教教士为目的。古印度早期的宗教学校还有古儒学校。古儒学校产生于公元前 800 年左右，是由古儒开设的学校。古儒在印度史籍中是指对婆罗门教经典能够释读和有研究的人。古儒学校主要以培养能传播婆罗门教经典的教徒为目的。

东方古国早期的宗教学校，还有希伯来的"先知之子"学校和会堂学校。这两种学校兴起于公元前 8 世纪左右，是希伯来人为培养宗教和商业人才而设立的学校。

在西方，学校的产生也源远流长。在英文中，学校称为 school，源于拉丁语的 schola，而 schola 又源于意为"闲暇""休息"的希腊语 skhole。从词源上看，西方最初的学校是一种带有闲暇性质的机构。为什么原初的学校具有闲暇的意思？这与学校产生的条件有关。

（三）学校产生的条件

无论是东方还是西方，学校的产生都是与人类文明的发展相联系的，学校是人类文明进步的产物，是社会发展到一定阶段的产物。学校的产生需要具备以下条件：

1. 社会生产力的发展

学校的产生源于社会生产力的发展。当社会生产出现剩余产品，使一部分人可以从物质生产劳动中解放出来，专门从事脑力劳动时，才会出现专门从事教育的教师。专职教师是可以不参与生产劳动的人，可谓闲暇之人。只有出现专门执掌教育的教师，学校方可以产生。学校的产生是与专职教师的出现联系在一起的。

2. 社会生活中间接经验的积累

学校的产生也意味着特定教育内容的存在。学校教育的内容是指传授给受教育者的知识。学校传授的知识主要是间接知识。这种间接知识来自人类物质生产和精神生产的实践活动，是人类间接经验的积累，是人类认识客观世界或认识主观世界的成果。因此，人类积累起来的间接经验，成为学校可选择的教育内容，也构成学校产生的条件。

3. 记载和传承文化工具的出现

学校的教育内容，是以文字和相应的文化工具作为载体的。记载和传递间接经验的文字和相应的文化工具的出现是学校出现的前提。在世界不同的国度，或在不同的文明形态中，初始的文字或传递文化的工具均是学校得以产生不可或缺的要素。

（四）学校产生的意义

学校的产生不仅在人类教育发展史上，而且在人类文明发展史上，都是非常重要的事件，具有重大而深远的意义。

首先，学校的产生，是教育发展史上一个新的里程碑，标志着教育在历史发展中出现了质的飞跃。这种飞跃是指，学校的产生，使学校教育逐步成为教育的主要方式和主导形态，开辟了人类教育的新纪元。

其次，学校的产生，标志着形式化和制度化教育的开始，人类社会的教育从此成为一种专门化的事业。学校产生以前，教育与人类社会生活和生产劳动融合在一起，是非形式化地存在的。学校产生之后，教育便可以从社会生活中分化出来，从社会政治、经济等活动中分化出来，从而成为一种专门化、形式化的教育。学校的产生，标志着教育从非形式化到形式化的完成，同时也标志着教育开始走向制度化。

最后，学校的产生，对于人类文明的传承与发展具有极其重大而深远的意义。学校产生之后，有了专门传道、授业的教师，使得人类积累起来的间接经验和文明成果有了不断传承的可能。学校本身就是人类文明的重要成果与结晶，负有传承文明和促进文明发展的使命。所以，学校的产生，对于人类文明的传承与发展，对于促进个体和社会的发展具有极为重要的作用与意义。

二、学校的发展

自从学校产生之后，学校的发展便与社会的发展紧密相依。一方面，学校发展是社会发展的重要内容与组成部分，也是社会发展的重要标志；另一方面，学校的发展深受社会发展的影响。在人类社会发展的不同阶段，学校也呈现出不同的发展状况。

（一）古代学校的发展

1. 中国古代学校的发展

这里所讲的中国古代，是指春秋战国至晚清的奴隶社会和封建社会时期。在这漫长的历史时期，中国社会的政治经济制度虽然没有根本的改变，但也经历了不断的改朝换代。中国古代的学校也经历着变化与发展。

（1）春秋战国时期学校的发展。私学的兴起是春秋战国时期学校发展的重要体现，这与官学的衰微相关。诸侯争霸导致社会动荡，官学处在衰微中，故有"天子失官，学在四夷"之说。私学的兴起，也与当时盛行的养士之风相关。要成为"士"必须先受教育，私学便被赋予养士的职能。春秋战国时期，私学的发展已导致各种学派的出现，典型的是以孔子为代表的儒家学派的出现与发展。孔子创办了儒家最早的私学，主张"有教无类"，以"六艺"为教育内容，以因材施教为原则，对中国学校的发展以及中国教育的发展产生了重大而深刻的影响。

（2）秦汉时期的学校发展。秦朝实行严厉的封建专制制度，在教育上实行吏师制，严禁私学。汉朝以秦为鉴，在儒学思想的指导下，重视学校，推行教化。汉朝的学校有官学和私学。官学设中央官学和地方官学。中央官学以太学为主，地方官学以郡国学为主。私学分为书馆和经馆两类。汉朝时期为中国封建社会学校教育制度的发展和完善奠定了基础。

（3）魏晋南北朝至隋唐时期的学校发展。魏晋南北朝是封建门阀制度盛行的时期，社会呈现动乱的状态。这一时期原有的官学时兴时废，私学则在动乱中维系与发展。西晋曾创设国子学，这对后来的教育制度带来了影响。隋唐时期是学校发展兴旺的时期。隋唐实施科举考试制度，同时鼓励学校的发展。在中央官学方面，隋唐均有中央设立的专门学校。唐朝除在京都设立国子学、太学、四门学等弘扬儒学的学校外，还设有律学、书学、算学、医药学等培养专门人才的学校。

在地方学校方面，唐朝鼓励地方办学，要求按地方行政区划设立学校：府州县学均由官办，乡学归私办。私学有初级私学和高级私学之别，并呈现多样化的发展状态。

（4）宋元明清时期的学校发展。宋元明清在中国历史上属于封建社会的后期。在这一较漫长的时期内，学校仍处在不断发展中，并且呈现出新的发展特征。首先是中央官学和地方官学的继续发展。官学在继续发展之时，也呈现出思想统治日益强化的特征。其次是书院的发展。中国书院建立在隋朝大业年间，唐朝已有发展。到了宋代，特别是南宋时期，书院的兴盛与发展成为这一时期学校发展的重要标志。当时著名的书院有四家：白鹿洞书院、岳麓书院、丽泽书院与象山书院。书院是一种新的学校形式，重开自由讲学之风，有着独特的教学风格。最后是蒙学的发展。宋元明清官学系统中都曾设有小学或社学，对儿童进行启蒙教育。蒙学的发展对学校教育的发展有着重要的影响。

2. 外国古代学校的发展

外国古代学校的发展经历了漫长的历史时期，存在着不同的社会发展形态。这里，仅对古希腊时期和欧洲中世纪的学校发展状况进行简述。

（1）古希腊时期的学校发展。古希腊是西方历史的重要源头，持续约 650 年（公元前 800 年—公元前 146 年）。古希腊原是氏族制度社会，公元前 6 世纪，氏族制度解体，产生许多奴隶制城邦，其中最强大的是斯巴达和雅典。古希腊教育通常以斯巴达教育和雅典教育为代表。在斯巴达和雅典的教育中，寓含着学校教育的发展。

斯巴达教育是典型的军事教育，以训练勇敢善战的士兵为目的。斯巴达的学校与军事机构融为一体。国家为 7—18 岁的男儿设立教练所，为 18 岁以上的青年设立青年军训团。军训团称为"埃佛比"，也可视为一种高一级的军事学校。斯巴达教育以纪律严明和要求训练者服从师训、刻苦习练著称。

雅典教育与斯巴达教育迥然不同。雅典是一个商业发达并实行奴隶主阶级民主政治的城邦。雅典高度重视教育，把教育视为培养城邦合格公民的有效工具。在雅典城邦内，由于重视教育，自然也重视学校的发展。当时的雅典，开设的学校有文法学校、音乐学校（也称琴弦学校）、体操学校、修辞学校以及为培养哲学家而设立的学园等。学校以私人开设为主，教学内容丰富，教学方法也灵活多样。

（2）欧洲中世纪学校的发展。欧洲中世纪一般是指公元 500 年左右至公元 1500 年左右的这段长达千年的时期。中世纪的开始以古罗马帝国的灭亡（公元 476 年）为标志，中世纪的终结以西方文艺复兴运动的开始为标志。

欧洲的中世纪是基督教和封建世俗政权紧密结合的时期。在中世纪的教育中，宗教教育和世俗教育并存。与此相适应的是，欧洲中世纪的学校发展也呈现出宗教学校与世俗学校的共同发展。欧洲中世纪学校发展的另一重要成就，就是大学的发展。

中世纪的宗教学校主要是教会控制的学校，即教会学校，分为僧院学校、大教堂学校和教区学校三种。僧院学校是随着僧院（修道院）制度的出现而产生和发展的。僧院对自幼入院的修行者进行识字、读经和写字方面的简单训练，为他们终生修道、抄写经书和祈祷文做准备，在此基础上僧院学校逐渐形成。大教堂学校又名主教学校，设在主教的所在地，与僧院学校性质相似。教区学校是对一般居民子弟进行宗教教育的学校。

中世纪的世俗学校主要有宫廷学校、行会学校和城市学校。宫廷学校原本是为宫廷儿童进行贵族化教育的中心，后来经过整顿，也招收下层阶级的儿童，并进行国民教育。行会学校是由市民阶层的行会自行创办的学校，主要采用艺徒制、学校学习和学徒训练相结合的方式进行教学。行会学校后来发展成为正规的职业学校和艺徒学校。城市学校是随着城市的发展而兴起的学校。城市学校并不是一所学校的名称，而是在城市为新兴市民阶层子弟开办的、传授世俗知识的学校的总称，其中包含着不同种类和不同规模的学校。欧洲中世纪的城市学校主要有城市拉丁语学校、写作和算学学校等。城市学校的出现，扩大了世俗教育的领地，推进了世俗教育的发展。

中世纪大学的发展是学校发展的重大事件，标志着教育水平与教育层次的新发展。大学作为一种新兴教育机构的出现，与欧洲中后期经济、政治、文化的发展密切相关。尤其是经济和城市的发展，为中世纪大学的产生提供了条件。

中世纪的大学起源于11世纪。早期的大学主要有意大利的萨莱诺大学和博洛尼亚大学，法国的巴黎大学，英国的牛津大学和剑桥大学等。这些大学为后来大学的建立树立了样板，具有典范的作用。大学主要设有文科、法科、医科和神科，并因学校的不同而有所侧重。大学确立了学位制度，对人才的培养有不同层次和不同规格的要求。中世纪的大学就开始兼具教学与科学研究的双重职能。

中世纪大学的发展对于世界高等教育的发展具有十分重要的意义，是近现代世界高等教育的先驱。

总之，古代学校开始以教育为专门职能，古代学校教育已经成为形式化教育的重要部分。但古代学校之间缺少联系，各自处于游离状态，更不成系统。学校系统的出现和完善是现代社会的产物。

(二) 现代社会学校的发展

现代社会通常指以工业经济为主导的社会,是指世界发生工业革命并使社会结构不断发生变化的社会。现代社会的发展与工业化和城市化相联系。现代社会的发展蕴含着现代教育的发展,也蕴含着现代学校的发展。制度化教育是现代学校的重要特征。

1. 西方现代学校的发展

西方现代社会的肇始,可以追溯到文艺复兴运动的兴起。文艺复兴时期是欧洲封建制度逐步解体、资本主义逐步发展的时期。17—18世纪,英国相继发生了资产阶级革命和工业革命。资产阶级革命扩展到欧洲大陆和北美地区,形成了西方资本主义制度体系。工业革命不仅传播到欧洲大陆和北美地区,并且向世界各地传播,从而使工业社会成为世界主流社会形态。从工业社会开始,人类进入了现代社会。

工业革命与现代科学技术的广泛应用相联系,共同推动着现代教育的发展。工业革命推动着西方现代学校系统的形成和现代学校的发展。西方现代社会学校具体发展状况为:

(1) 初等教育学校的发展。工业革命使解决初等教育的问题变得异常重要,普及初等义务教育被提上议事日程。一些国家开始制定初等教育法,建立初等义务教育制度。在这样的背景下,实施初等教育的学校必然要求大力发展。在西方社会,德国是最早提出实行义务教育的国家。1763年,德意志联邦的普鲁士王国制定了乡村学校规程,开始实施普通义务教育。在这一规程中,明确实施义务教育的学校由国家举办。这样,国立初等学校便得以发展。英国工业革命之后,随着工厂制度的兴起,对工业劳动者实施基本的教育成为客观要求。英国在1870年制定了《初等教育法》,之后又在1902年制定了《教育法》,规定用地方税举办公立初等学校,并实行免费教育。在较长时期内,英国初等教育学校的发展,表现为公立学校和教会学校的共同发展。19世纪中后期,法国以及后来的美国等西方国家,都确立了义务教育制度,制定了相应的法律和法规。义务教育的推进,自然使实施义务教育的学校,尤其是公立小学得到更广泛的建立和发展。

西方社会初等教育学校的发展,除了小学发展之外,实施学前教育的机构也在不断发展。

(2) 中等教育学校的发展。中等教育学校的发展是西方现代社会学校发展的重要表现。工业革命的推进,现代科学技术的广泛应用,对现代劳动者的知识与技能的提高有着现实的要求。另一方面,社会的进步与发展,也对国民素质的提高有着深切的要求。这样，中等教育的发展便成为必然。中等教育的发展伴随中等学校的发展。在西方社会，工业革命兴起之后，中等学校逐步发展，学校结构、类别及办学形式也发生了变化。例如，英国设有文法中学、现代中学和技术中学。文法中学主要提供学术性课程，技术中学主要开设职业课程，现代中学提供多种类型的课程。英国的中等学校的发展也经历着变革，后来又推进中学的综合化。在德国的中等学校中，文科中学占有重要地位，这些德国的古典中学，主要为大学输送新生和为政府培养一般官吏服务。18世纪初，德国出现了实科中学。其后，文科中学和实科中学共同发展。进入现代社会之后，法国的中等教育经历了改革。19世纪开始，法国的中等教育学校有中央政府创办的国立中学和地方创办的市立中学，还有许多私立中学。

从整体上看，西方现代社会中等教育学校呈现出实施学术性教育的学校和实施职业教育的学校共同发展的状况，也呈现出中等教育学校综合化的状况。尤其是在美国，综合高中得到了长足的发展，表现出与欧洲职业教育、普通教育并行的"双轨制"很不相同的特点。

(3) 高等教育学校的发展。高等教育学校的发展是西方现代社会学校发展的又一重要表现。西方现代社会高等教育学校的发展主要表现在三个方面：

其一，普通大学或综合性大学的发展。进入现代社会以来，一方面，西方传统的大学在继续向现代化演进；另一方面，西方众多国家纷纷增设普通大学和综合性大学。19世纪后期以来，尤其是20世纪以后，西方国家在巩固和变革传统大学的同时，不断增设新型的普通大学或综合性大学，以进行本科教育和研究生教育为重要使命。这类学校，或由国家设立（包含中央政府设立和地方政府设立），或由社会机构与私人设立。在一些西方国家中，公立大学与私立大学并驾齐驱，相得益彰。在高等教育学校体系中，普通大学和综合性大学是各国高等教育的支柱型学校，具有特别重要的地位。

其二，专科学校、职业学院或社区学院的发展。这是工业革命之后兴起的另一种类型和另一层次的高等学校。这类学校主要由地方政府、社会机构或私人创办，学制一般为2~3年，主要培养具有专门知识和高级技能的专门化人才。在高等学校体系中，这类学校处于专科层次。在西方一些国家的高等学校中，这类专科层次的学校迄今仍占较大比例，成为高等学校的半壁江山。例如，美国的社区学院在21世纪初仍有千余所。这类学校在高等教育学校体系中也具有重要地位，对高等教育的发展做出了特有的贡献。

其三，开放大学的发展。开放大学是指20世纪中期以后在西方开始出现的以广播、电视、函授、网络等方式进行教学的高等教育机构。开放大学的发展一方面与科学技术的发展，尤其是信息技术的发展相关；另一方面与20世纪中期兴起的终身教育思潮相关。开放大学主要是一种成人高等教育机构，它采用远距离教学方式，以适应成人学习的需要。开放大学是一种新的学校形式，显现出高等学校的新发展。

2. 中国现代学校的发展

中国现代学校的发展可以追溯到清朝末年。从清朝末年至今，中国现代学校的发展经历了几个不同的历史阶段，也呈现出不同的发展状态。

（1）从清朝末年到中华人民共和国成立现代学校的发展。清朝末年至中华人民共和国成立的百余年间，中国社会战争频仍，动乱不已。百余年间，中国的现代化在艰难中起步，并经历了艰难的发展历程。中国现代教育和现代学校也在艰难中起步与前行。

洋务运动时期新式学校的创立与发展。洋务运动发生于19世纪60年代至90年代。洋务运动时期的中国教育仍然以传统的封建教育为主体，但在传统教育主体中萌生了近代新教育的幼芽。洋务运动中的重大事件之一是兴办新式学堂。这一时期兴办的学堂约30所，大致可分为外国语（"方言"）学堂、军事（"武备"）学堂和技术实业学堂三类，主要的学堂有：京师同文馆、上海广方言馆、广州同文馆、福建船政学堂、天津水师学堂、上海电报学堂、湖北自强学堂等。洋务运动中新式学堂的创办，开启了中国现代学校发展的先河，对中国现代学校的发展具有重要意义。

从维新运动到清末新政时期的学校发展。维新运动，是指1898年6月11日至9月21日维新人士康有为、梁启超、谭嗣同等人通过光绪帝进行倡导学习西方，提倡科学文化，改革政治、教育制度，发展农、工、商业等的政治改良运动。教育的改良是维新运动中的重要内容。改良教育的重要举措是设立京师大学堂，并计划设立一系列新式学堂，以培养新型人才。在维新运动和之前的洋务运动的影响下，同时也迫于当时社会形势的压力，1905年，清政府终于终结了延续1300余年的科举考试制度，实行新的教育制度。新的教育制度的重要内容是兴办新学。废科举与兴学堂是相互联系的。至1909年，办学成绩已斐然可观，各级各类新式学堂的数量已达5万多所，京师外在校学生超过160万人，其中许多新式学堂是由传统书院改造而来的。[①]

辛亥革命至中华人民共和国成立前现代学校的发展。1911年的辛亥革命推翻

---

① 孙培青主编：《中国教育史》，华东师范大学出版社2009年版，第351页。

了清朝政府和两千余年的封建专制制度，从 1911 年至 1949 年的 30 余年间，中国出现了军阀混战，发生了五四新文化运动，爆发了抗日战争，经历了解放战争。这一时期，中国的教育在动乱中维系，中国的现代学校教育制度逐步建立起来，学校在艰难中维系与发展。这一时期的学校发展有两种状态。一是辛亥革命后一些爱国人士、民主人士所倡导和推进的学校发展。例如，蔡元培与北京大学的发展，陶行知等人推动乡村教育运动与乡村学校的发展。二是共产党领导下的革命根据地和解放区的学校发展。在革命根据地和解放区，建立了各种各样为提高广大劳动群众文化水平的新式学校。

（2）中华人民共和国成立后现代学校的发展。随着中华人民共和国的成立，中国建立了社会主义制度，进入了现代化发展的新时期。几十年来，中国教育的现代化在努力前行，现代学校在大力发展。

中华人民共和国成立之后"前十七年"学校的发展。从 1949 年 10 月 1 日中华人民共和国成立至 1966 年"文化大革命"爆发的 17 年间，中国各级学校在整体上呈现出快速发展的状态。在这 17 年中，中国政府在接管旧学校并将旧式私立学校、教会学校转为公立学校的基础上，增设了大量公立学校，一段时间内也允许在农村继续保留少量私立学校。其间，我国着手推进普及小学教育，直接推动了小学的快速发展，尤其是农村小学的发展。与此同时，普通中学，尤其是普通初级中学也得到较大发展。在这一时期，我国实行两种教育制度和两种劳动制度，这也使得农业中学或职业中学有所发展。在中等教育层面，除了普通中学的发展外，中等专业学校（包含中等师范学校）也有了较快发展。在高等教育层面，在这一时期，高等学校也有着较快速的发展。这包含高等专科学校和高等本科院校的共同发展，也包含多种类别的高等院校的发展，尤其是师范类和工科类高等院校的发展。这一时期我国学校的发展，还表现为各种类型的成人学校的发展，如工农速成中学、业余学校、农民夜校、函授学校等。这类学校作为新时代的产物，也在发挥着应有的功能与作用。总之，这一时期中国已初步建构起社会主义现代学校的新体系。

"文化大革命"中的学校教育革命。"文化大革命"使党、国家和人民遭到建国以来最严重的挫折和损失。[①] "文化大革命"时期，学校教育的革命十分剧烈，主要表现在以下方面：其一，大中学校旷日持久地进行"革命大批判"，主要批判

---

① 《中国共产党中央委员会关于建国以来党的若干历史问题的决议》，人民出版社 1981 年版，第 22 页。

"资产阶级"和"修正主义"的教育路线与制度。其二，大学一度停止招生，直到 1971 年才恢复招生，但实施"推荐选拔"的招生入学制度。其三，缩短学制。大学一律三年，高中二年，初中二年，小学五年。其四，课程精减，并突出"政治挂帅"。"文化大革命"时期，基础教育有着量的发展，基础教育学校的数量有着明显增长，但教学质量明显下降。

改革开放以来中国现代学校的新发展。1976 年"文化大革命"结束，在经历短暂的徘徊后，国家进入改革开放的新时期。在新的历史时期，随着"科教兴国"重大战略的提出，国家教育事业被置于优先发展的地位。在此背景下，我国现代学校进入快速发展的阶段。

一是基础教育学校的现代化发展。这表现为学前教育机构、普通小学、初中和高中的发展。新时期基础教育学校的发展，不仅表现为数量的增长，更表现在学校物质条件的现代化、学校师资队伍建设的现代化以及学校信息化建设的全面推进等方面。

二是中等教育学校的变革与发展。这主要表现为普通中等学校和中等职业学校、中等专业学校（包括中等师范学校）的共同发展，中等教育学校结构明显改善。中等学校的发展在 20 世纪 90 年代处于鼎盛时期。其后，随着 20 世纪末高等教育大众化的启动与推进，包括中等师范学校在内的中等专业学校面临新的变革，但中等职业学校依然在继续发展。

三是高等学校的变革与发展。20 世纪 80 年代至 90 年代，我国高等学校的发展主要表现为高等专科学校和高等本科院校的发展。进入 20 世纪 90 年代，高等学校的发展与学校变革进一步结合。高等学校的结构发生了新的变化，专科层次的高等职业院校数量显著增加，部分专科学校升级为本科院校，部分本科院校向综合性大学转型。为了建设高水平大学，1995 年 11 月，国家启动了"211 工程"，即面向 21 世纪重点建设 100 所左右的高等学校和一批重点学科的建设工程。1998 年 5 月，国家又启动了重点支持国内部分高校创建世界一流大学和高水平大学的工程，简称

《国务院关于印发统筹推进世界一流大学和一流学科建设总体方案的通知》

"985 工程"。进入 21 世纪以来，我国对建设高水平大学有了新的战略部署。2015 年 10 月，国务院印发了《统筹推进世界一流大学和一流学科建设总体方案》，建设世界一流大学和一流学科（简称"双一流"），对于新时期我国教育事业的发展具有十分重要的意义。

在高等学校的发展中，还有成人高等学校的新发展。成人高等学校的发展是

改革开放以来中国高等学校发展的另一重要体现。成人高等学校包括各级广播电视大学、各级教育学院、教师进修学院、其他类型的成人高等学校或继续教育学院。成人高等学校的发展对于促进高等教育的多样化发展发挥了重要作用。20世纪90年代末以来，随着高等教育发展形势的新变化，我国成人高等学校的结构也在发生转变，一些成人高校转型或并入普通高等学校之中。

改革开放以来，随着各级各类学校的快速发展，具有中国特色的社会主义现代学校体系业已形成。

三、现代学校的基本职能

学校的职能是指学校所应履行的职责和应发挥的作用。现代学校的发展是与现代社会的发展相适应的。现代社会赋予学校多种职能，其中基本职能包括以下五个方面。

（一）提高受教育者素质

现代学校是一种有目的、有计划、有组织并系统地开展教育活动的专门机构。现代学校教育是面向全体受教育者，实施以提高受教育者素质为目的的教育。提高受教育者素质，是现代学校最基本的职能。现代学校进行的教育，首先是素质教育。所谓素质教育，是指以提高受教育者综合素养为目标的教育，是在真实意义上促进受教育者在德、智、体、美、劳诸方面全面发展的教育。现代社会的发展，要求全体国民具有现代道德、现代科学知识和能力等素养，要求全体国民素质的普遍提升，这种要求也就理所当然地成为现代学校的职责与使命。对于现代学校而言，实施素质教育，绝不能把学校视为仅仅灌输知识的场所，而是要全面关注学生道德的养成、知识的积累和体质的增强，关注学生个性与人格的健康发展。全面素质教育是一个永恒的教育主题，需要贯穿在学前教育、中小学教育、高等教育等各级各类教育中。因此，现代各级各类学校都需要认真履行实施素质教育的职能，为深入实施素质教育发挥应有的作用。

（二）培养现代社会的劳动者和各级各类专门人才

现代学校的发展，在一定程度上是适应现代生产的需要。现代学校负有培养现代劳动者和各级各类专门人才的职能。现代学校的这种职能，因学校的层次与类别的不同而有所区分。例如，基础教育学校是为培养现代劳动者打下良好基础的学校，中等职业学校是培养中等技术人才的学校，高等学校是培养各级各类高级专门人才的学校。学校层次与类别的不同，培养人才的目标与规格自然有所不同，但培养现代劳动者和专门人才的目标有着共同性。因此，现代各级各类学校，都需要面向现代社会发展，履行为培养现代劳动者和专门人才服务的职能。

（三）传承与创新文化

现代学校具有文化传承与创新的职能。这种职能也反映出现代社会发展的需要。学校是传授文化知识的场所，传承文化是学校固有的职能与使命。在如何传承文化上，古代学校与现代学校有明显的区别。古代学校更多地强调对道德文化的传承，实施对受教育者的道德教化。现代学校则不仅需要传承道德文化，还需要传承科学文化。现代学校在传承道德文化时，需要把传承传统优良的道德文化和实现道德文化的现代创新有机结合起来。这就要使学校成为滋养现代道德的主阵地，从而培养具有现代道德的人。现代学校还需要大力传承现代科学文化，同时在传承现代科学文化的基础上，努力实现科学文化的创新。这种创新，赋予现代学校新的职能与使命。

（四）开展科学研究

开展科学研究是现代学校另一重要职能，尤其是现代大学的职能。现代大学与古代大学的重要区别是职能的转变。19世纪德国大学的改革确立了大学的研究职能。自此，科学研究便成为现代大学的重要职能。也正是因为有了科学研究的职能，大学才具有现代性，才成为现代意义的大学。19世纪后，大学对世界科学研究的大力推进和科学技术的迅猛发展功不可没。众多先进的科研成果来自于大学。随着现代科技的发展，现代大学开展科学研究的职能在不断加强。

开展科学研究不仅是现代大学的应有职能，而且应是所有现代学校的职能。因为现代各级各类学校都要弘扬创新精神，为培养创新型人才服务，这就需要学校进行科学研究。这种科学研究也包含教学研究。为此，我们需要正确地认识什么是科学研究和如何进行科学研究。不同学校开展不同的科学研究，即便是基础教育学校，也需要有适合基础教育特点的科学研究。现代学校的科学研究需要与教学紧密结合。

（五）提供社会服务

提供社会服务也是现代学校的重要职能。现代学校具有开放性的特点，这也是现代学校与古代学校的重要区别之一。现代学校的开放是面向社会的开放。现代学校需要着眼于社会的需要，为社会的发展与进步提供各种可能的服务。这种服务，既表现为直接为社会培养和输送劳动者与专门人才，又表现为为社会提供可能的知识与技能。后一种服务特别体现在大学层面，它起源于19世纪美国高等教育机构的改革，体现为大学与社会建立各种合作共同体，大学与社会的政治、经济和文化组织或机构建立更广泛的联系和实行多样化的合作。提供这种社会服务，不只是现代大学的职能，现代各级各类学校都需要增强为社会服务的意识，都可以以各自的方式提供社会服务。

第二节 现代学校教育制度

现代学校的发展，内含着现代学校教育制度的确立。现代学校教育制度的确立，对于现代学校的发展，又产生着强烈的影响，发挥着引领与规范的作用。

一、学校教育制度的内涵

学校教育制度是教育制度的重要组成部分。教育制度是指一个国家各级各类实施教育的机构体系及其组织运行的规则，它包括相互联系的两个基本方面：一是各级各类教育机构与组织；二是教育机构与组织赖以存在和运行的规则，如各种相关的教育法律、规则、条例等。[①] 学校教育制度，不仅是教育制度的重要组成部分，同时也是教育制度的主体与核心。

对学校教育制度的理解，有狭义与广义之分。狭义的学校教育制度，简称学制，是指一个国家各级各类学校的系统，它规定了各级各类学校的性质、任务、入学条件、修业年限以及它们之间的关系。广义的学校教育制度，则是指现代国家有关学校教育种种制度的总和。它既包含一个国家实施何种层级与类别的学校制度，也包含各级各类学校的运行与管理制度。这里，我们本着广义的理解，把学校制度分为：学校层级与类别制度、学校办学制度、学校入学与修业年限制度、学校管理制度等。

（一）学校层级与类别制度

所谓学校层级与类别制度，是指一国的学校具有怎样的层级划分与类别划分，以及各种层级和类别的学校之间的关系。从层级上看，往往分为初等教育学校、中等教育学校、高等教育学校。在初等教育学校中，又可分为幼儿园和小学；在中等教育学校中，又可分为初级中学和高级中学；在高等教育学校中，又可分为高等专科学校和高等本科院校。从类别上看，往往可分为普通学校或普通院校、职业学校或职业院校、成人学校或成人院校。各大类学校中，还可细分为不同类别的学校。例如，在普通高等院校中，可分为农林院校、财经院校、师范院校、政法院校等。

---

① 王道俊、郭文安主编：《教育学》第5版，人民教育出版社2009年版，第110页。

(二) 学校办学制度

学校办学制度也可称为办学体制，是指教育行政部门对各级各类学校的兴办进行管理和规范的一套制度体系。它规定着一国学校的兴办具有怎样的办学主体或办学者，同时也规定着兴办学校的条件与程序。在现代国家中，学校办学主体一般有政府、社会组织与个体。依办学主体的不同，一般可分为公立学校与私立学校。现代各国的办学主体既有相似性，也有差异性。

（三）学校入学与修业年限制度

学校入学制度是对学生入学年龄、条件的制度规定。学校入学制度与学校招生制度相联系。不同类型的学校对学生入学年龄和其他入学条件有不同的规定。例如，许多国家小学以年满6岁为入学年龄条件，普通中学对学生的年龄与婚否有相应的规定。再如义务教育学校实行就近入学的原则，高等学校实行考试选拔入学的原则等。入学制度影响着学生的入学机会。入学机会的公平是现代教育公平的基础。

学校修业年限依学校层级而定，与学生身心发展规律相适应。不同层级的学校修业年限有所不同。例如，现在很多国家小学的修业年限为5~6年，中学（含初中与高中）的修业年限为6~7年，大学专科教育阶段的修业年限为2~3年，大学学士学业阶段或本科阶段的修业年限为3~5年，通常以4年居多。

（四）学校管理制度

学校管理制度是对学校管理权限、管理机构设置和各机构之间的关系以及学校管理方式等做出的制度规定。学校管理制度可分为学校外部管理制度和学校内部管理制度。

学校外部管理制度主要是指对学校管理主体即管理机构或部门的制度规定。不同类别的学校，管理主体会有所不同。例如，公立学校由政府管理，私立学校由董事会管理等。

学校内部管理制度是指对学校内部管理机构和机构运行方式的制度规定。在现代国家中，学校内部管理制度既有一定的相似性，也有明显的区别。学校内部管理制度包含学校人事管理制度、学校教学管理制度、学校后勤管理制度等。学校教学管理制度在学校内部管理制度中占有特别重要的地位，包含课程管理制度、教学活动管理制度、课程与教学评价制度等。教学管理制度本身具有多样性、系统性的特点。

二、我国的学校制度

（一）我国现代学校制度的建立

1. 现代学校制度的开始

我国现代学校制度的建立可以追溯到20世纪初叶。在我国，1904年1月清政府以日本学制为蓝本，颁布了《奏定学堂章程》，这是我国第一个实际执行的现代学制。该学制制定于1903年，该年为旧历癸卯年，故称癸卯学制。这个学制以"中学为体，西学为用"作为指导方针，规定了学制主系列划分为三个阶段（初等教育、中等教育、高等教育）和七个等级（蒙养院、初等小学堂、高等小学堂、中学堂、高等学堂、大学堂、通儒院）。从小学堂到大学堂，学制总年限长达20~21年之久，大学堂之上还有通儒院等。1911年辛亥革命后，南京临时政府对旧学制进行了修订，颁布了"壬子癸丑学制"。这个学制规定，儿童从6岁入学，到23岁或24岁大学毕业，整个学程为17年或18年，分三段四级。该学制三段仍为初等教育、中等教育、高等教育；四级为初等小学、高等小学、中学、大学。1922年，中华民国北洋政府对学制进行了改革，颁布了区别于"壬子癸丑学制"的新学制，即"壬戌学制"。新学制以美国学制为蓝本，规定小学修业年限为6年，中等教育阶段分设初中和高中，修业年限各3年，总称为"六三三制"。之后，学制虽然几经修改，但基本上沿用了"壬戌学制"。

2. 中华人民共和国学校制度建设

1949年中华人民共和国成立后，于1951年11月1日颁布了《中央人民政府政务院关于改革学制的决定》，确定了中华人民共和国的新学制。新学制的组织系统（图6-1）分为学前教育（幼儿园），初等教育（包括小学、工农速成和业余初等学校），中等教育（包括中学、工农速成中学、业余中学、中等专业学校），高等教育（包括专科学校、大学、专门学院和研究部），以及各级政治学校和政治训练班等。此外，还有各类补习学校、函授学校及特殊教育学校。新学制的特点是：体现了教育为工农服务和为生产建设服务的方针，强调学校教育面向工农，保障广大劳动人民及其子女的受教育机会；重视在职干部的教育；同时也体现了民族平等、男女平等的原则。新学制于1952年在全国施行，对促进中国教育事业的发展具有十分重要的意义。

《中央人民政府政务院关于改革学制的决定》

随着社会主义建设事业的发展，1958年9月，中共中央、国务院发布了《关于教育工作的指示》，确立了"教育为无产阶级政治服务，教育与生产劳动相结合"的方针，对学制改革提出了新的要求。在这个时期，我国实行"两种教育制度、两种劳动制度"，全国各地开展了中小学学制改革试验，开办了半工半读学校、业余学校、职业学校以及社会主义劳动学校等。"文化大革命"开始后，教育革命伴随着学制革命，缩短学制成为学制革命的主题。"文化大革命"的学制革命

图 6-1 中华人民共和国学制系统图（1951 年）①

对教育事业的发展带来了不利的影响。"文化大革命"结束后，随着教育事业的拨乱反正，中国的学制改革重新步入健康发展的轨道。

（二）中国现行的学校教育制度

改革开放以来，我国教育法制化建设不断增强。从 20 世纪 80 年代至今，我国先后出台了《中华人民共和国义务教育法》（1986 年 4 月通过，2006 年 6 月修订，2015 年 4 月第一次修正，2018 年 12 月第二次修正）、《中华人民共和国教师法》（1993 年 10 月通过，2009 年 8 月修正）、《中华人民共和国教育法》（1995 年 3 月通过，2009 年 8 月第一次修正，2015 年 12 月第二次修正，2021 年 4 月第三次修正）、《中华人民共和国职业教育法》（1996 年 5 月通过，2022 年 4 月修订）、《中华人民共和国高等教育法》（1998 年 8 月通过，2015 年 12 月第一次修正，2018 年 12 月第二次修正）、《中华人民共和国民办教育促进法》（2002 年 12 月通过，2013 年 6 月第一次修正，2016 年 11 月第二次修正，2018 年 12 月第三次修正）。在这些重要的教育法律法规中，均有对学校教育制度的规定。在《中华人民共和国教育法》中，更有对我国教育基本制度的明确规定。除此之外，20 世纪 80 年代之后，

---

① 《中国教育地图集》编纂委员会：《中国教育地图集》，上海科学技术出版社 1995 年版，第 15 页。

我国还颁布了一系列指导国家教育改革和发展的重要文件，例如，1985年颁布的《中共中央关于教育体制改革的决定》，1993年中共中央、国务院印发的《中国教育改革和发展纲要》，2010年中共中央国务院印发的《国家中长期教育改革和发展规划纲要（2010—2020年）》等。在这些重要文件中，也含有对学制改革的要求与内容。2017年9月，中共中央办公厅、国务院办公厅印发了《关于深化教育体制机制改革的意见》，指出深化教育体制机制改革的主要目标是：到2020年，教育基础性制度体系基本建立，形成充满活力、富有效率、更加开放、有利于科学发展的教育体制机制，人民群众关心的教育热点难点问题进一步缓解，政府依法宏观管理、学校依法自主办学、社会有序参与、各方合力推进的格局更加完善，为发展具有中国特色、世界水平的现代教育提供制度支撑。我国现行学制系统如图6-2所示。

图6-2 我国现行学制系统示意图①②

---

① 本图根据《中华人民共和国教育法》"第二章 教育基本制度"，参照张力著《教育强国战略》（学习出版社2012年版）中的"我国现行教育体系示意图"和马建军主编《现代教育学基础》（南京师范大学出版社2003年版）中的"我国现行学制示意图"进行制作。
② 本学制图是依据学校教育的层级制作的，未将成人教育的学校单独列出。成人教育的入学条件、修业年限和就学方式有着相应的法律规定和政策要求，整体上更具有开放性和灵活性。

综合现行的教育法律和相关政策的规定,可以将我国现行的学校制度表述如下:

1. 学校层级与类别制度

从层级与类别上看,我国实行学前教育、初等教育、中等教育、高等教育的学校教育制度。学前教育的主要办学机构是幼儿园,它主要通过创设健康、丰富的生活和活动环境帮助幼儿学习。初等教育的主要办学机构是全日制小学,主要对适龄儿童实施素质教育,为他们一生的发展打下良好基础。中等教育的办学机构包含全日制普通初中、职业初中、普通高中、职业高中、中等专业学校、技工学校、成人中等学校等。中等教育的任务,一方面是为高一级学校培养合格新生,另一方面是为社会培养劳动后备军。高等教育的主要办学机构是高等专科学校、学院、大学,其主要任务是培养高等专门人才。在高等学校教育中,就学历教育而言,分专科教育、本科教育和研究生教育。研究生教育又分硕士研究生教育和博士研究生教育。可见,我国现行的高等学校,学校类别和层级都已呈多样化发展的新趋势。

2. 学校入学与修业年限制度

我国幼儿园招收3—6岁幼儿入园。小学和初中实施义务教育,按照《中华人民共和国义务教育法》的规定,"凡年满六周岁的儿童,其父母或者其他法定监护人应当送其入学接受并完成义务教育;条件不具备的地区的儿童,可以推迟到七周岁"。小学和初中实行就近并免试入学的原则。高中阶段的学校主要招收初中毕业生入学,当地教育行政部门举行中等学校招生入学考试。职业中学开始实行注册入学,并对学生实行学费减免的政策。我国的高等学校已取消本、专科阶段学生入学的年龄规定,并实施高等学校招生考试制度。

我国现行各级学校的修业年限是:小学一般为6年(部分地区为5年),初级中学3年(部分地区为4年),普通高中和职业中学3年。高等学校的修业年限按学历教育的不同有所不同。高等专科学校和职业技术学院的修业年限一般为2～3年,本科院校本科阶段为4～5年。高等教育硕士研究生学习一般为2～3年,博士研究生学习一般为3～4年。我国成人学校的修业年限弹性较大,可以适当延长。

3. 学校办学制度

我国实行政府为主体,社会力量共同参与的办学制度。在现阶段,基础教育以地方政府办学为主,允许和鼓励社会力量参与办学;高等教育以中央和省两级政府办学为主,鼓励社会力量参与办学;职业技术教育和成人教育主要依靠行业、企业、事业单位办学和社会各方面力量联合办学。随着《中华人民共和国民办教育促进法》的颁行，现阶段我国呈现出公办学校与民办学校共同发展的良好局面。

4. 学校管理制度

就外部管理看，我国目前基础教育学校实行地方政府管理、以县为主的制度；高等学校实行中央和省级政府两级管理制度。就内部管理看，我国中小学实行校长负责制，国家举办的高等学校实行中国共产党高等学校基层委员会领导下的校长负责制。民办学校设立学校理事会、董事会或者其他形式的决策机构，由他们聘任校长管理学校。

我国现行的学校管理对教学管理有着种种制度规范与制度激励。现行的中小学主要实行学年制管理，普通高等学校实行学年制管理和学分制管理相结合的制度。成人学校主要实行学分制管理。

三、部分国家的学校制度

下面以美国、英国、法国、德国为例，介绍其他一些国家的学校制度。这些国家的学校制度具有一定的典型性。

(一) 美国的学校教育制度

美国的学校教育分为连续的四级，即学前教育、初等教育、中等教育和高等教育。这个学制于19世纪末20世纪初形成，并延续至今。

1. 学前教育

美国十分重视学前教育的发展，强调早期教育的重要性，普遍设立学前教育机构。学前教育机构分保育学校和幼儿园，招收3—5岁的儿童。保育学校主要是养育，幼儿园为儿童提供安全、有教育意义和社会化的环境，以使儿童幸福快乐地成长。

2. 初等教育和中等教育

美国的初等教育主要指小学教育，中等教育指中学教育。美国儿童6岁开始接受小学教育。小学和中学修业年限总体规定为12年，均属义务教育阶段。由于美国学校教育管理主要由自治州政府和学区负责，在修业年限的具体规定上，各州可以自行决定，因而中小学的学制呈现出多样化的状况，有"六三三制""四四四制""六六制""五三四制"等。其中，"六三三制"为最主要的学制，在美国居主导地位。

3. 高等教育

美国的高等学校大体可分为三类。(1) 初级学院或社区学院。这类学院学制为2年，学生学完两年课程后可获得副学士学位。初级学院或社区学院又提供两种类型的教育：一类是一般性的教育，学生学习相当于四年制大学的一二年级的课程，学生毕业后可凭所得学分申请转入四年制大学的三年级继续学习；另一类是职业教育，主要为学生就业做准备。（2）四年制学院。这类学院重点进行本科教育，学生毕业时授予学士学位。（3）大学。美国大学通常是若干种学校的集合体，包括本科学院、专业学校和研究生院。研究生院进行硕士阶段和博士阶段的教育，学生毕业时授予硕士、博士两种学位。

美国学校制度具有以下主要特点。（1）单轨制。即为自下而上的学校结构，小学、中学、大学成为一个系列。在这样的学制系统中，正规教育与非正规教育相互结合，普通教育和职业教育融为一体。（2）统一性与多样性相结合。美国学制在义务教育阶段的学习年限既具有全国的统一性，又具有分段的多样性，因而是统一性前提下的多样性。多样性体现出自治州和学区对学制分段的自主权。高等学校整体上的统一分类与各类学校的多样化和特色化的发展有着良好的结合。（3）弹性化。美国学制的弹性化主要体现在高等教育修业年限的弹性化和实行学分制管理的弹性化，由此也反映出学生对学习具有选择权。

（二）英国的学校教育制度

英国的学校教育制度具有一定的地方差异。从总体上看，英国的学校教育包括学前教育、小学教育、中学教育、继续教育和大学教育。

1. 学前教育

英国的学前教育机构包括托儿学校和初等学校附设的托儿班，对5岁以下的儿童进行看护与教育，重点是为4岁的儿童提供良好的早期教育。英国虽然鼓励学前教育的发展，但学前教育不属于义务教育。

2. 小学教育和中学教育

英国的小学教育和中学教育均属于义务教育，总年限为11年。小学招收5—11岁的儿童入学，学制为6年。中学招收11—16岁的学生，学制5年。从办学主体的角度看，英国的中学分为公立中学和私立中学；从学校类别的角度看，英国曾设有文法中学、现代中学和技术中学。文法中学是服务于精英教育的学校，现代中学是以完成义务教育为目的的学校，技术中学是进行职业教育的学校。随着教育民主化和教育机会均等化的发展，英国出现了中学综合化的趋向。英国综合中学有一贯制综合中学、两级制综合中学和三级制综合中学，其中以一贯制综合中学为主体。

3. 继续教育是义务教育后实施分流的阶段

按照英国教育法律规定，16—18岁全日制教育、16岁以后的非全日制教育以及 18 岁以后攻读大学学位课程以外文凭的全日制教育均划归继续教育的范畴。继续教育分职业教育和普通教育。实施继续教育的机构为综合中学、继续教育学院等。16—18 岁的全日制教育主要由综合中学实施。

4. 大学教育

英国的大学教育含本科教育、硕士教育和博士教育。本科教育学制一般为 3 年。一年级末有资格考试，通过才可升入二年级。三年级末有毕业考试，通过可获学士学位。硕士教育分授课式硕士教育和研究式硕士教育，学制为 1～2 年。博士教育学制为 3～4 年。

英国学校教育制度具有两个主要特点。（1）双轨制。英国是最早出现双轨制学校制度的国家。这主要表现在中等教育阶段普通教育学校与职业教育学校的并行发展。双轨制学校制度虽然已处在变革中，但英国继续教育的制度依然显现出双轨制的存在。（2）三学期制。英国的学校采用三学期制，也称学季制。一年三学期（季）：秋季学期、春季学期与夏季学期。每学期大约 10 周。英国的三学期制赋予学生更多的学习自由。

（三）法国的学校教育制度

法国在教育方面实行中央集权制，地方教育行政单位是大学区。法国具有较为统一的学校教育制度。

1. 学前教育

实施学前教育的主要机构是幼儿学校（或称母育学校）。学前教育虽不属于义务教育，但在法国很受重视。学前教育按孩子的年龄段分为三种班级：2—4 岁的小班；4—5 岁的中班；5—6 岁的大班。法国的学前教育已基本实现普及化。

2. 初等教育

实施初等教育的机构为小学，招收 6—11 岁的学生入学。小学属于义务教育的初级阶段，学制 5 年。小学第一年称预备阶段，第二、三年称基础阶段，第四、五年称中级阶段。小学教育的任务是使儿童掌握认识的基础工具，发展智力、艺术灵感和手工以及运动机能，与家庭共同进行道德与公民教育。

3. 中等教育

中等教育分初中、高中两个阶段。初中 4 年，分两个阶段。前两年为第一阶段，称观察阶段；后两年为第二阶段，称指导阶段。在指导阶段，学生能够在几种不同类型的学习方向中进行选择。高中主要分为普通高中和职业高中。普通高中又称长期高中，学制 3 年，主要为学生升学服务。职业高中学制也是 3 年，主要为学生就业服务。

4. 高等教育

高等教育机构主要有大学、高等专科学校、短期技术大学。

大学教学分三个阶段。第一阶段为2年，学基础课程，学业结束经考核合格授予大学普通教育文凭（DEUG）。第二阶段为2年，学专业课程。其中，第一年学习结束考试合格者授予学士学位，第二年合格者授予硕士学位。第三阶段主要进行科学研究，第一年考试合格者授予深入学习文凭（DEA），第三年通过论文答辩者授予博士或工程博士学位。法国的最高学位为国家博士，需经5～10年或更长时间的准备，并在科学研究中成果突出，方可获得。

高等专科学校是法国高等学校中的一种特殊类型，其特点是：规模小、招生要求高、师资和设备比一般大学优越，教学专业性强。例如，著名的巴黎高等师范学校、巴黎综合技术学校等。高等专科学校学制3～5年，一般不授予学位，只发本校毕业文凭。

短期技术大学也称大学技术学院，学制2年，主要培养高级技术人员。

法国学校教育制度的主要特点是：（1）双轨制，在中等教育和高等教育阶段，普通教育和职业教育并行发展；（2）各级教育中均有较明确的分级制或分段制，这种较细致的分级与分段使得培养目标更加具体化；（3）大学教育中强调科学研究，这特别体现在国家博士的培养上，培养年限长，对科研成果的要求非常高。这种培养方式具有典型性。

（四）德国的学校教育制度

德国的学校教育以各州自治为主，联邦政府拥有较少的管理权限，通过一些协调机构参与教育事业的管理。德国的学校教育制度在整体上由州政府确立，相互之间通过文教部联席会议进行协调。

1. 学前教育

德国的学前教育机构主要是幼儿园。幼儿园分三种：普通幼儿园、特殊儿童幼儿园和学校附设幼儿园（或学前班）。普通幼儿园和特殊儿童幼儿园分别招收1—6岁的儿童和特殊儿童入园。德国幼儿园主要由民间团体、普通慈善机构和教会开办。学前教育不属于义务教育范围，儿童入园采取自愿原则。

2. 初等教育

初等教育机构为小学，招收年满6周岁的儿童入学，学制一般为4年。小学是整个教育体系的共同基础，传授读、写、算的基本技巧，进行自然科学和社会科学的入门教育。

3. 中等教育

中等教育的机构有文理中学、实科中学、综合中学和主体中学。文理中学强调严格的学术教育，为学生提供进入大学学习的预备性教育，学制8~9年。实科中学是初级中学的一种形式，修业年限一般为6年，在实行6年制小学的联邦州为4年。实科中学毕业生一部分升入高级文理中学高年级学习，大多数进入职业学校系统接受高一级的职业教育。综合中学是教育改革的产物，它把原有的不同中学综合在一起，兼具各类中学的职能。主体中学提供职业预备性教育，学制5~6年。

4. 职业教育

在德国具有较完备的学校职业教育系统。学校职业教育系统由部分时间制和全时制的各种职业教育学校组成，主要包括职业学校、职业专科学校、职业进修学校、专科高中和专科学校等不同类型的职业学校。

5. 高等教育

德国的高等教育形成了多样化的结构。依据高等教育人才培养方向及其办学层次，德国的高等教育机构可分为以下四种类型：一是综合性大学及与其同等级别的高校（如科技高校或科技大学、高等师范学校、高等神学学校）；二是应用科学大学（即高等专业学院）；三是高等艺术与音乐学院；四是职业学院。德国不同类型的高等教育机构，虽然有着明确的分工，但在教学、科研和社会服务等方面又有着紧密合作的关系。

德国学校教育制度的主要特点是：（1）具有十分完备的职业教育学校系统，职业学校与企业有着良好的合作，形成了世界知名的职业教育双元制模式；（2）初等教育修业年限相对较短，中等教育修业年限相对较长；（3）高等教育机构分类清晰，定位合理，发展均衡。

第三节　学校教育制度的改革

当今世界，随着全球化的发展，教育改革也在不断深化，其中学校教育制度的改革也在深入推进，并呈现出新的趋势。

一、我国的学校教育制度改革

（一）深化不同层级学校教育制度的改革

在现阶段及未来较长一段时期内，我国不同层级学校教育制度的改革会继续深化。

1. 学前教育的改革

我国学前教育正处在大力发展期。基本普及学前教育已成为我国教育改革发展的新目标。根据《国家中长期教育改革和发展规划纲要（2010—2020年）》的要求，到2020年，普及学前一年教育，基本普及学前两年教育，有条件的地区普及学前三年教育。在积极推进学前教育普及化的同时，要创新学前教育普惠健康发展的体制机制。理顺学前教育管理体制和办园体制，建立健全国务院领导、省市统筹、以县为主的学前教育管理体制。鼓励社会力量举办幼儿园，支持民办幼儿园提供面向大众、收费合理、质量合格的普惠性服务。要加强科学保教，遵循幼儿身心发展规律，坚持以游戏为基本活动，合理安排幼儿生活作息。加强幼儿园质量监管，规范办园行为。

2. 义务教育的改革

现阶段我国义务教育发展的任务主要是巩固提高九年义务教育水平和推进义务教育均衡发展。随着义务教育的发展，义务教育阶段的学制改革也将深化。要完善义务教育均衡优质发展的体制机制。要着力解决义务教育城乡发展不协调问题。统一城乡学校建设标准、城乡教师编制标准、城乡义务教育学校生均公用经费基准定额，加快建立义务教育学校国家基本装备标准。要改进管理模式，试行学区化管理，探索集团化办学，采取委托管理、强校带弱校、学校联盟、九年一贯制等灵活多样的办学形式。要完善入学制度，统筹设计小学入学、小升初、高中招生办法。

3. 高中阶段的改革

加快普及高中阶段教育和推动普通高中的多样化发展，是现阶段高中阶段教育发展的主要任务。实现高中阶段教育的新发展，同样需要深化学制改革。加快普及高中阶段教育，要求深化高中招生、入学制度改革。推动高中阶段教育的多样化发展，要求深化高中教育结构和学校教学制度的改革，深化高中育人方式的改革。在高中教育阶段，要实现普通教育和职业教育的有机结合，全面提高高中生的综合素养，对深化学制改革也提出了要求。

4. 高等教育的改革

根据《中华人民共和国高等教育法》的规定，现阶段我国高等教育发展的任务是：培养具有社会责任感、创新精神和实践能力的高级专门人才，发展科学技术文化，促进社会主义现代化建设。高等教育的持续发展，与深化高等教育学制改革同行。要健全促进高等教育内涵发展的体制机制，强调要创新人才培养机制。

高等学校要把人才培养作为中心工作，全面提高人才培养能力。不同类型的高等学校要探索适应自身特点的培养模式，着重培养适应社会需要的创新型、复合型、应用型人才。要研究制定高等学校分类设置标准，制定分类管理办法，促进高等学校科学定位、差异化发展，统筹推进世界一流大学和一流学科建设。

（二）建设现代学校制度

1. 建设现代学校制度是我国学校教育制度改革的新目标

《国家中长期教育改革和发展规划纲要（2010—2020 年）》已把建设现代学校制度列为深化教育体制改革的重要内容与任务。建设现代学校制度，已成为现阶段我国学校制度建设的新目标。建设现代学校制度对于完善和发展中国特色的社会主义制度，推进教育治理体系和治理能力现代化具有极其重要的意义。

2013 年 11 月，中国共产党第十八届三中全会确立了全面深化改革的总目标，完善和发展中国特色社会主义制度，推进国家治理体系和治理能力的现代化。这一总目标为现阶段我国深化教育改革和深化学校制度改革指明了方向。2017 年，党的十九大报告再次强调要"加快教育现代化，办好人民满意的教育"。

2. 现代学校制度建设的内涵

《国家中长期教育改革和发展规划纲要（2010—2020 年）》对建设现代学校制度有着明晰的表述："适应中国国情和时代要求，建设依法办学、自主管理、民主监督、社会参与的现代学校制度，构建政府、学校、社会之间新型关系。"这一表述阐明了我国建设现代学校制度的动因和现代学校制度的内涵。

（1）建设现代学校制度是中国社会发展的需要。中国要建设社会主义现代化国家，必须从国情出发，走适合中国自己的发展道路。中国的现代化是有中国特色的社会主义现代化。进入 21 世纪以来，我国提出了全面建设小康社会的奋斗目标，这一目标反映了建设有中国特色社会主义现代化的追求。从教育发展的层面看，现阶段我国教育发展的目标是：加快从教育大国向教育强国、从人力资源大国向人力资源强国迈进，完善中国特色社会主义教育体系，推进教育治理体系和治理能力的现代化。无论是国家发展的总目标还是教育发展的目标，都指向制度的完善和发展，都指向现代化。因此，建设现代学校制度是适应时代的要求，是适应中国社会发展的需要。

（2）现代学校制度是依法治校、自主管理、民主监督、社会参与的制度。依法治校是现代学校制度建设的核心。全面推进依法治国，建设社会主义法治国家，已是我国社会发展的重要追求。建设现代化的国家治理体系，重要的是建设法治体系。正如国家现代制度建设的核心是依法治国，建设现代学校制度的核心也必然是依法治校。法治性是现代学校制度的重要特征，自主管理是现代学校制度建设的重要指向。自主管理是依法自主管理，需要法律赋予学校管理的自主权并保障学校能够自主地行使管理权。民主监督是现代学校制度建设的重要内容。民主性是现代学校制度的另一重要特征。现代学校制度需要深切地体现真实的民主监督。民主监督是依法治校的重要保障。社会参与对现代学校制度建设同样不可或缺。现代学校制度还具有开放性的特征。现代学校是向社会开放的学校，是与社会密切合作的学校。现代学校的发展需要广泛的社会参与，社会参与需要通过制度来保障实现。

《国家中长期教育改革和发展规划纲要(2010—2020年)》中的"建设现代学校制度"

3. 我国现代学校制度建设的基本任务

我国现代学校制度建设的基本任务是：

（1）构建政府、学校、社会之间的新型关系。为此，要适应国家行政管理改革简政放权的要求，明确政府对学校的管理权限与职责，明确学校的办学权力与责任。政府要放管服结合，优化服务改革。另一方面，则要切实落实和扩大学校办学自主权。同时，要通过制定和实施良好的政策，鼓励社会参与办学。构建政府、学校、社会之间的新型关系，将会大力促进现代学校的发展。

（2）完善中国特色现代大学制度。建设现代学校制度包含建设现代大学制度。完善中国特色的现代大学制度，对于建设现代学校制度和促进我国高等教育的现代化发展，具有重要的现实意义。建设现代大学制度，需要按照习近平 2016 年 12 月在全国高校思想政治工作会议上提出的"我国高等教育的发展方向要同我国发展的现实目标和未来方向紧密联系在一起，为人民服务，为中国共产党治国理政服务，为巩固和发展中国特色社会主义制度服务，为改革开放和社会主义现代化建设服务"的要求为指导。现阶段完善中国特色现代大学制度的主要任务是：其一，要完善大学治理结构。公办高校要完善党委领导下的校长负责制。要扩大学校民主，充分发挥学术委员会在学科建设、学术评价、学术发展中的重要作用，发挥教授治学的作用。与此同时，要重视和有效发挥教职工代表大会和学生代表大会的作用。民办高校要在加强党的领导的前提下，按照建设现代大学制度的要求，完善学校内部治理结构。其二，要加强章程建设。各类高校要依法制定章程，依照章程管理学校。其三，要扩大社会合作。探索高校与社会合作的新模式，推进高校与行业、企业、科研院所、社会团体等开展更有效的合作，并形成协调合作的有效机制。其四，推进专业评价。建立科学规范的评估制度，鼓励专门机构和社会中介机构对高校办学进行评估。

（3）完善中小学学校管理制度。为此，要进一步完善中小学校长负责制，完善校长任职条件和任职办法。要实行校务会议管理制度，建立健全教职工代表大会制度和家长委员会制度。与此同时，要建立和健全相关制度，吸引社会积极参与中小学学校办学与管理。

二、世界范围内学校教育制度改革的趋势

世界范围内学校教育制度的改革也在呈现新的趋势。

1. 努力推进学前教育的发展

在世界范围内，已呈现努力推进学前教育大发展的趋势。大力发展学前教育，已成为世界全民教育发展的重要任务与目标。2000年，联合国教科文组织世界教育论坛通过了《达喀尔行动纲领》，再次确认了将发展幼儿教育列为全民教育的重要目标，要求在全世界范围内"全面扩大和改进幼儿，尤其是最易受到伤害和处境最不利的儿童的保育和教育工作"[①]。21世纪以来，众多国家把发展学前教育列为促进本国基础教育发展的更为重要的议事日程，提出了普及学前教育的新目标。同时，更加重视学前教育与小学教育的衔接，并积极探索二者有机衔接的方式与途径。

2. 义务教育年限不断延长，质量不断提高

义务教育制度的普遍确立是当代世界学校教育制度的重要变革与创新。在世界范围内，随着经济的发展和教育公平与民主的推进，义务教育的制度建设不断得到加强。首先是义务教育的年限趋于延长。一些发达国家已将高中阶段教育纳入义务教育的范围，义务教育的年限已达10年以上。众多发展中国家也在努力延长义务教育年限，以促进本国国民素质的普遍提高。其次是推进义务教育学校的均衡化和优质化发展。各国在进一步实现义务教育入学机会均等的同时，更加重视义务教育的过程公平与质量公平。大力缩小义务教育学校的校际差距，推进义务教育学校的优质化发展成为共同的趋向。

3. 高中阶段教育继续多样化发展

在世界范围内，随着经济社会的发展，高中阶段教育会大力发展，并继续呈现多样化的发展趋向。一方面，普通高中和职业高中继续共同发展。高中阶段的普通教育和职业教育在共同发展的过程中，会继续增强两者的融合，即在普通高中融入现代职业技术教育，在职业高中渗透普通教育或人文教育。另一方面，普通高中和职业高

---

① 联合国教科文组织：《全民教育：提高质量势在必行——2005年全民教育全球监测报告》，中国对外翻译出版公司2005年版，第30页。

中各自多样化发展。就普通高中而言，会推进培养模式的多样化和实现学校的特色化发展。就职业高中而言，为适应经济社会发展对现代劳动者和技能型人才的需要，学校办学类型和办学模式也会多样化发展。高中阶段教育的多样化发展，在一些国家还将表现为，综合性高中会继续发展，并探索出新的发展形态。

4. 高等教育更具开放性和创新性发展

在世界范围内，全球化的深入发展导致各国更加重视高等教育的发展。高等教育的规模不断扩大，高等教育质量提升的竞争不断加剧。从学制改革的角度看，高等教育的入学年龄、修业年限、课程学习方式等将更具有开放性，因而也更具有可选择性。这样，各级各类高等学校与社会各部门、各行业的联系会进一步加强。未来高等教育的发展，不仅会显现出更好的开放性，同时更要求具有创新性。大力提高人才培养质量，大力提升科学研究水平，大力增强服务社会的职能，这是时代发展需要高等教育予以强化的使命。为此，高等学校的层次和类别结构的改革会更加深化，高等职业院校、应用型本科院校和研究型大学需要更合理地发展。在不同类型的高等学校中，都将努力推进教育教学改革，实现人才培养模式的创新。高等教育学校制度的改革，将更好地指向为大力培养创新型人才服务。

5. 建构终身教育体系

在世界范围内，终身教育思潮影响深远。建构终身教育体系已成为众多国家推进教育改革的重要目标。互联网和在线教育，既对现存教育制度带来巨大的挑战，也为终身教育体系的建立提供了前所未有的良好条件。建构终身教育体系蕴含着学校教育制度的变革。它要求学校教育制度变革与终身教育体系建构相适应、相一致。未来的学校教育制度，将呈现出更具有开放性、灵活性与多样化的特征，同时也会呈现出学校教育、家庭教育、社会教育相结合的特征。从纵向看，未来的学校教育不仅要更好地服务于人生的幼儿阶段、童年阶段和青少年阶段的教育需要，同时要更好地服务于人生的成年阶段和老年阶段的学习需要。从横向看，未来的学校教育不仅要更好地服务于人生的职业与工作的需要，同时要更好地服务于人生的休闲和生活的多样化与丰富性的需要。这样，一种秉持终身教育理念的新型学校教育制度将得以建构，在此基础上的终身教育体系也将得以建构。

思考题

一、名词解释题

学制　办学体制　学校管理制度　义务教育制度

二、简答题

1. 学校产生的条件是什么？学校产生有哪些重要意义？
2. 现代学校的基本职能是什么？
3. 现代学校教育制度有哪些基本特点？

三、论述题

1. 试评述 20 世纪 50 年代以来我国学制改革的基本历程和主要经验。
2. 试分析世界范围内学校教育制度改革的趋势。

四、材料分析题

多年来，学术界对义务教育学制改革展开了多种讨论，其中最突出的是"五四制"与"六三制"之争。所谓"五四制"，就是实行小学修业五年、初中修业四年的学校教育制度。所谓"六三制"，就是实行小学修业六年、初中修业三年的学校教育制度。"五四制"的倡导者和支持者认为，"五四制"符合国际基础教育学制改革的趋势，也符合青少年的成长规律，有利于更好地普及小学教育和提高九年义务教育质量。"六三制"的倡导者和支持者认为，"六三制"已成为我国的基本学制，实践证明行之有效。由于我国文字难认、难记、难写，小学实行六年制具有合理性。也有学者认为，实行"五四制"与"六三制"，都有各自的理由与合理性，但也有各自的问题。对于九年制义务教育学制而言，关键是如何做好小学与初中的学段衔接。

请认真阅读以上材料，结合两种观点的论争，谈谈你对九年制义务教育学制改革的认识。

第七章 课　　程

课程是学校教育系统的核心要素，是社会主导教育价值观念的具体表现和集中反映。在一定意义上，我们可以说，没有课程就没有学校教育。课程研究是教育学科的重要领域，它探究课程的一般原理及问题。本章将呈现关于课程的基本概念、原理和理论，以期对课程研究领域形成一种概观，并用它来观照实际的课程及其开发。

第一节　课程概述

人类对课程的认识经历了一个长期的过程，但把课程作为一个独立的领域进行思考和探索，却始自20世纪初。美国学者博比特（1887—1956）在1918年出版了《课程》一书，又在1924年出版了《怎样编制课程》；1923年，美国另一位教育学者查特斯（1875—1952）出版了《课程编制》；1949年，美国教育学家拉尔夫·泰勒（1902—1994）出版了著名的《课程与教学的基本原理》。这些著作把学校教育中的课程作为一个可以研究并改进的对象，提出了编制和开发好的课程的依据以及需要解决的问题，被国际课程研究领域认为是现代课程研究的开端。

张华：《走向课程理解：西方课程理论新进展》

一、课程的概念

在课程研究确立百年来的时间里，关于课程的定义却莫衷一是。研究者们基于各自对课程的认识立场和价值追求，给出了关于课程的各种界定和描述。

从词源上考察，我国的"课程"一词，最早见于唐朝孔颖达（574—648）的注疏《毛诗正义》。在该书中，孔颖达为《诗经·小雅·巧言》中"奕奕寝庙，君子作之"一句注疏："以教护课程，必君子监之，乃得依法制也。"宋朝朱熹（1130—1200）在《朱子全书·论学》中频频提及"课程"。例如，"小立课程，大作工夫"；"宽着期限，紧着课程"。朱熹的"课程"主要指的就是功课及其进程，这已与现今"课程"的概念颇为近似。

在西方，根据英国课程学者汉密尔顿（1933—2016）的考证，教育范畴内的课程概念，最早出现在彼特·拉莫斯（1515—1572）发表于 1576 年的《知识地图》，并于其后出现在雷登大学（1582）和格拉斯哥大学（1633）的记载中。①关于课程的概念界定，影响最广的要数 1859 年英国哲学家、教育家斯宾塞在《什么知识最有价值》中用"课程"一词来表示"教学内容的系统组织"。从词源学上看，curriculum 一词源于拉丁语动词 currere，意为"奔跑"；curriculum 作为名词，意思是"跑道"（race-course）。据此，西方最常见的课程定义是"学习的进程"，简称为"学程"。

关于课程的含义或定义，综合世界各国课程学者的课程概念，大体可以将其分为如下三类。

（一）课程即目标或计划

在这种课程定义中，把课程视为学习活动要达到的目标、教学的预期结果或教学的预先计划。例如，美国著名课程论专家塔巴（1902—1967）认为课程是"目的和具体目标的陈述"②，奥利沃（1922—2012）则认为课程是"一组行为目标"③，还有学者认为课程是"一系列有组织的、有意识的学习结果"④，等等。

这种课程定义把课程视为教学过程之前或教育情境之外的东西，把课程目标、计划与课程过程、手段割裂开来并片面地强调前者，忽略了学习者的现实经验。

（二）课程即学科

课程即学科，是使用最普遍、最为常识化的一种课程定义。例如，《中国大百科全书·教育卷》这样定义：课程是指所有学科（教学科目）的总和，或学生在教师指导下各种活动的总和，这通常被称为广义的课程；狭义的课程则是指一门学科或一类活动。⑤再如澳大利亚课程学者科林·马什指出：自公元前 4 世纪起，"课程"一词就被用来描述古希腊文明时代所教授的科目。⑥美国教育哲学家、课程论专家菲尼克斯（1915—2002）在《课程面临的抉择》中说："一切的课程内容应

---

① ［美］小威廉姆·E. 多尔、［澳］诺尔·高夫主编：《课程愿景》，张文军等译，教育科学出版社 2004 年版，第 32 页。
② Taba H, *Curriculum Development: Theory and Practice*, Harcourt, Brace & World, Inc, 1962, p. 10.
③ Oliva P F, *Developing the Curriculum*, Little, Brown & Company, 1982, p. 5.
④ Johnson M, "Definitions and Models in Curriculum Theory", *Educational Theory*, 1967, 17 (2), p. 131.
⑤ 《中国大百科全书·教育卷》，中国大百科全书出版社 1985 年版，第 207 页。
⑥ ［澳］科林·马什：《理解课程的关键概念》第 3 版，徐佳、吴刚平译，教育科学出版社 2009 年版，第 3 页。

当从学问中引申出来。或者换言之，惟有学问中所包含的知识才是课程的适当内容。"①

从上面论述中不难看出，这种课程定义把课程内容视为源自文化遗产的学科知识而予以强调，但它忽略了课程内容与课程实施过程的动态关系，其最大缺陷是把课程视为外在于学习者的静态的存在，对学习者的经验重视不够。

（三）课程即学习者的经验或体验

这种课程定义把课程视为学生在教师指导下或自发所获得的经验或体验。美国著名教育家杜威就把课程视为学生在教师指导下所获得的经验。受杜威影响，许多人持同样的观点。例如，美国课程论专家卡斯威尔（1901—1988）和坎贝尔（1888—1973）认为，"课程是儿童在教师指导下所获得的一切经验"②；美国20世纪60年代出版的《教育研究百科全书》认为，"30年代后期，课程就被定义为学习者在学校指导下的一切经验"③。后来的相关课程理论沿着这一主张继续前行，进而非常强调学生在学校和社会情境中自发获得的经验或体验的重要性。

这种课程定义的突出特点是把学生的直接经验置于课程的中心位置，从而消除了课程中"见物不见人"的倾向，消解了内容与过程、目标与手段的二元对立。目前，这种课程定义代表了国际课程领域发展的趋势。但也应当指出，有些持这种课程定义的学者，有忽略系统知识在儿童发展中的意义的倾向。事实上，如何认识和处理系统学科知识与学生个人经验的关系，是课程论研究的重要问题之一。

中华人民共和国成立后，受苏联教育学体系的影响，课程在我国一直被置于"教学"概念之下，对课程的理解也因此被局限于学科教学内容。这不仅在一定程度上阻碍了我国课程理论的研究发展，也对我国课程实践产生了诸多羁绊。我国课程研究兴起于20世纪末，在21世纪初开始的第八次基础教育课程改革中获得了较大发展。因应这次课程改革的需要，我国课程学者通过借鉴国际已有课程研究的成果和经验，运用马克思主义的观点和方法，努力建构适应我国教育发展状况的课程理论。但客观地说，无论是国内还是国外，课程论的发展还远远没有达到一致的程度，具体表现之一就是对课程概念的纷争，人们很难找出一个能被多数课程学者所接受又能包含课程研究的各种主张的课程定义。

目前，我国学者一般认为，课程是指学校为实现培养目标而选择的教育内容

---

① 转引自钟启泉：《现代课程论》，上海教育出版社2003年版，第115—116页。
② Oliva P F, *Developing the Curriculum*, Little, Brown & Company, 1982, p. 5.
③ Ebel R L, *Encyclopedia of Educational Research* (4th edition), Macmillan, 1969, p. 275.

及其进程的总和，它包括学校教师所教授的各门学科和有目的、有计划的各种教育活动。显然，这个定义指的是学校规划和将要实施的课程形式，既包括学科课程，也包括除学科课程以外的各种活动课程。此外，它还包含了各项课程设置的分量和时间安排。

二、课程的类型

依据不同的分类标准，课程可分为不同的类型。在课程理论与实践中，典型的课程类型包括四对：学科课程与经验课程、分科课程与综合课程、必修课程与选修课程、显性课程与隐性课程。探究每一对课程类型之间的异同及内在联系，是确立理想的课程结构的基本前提。

(一) 学科课程与经验课程

根据课程的主体划分，可以把课程分为学科课程和经验课程。学科课程以文化知识（科学、道德、艺术）为基础，从不同知识领域或学术领域选择一定的内容，根据知识的逻辑体系将所选出的知识组织为学科。学科课程的主体是学科知识。学科课程是最古老、使用最广泛的一种课程类型，现在中小学的数学、语文、历史、科学等，都属于学科课程。学科课程强调知识本身的价值，重视学生对知识的掌握。

经验课程，亦称活动课程，或生活课程、儿童中心课程，是以儿童主体性活动的经验为中心组织的课程。经验课程以开发与培育儿童内在的、内发的价值为目标，旨在培养具有丰富个性的主体。经验课程的主体是儿童经验。儿童的兴趣、动机、经验是经验课程的基本内容。由于儿童总是生活在特定的社会和文化环境之中，所以，课程开发者为了提升儿童的经验和价值，也会把儿童感兴趣的当代社会生活的问题以及学科知识转化为儿童的经验，作为课程内容。经验课程的基本着眼点是儿童的兴趣和动机，以儿童的兴趣和动机为课程与教学组织的中心。

(二) 分科课程与综合课程

从课程的组织形式来看，分科课程与综合课程是两类不同且相对应的课程。分科课程是一种单学科的课程组织形式，它是从分门别类的学科知识中选取相应内容，按照各学科知识的自身逻辑组成不同学科的课程，如语文、数学、地理、生物学等。它强调不同学科门类之间的相对独立性，强调一门学科逻辑体系的完整性。

综合课程是一种多学科课程组织形式。它是出于对现实生活和实际问题的复杂性认识，试图用两种或两种以上学科的知识和方法，探究和解决同一项目主题或问题的课程形式。它强调项目主题或问题本身的复杂性和重要性，强调不同学科之间的关联性、统一性和内在联系，弱化学科之间的界限。综合课程的核心构成是"项目"

或"问题",其来源既可以是学科,也可以是社会实践或儿童的兴趣和经验。

(三) 必修课程与选修课程

必修课程与选修课程这种分类来自于现代中等教育的选修制度。选修制度有广义和狭义两种含义。广义的选修制度是指中等教育阶段的分轨型课程体系,如我国以及世界许多国家教育中目前存在的普通高中课程与职业高中课程就是分轨型课程体系。狭义的选修制度是指将同一课程体系中的课程分成必修课程与选修课程两种。所谓必修课程,是为了保证所有学生的基本学力而开设,并在同一学段的所有学生必须修习的课程。所谓选修课程,是为了适应学生的兴趣、爱好和人生发展规划而开设,允许学生在一定条件下自由选择的课程。必修课程与选修课程的适当组合,既实现了对共同基础的要求,又在一定程度上满足了学生个性发展的需要。二者的各种组合构成了不同学校的课程体系。

(四) 显性课程与隐性课程

如果说显性课程是学校教育中有计划、有组织地实施的"正式课程"或"官方课程"的话,那么隐性课程则是学生在学习环境(包括物质环境、社会环境和文化体系)中所学习到的非预期或非计划性的知识、价值观念、规范和态度等。这当然是非正式、非官方的课程,具有"潜在性"。显性课程(有计划的学习经验)与隐性课程(非预期的学习经验)共同构成了学校课程的全貌——实际课程。

显性课程与隐性课程是两种不同的课程类型,在性质、特点、功能等方面各不相同。最明显的区别是:显性课程主要产生计划性的、预期性的教育影响,而隐性课程则主要产生非计划性、非预期性的教育影响。

显性课程与隐性课程之间也存在内在联系。一方面,显性课程的实施总是伴随着隐性课程的,因为课程的实施者是教师与学生,是以自主性、能动性、创造性为特征的两类主体。这就决定了课程的实施过程绝非机械地执行既定课程方案的过程,而是具有不可预期性,这个过程必然存在非计划性、非预期性的教育影响,必然存在隐性课程。另一方面,隐性课程也在不断转化为显性课程。任何显性课程都会产生隐性课程,其影响可能是积极的,也可能是消极的。当这种影响达到一定程度时,人们一般会在后续的课程开发和实施过程中进行相应的调整,在努力控制消极影响的同时,把那些有较大积极影响的隐性课程转化为有计划的、预期性的课程,即显性课程。这些显性课程在实施过程中又会产生新的隐性课程。所以,显性课程与隐性课程的动态转化过程是永恒的、无止境的。

三、课程计划、课程标准与教科书

课程计划、课程标准与教科书是课程的重要载体。

课程计划，亦称课程方案、课程框架等，一般而言，是指根据教育目的和各级各类学校的教育任务，由国家教育行政部门制定的有关教育和教学工作的指导性文件。通常包括课程设置、课程结构、课程性质、课程顺序、学时安排、评价方式等。例如，当前我国基础教育课程计划由《基础教育课程改革纲要（试行）》《幼儿园教育指导纲要（试行）》《义务教育课程设置实验方案》与《普通高中课程方案（2017年版）》四个课程文件构成。澳大利亚课程学者科林·马什曾指出，一个全面而完备的课程框架应具有下列特征：理论与实践紧密联系；反映教学、学习和资源方面的最新成果；唤起和鼓舞教师——他们被课程领域的潜能打动而产生课程创造。① 课程计划既为各学科、各学习领域的课程开发指明了方向，又为其奠定了理论与政策基础。当前，由于我国实行的是国家、地方、学校三级课程管理体系，除了国家教育行政部门制定的课程计划外，地方、学校也可以根据自身的教育需求，制定相应的课程计划或方案。因此，课程计划亦可依据其使用范围而进一步划分为国家、地方、学校的课程方案。

课程标准是国家教育行政部门制定的某一学科或学习领域的课程纲领性文件，它规定各门课程的性质、目标、内容框架，并提出教学建议和评价建议。课程标准是国家课程计划的具体化，是国家对相应课程的基本规范和质量要求。在中华人民共和国的学校教育系统中，起初以教学大纲来规定各门课程的教学目的、教学要求、教学内容和教学时数分配等，在21世纪初开始的第八次基础教育课程改革中，课程标准取代了教学大纲，对各门课程的性质、目标、内容和实施建议等做出指导性的规定。这当然不只是名称或形式上的改变，更重要的是它对我国学校课程与教学系统的影响。当前，我国基础教育各学科的课程标准具有以下特点：

钟启泉：《"学校知识"与课程标准》

（1）分学科或学习领域、按不同学段制定；
（2）规定了本门课程的性质、目标、内容框架；
（3）指明了学习本门课程后学生所应达到的基本要求；
（4）提出了指导性的教学建议和评价建议；
（5）不包括课程难点、重点、时间分配等具体内容。

---

① Marsh C J, *Key Concepts for Understanding Curriculum*, The Falmer Press, 1992, p.74.

课程标准规定了对某一门课程的具体要求，是该门课程教材编写、课程实施和评价的重要依据。世界上不少国家都投入巨大的人力物力进行课程标准的研制，以加强对学校教育和人才培养的指导和引领。但学校和教师在使用时也应该注意到，课程标准只是提出了课程与教学的基本要求，其目的是为课程与教学提供依据和帮助，而不是限制学校和教师的课程与教学创新。

教科书，是依据课程标准所研制的、便于教师教与学生学的基本教学媒介。教科书是课程计划和课程标准的具体化和工具载体，它由课程标准所要求达成的各种知识内容及方法所构成。在狭义上，教材就是指教科书；在广义上，除了教科书外，教材还包括补充练习材料、补充阅读材料、教学用影像材料等。传统上，我国教科书往往决定着课程与教学的内容和面貌，具有绝对的权威性。随着课程观念及信息技术的不断进步，教科书突破了纸质的形式，出现了电子教科书、网络教科书等，而且人们关于教科书及其所包含知识的认识也在不断发展。教科书只是提供适合不同年龄阶段学生发展需要的知识的例子，不可能囊括所有对学生发展有价值的知识。无论什么知识，只有经过教师和学生的合作探究以及对其承载的价值取向的批判性考察，才可能对学生的发展产生积极影响。正是在这样的意义上，有些发达国家的学校教育，并不把教科书作为学科教学的唯一蓝本。真正的教科书，是知识、生活和学生及教师心理经验的有机整合。因此，教师和学生不只是教科书的读者和接受者，还是教科书的作者和创造者。教科书具有未完成性和生成性，教师和学生在课堂内外不断再创造和续写着教科书的内容，根据自己的学习需求主动调整教科书的内容。教科书因而是开放、多元和不断生长的。我国当前课程改革倡导的教师"用教材教"而不是"教教材"、学生"用教材学"而不是"学教材"的理念，正体现了这种开放的观念。

从课程计划到课程标准，再到教科书，是课程价值观、课程目标和课程内容不断具体化和再创造的过程。这一过程最终指向教师与学生的课堂创造。

第二节 课程开发

课程开发一般是指综合考虑学校教育的相关现实条件和目标，权衡并依据一定的价值取向，对课程中的各要素及其整体做出决定的过程。这个过程本身也是对课程进行研究的过程，因此有些研究者会把"课程开发"与"课程研究"混合使用。课程开发要考虑文化、政治、哲学、历史、心理、经济等众多影响因素，更要关注这一过程中的所有独特问题以及诸如目标、学习经验或内容、组织、教学、评价和课程改革之类的一般性问题。

张华:《论"研究性学习"课程的本质》

一般认为,课程开发是国家或地方政府政治决策的过程、专家与公众相互作用的过程,它不仅是教育学者和课程专家的工作,更是社会各有关方面共同合作的事业。通常,课程开发包括课程目标的确定、课程内容的选择与组织、课程实施与评价等环节。

一、课程目标的确定

人类有意识的活动都是目的性活动,课程开发也不例外,它所指向的目标就是课程目标。课程目标是课程开发首先要解决的问题。

(一)课程目标的含义

课程目标是教育目标的下位概念,具体体现在课程开发与课程设计的教育追求中,如不同学科的目标、具体课程形式的目标。它指明了学习者在学习过程中或在学习完成后,应该掌握的知识与能力、理解的过程与方法以及体验的情感态度与价值观等。教育目的决定着课程目标的状态、内容和方向。教育目的又是基于某种教育价值观选择的,它必然体现了特定的教育哲学观。因此,以何种教育哲学为依据、制定何种教育目的,就决定了课程目标的内容、性质与方向。

在课程领域,最先把课程目标作为课程开发的出发点和归宿加以研究和分析的,当属美国著名课程论专家博比特与查特斯。之后,拉尔夫·泰勒为课程目标的研究做出了突出贡献,他对如何确定教育目标问题倾注了大量心血。不过泰勒并未对教育目的、教育目标、课程目标进行详细区分。在他那里,这些术语基本上是同义词。当行为主义的价值观与方法论在课程领域被进一步强化以后,教育目的、教育目标、课程目标彼此之间的界限越来越清楚,课程目标有一种被越来越明确、具体、琐碎地分析的倾向。后来的研究认为,把人的素质整体条分缕析、把完整的学科知识体系机械分割的做法是不适宜的,因而主张不必对教育目的、教育目标、课程目标彼此之间进行过分明晰的划分,课程目标的制定应模糊一点,以便为课程开发的创造性的发挥留有余地。

(二)课程目标的基本来源

课程目标的基本来源主要有三个方面:学习者的需要、当代社会生活的需求、学科的发展。尽管不同教育价值观对这三个方面的关系存在不同认识,但这三个方面作为课程目标的基本来源，已经成为人们的共识。不仅如此，这三个方面还发展成为课程开发的基本维度。围绕这三个目标来源和维度，基于不同的教育价值取向，分别形成了"儿童本位课程""社会本位课程"和"学科本位课程"三种典型的课程观，以及一些折中性质的课程主张。对此，我们将在课程内容的选择部分再详细论述。

（三）课程目标的基本取向及其表述方式

课程目标是一定教育价值观（教育目的、教育宗旨）在课程领域的具体化。任何课程目标都有一定的价值取向。尽管教育史上不乏对"价值中立的"课程目标的追求，但这种追求本身就体现了一定的价值观。所以，明确课程目标的基本价值取向，能够增强课程开发者的反省意识，提高其制订课程目标的自觉性、自主性。

综观课程理论界的研究成果，典型的课程目标取向主要有以下三种。

1. 行为目标取向

行为目标是以具体的、可操作的行为的形式加以陈述的课程目标，它指明课程与教学过程结束后学生身上所发生的行为变化。行为目标的基本特点是目标的精确性、具体性和可操作性。它既要用特定动词指明学生身上发生的行为变化，又要指明行为发生的条件。比如"学生能够用一节课的时间完成一篇800字的议论文""学生能够在实验室条件下利用所给的药品和装置制备氧气"等，都属于行为目标。行为目标取向是随着课程研究领域的独立而出现并逐步发展、完善起来的，这种目标取向一度在课程领域占据主导地位。

由于行为目标具有精确性、具体性和可操作性的特点，当教师将其教学内容以行为目标的形式加以陈述的时候，他们对教学任务会清楚明了，这便于教师有效控制教学过程。行为目标便于教师将教学内容准确地与教育督导、学生家长、学生本人展开交流。更重要的是，行为目标便于准确评价，因为它是以具体行为的形式呈现的，很容易判断目标是否达成。总之，行为目标对保证基础知识和技能的熟练掌握，以及保障教育目标的达成，都是有益的。

行为目标也存在重大缺陷，其中最为明显的是，行为目标描述的是学生要达成的行为的变化，只关注了学习活动的外显结果，却忽视了学习过程以及隐性课程对学生的影响，因此不能全面、客观地描述和引导课程与教学活动，有可能导致学习过程与学习结果的分离甚至对立，以及形成机械训练的教学方式。

2. 生成性目标取向

生成性目标是在教育情境之中随着教育过程的展开而自然生成的课程目标，它是问题解决的结果，是人的经验生长的内在要求。如果说行为目标是在教育过程之前或教育情境之外而被预先制订并作为课程指令、课程文件、课程指南而存在的话，那么生成性目标则是教育情境的产物和问题解决的结果，是学生和教师关于经验和价值观生长的方向感。①

生成性目标取向的渊源可以上溯到杜威"教育即生长"的命题。众所周知，杜威反对把某种外在的目的强加于教育，认为课程目标非但不是对教育经验的预先具体化，反而是教育经验的结果。在他看来，教育是儿童经验的不断改造，是儿童的生活和生长，生活、生长以及经验的改造本身即构成了教育的目的。只有这样将目的融入教育过程中，才能真正促进儿童的生长。因此，在杜威看来，良好的教育目的应具备这样几个特征：第一，它必须根源于受教育者特定的个人固有活动和需要（包括原始的本能和获得的习惯）；第二，教育目的必须能够转化为方法，与进行的教学活动协调动作；第三，教育者必须警惕所谓一般的和终极的目的。②以此来观照课程目标，它就不应该是一种指向课程活动之外的预定的结果，而是引导着现在的生长和发展的手段，是从教师和学生各个特殊的现实状态中自然引发、生长出来的。

生成性目标取向强调学生、教师与教育情境的交互作用，强调正是在这种交互作用中不断产生课程目标与教学目标，所以它是过程取向的。生成性目标取向消解了行为目标取向所存在的过程与结果、手段与目的之间的分离对立。当过程与结果、手段与目的被内在地统一起来之后，课程目标就是学生在教育过程中、在与教育情境的交互作用中所产生的自己的目标，而不是课程开发者和教师所强加的目标。学生有权利也能够决定什么是最值得学习的，当学生从事与自己的目标相关联的学习的时候，他们会越来越深入地探究知识。随着问题的解决和兴趣的满足，学生会产生新的问题、新的价值感和新的对结果的设计。这个过程是持续终身的，因此，基于"生成性目标"的课程必然会促进终身学习。

就教育实践来看，生成性目标取向的主要缺陷在于，它对教师的素质要求较高，需要教师领悟课程甚至教育的不同含义，并需要进行专门的教育培训。此外，生成性目标取向也可能会导致课程教学过于开放，从而忽略一些基本课程目标的

---

① Schubert W H, *Curriculum: Perspective, Paradigm, and Possibility*, Macmillan Publishing Company, 1986, pp. 193-194.
② Dewey J, *Democracy and Education: An Introduction to the Philosophy of Education*, Macmillan Company, 1916, pp. 126-128. 参见［美］约翰·杜威：《民主主义与教育》第 2 版，王承绪译，人民教育出版社 2001 年版，第 115—117 页。

实现。

3. 表现性目标取向

表现性目标是指学生在课程情境中的种种"际遇"——每一个学生在具体情境中个性化的创造性表现。这是美国课程学者艾斯纳（1933—2014）提出的一种目标取向。

艾斯纳通过考察学校课程目标，区分了课程计划中存在的两种不同的教育目标：教学性目标和表现性目标。艾斯纳认为，教学性目标旨在使学生掌握现成的文化工具。它是在课程计划中预先规定好的，这种规定明确指出了学生在完成一项或几项学习活动后，所应习得的具体行为，如技能、知识条目等。它通常是从既有文化成果（如各种学科）中引出，并以适合于儿童接受的方式进行表述。教学性目标对大部分学生来讲是共同的。表现性目标则旨在培养学生的创造性，强调个性化，因而超出了现有的文化工具并有助于发展文化。表现性目标意在形成一个主题，学生围绕它可以运用原来学到的技能和理解了的意义，来扩展和拓深那些技能与理解，并使其具有个人特点。因而，使用表现性目标，人们期望的不是学生反应的一致性，而是反应的多样性、个体性。在表现性活动中，教师应当提供一些情境，让学生在这些情境中获得其个人意义。

艾斯纳曾给出了表现性目标的例证：解释《失乐园》的意义、考察与欣赏《老人与海》的重要意义、用铁丝与木头做一个立体形状、参观动物园并讨论那儿有趣的事情。[①] 艾斯纳强调，这些目标并不期望指明学生在参加这些教育活动后能做什么，而是识别学生将际遇的形式。这样，对表现性目标的评价就不能像行为目标那样，追求结果与预期目标的一一对应关系，而应该是一种美学评论式的评价模式，即对学生活动及其结果的评价是一种鉴赏式的批评，依其创造性和个性特色来检查质量与重要性。

（四）课程目标确定的环节

课程目标的确定，一般需要经过以下四个环节。

1. 确定教育目的和培养目标

教育目的或教育宗旨是课程开发的终极目的，是特定教育价值观的体现。它所回答的基本问题是：什么是受过教育的人？教育与人的发展是怎样的关系？教育与社会进步是怎样的关系？等等。教育目的一般由国家教育行政部门统一制定。培养目标是根据教育目的和各级各类学校的性质、任务具体提出的人才培养

---

① Eisner E W, *The Art of Educational Evaluation: A Personal View*, The Falmer Press, 1985, p. 55.

要求。它是对教育目的的具体化。课程目标则是教育目的和培养目标的进一步具体化。

2. 确定课程目标的基本来源

课程目标的基本来源或课程开发的基本维度是特定教育价值观的具体化。学习者的需要、当代社会生活的需求、学科的发展是课程目标的三个基本来源。在确定课程目标或进行课程开发时，究竟如何处理三者的关系？三者中应以何者为基点或归宿？当课程开发的基点确立下来以后，应如何处理好与其他处于从属地位的目标来源的关系？对这些问题的不同回答形成了不同的课程开发的向度观，这是确立合理的课程目标的关键。

3. 确定课程目标的基本取向

在行为目标取向、生成性目标取向、表现性目标取向等取向之间做何选择？怎样处理这几种目标取向之间的关系？这不仅反映了特定的教育价值观，也与课程开发的向度观有着内在联系。目标取向的确立为目标内容的选择和目标的陈述奠定基础。

4. 确定课程目标

在教育目的、课程目标的基本来源、课程目标的基本取向确定以后，课程目标的基本内容和陈述方式也就确立下来了，在这种条件下即可进一步获得内容明确而具体的课程目标体系。

二、课程内容的选择与组织

课程内容的选择与组织是课程开发的两大核心内容。它们不仅指向预定课程目标的实现，而且决定教师和学生在教育过程中的合作探究与创造。

（一）课程选择

课程内容的选择，简称课程选择，是根据特定的教育价值观及相应的课程目标，从学科知识、社会生活以及学习者的经验中选择课程要素的过程。这些课程要素包括概念、原理、技能、方法、态度、价值观，等等。课程选择是课程开发的基本环节之一。

从根本上看，课程选择取决于特定的课程价值观和课程目标。课程选择的基本取向是课程价值观和课程目标在课程内容上的反映和体现。既然课程目标的基本来源是学科的发展、当代社会生活的需求、学习者的需要，相应地，课程内容的基本取向也分三种：课程内容即学科知识、课程内容即社会生活经验、课程内容即学习者的经验。

1. 课程内容即学科知识

学科知识是课程内容的重要组成之一,但学科知识不能直接成为课程内容。在选择学科知识作为课程内容的时候,需要处理好三对关系。第一,学科知识与儿童心理发展水平的关系。在处理这对关系时,我们既要尊重学科知识内在的逻辑体系要求,又要尊重儿童心理发展的内在要求,实现学科逻辑与儿童心理逻辑的统一。第二,具体学科知识与其他学科知识的关系。学科知识所依存的科学、艺术、道德等,分属人类文化的不同领域,彼此间存在差异,但不能因此而否认这些领域及不同学科间的内在联系。因此,在课程选择中,在承认并尊重科学、艺术、道德等领域彼此间差异的同时,应自觉关注这些领域的整合。第三,概念原理的知识与过程方法的知识的关系。概念原理的知识和过程方法的知识具有内在的统一性,二者的融合即为一门学科的"学科结构"。学科的概念原理体系只有和相应的探究过程及方法论结合起来,才能使学生的理智过程和整个精神世界获得实质性的发展与提升。如果学生经过教育过程后只是熟知了一些现成结论并形成了对这些结论确信无疑的心向,那么这种教育的功能不是对个性的发展与解放,而是对个性的控制与压抑。

2. 课程内容即社会生活经验

每一位教师和学生都生长于一定的社会环境中,拥有相应的社会生活。因此,师生的社会生活经验构成课程内容的重要来源。恰当选择社会生活经验以构成课程内容,其理论前提是重新审视教育与社会、学校课程与当代社会生活之间的关系。什么是教育?教育是教育者与受教育者通过互动而形成的学习共同体,它本身就是社会生活的一种主体形态。学校课程应该是对社会生活经验的主动选择和重新建构,而不应是被动地传递或模仿某些流行社会生活经验的工具。同时,学生与教师有各自的生活环境,他们以此为基础在学校进行交往活动,这本身既是整个社会生活经验的有机构成,也是学校课程的重要内容。因此,学校课程有权利也有义务在时代精神的建构中贡献自己的力量。唯有如此,才能真正确立教育及课程的主体地位。当教育及课程的主体地位真正确立起来之后,学校课程与其他社会生活经验的关系就是一种对话、交往、超越的关系。学校课程主动选择社会生活经验,并对社会生活经验不断进行批判与超越,不断建构出新的社会生活经验。只有这样,才能发展学生的个性和创造性。

3. 课程内容即学习者的经验

每一个学习者都有自己独特的生活经历、精神世界和个人知识,这应是课程内容题中的应有之义。选择学习者的经验作为课程内容,需要确立四个基本观念。

第一，学习者是主体，学习者经验的选择过程就是尊重并提升学习者个性差异的过程。每一个学习者，不论知识多寡、能力大小，都有独立的人格与尊严，都应当平等地受到尊重。因此，选择学习者的经验必须以尊重学习者的个性差异为前提。第二，学习者是课程的主动建构者。当学习者的主体地位确立之后，他就不是别人为他准备好的课程的被动接受者，而是自己的课程的主动建构者和主体。第三，学习者是知识与文化的创造者。实际上，不只是科学家、艺术家、诗人等在创造知识与文化，从个人意义上讲，每一个学习者都是知识与文化的创造者。第四，学习者创造着社会生活经验。学习者不仅接受社会生活经验、为社会生活经验所熏染，而且还创造着社会生活经验。

学习者的人格发展不是在真空中进行的，而总是在特定文化知识的陶冶中、在特定社会生活经验的熏染中进行的。但是，只有当文化知识和社会生活经验为学习者所选择、所认同的时候，才能对其人格发展起正向作用。正是在这样的意义上，我们说学习者是课程的主体和主动建构者。学习者的个人知识和经验、学习者在同伴交往和其他社会交往中所形成的社会经验是课程内容的基本构成。

这三种取向，以其中任意一种为核心进行课程开发，就分别会形成学科本位课程、社会生活本位课程、学习者本位课程。应该说明的是，这三种课程形态只是反映了三种不同的典型课程观。从课程实际来看，课程开发往往是三者间的不同取舍、兼顾和有机结合，通常以某一种取向为主，兼及其他取向。所以说，课程开发是折中的艺术。重视学习者的个人经验和良好感受，是课程开发的必要前提。

（二）课程组织

课程组织是课程开发者的课程价值观和课程知识观的具体体现，是一种智慧的行动。我们不能只是把它看作对既有课程要素的一种技术性、程序性的简单操作。

1. 课程组织的含义及课程组织的要素

所谓课程组织，即在一定课程价值观的指导下，将所选出的各种课程要素进行组合，妥善形成相应的课程结构，使各种课程要素在动态运行的课程结构系统中产生合力，以有效实现课程目标，促进课程创生和教学创新。

课程论专家麦克尼尔认为，课程组织要素主要包括四个方面。第一，主题和概念。概念是许多学术课程计划的最基本的构成，例如，物理学中的"力"、化学中的"元素"、生物学中的"细胞"、文学中的"风格"，等等。一些关系紧密的概念就可以组成相应主题，如力、运动、作用与反作用等即可组成"力学"。第二，原理。原理是科学家通过观察实验和思维创造而得出的结论。例如，"直角三角形斜边的平方等于两条直角边的平方和"，"在所有人类行为中，个人既是参与者（主观的）又是观察者（客观的）"，等等。第三，技能。技能是学习者熟练掌握的操作能力。例如，基础教育中的读、写、算的技能，实验技能，资料搜集与解释技能，各种专业技能（如烹调、缝纫、钳工、电工），等等。第四，价值观。价值观是对事物及他人和自身行为等的总体评价系统，是支配人行为的基本信念。例如，"每一个学习者，不论知识多寡、能力大小，都有独立人格与尊严，都应当平等地受到尊重"，"尊重自我"，"人类应与自然和谐共存"，等等。课程开发者所持价值观是支配课程的核心要素。麦克尼尔基本上概括出了课程组织的共同要素。

2. 课程组织维度及基本标准

课程组织包括两个维度，即"垂直组织"和"水平组织"。课程组织的基本标准包括垂直组织的标准和水平组织的标准。

（1）垂直组织的标准。垂直组织是指将各种课程要素按纵向的发展序列组织起来。由于人的身心有发展阶段的序列，学科知识有逻辑演进的序列，所以，课程有垂直组织的必要。课程的垂直组织有两个基本标准，即连续性和顺序性。

所谓连续性，是指将所选出的各种课程要素在不同学习阶段不断重复。例如，在英语课程中，我们将第一单元中所学习的单词或习惯用语在后面的单元中予以重复；在化学课程中，我们将实验仪器的使用方法和操作规程在化学实验中不断重复，以使学生最终达到熟练掌握的程度。连续性标准强调的是课程要素的重复，这个标准最先由泰勒提出。

所谓顺序性，是指将所选出的课程要素根据学科的逻辑体系和学习者的身心发展阶段由浅至深、由简至繁地组织起来。如果说连续性强调的是课程要素的不断重复，那么顺序性强调的则是课程要素的拓展和加深。一般人对顺序性的处理往往只关注内容而忽略过程，这是片面的，课程组织不仅要关注内容的顺序（逻辑顺序），还应关注处理内容的心理过程的顺序（心理顺序）。

（2）水平组织的标准。水平组织是指将各种课程要素按横向（水平）关系组织起来。学习者的经验和生活原本是一个整体，但由于社会分工、学术传统、教育传统等方面的原因，在对学习者进行培养时，却把学习者完整的经验分成了语文、数学、物理、化学、历史、地理、音乐、体育、美术等学科，把学习者完整的生活分成家庭生活、学校生活、社会生活。人类社会生活，不论一个国家、一个民族内部，还是整个人类社会，尽管其间存在差异，但也存在着内在的联系，是一个整体。学科知识以分门别类的形态存在，彼此之间存在差异，这种差异有时会演化为尖锐的对立,但不能因此否认学科之间的内在联系,从某种意义上说,学科知识之间也具有整体性。由此看来,不论从学习者的经验的性质,还是从社会生活以及学科知识本身的性质,都可以得出课程的水平组织的基本标准——整合性。

所谓整合性,是在尊重差异的前提下找到所选出的各种课程要素彼此之间的内在联系,然后将之整合为一个有机整体。这里需要强调的是,课程的整合并非以牺牲不同课程要素之间的差异为代价,而是在承认并尊重彼此之间的差异的前提下进行整合,这样的整合才能产生课程的合力。牺牲了差异的"整合"必然导致课程要素的划一性、同质性,课程整合的价值也就不复存在。

课程的整合性主要包括三个方面。第一,学习者经验的整合。每个学习者的需要、兴趣、经验等都是一个独特的有着内在联系的统一体,这个统一体就是每一个学生的人格整体。在学习者不断学习和发展的过程中,新学习的经验要与既有的经验在交互作用中不断整合起来,学习者的经验由此不断增长,人格也不断完善。第二,学科知识的整合。通过课程的水平组织,将不同的学科知识在尊重差异的前提下整合起来,消除学科之间彼此孤立甚至壁垒森严的对立局面,以使学习者的学习产生最大限度的累积效应。第三,社会生活的整合,也称"社会关联"。课程内容以社会生活的需要为中心整合起来,并将社会生活视为有着内在联系的整体。

3. 课程组织的基本取向

课程组织不是一个价值中立的过程,任何课程组织模式都受特定课程价值观的支配,也必定折射或体现出特定的课程价值观。因此,并不存在放之四海而皆准的、唯一有效的课程组织模式。概括起来,纷繁复杂的课程组织模式总是隶属于以下一种或几种课程组织取向。

(1) 学科取向的课程组织。当课程以学科逻辑为根据、围绕学科组织起来的时候,这种课程组织即为学科取向的课程组织。这种取向把课程视为有组织的知识系统累积。属于学科取向的典型课程教育流派有永恒主义、要素主义、结构主义。永恒主义教育理论认为,课程主要应由"永恒科目"构成,这些"永恒科目"包括语法规则、阅读、修辞、逻辑和数学,以及西方文明史上的各类名著。要素主义认为课程必须由人类社会中的文化精华——学术研究领域所构成,这些领域包括本国语、语法、文学、写作、数学、科学和历史。结构主义教育理论认为课程应当围绕"学科结构"组织起来,这种课程就是20世纪50年代末至60年代末广为流行的"学术中心课程",通过这样的课程可以达到智力的卓越性。

（2）学习者兴趣和发展取向的课程组织。当课程根据学习者的心理逻辑、围绕学习者兴趣和发展组织起来的时候，这种课程组织即为学习者兴趣和发展取向的课程组织。这种课程组织取向把课程视为学习者的经验。这种课程价值观尽管从未在实践中占据主导地位，但其支持者不断。在20世纪，典型的学习者兴趣和发展取向的课程组织模式包括设计教学法、发展课题取向的课程组织、持久生活情境取向的课程组织，等等。

（3）社会问题取向的课程组织。当课程以适应或改进社会生活为目的、围绕主要的社会问题组织起来的时候，这种课程组织即为社会问题取向的课程组织。这种课程组织取向认为，课程是为学习者适应或改进社会情境做准备的，课程内容应源于某一社会、某些社会或整个世界的状况和情境。学习者通过课程研究社会的特征，如社会机构的功能、社会生活中的主要活动、人们面临的难以解决的问题，等等。

（4）混合取向的课程组织。当课程组织谋求学科逻辑、学习者的心理逻辑、当代社会生活中的问题等方面的结合的时候，这种课程组织即为混合取向的课程组织。课程组织的混合取向认为，学校课程本质上是学科知识、学习者经验、当代社会生活经验三方面的统一，因为人的经验本身具有整体性，任何把人的经验的某一部分从整体中人为隔离出来并片面强调的做法，都无助于人的经验的健全发展。

事实上，任何课程组织取向都具有混合的性质。学科取向并不决然否定学习者的兴趣和发展需要的重要性，也不否认社会问题在课程组织中的价值，只不过认为课程组织的核心应源于学科。同样，学习者兴趣和发展取向认为课程组织的核心应源于学习者的兴趣和发展，社会问题取向认为课程组织的核心应源于广大社会生活情境中的主要问题。

三、课程实施与课程评价

课程实施本质上是将课程理想变成现实的过程；课程评价本质上是对课程理想是否变成现实的判断过程。二者均是课程开发的关键环节。

（一）课程实施

课程实施是把某项课程计划或变革付诸实践的具体过程。

1. 课程实施的层次

美国著名课程论专家古德莱德（1920—2014）曾区分了课程的五个层次，并认为处于不同层次的课程，含义是不一样的。

（1）观念层次的课程。这是尚处于观念之中的课程，课程的目标、内容和组织以其纯粹的形态被倡导，是"观念的课程"，往往由研究机构、学术团体和课程专家所倡导。古德莱德认为，有成千上万的"观念的课程"被倡导，也有几乎同样多的课程被抛弃，这些被抛弃的课程在后来往往又以某种形式复活。这类课程是否产生实际影响要看它是否为官方所采用。

（2）社会层次的课程。这是由教育行政部门规定的课程计划、课程标准和教材，也就是列入学校课程表中的课程，即正式的课程。该层次的课程远离学习者。课程目标、教学科目的确定是一个社会政治的过程，国家和地方主要通过各种政策法规和课程文件来确立教学科目、教学内容、教学时间、教科书和其他材料。

（3）学校层次的课程。该层次的课程被限定在日、周、学期、学年等确定的时间里，通常以学科的形式组织起来，这些学科源于主要知识和认知领域，对每一学科而言，在不同年级有不同的课题和主题。这类课程大部分源于国家和地方确立的"社会层次的课程"，与此同时又经过了学校的修改。学校有关人员根据学校的特色和需要对"社会层次的课程"进行选择和修改，由此形成"学校层次的课程"。

（4）教学层次的课程。这是教师规划并在课堂上实际实施的课程。这类课程尽管也决定于"社会层次的课程"，但它更直接地来源于"学校层次的课程"。显然，"教学层次的课程"体现了教师对课程的理解（古德莱德曾将教师所理解的课程称为"理解的课程"），也体现了教师在课堂上对课程的实际运作（古德莱德曾将教师在课堂上实际实施的课程称为"运作的课程"），是"理解的课程"与"运作的课程"的统一。研究认为，"理解的课程"与"运作的课程"之间也有一定的距离，因为教师在课堂上必须根据具体教育情境的变化对"理解的课程"做出调整。

（5）体验层次的课程。这是学生实际体验到的课程，尽管经历了同样的课程学习，但不同学生会获得不同的学习经验或体验。古德莱德认为，这是所有课程中最重要的课程，是被内化和个性化了的课程，该层次的课程是对课程组织的最终检验——每一个学习者究竟受到了怎样的影响。[①]

从古德莱德的五个课程层次来看，观念层次的课程和社会层次的课程属于课程的计划、采用阶段，而学校层次的课程、教学层次的课程和体验层次的课程则

[①] Goodlad J I, Su Z, "Organization of the Curriculum", in Jackson P W ed., *Handbook of Research on Curriculum*, Macmillan Publishing Company, 1992, pp. 327-329.

属于课程的实施阶段。

2. 课程实施的基本取向

课程实施的取向是对课程实施过程本质的不同认识以及支配这些认识的相应的课程价值观。课程实施的取向集中表现在对课程变革计划与课程实施过程的关系的不同认识方面。根据美国课程学者的归纳,课程实施有三个基本取向:忠实取向、相互适应取向与课程创生取向。①

(1) 忠实取向。课程实施的忠实取向认为,课程实施过程就是忠实地执行课程计划的过程。衡量课程实施成功与否的基本标准是课程实施过程对预定的课程计划的实现程度。实现程度高,则课程实施成功;实现程度低,则课程实施失败。因此,基于忠实取向的课程实施研究主要探讨两个问题:第一,测量一项特定的课程革新对预定的课程计划所实现的程度;第二,确定影响课程实施过程的因素(促进因素或阻碍因素)。

在忠实取向看来,"课程"一词的含义是指体现在学程、教科书、指导用书、教师的教案或课程革新方案中的有计划的内容。课程是一些具体的东西,这些东西教师能够实施,也能够评价,通过评价可以确定预定的目标是否已经达成。相应地,"课程实施"的含义则是指教师在实践中执行课程计划的过程。这个过程与课程变革初期的课程采用过程同等重要。

(2) 相互适应取向。课程实施的相互适应取向认为,课程实施过程是课程计划与班级或学校实践情境在课程目标、内容、方法、组织模式诸方面相互调整、改变与适应的过程。一个课程计划付诸实施之后可能会发生两个方面的变化:一方面,既定的课程计划会发生变化,以适应各具体实践情境的特殊需要;另一方面,既有的课程实践会发生变化,以适应课程计划的要求。在相互适应取向看来,在课程实施过程中发生相互适应现象在某种意义上具有必然性。

在相互适应取向看来,"课程"不仅包括体现在学程、教科书或变革方案中的有计划的具体内容,而且还包括学校和社区中的各种情境因素,这些情境因素会对课程变革方案产生影响。课程实施绝不是教育计划或技术在课程实践中的简单"装配",它应当包括变革方案在目标和方法上的调整,参与者在需要、兴趣和技能方面的变化,以及组织的适应。课程实施过程中相互适应现象是必然的、不可避免的,也是必要的。

---

① Snyder J, Bolin F, Zumwalt K, "Curriculum Implementation", in Jackson P W ed., *Handbook of Research on Curriculum*, Macmillan Publishing Company, 1992, pp. 402-435.

（3）课程创生取向。课程创生取向是课程实施研究中的新兴取向。这种取向认为，真正的课程是教师与学生联合创造的教育经验，课程实施本质上是在具体教育情境创生新的教育经验的过程，既有的课程计划只是供这个经验创生过程选择的工具而已。

既然课程创生取向视野中的课程是教师与学生联合创造的并且是教师与学生实际体验到的经验，那么这种课程的性质就是地道的"经验课程"。这种课程是情境化的、人格化的，因此，课程采用及课程实施的技术化、程序化的特质就彻底消除了，课程实施再也不是就原初的课程计划"按图索骥"的过程或稍事修改的过程，而是一个真正的创造过程。"课程实施"一词在某种程度上背离了其原初的含义。

从忠实取向到相互适应取向，再到课程创生取向，意味着人们对课程变革的认识不断深入，体现了课程变革的发展方向。尽管三种取向各有其存在价值和局限性，但三种取向间的层次性是不容否认的。三种取向随着层次的提升，后面的层次实现着对前面层次的超越：相互适应取向是对忠实取向的超越，课程创生取向则是对相互适应取向以及忠实取向的超越。课程实施研究从忠实取向经相互适应取向发展到课程创生取向，反映了人们对课程变革本质的认识在不断深化。课程变革绝不是变革策动者对变革计划实施者的控制过程，事实上，这样的实施过程也是不存在的。课程变革是各方参与者（包括教师和学生）的交互作用过程，它理应是参与者之间的民主交往过程。在这个民主交往过程中，课程变革的内涵不断被揭示和深化，意义和价值不断显现，每一个参与者的主体性都获得尊重与提升。教师和学生非但不应而且也不会被排斥在课程变革过程之外，他们反而是课程变革过程的主体。衡量课程变革成败的基本标准是教师和学生参与变革的程度或深度，他们的主体性是否获得体现、教师和学生的个性是否发生理想的发展与变化。这种课程变革观体现了时代精神，是课程改革的未来发展方向。

（二）课程评价

课程评价，是基于一定的教育理论和教育价值观念，运用一定的方法和途径，对课程与教学的计划、活动以及结果等有关问题的价值或特点做出判断的过程。恰当的课程评价，既是判断课程实施是否成功的途径，也是进一步推进或调整课程的依据。

依据不同的标准，课程评价可以有多种不同的分类方法。常见的分类有：依据评价的作用性质，把评价分为形成性评价与终结性评价；依据评价与预定目标的关系，把评价分为目标本位评价与目标游离评价；依据评价人员的身份，把评价分为内部人员评价与外部人员评价；依据评价的方法，把评价分为量化评价与质性评价。

1. 形成性评价与终结性评价

形成性评价与终结性评价是美国课程评价专家斯克瑞文（1928— ）在1967年提出的两种评价类型。

形成性评价是在课程开发或实施还在发展或完善过程中时所进行的评价，其主要目的在于搜集课程开发或实施过程中的优缺点，作为进一步修订和完善课程的依据。终结性评价则是在课程开发或课程实施完成之后所施行的评价，其主要目的在于搜集资料，对课程计划的成效做出整体的判断，作为推广采用课程计划或不同课程计划之间比较的依据。一般认为，形成性评价和终结性评价并不存在基本逻辑和方法论上的区别，二者都是为了检验某个对象的价值，都可使用同样的评价方法。只有根据评价出现的时机以及评价结果的用途，才能辨别一项评价究竟是形成性的还是终结性的。

与形成性评价和终结性评价相关的还有一种评价类型，即诊断性评价。诊断性评价是在课程计划或教学活动开始之前，对学生的需要或准备状态的一种评价，其目的在于使计划或活动的安排更具有针对性。

2. 目标本位评价与目标游离评价

目标本位评价是以课程或教学计划的预定目标为依据而进行的评价。目标本位评价通常要判断的是目标实现的程度，因此，这类评价往往要求精心地描述可以辨别的目标。这种评价最典型的代表是泰勒的评价模式，布卢姆（1913—1999）的评价体系也属于这类评价。目标游离评价要求脱离预定目标，以课程计划或活动的全部实际结果为评价对象，尽可能全面客观地展示这些结果。

目标本位评价在课程评价实践中运用广泛，它的特点是标准清晰、任务重点集中、易于把握。但同时，它也有一个突出的弱点，即只强调目标，往往使得评价的范围过于狭窄，而一些有教育意义的结果却落在了评价的范围之外。此外，目标本位评价只强调对目标实现程度的评价，却忽视了对目标本身的评价。针对目标本位评价的这些缺陷，有学者在1967年提出了目标游离评价。由于目标游离评价抛开目标对评价的约束，试图通过对课程计划的全面评价来判断该计划是否符合教育者和受教育者的需要，因此，目标游离评价也被看作"需要本位的评价"。

3. 内部人员评价与外部人员评价

内部人员评价是指评价由课程设计者或使用者自己实施。外部人员评价则是指评价由课程设计者或使用者以外的其他人（包括没有参与设计的评价专家）来实施。

这两种评价各有利弊。内部人员评价的优长之处在于评价者了解课程设计方案的内在精神和技术处理技巧，评价的结果亦可进一步用于课程方案的修订和完善。其缺点是，评价者有可能蔽于自己的设计思想，不了解其他人对课程设计的需要，致使评价缺乏应有的客观性。外部人员评价则正好相反，外部评价者虽然对计划的内部思想不太了解，却有更为开阔的评价思路，可能取得具有客观性和令人信服的结论。因此，二者应相互借鉴，也就是说，一项完备的评价，应同时吸收内部人员和外部人员参加。

4. 量化评价与质性评价

所谓量化评价，就是力图把复杂的教育现象简化为数量，进而从数量的分析与比较中，推断某一评价对象的成效。量化评价方法的认识论基础是科学实证主义，这种理论认为，只有定量的研究、量化的数据才是科学的，才能得出客观可信的结论。课程评价从产生之日起，就是与整个教育对科学化的追求联系在一起的。以量化形式表征事物的性质被认为是科学化的特征之一，因此，量化评价方法一直占据着评价领域的主导地位。比如学校中常以学生的考试成绩来评价课程实施的状况。量化评价方法如果使用恰当，确实能凸显教育现象和教育问题，提供具有说服力的证据。

所谓质性评价，就是力图通过自然的调查，全面充分地揭示和描述评价对象的各种特质，以彰显其中的意义，促进理解。质性评价方法，也被称为自然主义评价方法，它在认识上反对科学实证主义的基本观点，反对把复杂的教育现象简化为数字，认为这种做法只能提供歪曲的教育信息，且有可能丢失重要信息。质性评价主张评价应全面反映教育现象的真实情况，为改进教育实践提供真实可靠的依据。

第三节　课程改革

课程改革是教育改革的核心内容，教育改革必须关注课程改革。在学校教育诞生的早期，课程相对来说处于一个稳定的状态，但自20世纪中叶甚至更早一点的时间以来，为了适应社会剧烈变动以及激烈的国际竞争的需要，世界各国的课程改革前后相继、不断展开。课程改革为各国的课程发展注入了新的活力。同时，各国之间的课程改革也在相互影响、相互借鉴。在全球化时代，一国的课程改革既要针对本国课程的特殊问题，又要关注世界课程改革的整体趋势。

一、21世纪我国的基础教育课程改革

2001年6月8日，教育部颁布了《基础教育课程改革纲要（试行）》（以下简称《纲要》），标志着我国基础教育新课程改革的正式实施。这是中华人民共和国成立以来我国的第八次课程改革，也是规模最大、影响最为深广的一次课程改革。

《基础教育课程改革纲要（试行）》

（一）第八次课程改革概况

《纲要》分别从课程功能、课程结构、课程内容、课程实施、课程评价、课程管理六个方面阐述了基础教育课程改革的目标。在课程功能方面，要让学生养成积极的学习态度，在学习基础知识和基本技能的同时，形成积极正确的价值观。在课程结构方面，要改变过于强调学科本位、科目过多和缺乏整合的状况，整体设置九年一贯的课程门类和课时比例，设置综合课程，体现课程结构的均衡性、综合性和选择性。在课程内容方面，要改变"繁、难、偏、旧"和过于强调书本知识的状况，加强课程内容与学生生活、现代社会、科技发展的联系，关注学生学习经验和兴趣，让学生学会终身学习。在课程实施方面，倡导学生主动参与的探究性学习，养成学生获取新知识、分析和解决问题以及交流合作的能力。在课程评价方面，强调发挥评价促进学生发展、教师提高和改进教学实践的功能。在课程管理方面，实行国家、地方、学校三级课程管理机制，增强课程对地方、学校及学生的适应性。

（二）第八次课程改革的价值追求

新课程的基本价值取向是：为了中华民族的复兴，为了每一个学生的发展。这是《纲要》的基本价值取向，是第八次课程改革的灵魂。

"为了中华民族的复兴，为了每一个学生的发展"是同一个问题的两个侧面，二者互为出发点和目标归宿。要实现这一目标，就意味着我国基础教育课程体系必须变应试教育为素质教育，走出目标单一、过程僵化、方式机械的"批量生产模式"，改变课程内容"繁、难、偏、旧"和过于注重书本知识的状况，用富于弹性和选择性的课程体系引导学生探究式地学习，让每一个学生的好奇心、想象力、创造性获得充分发展，培养学生丰富多彩的个性和健全的人格，这是我国素质教育课程体系的根本要求。只有这样，素质教育课程体系才可能完成社会所赋予的人才选拔功能，让每一个个性充分发展的人去健康地接受社会的选

拔和其他挑战，实现中华民族伟大复兴中国梦。我国新课程的价值追求表现在如下五个方面。

1. 教育公平

教育公平意味着课程必须谋求所有适龄儿童平等享受高质量的基础教育。这种课程既是平等的，又是高质量的。在这里，"平等"与"高质量"是内在统一、须臾不可分离的：一方面，"平等"内在地包含着"高质量"，如果将"高质量"从"平等"中人为剔除，不顾教育质量，那么这种课程就是软弱无力的"平庸化的课程"，徒具公平的形式，但从根本上背离了公平的要求；另一方面，"高质量"内在地包含"平等"，以平等（机会均等）为前提，如果只追求质量、不顾平等甚至践踏平等，那就会陷入精英主义的窠臼。

2. 国际理解

国际理解意味着我国的课程体系必须追求国际性与民族性的内在统一。具体要求是：通过课程教育公民理解、尊重所属文化体系，使公民产生强烈的文化认同感和民族自豪感；通过课程教育公民面对其他文化能够欣赏多种不同的价值，能够尊重不同人、不同民族和文化的尊严和差异，能够将自己的价值观和自己所属的文化体系相对化，发展尊重的能力和面对挑战的技能；通过课程教育公民在相互理解、尊重差异的基础上，以完全平等的地位与他人、他民族、他文化展开持续而深入的交往，发展同他人进行交流、分享和合作的能力。必须明确，多元主义并不是相对主义，并不牺牲原则和真理，恰恰相反，它把尊重不同社会文化视为交往的共同基础，并追求最终建立不同文化的和平共处。

3. 回归生活世界

回归生活世界的课程在目标上意味着要培养在生活世界中会生存的人，即会做事、会与他人共同生活的人，这种人既具有健全发展的自主性，善于自知，又具有健全发展的社会性，善于"发现他人"。回归生活世界的课程在内容上意味着要把科学、艺术、道德、个人世界、自由的日常交往都视为重要的课程资源，这些资源在教育价值上不可偏废，只有当这些资源被整合起来的时候，它才能在走向"完善的人"的心路历程上贡献积极的力量。回归生活世界的课程在范围上意味着要突破狭隘的学校课程的疆域，要秉持一种"课程生态学"的视野，寻求学校课程、家庭课程、社区课程之间的内在整合与相互作用。

4. 关爱自然

关爱自然意味着课程必须把关爱自然、追求人与自然的可持续发展作为重要的价值追求。这种价值观一反传统课程体系中人与自然二元对立、人控制和主宰自然的思维方式，运用整体主义的视野认识人与自然的关系，认为人是自然的人，自然由于人而使自身的意义得以彰显和丰富，人不是自然的主宰而是自然的看护者，人与自然和谐统一。这是一种生态伦理观，一种关爱伦理学。这种价值观应成为变革现行课程体系的重要精神力量。

5. 个性发展

课程必须尊重每一个学生个性发展的完整性、独立性、具体性、特殊性。人的个性成长是在生活中、在持续的社会交往中进行的，个性发展内在地包含了社会性，因此课程体系应为学生创设促进个性发展的社会情境。同时，我们也要认识到个性发展是持续终身的、无止境的完善过程，因此要构建适应终身学习的课程体系。

上述五种理念是"为了中华民族的复兴，为了每一个学生的发展"这一课程价值观的具体化，是第八次课程改革的基本价值追求。

（三）第八次课程改革的目标重建

课程目标是课程价值观的具体化。新课程的价值转型必然导致目标重建。《纲要》明确指出："新课程的培养目标应体现时代要求。"这种时代要求主要体现在以下三个方面。

1. 新课程确立新的知识观，从而走出了课程目标的知识技能取向

受应试教育观念的影响，传统课程体系过分强调知识技能的传授，把知识技能视为普遍的、僵化的、外在于人的、供人掌握的东西，由此导致课程目标的知识技能取向和课程实施的"灌输主义"倾向。这种课程体系必然是内容本位、教师中心的。新课程不再把知识技能视为凝固起来的供人掌握和存储的东西，它看到了信息时代知识发展、更迭的快速、迅猛，合理地承认了知识技能的不确定性，认为知识技能的本质在于人们通过它而进行批判性、创造性思维，并由此建构出新的意义。基于这种新的知识观，新课程的目标超越了知识技能取向，使知识技能的获得过程同时成为学会学习和形成正确价值观的过程。通过确认知识的不确定性，新课程体现出探究本位、学生中心的性质。

新课程各科课程标准皆从知识与技能（能力）、过程与方法、情感态度与价值观等三个维度厘定课程目标。在这里，"知识与技能"是指一门学科中对学生而言最有价值的知识点和技能点。"过程与方法"是指对所选择的知识与技能的反思、批判与运用。唯有如此，知识与技能的意义才能被不断地重新建构出来。"情感态度与价值观"就一门学科而言是伴随着对该学科的知识与技能的反思、批判与运用所实现的学生个性倾向性的提升。当每一门学科实现了三者真正统一的时候，

就标志着我国基础教育课程体系完成了知识观的转型,这是我国基础教育课程与教学摆脱僵死的机械论、控制论窠臼的唯一选择。

2. 新课程确立新的学生观和学习观,从而从根本上改变学生的学习方式

新课程认为,学生不是被人塑造和控制、供人驱使和利用的工具,而是有内在价值的独特存在。如何理解学生的个性发展?新课程认为,每一个学生的个性既是具有独特性、自主性的存在,又是关系中的存在。所以,新课程从三大关系上理解学生的个性发展、规划课程目标——学生与自我的关系(即"具有健壮的体魄和良好的心理素质,养成健康的审美情趣和生活方式",等等),学生与他人和社会的关系(即"具有社会责任感,努力为人民服务",等等),学生与自然的关系(即"具有初步的创新精神、实践能力、科学和人文素养以及环境意识",等等)。用一种整体的观点来全面把握学生的个性发展并将其视为课程的根本目标之一,使我国基础教育课程体系具有了新的起点。

《纲要》明确提出:新课程"提倡改变课程实施过于强调接受学习、死记硬背、机械训练的现状,倡导学生主动参与、乐于探究、勤于动手,培养学生搜集和处理信息的能力、获取新知识的能力、分析和解决问题的能力以及交流与合作的能力"。可以说,新课程确立了学生的主体地位,变被动的灌输式教学为积极主动的探究式学习。

3. 新课程确立课程与社会生活的连续性,从而使课程植根于生活的土壤

新课程认为,课程不是孤立于生活世界的抽象存在,而是生活世界的有机构成;课程不是把学生与其生活割裂开来的屏障,而是使学生与其生活有机融合起来的基本途径。所以,回归生活世界是新课程的基本理念之一;帮助学生反思、体验、享受生活并提升、完善生活是新课程的基本追求;增进学校与社会的密切联系,增强学校生活的社会性,培养学生的实践能力、社会责任感和关心社会生活的态度是新课程的目标、内容和实施过程的重要特色。为此,新课程从小学到高中设置综合实践活动课程,内容主要包括信息技术教育、研究性学习、社区服务与社会实践以及劳动教育等,旨在加强学生创新精神和实践能力的培养,加强学校教育与社会发展的联系,改变封闭办学、脱离现实的不良倾向,培养学生的社会责任感。

由此看来,新课程实现了基础教育课程观的重建。在这种课程观看来,课程是教师、学生、教材、环境等四个因素动态交互作用的生态系统。分门别类的教材只是课程的一个因素,这个因素只有在和其他因素整合起来,成为课程生态的有机构成的时候,才能发挥应有的作用。

第八次课程改革强调课程内容的现代化，倡导课程结构的综合性、均衡性与选择性，践行自主、合作、探究的教与学的方式，崇尚发展性课程评价，实施国家、地方、学校三级课程管理。这表明，一个体现信息时代特点和符合素质教育要求的课程体系正在形成。

（四）第八次课程改革的新进展

1. 义务教育课程改革

2001年开始实施的第八次基础教育课程改革，经过实践探索取得显著成效，"构建了有中国特色、反映时代精神、体现素质教育理念的基础教育课程体系"[①]。教育部组织专家对2001年印行的义务教育各学科课程标准进行了修订完善，并于2011年颁布实施（小学科学的在2017年颁布实施）。这既是为了适应新时期全面实施素质教育的要求，同时也是对新课程的一种检视和调整。

与改革之初颁行的课程标准相比，新课程标准具有如下特点。一是结合学科特点和学生的年龄特征，进一步加强了道德教育，强调培养学生的社会责任感。二是努力从儿童身心发展的特点和需要出发，科学合理地安排课程容量和难度。在课程容量控制上，大部分学科进一步精选了内容，减少了学科内容条目。在课程难度控制上，有些学科直接删去了过难的内容；有些学科降低了一些知识点的学习要求，从"认识"和"理解"调整为"了解"；有的学科对难度较大又不宜删除的内容，以"选学"方式处理，既增加了课程弹性，也控制了难度；还有些学科按照学生的认知特点，适当调整了不同学段的课程难度，使梯度要求更加清晰，更好地体现循序渐进的原则。三是在进一步强调加强"双基"的同时，突出了学生能力特别是学习能力、实践能力、创新能力的培养。四是在课程内容上，要求与时俱进、不断创新。

2. 普通高中课程改革

2004年，普通高中新课程改革方案开始在我国陆续实施。有人把其特点概括为新课程、新理念、新高考。无疑，普通高中课程改革离不开高考改革。从2004年9月开始，山东省、广东省、海南省与宁夏回族自治区的高一新生率先进行普通高中新课程实验，拉开了我国普通高中新课程改革的帷幕。此后，这一改革阵营逐年扩大，至2012年，除上海外，全国所有省份都开始实施普通高中新课程。

在基本理念上，普通高中课程改革与义务教育阶段的课程改革一脉相承。在具体做法上，普通高中新课程改革最突出的主要有两点：一是课程结构的改变，

---

① 《教育部关于印发义务教育语文等学科课程标准（2011年版）的通知》。

在必修课程的基础上，增加选择性必修课程、选修课程，增加外语课程的语种，让学生拥有选课权和个性化的课程表。二是课程设置发生重大变化，打破了以往单科纵向设置的特点，关注不同学科之间的横向联系，同时方便学生选课。具体说来，课程由学习领域、科目、模块三个层次构成。课程设置的八大学习领域是：语言文学、数学、人文与社会、科学、技术、艺术、体育与健康、综合实践活动。在不同领域中下设学科或活动，如语言文学领域设有语文、外语学科，人文与社会领域设思想政治、历史、地理学科，科学领域设物理、化学、生物学科，综合实践活动设研究性学习、社区服务、社会实践等活动形式。有些学科的构成，也不再是单独围绕学科逻辑的纵向组织，而是分成不同的模块，比如技术领域的信息技术学科，分为必修模块和选修模块，必修模块包括信息技术基础，选修模块包括算法与程序设计、多媒体应用、网络技术应用、数据管理技术、人工智能初步五个模块。

为了配合新课程改革，2008年1月，教育部颁布了《教育部关于普通高中新课程省份深化高校招生考试改革的指导意见》，作为各省制定与调整高考改革方案的基本依据。该指导意见将新一轮高考改革的主要任务界定为："促进高校招生考试改革与高中课程改革相结合，促进国家统一考试改革与高中综合评价改革相结合，促进考试改革与高校录取模式改革相结合，逐步建立和完善在国家统一考试录取基础上的全面、综合、多元化的考试评价制度和高等学校多样化的选拔录取制度。"在这一意见指导下，各省份高考改革轰轰烈烈，受到社会方方面面的关注。

2010年，教育部颁布的《国家中长期教育改革和发展规划纲要（2010—2020年）》，明确了高中教育对于提高国民素质和培养创新人才具有的特殊意义，提出全面提高普通高中学生综合素质。2013年，教育部启动了我国普通高中课程方案和各学科课程标准的修订工作，一方面立足于立德树人这一根本任务的落实，另一方面充分发掘各学科的独特育人价值，努力建立素养本位的高中课程体系。2017年年初国务院颁布的《国家教育事业发展"十三五"规划》中，指明要通过改革创新驱动教育发展，其中第一条就提到要"推进基础教育课程与教学改革。加强对课程教材建设的顶层设计，修订国家基础教育课程方案和课程标准，体现学生发展核心素养要求，完善教材审查审定和使用监测制度，打造具有科学性、时代性、民族性的基础教育课程教材体系。全面开展课程实施监测和管理。支持有条件的地方推行小班化教学，鼓励普通高中实行'选课制''走班制'，开设多样优质的选修课程。推动合作探究式学习，倡导任务驱动学习，提高学生分析解决问题的能力。支持有条件的普通高中与高等学校、科研院所开展有效合作，推进创新人才培养。"这些规划思路，目前正在落实到我国高中教育的课程改革中。

2017年底，教育部颁布了普通高中课程方案和各学科课程标准。这标志着我国基础教育课程改革进入新的发展阶段：创造信息时代的课程体系。信息时代的课程体系，可以概括为素养本位的课程体系。综合来看，修订后的普通高中课程方案，进一步明确了普通高中教育的定位，强调普通高中的培养目标是进一步提升学生的综合素质，着力发展学生的核心素养，使学生具有理想信念和社会责任感，具有科学文化素养和终身学习能力，具有自主发展能力和沟通合作能力；进一步优化了课程结构，明确了各类课程的功能定位；强化了课程有效实施的制度建设。修订后的学科课程标准，凝练了学科核心素养，更新了教学内容，研制了学业质量标准，增强了指导性。

同任何改革一样，课程改革不是一蹴而就的事情。相反，它是一个随着时代发展而不断深化和演进的过程。随着基础教育课程改革的不断深入，一个体现信息时代特点和符合素质教育要求的课程体系终将在我国形成。

二、当代世界课程改革的趋势

进入21世纪以来，世界各国的课程改革呈现出如下趋势。

（一）在课程政策上，谋求国家课程开发与校本课程开发的统一

世界各国的课程改革呈现一种看似矛盾、实则非常辩证的现象：一方面强调国家在课程改革中的主导作用，推出有力的国家课程；另一方面又非常强调地方、学校对课程改革的主体参与，倡导因地制宜、丰富多彩的校本课程。

国家课程是政府为保障国民的基础学力、基本素质而开发的课程。国家课程的水平是政府参与课程改革的主体性发挥程度的基本标志。许多国家都把推出强有力的国家课程视为迎接21世纪挑战的重要举措。例如，美国、英国等原是以教育分权为特征的国家，现在也都开始重视国家课程的作用。英国围绕《1988年教育改革法》于1989年推出了新的国家课程并定期修订。美国1993年推出了《2000年目标：美国教育法》，提出建设全国统一的课程标准以提高学校教育的质量。1996年，美国推出了历史上第一部全国通行的《国家科学教育标准》，为培养造就高科学素养的未来人才规划了蓝图和具体行动路线。2010年，美国颁布了《州共同核心课程标准》，要求学生在进入大学之前，每个年级的数学和英语语言学习都接受共同的课程标准及考核。2012年和2013年美国又相继推出了《K—12科学教

育框架：实践、跨学科概念和学科核心理念》及《下一代科学教育标准》，将实践、跨学科概念、学科核心理念、工程教育等引入科学教育领域，为美国的科学教育、科学课程的开发与教学实施奠定了扎实的基础，世界各国争相效仿。

校本课程又称学校中心课程，是基于每一所学校及学校所在社区的特殊需要而开发的课程。校本课程开发又称学校中心的课程规划，是指以学校为核心，以校长、教师、学生、家长为主体进行课程的规划、设计、实施与评价。其基本特征是校长、教师、学生、家长是课程决策、课程开发过程的主体。

国家课程开发与校本课程开发的关系问题，本质上是国家（政府）与学校（教师与学生）在课程改革中的权利关系问题。国家课程开发与校本课程开发的统一，意味着课程改革不是单向的控制过程，而是国家、地方、学校诸方面达成共识的过程，每一方面都要发挥课程改革的主体作用，诸方面在交往过程中通过相互理解而实现课程改革。

（二）在课程内容上，既引进符合信息时代要求的高科技知识，又把学习者的个人知识作为课程内容的有机构成

21世纪人类已经全面进入信息时代，信息时代的公民所应具备的基本的信息能力与计算机素养成为世界各国课程改革所追求的基础学力的内容之一。因此，符合信息时代需求的各类高科技知识成为课程内容的重要来源。

与此同时，世界各国课程改革大都意识到真正适应信息时代要求的人是个性充分发展的人、善于"自我导向学习"的人、终身学习者。因此，尊重并提升学习者的主体性、培养学习者的创新意识、把学习者的"个人知识"作为课程内容的有机构成，成为课程改革的重要趋向。

（三）提倡多样化的课程结构

在世界各国的课程改革中，长期占据统治地位的学科课程（学科中心论）受到深刻反思，经验课程、综合课程、选修课程等课程形态受到普遍关注。统合科学精神与人文精神的多样化的课程结构已成为课程改革的重要趋势。

（四）重视课程实施研究和教师进修

当人们反思20世纪课程改革的历史进程的时候，发现大多数课程改革的共有失误是往往满足于课程计划的制订，而不太关注课程实施的过程。许多国家推行的课程改革计划并未真正得到实施，原因是教师对课程改革的态度并不像人们想象的那样积极。因此，自20世纪80年代以来许多国家的课程改革都重视课程实施研究，把课程实施视为课程改革过程的有机构成。教师不再被视为国家制定的课程改革计划的忠实执行者，而应成为课程开发者，参与课程计划的制订，并且创

造性地实施既定的课程计划。

当教师成为课程改革的主体的时候,教师进修就成为课程改革过程一以贯之的基本课题。

(五)提高课程改革的科学水平,设立课程改革的专家咨询机构

世界各国课程改革的经验表明,课程改革的过程不单纯是行政命令的过程,它是政府基于对社会实际和教育实际需要的敏锐洞察,充分调动地方、学校的积极性,经过严密的科学论证而展开的。为保证课程改革的科学性,许多国家(如日本、美国)都有相应的课程改革的专家咨询机构。这些机构的职能是:第一,研究并把握国际课程改革的发展动向;第二,研究并把握本国课程改革的历史经验与现实问题;第三,对所形成的课程改革方案展开比较研究与实证实验研究;第四,开展课程评价。

总之,世界各国的课程改革正在为培养21世纪的人才做出积极贡献。

思考题

一、名词解释题

课程　课程计划　课程标准　课程开发

二、简答题

1. 简述学科课程与经验课程的区别。
2. 简述"生成性目标"的内涵。
3. 简述诊断性评价、形成性评价和终结性评价之间的异同。

三、论述题

1. 谈谈课程实施的层次观。
2. 试述我国当前基础教育课程改革的价值取向。

四、材料分析题

在教育部2017年2月颁布的《义务教育小学科学课程标准》中有这样一个课堂案例:

在一个农历二十五日,教师布置了观察任务:回家观察月亮,为上课做准备。大部分学生都认为晚上能看到月亮,然而,到了晚上,天空中并没有月亮。

农历二十六日早上,月亮成了学生谈论的话题。教师让学生说说昨晚看到的月亮,结果没有一位学生看到月亮。不过有学生说,今天早晨起床时看到了月亮。这个信息激起了大家一片疑惑,但看到月亮的学生坚持自己的看法,大家表示第

二天早晨实际看一看。

农历二十七日早上，教师组织了课堂活动。

（1）组织汇报：在什么时间、什么地点看到的月亮？月亮是什么形状？

（2）引导讨论：这次看到的月亮和以往看到的有何不同？让第一天就看到月亮的学生说一说农历二十六日早晨的月亮和农历二十七日早晨的月亮有什么不同。

（3）激励学生关心今后月亮的形状如何变化。

试结合本章内容，分析该堂课设计的特点。

第八章 教 学

教学是学校的中心工作，是实现教育目的的基本途径。要培养全面发展的人，学校工作必须坚持以教学为主。本章着重讨论教学的内涵、作用、任务，揭示教学过程的基本规律，从而帮助我们理性地认识教学。

第一节 教学概述

教学，是学校日常生活中常见的一种活动。人们常使用"教书""教课""上课"等词来指代教学。如何理解教学是我们首先需要解决的问题。

一、教学的基本内涵

（一）教学的词源学考察

"教"和"学"最初都是一音一义的单字。从现有资料来看，最早将"教学"二字合在一起使用的是《尚书·说命》中的"敩学半"，但对这个词并没有专门解释。唐代孔颖达疏："学学半者，上学为教，音敩（音 xiào），下学者，谓习也，谓学习也。言教人乃是益己学之半也。"[①] 这说明当时的"教学"是指通过教人而学，并不是现代意义上的教学，而是"学习"。

据我国有关学者的考证，"教学"一词指向教师的教和学生的学的看法形成于我国宋代。宋代欧阳修（1007—1072）为胡瑗（993—1059）所作墓表："先生之徒最盛，其在湖州之学，弟子去来常数百人，各以其经转相传授，其教学之法最备……"[②] 这里的教学相当于现代意义上所说的教学。

在英文中，"教学"对应的单词主要有 instruction 和 teaching 等，这些单词可以从希腊文、拉丁文中找到源头。其中，instruction 的动词形式为 instruct，含义是"传授""告知"，源于拉丁文 instruere，instruere 有"积累""堆积"的意思；teaching 的古英文为 taecan，源于希腊语 deiknne，表达的是"解释""演示""引

---

① 孔颖达：《礼记注疏》卷三十六，影印文渊阁四库全书，第 116 册·经部·礼类，台湾商务印书馆 1986 年版，第 81 页。
② 欧阳修：《文忠集》卷二五，影印文渊阁四库全书，第 1102 册·集部·别集类，台湾商务印书馆 1986 年版，第 200 页。

导"的意思。可见，teaching、instruction 这两个词都有"教授""引导"的意思。后来，人们的一般看法是："教"用 teaching 表示，"学"用 learning 表示，而"教学"常用 instruction 表示。有时，"教学"也用 teaching-learning 或 teaching and learning 表示，其词义与中文相近，表示"传授""仿效"的意思。

（二）有关"教学"的不同界定

1. 国外学者对教学的定义

国外学者从不同角度对教学有多种定义。美国教育学者史密斯归纳出了教学的五种定义。[①]

定义1：教学是传授知识或技能的活动。这一界定是对教学惯用意义的一种描述。

定义2：教学即成功，是学习者学会了传授者所教的东西，若学习者没有学会就不能称为教学。

定义3：教学是有意向的活动，是教师有意识地对学习者进行引导的行为。这一界定强调教师的意图对学生学习行为的重要性。

定义4：教学要求教学活动必须遵循一定的道德原则，不仅要求教师要引导学生学习，而且这种引导要符合一定的道德方式。

定义5：教学要符合科学的基本要求，要由可以得到经验证实教学效果的命题来构成。如有学者认为，教学必须满足三个条件：教师有一定引导学生学习的意图；说明一些学生需要学习的内容；选择恰当的学习方式方法。

这五种定义，出发点和侧重点各有不同，从各自的角度对教学的本质进行了描述，对我们科学地认识教学的本质具有重要的参考价值。

2. 我国对教学的界定

（1）教学即学习。从教与学的构成来看，教和学是同源的，"教"和"学"统一为"敩"。在篆字中，"敩"才开始被简写为"学"。宋人蔡沈（1167—1230）对"敩学半"的注解为："敩，教也……始之自学，学也；终之教人，亦学也。"[②] 意思是，一开始自己学，是一种学习；学了之后去教别人，也是一种学习。可见，"教学"最初的意思是指学习。

（2）教学即教授。教学是指教师的教，这种看法在 19 世纪末 20 世纪初盛行

[①] 中央教育科学研究所比较教育研究室编译：《简明国际教育百科全书：教学》下，教育科学出版社 1990 年版，第 233—240 页。

[②] 胡广等：《书经大全》卷五，影印文渊阁四库全书，第 63 册·经部·书类，台湾商务印书馆 1986 年版，第 434 页。

于我国。清末时多是私塾教育。在私塾里，私塾先生重视学生的勤奋、死记硬背，忽视教学活动自身的规律。由于新式学校的不断兴建，当时社会急需大量师资，仅仅依靠过去的私塾先生，通过师传生受的方式已无法满足当时教育发展的需要。同时，部分留洋回来的学生开始引入赫尔巴特的教学思想。这种教学思想关注"怎么教"。因此，这时的教学被理解成"教授"。1928年的《中国教育辞典》将"教学法"解释为"各种教授方术者"即为明证。

（3）教学即教学生学。为了矫正教学即教授而忽视学生学习的弊端，教育学界逐渐将教学理解为教学生学。陶行知就是主张将"教授"改为"教学"的代表人物之一。在他看来，"事怎样做就怎样学，怎样学就怎样教，教的法子要根据学的法子，学的法子要根据做的法子"①。这就对教学有了一种新的理解，即教学生学，让学生学会做。单文经认为："教的工作，是要使'做学生'的活动成为可能，也就是要去教学生怎么去学。"② 这些理解都认为，教学本质上是教学生学。

（4）教学即教师的教和学生的学。对这一理解，有三种典型的表述：教学是教师的教和学生的学的统一活动；教学是教的人指导学的人进行学习的活动；教学是师生双方以课程内容为中介进行教与学的共同活动。我国有关教育学的教科书和教育辞典等大多是将教学理解为教师的活动和学生的活动两个方面，并且这两个方面存在于同一过程中，是彼此不可分割的关系。

总之，有关"教学"的这些不同界定，一方面说明教学内涵的丰富性，另一方面也说明给教学下一个规定性定义并非易事。但是，为了将教学置于一个比较清晰的研究范围内，给教学下一个规定性的定义是十分必要的。我们认为，教学是师生双方的共同活动，是由教师的教和学生的学组成的统一活动。也可以说，教学是教师依据一定的教育目的，引导学生积极主动地掌握文化科学知识和技能，培养学生思想品德的过程。

（三）教学与教育、智育的区别与联系

教学与教育是部分与整体的关系，教育包括教学，教学只是学校进行教育活动的一种基本途径，除教学外，教育活动还包括班主任工作、党团少先队工作、课外活动、社会实践活动等。

教学和智育既有区别又有联系。教学与智育的区别是，智育是全面发展教育的组成部分，教学是教育活动的基本途径之一。教学与智育的联系是，智育主要

---

① 《陶行知选集》第1卷，顾明远、边守正主编，教育科学出版社2011年版，第347页。
② 单文经编著：《教学引论》，上海科技教育出版社2003年版，第9页。

是通过教学来进行的，智育的实现不仅可以通过教学，还可以通过课外活动、比赛活动、生产劳动、社会实践活动等；教学除了可以实现智育的目的外，还可以实现德育、体育、美育、劳动教育等目的。

二、教学的主要作用

教学是学校的中心工作。学校的一切工作必须围绕教学来开展，各项教育活动也主要通过教学来进行。明确教学的作用有助于我们正确地认识和把握教学。

（一）教学是促进学生全面发展的基本途径

学生的全面发展是指学生在德、智、体、美、劳等方面都获得充分的个性化的发展。通过教学，学生可以获得知识、形成技能、发展智力、涵养情感等，获得全面发展。也就是说，学生的全面发展是在教学活动中发生的。

1. 教学有助于学生道德品质的培养

一个人的世界观、人生观、价值观等是建立在已有的生活体验基础之上的。青少年在社会生活、人际关系等方面的实践经验还不丰富，通过教学活动，可以提高他们自身的认识能力、价值判断能力。若不通过教学活动，即使学生参加了大量的社会实践活动，获得了一定体验，也未必能在知识、道德品质方面形成正确的认识和判断。课堂教学可以培养学生的道德品质，学校的课外活动、比赛活动等同样蕴含了学生道德品质培养的重要内容，也是学生的道德品质培养的重要途径。

2. 教学有助于学生智力的培养

智力是解决问题所表现出来的个性心理特征。学生智力的培养，需要凭借一定的内容或载体（如教科书）来完成。教科书的内容是人类社会积累的丰富社会生活、生产经验的科学总结和归纳。这些内容是千百年来人类积累的知识和技能，若靠个人亲身实践来获得，不仅没有必要而且是不可能的。教学为学生实现短时间掌握文化科学知识提供了重要途径。学生在学习文化科学知识的过程中，智力可以得到快速发展。

3. 教学有助于学生身体的发展

身体是人类从事各种活动的物质准备。为了提高自己的身体素质，学生必须获得必备的身心发展知识。为此，学校开设了部分与学生身体直接或间接相关的课程，如体育、生物学、生理卫生等，这些课程的实施主要通过教师的教学来实现。

除此之外，教学也有助于学生认识美、体验美、感受美、欣赏美和创造美的能力的提升，劳动技术、技能的提高，劳动观念、劳动习惯的养成。

总之，学校主要通过各种教学活动来促进学生的全面发展。

（二）教学是提高学校教育质量的有效途径

衡量学校办学水平高低的一个主要指标是高质量人才的培养。高质量人才培养的基础是知识的掌握。教学是目前用时最少、掌握知识最快捷的一种活动。大量实践经验告诉我们：学校教育的各项工作只要围绕教学来安排，教育质量就会提高。但学校办学质量提高并非只有教学一种途径，不能把教学认定为学校教育唯一的活动，从而忽视或否定其他非教学活动。我们认为，只有将教学活动与非教学活动结合起来，才能最大限度地提高学校教育质量。

（三）教学是推动社会发展的重要手段

教学乃至教育体系的发展都是受社会发展影响的。反过来，社会的发展也需要教学的推动。教学是解决个体经验和社会历史经验之间矛盾的一种重要途径。人类社会积累下来的那些宝贵经验、知识、科学技术等若不通过教学来传承，青少年就需要从头做起或重新体验，这样势必会影响甚至延缓社会的发展。只有通过教学，年轻一代才能快速地掌握人类社会积累的宝贵知识，推动社会不断向前发展。

三、教学的基本任务

教学的基本任务是促进学生全面发展。这一任务是通过引导学生掌握基础知识和基本技能、发展学生的智能和体能、培养学生良好的审美情趣和道德品质来实现的。

（一）引导学生掌握基础知识和基本技能

教学的首要任务是引导学生掌握基础知识和基本技能。基础知识是人类对客观世界认识的基本成果，是人类长期历史实践的基本经验的总结，具有广泛的应用价值和迁移价值。对于中小学生而言，基础知识是各门学科的基本事实及相应的基本概念、基本原理。基本技能是各门学科中最常用、最重要的技能，如阅读技能、运算技能、写作技能等。掌握基础知识和基本技能，是学生进一步学习、成长为优秀人才的基础。

（二）发展学生的智能和体能

学生智能和体能的发展不仅是顺利开展教学的必要条件，而且是培育和发展人的基本要求，是教学的一项重要任务。学生智能是个体在认知过程中表现出的一种能力，其中最为重要的是创造力。创造力体现为学生敢于质疑，具有较强的问题意识，能运用已有的知识和能力去探索、发现未知的一种能力。学生的体能主要体现在学生具有良好的身体锻炼习惯、正确的身体姿势维持、视力的保护等方面。学生的智能和体能，都是其创造力发展的重要基础。

（三）培养学生良好的审美情趣和道德品质

审美情趣是个体在审美活动中表现出来的一种价值倾向。教学内容中包含着大量有关自然、社会生活和艺术品等美的因素，这些因素对学生健康的审美情趣培养起着重要作用。青少年阶段是个体的审美情趣培育的重要时期，需要教学的正确引导和帮助。

另外，科学的世界观和高尚的道德品质，既是学生自身发展的需要，更是社会主义发展的客观需要。培养学生科学的世界观、提高学生的道德品质，体现了教学的基本性质和方向，同样是教学的一项重要的任务。

总之，教学是教育学的核心概念之一。通过对教学的内涵、作用和任务的分析，我们可以发现：教学的概念是不断发展的，其本质是一种活动，是一种教师与学生相互作用的交往活动。

第二节　教学理论与规律

古今中外，许多教育家总结了大量有关教学的宝贵经验、思想和理论。这些宝贵的经验、思想和理论是前人智慧的结晶，对今天的教学理论研究和教学实践工作具有重要的指导意义。

一、教学理论

教学理论的产生、发展与学校教育有密切联系。独立形态的教学理论形成于17世纪。从历史上看，教学理论可分为传统教学论和现代教学论，后来又产生了人本主义教学理论、建构主义教学理论、后现代主义教学理论等。传统教学论强调以教师、教材、课堂为中心；现代教学论和人本主义、建构主义等教学理论，则日益强调以学生、经验、活动为中心。

（一）传统教学论的三大里程碑

传统教学论的主要代表人物是夸美纽斯、赫尔巴特、凯洛夫。他们的教学思想在教学论史上具有里程碑意义。

1. 夸美纽斯的教学思想

夸美纽斯是17世纪的捷克教育家，生活在中世纪到近代资本主义的过渡时期。1632年，他的《大教学论》一书阐明了其主要教学目的是寻找一种教学的方法，使教员可以少教，学生可以多学。他在书中对教学原则、教学方法、学校课程和教学组织形式都有论述；提出了一系列教学原则，其中包括以自然为鉴的原则、兴趣和自发原则、活动原则、直观性原则；在学校课程方面主张实施"泛智"教育的百科全书式的读本；在教学组织形式方面则提出了班级授课制理论。该书的出版标志着理论化、系统化的教学论的确立。

2. 赫尔巴特的教学思想

赫尔巴特是19世纪的德国教育家。他将教学理论建立在心理学基础之上，依据多方面兴趣原理论证了教学的任务和课程，依据统觉原理论证了教学过程的阶段。他的主要教育思想体现在《普通教育学》一书中。赫尔巴特最主要的教育思想是教学心理化和教学过程阶段论。他将教学过程分为四个阶段：明了—联想—系统—方法。其继承者又将"明了"阶段改为"预备"（引起兴趣）、"提示"（介绍新知），并对"系统"过程进行修改。从而构成了完整的赫尔巴特学派五段教学法，即：预备—提示—联想—总括—应用。

3. 凯洛夫的教学思想

凯洛夫是苏联著名教育家，20世纪40—50年代苏维埃教育学的代表人物之一。受当时实用主义影响，人们对马克思主义教育思想的理解较为肤浅，教学实践经验相对缺乏，导致了"学校消亡论""把教科书彻底从学校清除出去"，进而否定班级授课制，忽视教师和教科书的作用等错误思想。为了改变这一局面，响应苏联政府的号召，凯洛夫积极参与了苏联教学改革。他的教学思想主要体现在以下几个方面：共产主义教学目的论；教学过程的认识本质论；教学活动是师生的双边活动；强调"双基"和系统学科知识的掌握。

（二）现代教学论的三大流派

现代教学论主要有三个影响较大的流派，包括赞科夫（1901—1977）的教学与发展理论、布鲁纳（1915—2016）的学科基本结构理论和瓦根舍因（1896—1988）的范例教学理论等。他们的教学思想在教学论发展史上有着重要的影响。

1. 赞科夫的教学与发展理论

赞科夫是苏联著名的心理学家、教育学家。1957—1977年，他组织领导了教学与发展的大规模实验。1975年出版的《教学与发展》一书是其思想的集大成者。他的教学新体系是以苏联维果茨基的"最近发展区理论"为基础的。基于这一理论，他提出了教学要走在发展前面，在学生的发展上下功夫，以尽可能大的效果来促进学生的一般发展。"所谓一般发展，就是不仅发展学生的智力，而且发展情感、意志品质、性格和集体主义思想。"[①] 在教学过程中，他强调着重发展观察力、

---

① [苏] Л. B. 赞科夫：《和教师的谈话》，杜殿坤译，教育科学出版社1980年版，第142页。

思维力和操作力，并提出了一系列教学原则：高难度教学；高速度教学；理论知识起指导作用；使学生理解学习过程；使所有学生都得到发展。

2. 布鲁纳的学科基本结构理论

布鲁纳是美国认知心理学家。他主要研究知觉、思维以及儿童的发展，并把心理学理论应用到教学改革上。他1960年出版的《教育过程》被称为有史以来教育方法最重要而且最有影响的一本书，是一部划时代的著作。他的主要观点是：在教学目的上，重视发展学生的智力；在课程内容上，强调学科的基本结构；在教育时机上，主张早期学习；在教学方法上，倡导发现法；等等。

3. 瓦根舍因的范例教学理论

瓦根舍因是德国教育学家。瓦根舍因于1950年在物理教学中提出了"范例教学原理"。范例，就是指日常生活中隐含着本质联系、具有根本特征、起到基础作用的典型事例。范例教学就是通过主体与客体、问题解决与系统学习、知识学习与能力培养相统一的教学，让学生获得基本性、基础性和范例性的知识和方法。瓦根舍因的主要观点是：在教学内容上，坚持基本性、基础性和范例性；在教学过程上，遵循"个—类—范例地掌握规律—范例地获得关于世界的经验"四个阶段；教师备课时要坚持分析基本原理、分析智力作用、分析未来意义、分析内容结构、分析内容特点。1951年，德国形成了关于教育改革、提高科学教学效果的《蒂宾根决议》，建议用范例教学的理论来解决教材内容庞杂和单纯追求知识传授的问题。

（三）当代主要的教学理论流派

教学理论随着教学实践的不断发展而日益繁荣，出现了人本主义、建构主义和后现代主义等新的教学理论流派。

1. 人本主义教学理论

20世纪50年代，人本主义心理学开始被引入教育学界。人本主义教学理论的代表人物是马斯洛（1908—1970）和罗杰斯（1902—1987）。在他们看来，以往"只要课程设计好、教学方法选择合适，学生自然会学好"的看法是错误的。人本主义学者认为，意义是属于个人的，并不是内在于课程中的，教学的关键在于引导学生从课程中获取个人自由发展的经验。人本主义教学论者认为，教学的目的不仅在于学生知识的积累和技能水平的提高，更应该关注学生健全人格和良好人性的培育；教学过程本质上是一种社会互动过程；师生之间应该是一种平等、民主的关系。

罗杰斯的非指导性教学和合作教学理论是人本主义教学理论的典型代表。非指导性教学也称"学生中心教学"，它强调学习不能教授，只能促进。教师只是作为促进者积极地参与学生的活动。合作教学的精髓在于要求教师遵从人道主义原则，将学生培养成有个性的公民，而不要强制地对待学生。

人本主义教学理论强调情感对学生学习的重要意义，强调思维、情感和行动整合的必要性。其不足之处在于，在实践中如何将学生个人成长与学科知识进行整合，还缺乏操作性。

2. 建构主义教学理论

20世纪80年代中期，建构主义作为一种教学理论而兴起，其主要观点体现在突出学生的主体地位上。建构主义认为，学生是其自身知识和意义的主动建构者，教师是学生主动建构意义的帮助者、促进者以及学习的辅导者，而不是知识的传授者、灌输者。

建构主义教学的典型模式有支架式教学、情境式教学和交互式教学等。情境式教学和交互式教学比较容易理解和掌握，这里主要介绍支架式教学。在支架式教学中，首先教师设置一个支架，通过支架帮助学生学习，调控管理学生学习的目标和任务，让学生逐步学会独立探索和协作学习，最后对学习效果进行评价。这种教学模式基于学生的认知发展水平，通过教师引导、学生内化来完成学习任务。在这个学习过程中，学生获得了技能。建构主义教学理论的明显不足在于轻视讲授教学和接受学习。

3. 后现代主义教学理论

20世纪后半叶，教学论受到后现代主义思潮的影响。后现代主义是第二次世界大战后在西方产生的一种社会思潮。有的学者认为，其发端是法国诗人和评论家波德莱尔（1821—1867）的《恶之花》的发表。目前，后现代主义分为否定性的后现代主义和建设性的后现代主义。在否定性的后现代主义看来，应该从根本上抛弃人类对事物本质和认识基础的追求；而在建设性的后现代主义看来，不应该否认人类对事物本质和认识基础的追求，其代表人物是派纳和多尔。

作为一种后现代主义教学论，建设性的后现代主义教学理论是建立在对现代的知识观、学习观、人际关系、考试和评价等批判的基础上的。它强调应该重新建立新的知识学习和理解方式，强调学生在学习过程的主体性和创造性，强调应该重新确立师生关系，教学过程是一种人与人之间的对话关系，教师是学习共同体中的首席。建设性的后现代主义教学理论为我们考察现代学校教育制度提供了重要的理论手段，为重新认识知识性质、师生关系提供了新的研究视角。但在实际教学中，这一理论容易导致否定知识、片面夸大个体独特性的倾向。

二、教学要素、过程及其规律

作为一种社会活动，教学有其运行的基本规律。对教学规律进行深入思考，有助于我们做好教学工作。研究教学规律首先应关注教学要素、关系及其发生过程。

（一）教学要素

在教学过程中，存在着各种要素。关于教学要素的看法，学界还没有达成共识，但是教师、学生和教学内容是目前学界公认的三个最基本的要素。

1. 教师

教师有不同的表述，如知识的传授者、学习的引导者、教学的组织者、教育的研究者等。《教育大辞典》中认为，教师是"学校中传递人类科学文化知识和技能，进行思想品德教育，把受教育者培养成一定社会需要的人才的专业人员"[①]。新课程改革后，强调教师是学生学习的合作者，是课程的研究者与开发者，是"平等中的首席"。

2. 学生

学生是教学系统中的另一个要素，是学习的主体，也是教学效果的体现者。广义的学生泛指社会上和在教育机构中接受教育的一切人，狭义的学生是指在大中小学和幼儿园里专门进行学习的人。学生既是教师工作的对象，也是学习的主体。这种主体性表现在：一方面，学生主动地借助一定手段或途径对内容进行感知和学习；另一方面，学生以积极的态度配合教师的指导，有效地将教师加工过的教学内容进行内化，转变成自己的知识和能力，形成正确的价值观、人生观和世界观。

3. 教学内容

教学内容是教师和学生之间关系的一种媒介、桥梁。目前，对于教学内容的基本含义，学界还没有达成明确共识，只能进行整体把握。教学内容是经过改造加工后适合学生学习的人类文明成果的精华，其目的是促进学生发展。可见，从来源上说，教学内容是人类文明成果的精华；从特点上说，教学内容是适合学生学习的对象；从目的上说，教学内容是为了促进学生发展。

教师、学生、教学内容，三者究竟以何者为中心，曾出现过教师中心说、学生中心说、学科中心说等三种不同的观点。

教师中心说又称教师中心论，主张教师在教学中具有支配地位，起决定作用。持有教师中心说的人认为，通过外部控制，学生可以被塑造，他们认为学生本人缺乏有效的追求和兴趣，从而需要用社会的、成人的思想、看法和目标来规范儿

---

① 顾明远主编：《教育大辞典》（增订合编本）上，上海教育出版社1998年版，第700页。

童、塑造儿童。这种学说坚持教师中心、课本中心和课堂中心。

学生中心说又称儿童中心论,是针对教师中心说而提出的。这一观点主张以儿童身心发展规律为基础,认为学生的身心发展规律在教育教学中占据支配地位,具有决定作用。这种学说坚持学生中心、经验中心和活动中心。

学科中心说又称科目中心说,源于20世纪50年代的美国。当时,在美苏军事争霸中,苏联成功发射首颗人造卫星,导致美国朝野震动,社会各界普遍认为科技落后的原因是教育内容落后于时代发展的需要。为了解决这一问题,美国开始了以"教学内容现代化"为目标的课程改革运动。以布鲁纳的学科结构概念体系为理论基础重新构建的课程体系应运而生,其根本目的是培养能适应未来社会生活需要的公民。

(二) 教学过程

教学过程是教学活动的展开过程,是教学要素相互作用的过程。对教学过程的研究有助于优化课堂教学。教学过程是一种特殊的认识过程,教育学关于教学过程实质的这一阐释包含两层含义:其一,教学过程本质上是一种认识过程;其二,这种认识过程不同于一般的认识过程,具有特殊性。

学生学习和掌握文化科学知识的过程,是人类认识过程的一种表现形式。它必然遵循人类认识过程的一般规律,受认识论一般规律的制约。列宁指出:"从生动的直观到抽象的思维,并从抽象的思维到实践,这就是认识真理、认识客观实在的辩证途径。"[①] 只有遵循这样一条认识规律,才能保证学生认识活动的实现。

但是,教学过程又不同于一般的认识过程,它具有以下特殊性:

第一,间接性。学生在教学过程中主要是通过掌握人类长期积累起来的文化科学知识,间接地认识客观世界。教学过程中的实践活动,主要是向学生提供生动、直观、具体的材料,帮助学生理解和巩固概念、定理、规律等抽象的理论知识。

第二,引导性。学生的认识过程是在经过专门训练、具有广博知识和丰富经验的教师的指导下进行的。这是因为学生对一些事物的认识和看法存在一定的片面性,需要有经验的成年人的指导。

第三,简捷性。学生掌握知识的认识过程是简捷的、高效的,是一种科学知识的再生产。马克思说过:"因为再生产科学所必要的劳动时间,同最初生产科学

---

① 《列宁专题文集 论辩证唯物主义和历史唯物主义》,人民出版社2009年版,第135页。

所需要的劳动时间是无法相比的，例如学生在一小时内就能学会二项式定理。"①

目前，关于教学过程的本质，学界看法并不一致。受凯洛夫《教育学》的影响，传统教学理论认为，教学过程是学生在教师指导下学生学习知识技能、养成一定道德品质的过程。这种认识，强调教师传授知识的过程，偏重学生知识的获得与巩固，忽视学生智力和能力的发展。经过教学理论与实践界广泛深入的讨论，我国对教学过程本质的表达形成了以下几种有代表性的观点。

发展说：教学过程是教师通过传授知识技能进而使学生形成和发展各种能力和个性品质的过程。

活动说：教学过程是教师的教和学生的学相结合的双边活动过程。

教育途径说：教学过程是实现教育目标的基本途径，是以智力为核心的德、智、体、美、劳综合教育的过程。

交往说：教学过程是一种特殊的交往活动，是师生之间进行知识与经验的传递与交流的过程。

多质说：教学过程具有多层次、多类型的本质，是社会、认识、心理、生理等因素相互作用的过程。

基于以上分析，我们认为，教学过程是教学系统运转的过程，它是由教师、学生和教学内容以及其他要素的相互作用而构成的。只有用系统的观点才能完整地、准确地表述教学过程的本质特征。

（三）教学规律

列宁指出："规律就是关系……本质的关系或本质之间的关系。"② 只有真正把握了事物发展的规律，才能真正按照客观规律办事。我国哲学家艾思奇指出："一切物质③的运动、发展过程都具有某种一定不移的基本秩序，这就是物质本身所固有的本质的、必然的联系，就是物质运动的规律性。"④ 教学过程有其内在的规律性，这种规律性存在于教学过程的构成因素的关系中。

1. 教与学的辩证统一

教学过程是教师和学生共同活动的过程，是"教师教"和"学生学"的矛盾统一过程。在教与学的辩证关系中，首先，学生既是学的主体，又是教的对象。一方面，学生有一定的知识和能力，能对事物做出一定的判断；另一方面，他们

---

① 《马克思恩格斯全集》第26卷第1册，人民出版社1972年版，第377页。
② 《列宁全集》第55卷，人民出版社1990年版，第128页。
③ 包括事物，如教学过程。——编者注
④ 《艾思奇全书》第7卷，人民出版社2006年版，第584页。

的知识储备和生活经验还不十分丰富，缺乏独立思考和独立工作的能力。其次，教师既是教学者，更是教育者。一方面教师应该教授给学生知识、培养学生的能力；另一方面，教师肩负着贯彻教育方针、政策，为国家培养合格人才的重任。

教和学是一个辩证统一的过程。掌握它们之间的辩证关系，处理且解决好这一对矛盾，需要我们正确认识教师和学生各自的地位及其关系。

（1）教师是起主导作用的主体。在教学过程中，教师只有将自己施教的意图转变成学生学习的意图，并且推动学生积极行动，才算是实现了教师的主导作用。这种主导作用主要体现在两个方面：一是调动学生的主观能动性和创新精神；二是引导学生掌握科学的认识方法和方式。

（2）学生是参与教学活动的学习主体。学生的学习是一个非常复杂的认识活动。要完全地认识事物的本质，就必须经过思考作用，将丰富的感觉意识去粗取精、去伪存真、由此及彼、由表及里，形成概念和理论系统，从感性认识跃进到理性认识。毛泽东认为："认识的能动作用，不但表现于从感性的认识到理性的认识之能动的飞跃，更重要的还须表现于从理性的认识到革命的实践这一个飞跃。"[①]学生在参与教学活动中要经历两次飞跃：第一次是学生要真正掌握知识与技能，从而达到认识世界、发展智力、形成观点的过程；第二次是学生用眼、耳、口、手和脑进行积极的劳动，从而实现从感性到理性（或理论），再从理论到实践这"两个转化"。从这个意义上来说，学生不仅是教学的对象，更是参与教学活动的学习主体。

（3）反对将师生关系对立起来的错误观点。在传统教学观中，有人将师生关系对立起来，这种观点存在两种错误倾向。一种是片面夸大和强调教师的作用，忽视或否定学生学习的积极性，将学生当作知识的"容器"。另一种是借口发挥学生的积极性、主动性，忽视或否定教师的主导作用，认为教学的中心是儿童，教师只是处于顾问的地位，结果导致教学质量的下降。这两种错误倾向，都将给教学带来不良后果，必须坚决反对。

2. 直接知识与间接知识相结合

直接知识是个人通过直接参与实践活动而获得的知识；间接知识是从书本上或从他人那里获得的知识。人类知识从总体来源而说，都来源于实践，来源于直接经验。虽然间接知识是从书本或他人那里获得的，但也是他人通过亲身实践获得的直接知识。正如毛泽东所指出的："就知识的总体说来，无论何种知识都是不

---

① 《毛泽东选集》第1卷，人民出版社1991年版，第292页。

能离开直接经验的。"①

直接知识和间接知识相结合，这一规律要求我们在教学中必须以间接知识为主，使直接知识与间接知识有机地结合起来。教学中的间接知识主要是以书本知识的方式呈现的，因此，教学要以书本知识为主。首先，书本知识是人类社会发展的必然产物。当人类社会发展到一定历史阶段，社会经验、文化科学知识不再仅仅靠口授的方式来传递和继承，而是通过"文字"这一人类社会特有的工具进行传递和继承。对于青少年来说，学习书本知识是继承人类长期积累的大量精神财富的主要途径。学习以书本知识为主，既符合人类认识规律，也符合学生认识的特性。其次，教学以书本知识为主，是由教学过程中学生的认识规律决定的。教学是学生在教师的引导下，通过学习书本知识认识世界的过程。学生学习的主要任务是通过学习书本知识，将人类积累的丰富成果接受过来，转化为自身的精神财富并形成能力，作为进一步认识世界和攀登新的科学高峰的"起点"。学生凭借阅读，运用逻辑思维，在教师的指导下可以有计划地、系统地、迅速地获得人类知识资源，从而成为进一步认识新世界的有力"工具"。

当然，对学生的发展来说，仅获得书本知识有一定的局限性。书本知识一般表现为概念、定理、规律和理论等，这些知识是他人通过直接实践得来的，而不是学生直接实践得来的。这就要求教师在指导学生学习书本知识的同时，要根据教学内容精心设计多样化的、有助于学生掌握理论知识的感性认识活动，从而引起学生感性经验的再现。

3. 掌握知识与提高思想觉悟相统一

教学永远具有教育性。各门学科都包含着丰富的教学内容，教学内容的选取、编撰是在一定思想理论体系指导下进行的，没有思想教育的教学内容是不存在的。在教学过程中，教师不仅要向学生传授系统的文化科学知识，而且要对学生进行思想品德教育，处理好传授知识与提高思想觉悟的关系，做到教书育人。正如赫尔巴特所认为的，"我不承认有任何'无教育的教学'"②。

在教学活动中，教师和学生都是受一定的思想支配的。教师总是在一定的政治意识和思想体系的指导下，按照一定的教育方针和培养目标来进行教学的，会有意或无意地用一定的政治思想观念和道德标准去直接或间接地影响学生的思想意识及其世界观的形成。在教学过程中，学生会根据教师的指导和教学，确定正确

---

① 《毛泽东选集》第1卷，人民出版社1991年版，第288页。
② ［德］赫尔巴特：《普通教育学》，李其龙译，人民教育出版社2015年版，第6页。

的学习目的及态度，形成正确的世界观，对错误的思想认识和观点予以纠正或抵制，从而提高自己的思想觉悟。

4. 掌握知识与提高能力相统一

对掌握知识与提高能力的关系问题最典型的论争是实质教育派与形式教育派之间的争论。实质教育派认为，教学的主要任务在于传授对实际生活有用的知识，发展能力则无足轻重。形式教育派认为，教学的主要任务在于训练学生的思维形式，在教学中传授知识只是一种手段，目的是训练学生的思维。这两派都割裂了掌握知识与提高能力之间的辩证统一关系，其主张都是片面的。

在教学过程中学生既要掌握所学的知识，又要提高能力。知识和能力是既有区别又有联系的两个方面，两者是相互促进、相辅相成的。首先，知识的掌握是发展能力的基础。知识是人类长期实践积累的成果，是人类智慧的结晶，它蕴含着丰富的智力因素和认识方法。这些智力因素和认识方法在面对现实问题时体现为各种能力。知识经验越多、越丰富，能力越能得以发展，理解新知识和解决新问题才能越容易。其次，能力的提高有利于知识的掌握。能力发展水平直接影响着学生掌握知识的进程。在教学过程中，学生若没有认识能力、理解能力，不进行一定的智力活动，则掌握不了所学的知识。最后，掌握知识与提高能力并非同步进行的，且发展不均衡。从知识的掌握到能力的发展是一个复杂的过程，不仅与掌握知识的多少有关，而且与掌握知识的质量、方法以及运用知识的态度紧密相关。在教学过程中，教师要运用启发式教学，不断地改进教学方法，引导学生学会独立学习，并能创造性地运用知识来解决理论和实际问题，以促进学生能力的发展。

三、教学原则

（一）教学原则的定义

教学原则是人们根据一定教学目的、遵循一定教学规律制订的指导教学工作的基本要求。教学原则一般包括三个方面的含义：首先，教学原则是为实现教学目的服务的；其次，教学原则是对教学规律的认识和反映；最后，教学原则对教学内容、教学方法、教学组织形式的选择和运用起指导作用。

教学原则的规定必须依据教学规律，是教学规律的体现。它们的不同之处在于：教学规律是教学过程中各因素之间客观的、内在的、本质的必然联系；教学原则是人们主观地根据教育规律制订的，它反映了人们对教学工作的要求。

（二）主要的教学原则

根据上述概念可知，教学原则是可以变化的。因为，随着人们对客观规律认识的深入，有些教学原则已经不能适应新的教学要求。目前用于指导教学的教学原则主要有方向性原则、循序渐进原则、因材施教原则和伦理性原则。

1. 方向性原则

方向性原则是指教学要以马克思主义为指导，以马克思主义的立场、观点和方法来选择教学内容，分析和理解教学内容，结合科学知识教学对学生进行社会主义核心价值观、正确的人生观和科学的世界观的教育。贯彻这一原则要求做到以下两点。

（1）坚持教学的马克思主义方向。教师应该在教学中坚持按照马克思主义方向引导学生，按照社会主义的培养目标设计和规范自己的教学，教师的教学指导思想、立场、观点、方法、态度要符合马克思主义的基本要求，从而使学生逐步形成正确的价值观、人生观和世界观。

（2）深入挖掘教材的思想性。马克思主义的方向性主要是正确发挥教材的思想性，对学生进行思想教育，培养学生良好的道德品质，达到教书育人的目的。教师必须遵循马克思主义的立场、观点和方法，应通过恰当的方式使学生明确教学目的，调动学生与教师合作，认识每一具体目标的实现与总体教育目标达成的关系，最终完成教学任务。

2. 循序渐进原则

循序渐进原则是指教学要按照科学知识内在的逻辑顺序和学生认识能力的发展顺序进行。贯彻这一原则要求做到以下三点。

（1）要了解学科知识和学生认识能力发展的顺序。教师既要了解本学科与相关学科知识之间的内在联系，深入钻研本学科课程标准和教科书的逻辑体系，也要了解学生认识能力的发展水平和特点。只有了解这两方面的特点，并设计好恰当的顺序，才有可能循序渐进地开展教学工作。

（2）要坚持由近到远、由易到难、由浅入深、由简到繁地开展教学工作。贯彻循序渐进的原则，就应由近到远、由易到难、由浅入深、由简到繁地组织教学。由于教材内容有易有难、有浅有深，循序渐进不等于平均用力，教师在教学工作中必须分清主次，抓好重点和难点，有针对性地开展教学。

（3）要打好基础，培养学生系统学习的良好习惯。学习是个日积月累、由量变到质变的不断发展的过程，教师要帮助学生打好基础，不能急于求成。教师要注意学生知识掌握上的缺陷，及时予以弥补。

3. 因材施教原则

因材施教原则是指教师要从学生的实际出发，根据学生的个别差异，有的放矢地开展教学，使每个学生都能获得最优发展。贯彻这一原则要求做到以下两点。

（1）要把握学生的特点，增强教学的针对性。了解每个学生的特点是因材施教的基础。教师应该掌握每个学生的知识基础、兴趣、爱好、智力水平、学习方法和学习态度等情况，以便有针对性地施教。对那些知识基础较好、智力水平较高的学生，教师可以恰当地提高难度和增加分量，以培养尖子人才。对那些知识基础差、智力水平较低的学生，教师要培养他们的学习信心，帮助他们纠正缺点和弥补不足，使他们能够掌握基本的知识和技能。

（2）既要照顾学生的个别差异，又要面向全体学生。教学要从大多数学生的实际出发，面向全体学生，不能因为照顾个别学生而使教学程度过高或过低，使教学速度过快或过慢。只顾少数学生而不顾大多数学生的做法是违背我国的教育目的和对人才培养的要求的。

4. 伦理性原则

伦理性原则是指教师在教学过程中处理师生关系时，要遵循当代社会的伦理规范。教师要尊重学生，爱护学生，并通过以身垂范的言行赢得学生的尊重。贯彻这一原则要求做到以下三点。

（1）在教学中，教师要尊重学生的基本权利。学生的基本权利包括人身权和社会权等。教师有正当的惩戒权和训育权，但是教师对学生的惩戒和训育必须遵循严格的人道主义原则，不能使用有违人道和人格尊严的方式，更不能以残害身体的方式来对待学生。

（2）在教学中，教师要尊重学生的基本自由和权利。学生的基本自由和权利主要包括：学生学习的积极性、学生学习的热情、分配给学生学习的机会、学生的问题意识等，教师要保护学生学习的积极性、提升学生学习的热情、相对平等地分配学生学习的机会、培养学生的问题意识。

（3）在教学中，教师要正确对待学生的个性差异。教师应该尊重不同学生的个体差异，保障学生个性的充分发展，在促进个体学生全面发展的同时，为每一个学生的个性发展提供更好的发展条件和空间。

第三节　教　学　实　施

教学只有在实践中才有生命力。作为一种重要的实践活动，要想实现教学的生命活力，就必须重视教学的实施。这里的教学实施主要包含确定教学目标、教学环节、教学方法、教学组织形式、教学评价等内容。

一、教学目标

教学目标既是评价学生学习质量的重要依据，也是评价教师教学、学校办学质量的重要参考。目前，以布卢姆、安德森和辛普森等研制的教学目标分类学对教学实践的影响最大。

（一）教学目标的概念

关于教学目标的界定有很多种。泰勒认为，"形形色色的行为方式的变化，就是教学目标"。布卢姆认为，"目标是预期的结果"。我国学者普遍认为，教学目标是教师在教学活动开展之前预设并在教学过程中有效生成的结果，这些结果不仅包括可观察的外显行为，还包含内隐的情感、态度和价值观等内容。与"教育目的""培养目标""课程目标"相比，教学目标是更为具体、微观的概念，在整个教育目标体系中，处于最低层次，是教育教学活动所要完成的具体指标体系，具有很强的可操作性和可测量性。

教学目标的分类

（二）教学目标的功能

教学目标是整个教学活动系统的起点和归宿，它支配、调节和控制着整个教学过程，统领着教学系统的其他各要素。教学目标主要有导向、激励、评价和聚合等功能。

1. 导向功能

教学目标对整个教学活动具有指引、导向功能。教学目标在一定程度上影响教学设计的方向，调控教学进程，使师生在教学过程中排除一些无关刺激的干扰，集中注意力和保持积极的热情进行教学活动。

2. 激励功能

教学目标能够激发教师教和学生学的积极性、主动性。教学目标使教师的教有了追求，同时使学生的学有了动力。但是，并非所有教学目标都有这样的功能，只有当教学目标被教师、学生真正理解、接受，并在一定程度上满足了他们需要的时候，教学目标才会发挥其激励功能。

3. 评价功能

教学目标是衡量教学效果的标准，它既是教学活动的起点，也是教学活动的终点。教学活动的效果是以教学活动在多大程度上实现了教学目标作为标准的。

4. 聚合功能

教学目标能对教学系统内的其他要素进行优化、组合、协调，使教学系统发挥最佳的教学效果。教学目标是整个教学系统的核心，教师、学生、教学内容和教学环境等都是为实现教学目标服务的。因此，对于教学系统的其他各个要素而言，教学目标具有聚合的功能。

（三）教学目标设计

教师教学基本功的重要体现是教学目标设计的水平。对于教师而言，科学、合理地设计教学目标，包括每节课的课时目标，绝非易事。教师不仅需要有先进的教学目标设计理念，懂得教学目标设计的一般步骤，而且需要明确教学目标设计的依据。

1. 教学目标设计的依据

教学目标设计的依据主要受学生发展、教学内容和社会需要三个方面的影响。

学生发展是一切教学活动的出发点和最终目标，是教学目标设计需要考虑的首要因素。教学目标的设计要考虑学生发展的现有水平和潜在水平。学生发展水平可以从显性信息和隐性信息两个方面来考量。显性信息包括学生的年龄、性别、家庭背景、学业成绩等，可以通过查阅学生的基本资料获得。隐性信息包括学生的需要、兴趣、学习习惯、已有知识结构、人际关系、未来发展潜力等，可以通过测量、课堂观察、访谈等方法获得。教师只有与学生建立良好的信任关系才能获得真实有效的隐性信息。

教学内容是教师在设计教学目标时必须考虑的关键因素。教学内容的难易、繁简不同，教师制订的教学目标也会有所区别。目前，教学内容主要以课程标准、教科书或其他教辅材料等形式呈现。因此，在设计教学目标时，教师必须仔细研读课程标准和教科书，并参阅教辅材料。课程标准是教师设计教学目标的主要参考依据，它规定了各学科所要达到的基本要求。教科书是教学内容的主要呈现载体。教师在使用教科书时应该树立"用教科书教，而不是教教科书"的观念。教师需要明确，教科书只是可供选择的教学资源，课程运行中的真实教学内容是师生在教科书资源基础上共同合作生成的。

社会需要是教师设计教学目标时必须考虑的重要因素。教学活动与社会发展之间有着相互联系。一方面，社会对教学系统提出各项要求，要求教学培养出适应社会发展的人才。另一方面，在推动社会发展的同时，教学活动培养的人才向社会发展提出更高的目标。因此，教师在制订教学目标的时候，需要对社会做整体分析。从关注的主题来说，教师可以从政治环境、经济环境和文化环境等方面分析社会要求；从性质来看，教师可以从积极环境和消极环境来分析社会要求。这些分析维度是教学目标设计需要考虑的重要方面。

2. 教学目标设计的步骤

设计教学目标可以分为四个步骤：起点分析、任务分解、目标确定、目标表述。

起点分析：教学目标是对预期的学生学习成果的要求，而不是对教师教学行为的描述。因此，设计合适的教学目标，必须对学习者进行分析。学习者的已有知识、经验、技能和能力是教学的起点。分析教学起点，有助于确定有效的教学目标，提高教学的有效性。教学起点的确定需要对学习者从两个方面分析：首先从学习者的个体特征分析，主要从学习者个体的学习习惯、兴趣、方法和态度的特征和水平等进行分析；其次从学习者的社会特征来看，主要从学习者群体的成熟程度、班级水平、心智发展水平等进行分析。教学起点过高或过低，都不利于教学目标的达成、教学效果的提高。

任务分解：任何教学目标的确定，都是以一定教学任务或教学目的为依据的。不同层次的教学目标确定是对教学任务自上而下分析的结果，是一个不断具体化的过程。教学任务是通过不同层次的教学目标来体现任务分解的。一般说来，教学任务可以分为培养任务、年级教学任务、单元教学任务、课时教学任务。其中，课时教学任务是最为具体的任务，单元教学任务是教学任务的中间一环，作用比较特殊：相对于年级教学任务而言，单元教学任务较为具体；相对于课时教学任务而言，单元教学任务则较为抽象概括。根据布卢姆的教育目标分类理论，教育目标分为认知学习领域目标、情感领域目标、动作技能领域目标。这里以小学数学课的长方形和正方形"面积"单元教学任务一部分来说明单元教学任务是如何被分解获得的。

在培养学生的认知能力这一维度上，单元教学任务可以设计为：

（1）能记住长方形、正方形的面积计算公式。

（2）能区分长度单位和面积单位。

在（1）（2）这两个教学任务中，（1）可以归为认知学习领域的识记类目标，（2）可归为认知学习领域的领会类目标。

为了培养学生情感、态度和价值观这一教学任务，单元教学任务可以设计为：

（3）愿意口述面积计算的思路。

（4）在面积计算过程中，养成仔细运算、认真负责的态度。

（3）（4）这两个教学任务可以分别归为情感领域的接受类和反应类目标。

目标确定：目标确定是对任务分解的进一步思考。这里的目标主要是课时教学目标。课时教学目标的确定，要依据对单元教学任务、单元教学目标、单元教学内容的分析，通常做法是：首先，以已经确定的单元教学目标为参考，一级一级地提问和分析，不断地在单元教学目标框架下对学习者进行提问和分析，从而得出每一个课时可以培养学生具有哪些次一级的能力，直到不能继续提问为止；然后，按照认知、情感、动作技能领域对课时教学目标进行分析，从而确定每一课时的具体教学目标。

目标表述：这里的目标也是指课时教学目标。常用的课时教学目标有三种表述形式：行为目标表述、表意目标表述和综合目标表述。

行为目标表述可以用行为目标的 ABCD 表述。具体来说：A 指 audience，即学习者，是目标表述句中的主语；B 指 behavior，即行为，指学习者通过学习能做到什么，是目标表述句中的谓语和宾语；C 指 condition，即条件，指行为产生的条件，是目标表述句中的状语；D 指 degree，即程度，说明行为最终达到的水平或效果。

例如，在目标表述句"在 15 分钟内，学生能写出 20 个形容词"中，"学生"是具体某个班、某个年级的学生，即 A，在目标表述的时候，学习者有时可以不写；"能写出 20 个形容词"，即 B，是学生学习后的行为；"在 15 分钟内"，即 C，是学生完成行为目标的条件，有时条件要素可以省略；"15 分钟内写出 20 个形容词"，即 D，是学生学习后的结果或水平。

表意目标表述，重在描述学生经历的情境，它并不关注学生通过这些经历会学到什么样的行为。例如，"用自己的语言描述《咏雪》的意境"，这一目标的关键在于突出学生描述的特性和重要性，不需要用统一的标准去衡量和评估。

综合目标表述则试图克服行为目标表述和表意目标表述的局限性，将内在心理变化和外在行为表现结合起来加以陈述。如：教学"人类与环境"时，要求学生树立社会主义生态文明观，综合性目标可以表述为：

母目标：学生能树立社会主义生态文明观。

子目标：

（1）能说出社会主义生态文明观。

（2）能运用所学知识批判现实生活中"破坏环境"的行为和思想。

在这种目标表述中，母目标是对内部心理变化的要求进行表述，子目标（1）（2）则将内部心理变化过程转述为外在的行为表现，从而融合了行为目标表述和表意目标表述的优势。这种目标表述方式得到越来越多的人的青睐。

二、教学环节

一般来说,教学环节主要有备课、上课、布置与批改作业、课外辅导、学业成绩评定等。

(一) 备课

备课是指教师上课前的准备工作。备好课是上好课的先决条件,实践证明,是否认真备课将直接影响教学效果。备课主要是备课程标准与备教材、备学生与备教师、备教法与备学法。

1. 备课程标准与备教材

备课程标准与备教材就是钻研课程标准与教材,对课程资源进行有效整合。

课程标准是国家对一门学科教学的规定和要求,是教师备课的重要指导文件。只有钻研课程标准才能明确本学科的教学目的和任务,了解本学科的知识体系和基本内容以及教学基本建议。教科书是教师授课和学生学习的主要依据。教师备课要求熟练掌握教科书的全部内容,了解全书的知识体系,把握各章节的重点、难点和疑点,充分理解教科书中的知识性、思想性和文化性。

课程资源整合主要包括筛选有效课程资源、开发与分析课程资源、优化和确定课程资源。只有将优化的课程资源整合到教学设计中,才能有效提高课程资源的利用率,才能调动学生的积极性,提高课堂教学质量。

备课程标准和教材具体包括四个方面。第一,备目标。新课程改革提出了学科教学的三维目标:知识与技能,过程与方法,情感、态度与价值观。教学目标设计要从单纯注重传授知识、技能转为教会学生学会学习、学会生存、学会做人的目标轨道上来。第二,备内容。教师要充分发挥自己的聪明才智、个性特长,优化教学内容,精心设计教学内容。第三,备意义。教师在备课过程中,要深刻挖掘课程内涵,品味和体会课程的含义,通过自己的研究和思考,提炼出自己的见解,升华为自己的意义。第四,备教材。教师在全面了解课程内容的基础上,对教学内容在教材特征、知识结构、技能要求等方面进行深入分析。

2. 备学生与备教师

备学生是指备课必须切合学生实际需要。教学的对象是学生,学生是发展中的人,因此,这就需要全面了解学生的情况。一方面,要了解学生原有的知识水平和接受能力和学生的兴趣、动机、爱好、思想状态、学习方法和习惯等。另一方面,要正确分析并预测学生学习新知识可能遇到哪些困难、问题或疑惑,准备采取哪些措施进行矫正和改善等。

备教师就是要求教师本人要具有强烈的自我反思意识和自我反思能力。备教师是上好课的一个重要前提。因为教师在教学活动中起主导作用,是课堂的组织者和指挥者。

3. 备教法与备学法

教学是在师生互动中进行的。师生互动需要关注教师的教法和学生的学法。因此,教师在备课时必须关注教学内容的组织、课的类型的确定、每节课的活动安排、教学活动的开展、课堂作业的布置、学生学习方法的培养等。

(二) 上课

上课是整个教学活动的中心环节,是提高教学质量的关键环节。上好一堂课的基本要求有以下四个方面。

1. 明确教学目标

教学目标是一堂课的出发点和归宿。备课时预设的教学目标在上课时要根据教学的实际情况不断调整具体的阶段性目标,发现问题,及时反馈,从而保证教学目标的真正实现。

教学应该从整体上关注教学目标,但这并不是说每节课都必须固守预定的教学目标,而是要根据学科特点、教学价值追求、教学内容、学生实际和教学条件等,合理恰当地设计出有效的教学目标。

2. 用教科书教而不是教教科书

教学的根本目的是促进学生的发展。因此,教教科书不是教学的目的,教科书只是达成教学目标的重要媒介。传统的教学大纲强调,静态的教科书是国家统一编写的,具有绝对的权威性;而现行的课程标准强调,教科书是重要的课程资源。教师只有在认真钻研教科书内容和深入了解学生的基础上,才能很好地去组织教学内容,选择恰当的教学方法,突出重点、难点,这个过程包括教师对教学内容的自我理解、自我转化和创造性构思。教师只有对学生进行全面了解,以教材和学生为依据,才能达到熟练运用教科书、用活教科书的目的。

3. 建立民主、平等的师生关系

新课程强调,师生关系是民主、平等的对话关系。民主就是要求教师创设民主的教学氛围。只有在民主的教学氛围中,学生的分析能力、表达能力、创造能力才能最大限度地发挥。只有在这种民主的教学过程中,学生的思维潜力才能得到挖掘,开拓创新精神才能真正得到培养。平等是指教师与学生在人格上的平等,并非知识与技能上的平等。师生人格平等关系强调淡化教师权威,倡导教师和学生平等的地位和权利,师生均作为独立个体参与教学活动,形成一种对话关系。

4. 注重教学过程的生成性

教学过程的展开不是预设好的，而是不断生成的。教学过程是在弹性预设的前提下，在教学的展开过程中由教师和学生根据不同的教学情境自主构建的过程。首先，生成是在教学过程中的生成。传统教学中的预设一般发生在教学活动开始之前，并且贯穿教学活动始终。生成则主要发生在教学活动之中，虽然它也需要教学之前的设计，但是教学前的设计只是生成的一般指导，具体怎样生成、生成的结果怎样等需要在教学过程之中得以体现。其次，生成的主体是教师和学生。生成不是教师一个人所能完成的，需要教师和学生共同协作。再次，生成需要诸多因素的相互作用。生成不仅需要教师和学生，还需要生成的情境等因素的积极配合才能得以实现。最后，生成的过程是动态的。生成需要师生以及影响教学的诸多因素的相互作用，相互作用的过程是动态的。

总之，衡量一堂课的最终效果，归根结底要看学生是否获得了发展、在哪些方面获得了发展、获得什么程度的发展、通过什么样的方式和内容获得了发展。

(三) 布置与批改作业

作业，既有课堂作业，也有课外作业（或家庭作业）。学生的作业主要有三种：一种是口头作业，如朗读、阅读、背诵、复述等；一种是书面作业，如做练习题、写日记、写作文等；还有一种是活动型作业，如小制作、小实验、社会调查、社区服务及其他社会实践等。

教师布置作业要注意作业的内容和分量，要对作业进行必要的指导，明确作业的目的、内容、形式、完成时间和步骤。

教师要认真、及时批改并讲评作业，对普遍性的问题要在课堂上集体辅导，对个别问题可以采用个别辅导的方式进行。

(四) 课外辅导

课外辅导是课堂教学的一种必要补充，是适应个别差异、实施因材施教的重要举措。课外辅导主要有集体辅导和个别辅导两种。教师在进行课外辅导时应注意根据不同学生确定不同的辅导内容和措施，处理好上课和课外辅导的关系，注意与被辅导学生的家长密切配合。

(五) 学业成绩评定

学生学业成绩评定是保证教学效果的重要手段，是学校教学工作的有机组成部分。目前，评定学生学业成绩的方式主要有考查和考试两种。考查常用的方法有课堂提问、作业、书面测验等。考试一般在单元结束、期中、期末和毕业时进行，常用的形式有口试、笔试和实际操作考试等。学生成绩的评定，一般采用百分制记分法和等级制记分法。

评定学生成绩的基本要求是：严格按照课程标准的要求，不出偏题、怪题；考试既要关注基础知识，也要关注基本技能以及情感、态度与价值观等内容；注意考试的时间和次数；评定学生学业成绩应当公正、客观；考试后应全面客观地分析学生试卷，了解教学中存在的问题并及时分析找出对策。

三、教学方法

（一）教学方法的定义

教学方法是指师生为完成一定的教学任务而在共同的教学活动中采用的手段，既包括教师教的方法，又包括学生学的方法。教学方法源自人类教学活动的实践经验，随着人类教学活动的出现和不断发展而逐渐产生、发展，并逐步走向系统化和科学化。教学方法是一线教师非常关注的一个问题。

关于什么是教学方法，有几种具有代表性的观点。苏联的达尼洛夫（1899—1973）等认为："教学方法是指教师的工作方式和由教师领导的学生的工作方式，借助于这些工作方式，可以使学生掌握知识、技能和技巧，还可以形成他们的共产主义世界观和发展他们的认识能力。"[①] 日本有学者认为："在教学情境中，教师和学生的这种为了教与学而展开的活动方式谓之教学方式。在这里，着眼于教师的活动方式谓之教授方式；着眼于儿童的活动方式谓之学习方式；着眼于师生之间的相互作用方式谓之教授·学习方式或学习指导方式。所有这些，总称为教学方式。"[②] 我国学者王策三认为，教学方法是为达到教学目的、实现教学内容、运用教学手段而进行的，由教学原则指导的一整套方式组成的师生相互作用的活动。李秉德认为，教学方法是教师和学生在教学过程中为实现教学目的、完成教学任务而采取的教与学相互作用的活动方式的总称。

虽然中外学者对教学方法的界定不尽相同，但也有其共同点：教学方法指向实现教学目的；教学方法体现了教学活动的双边性，既包括教师教的方法，也包括学生学的方法；教学方法由一系列教学方式组成，既有教师教的方式，也有学生学的方式。

---

① ［苏］达尼洛夫、叶希波夫编著：《教学论》，北京师范大学外语系1955级学生译，人民教育出版社1961年版，第284—285页。
② ［日］筑波大学教育学研究会编：《现代教育学基础》，钟启泉译，上海教育出版社1986年版，第280—281页。

(二) 我国常用的教学方法

1. 讲授法

讲授法是教师通过口头语言的形式向学生系统传授知识、促进学生发展的方法。讲授法是学校教学中最为常用的一种教学方法。讲授法可分为讲述、讲解、讲读、讲演等不同形式。讲述是教师对某一事件或事物进行叙述或描绘。在讲述法中，教师运用简明生动的语言，叙述事件发生、发展的过程，描绘所要学习的材料，使学生易于理解和记忆。讲解是教师向学生解释、分析、论证概念、原理、规律和公式。讲解广泛应用于各科教学之中，尤其在数学、物理、化学等学科中应用最广。讲读是综合运用讲、读、练的教学方法。这里的"讲"是指词汇解说、课文讲解，"读"是指朗读、默读、复述、背诵。讲演是教师就某一专题进行首尾连贯、相对完整的论述，中间不穿插或很少穿插其他活动。讲演主要用于中学高年级和高等院校的教学。在中小学的实际教学活动中，常常会综合运用讲述、讲解、讲读三种方式，只是根据学科特点、教学内容的需要而有所侧重。

讲授法一直是我国班级授课制的主要教学方法。有些人认为讲授法是一种注入式教学而对其加以否定和排斥，有时甚至出现对其全盘否定的批判，这给教学实践带来危害。其实，讲授法是一种有效的教学方法，它具有节省时间、便于表达抽象概念、重视知识的逻辑和分析思维等优势。当然，它也有不足之处，如很难关注学生的个别差异、不利于学生主动探究能力的培养等。因此，在具体教学情境中，教师应将讲授法与讨论法、演示法等综合使用。

2. 问答法

问答法又称谈话法，是教师根据学生已有的知识经验提出问题，通过师生问答或谈话的方式，引导学生获得知识的方法。问答法可分为启发性问答、复习检查性问答、指导总结性问答三种方式。启发性问答是通过向学生提出相互连贯的问题，引导学生运用已有知识对当前事物、现象进行观察，探求新知识，这种方式主要用于传授新知识。复习检查性问答是根据学生已学内容提出问题，达到复习和检查的目的，这种方式主要用于巩固旧知识。指导总结性问答则是多在参观、实习、实验前后进行，使学生明确活动目的、内容，回答学生疑问，并进行活动总结。

3. 讨论法

讨论法是让学生围绕一个中心问题进行集体谈论、对话的一种教学方法。通过这种方法可以使学生明辨是非、互相学习、共同提高。讨论法可单独运用，也可同其他教学方法相结合运用。讨论法可分为全班讨论、小组讨论、整节讨论、短时讨论。在教学中，对一些重要的、学生不易理解的基本概念、基本原理，学生感兴趣的热点问题、有争议的问题，组织学生展开讨论，能激发学生的学习兴趣，开发学生的智力潜能，提高教学质量。

4. 练习法

练习法又称作业法，是在教师指导下，学生运用知识完成一定的操作性训练，以形成技能、技巧的方法。练习法是一种基本方法，几乎所有学科、各个学段的学生都使用。在教学实践过程中，练习法可分为心智技能练习、动作技能练习、行为习惯练习等三种形式。心智技能练习主要用于训练阅读、作文、运算技能等；动作技能练习包括身体锻炼、实验、实际操作等；行为习惯练习主要用于训练卫生习惯、礼仪行为习惯等。

5. 演示法

演示法是教师在课堂上通过展示各种实物、直观教具或进行演示实验使学生获得知识的方法。根据手段和种类不同，演示法可分为三种情况：一是实物、标本、模型、图片、照片、图画、地图的演示，目的在于使学生获得对某一种事物或现象的感性认识；二是幻灯片、录像、录音、教学电影、网络视频等序列性演示，目的是使学生了解事物或现象发生变化的过程；三是音乐、美术、体育、劳动、实验演示，目的是使学生学会教师的示范性动作或操作等。

6. 实验法

实验法是在教师指导下，学生利用一定的工具、仪器进行独立作业，观察事物或现象的产生和变化，以获得知识、培养技能的教学方法。在自然科学学科教学中，实验法运用比较广泛。它多用于实验室教学中，有的也可以在教室中进行。实验分为感知性实验和验证性实验两种。感知性实验是在学习新课之前的实验，目的是使学生获得感性知识，为学生学习新知识奠定基础。验证性实验是在新授课时常用的一种实验，目的是验证所学原理，帮助学生理解、巩固知识。

7. 读书指导法

读书指导法又称阅读指导法，是指教师指导学生阅读教科书或其他书籍，进而获得知识的方法。这种方法可以使学生深入理解和牢固掌握知识，培养学生的阅读能力和习惯，进而提高学生的自学能力。读书指导包括指导阅读教科书和指导阅读课外资料。

8. 情境教学法

情境教学法是指教师在教学过程中有目的地创设一定情境，引发学生情感体验，从而帮助学生更好地理解文本并使学生的心智获得发展的教学方法。这种方法的核心是激发学生内心的情感体验。目前，情境包括直接情境和间接情境两类。

直接情境强调情境整体的构成是直观形象。这种直观形象主要是具体的实际物体。间接情境强调情境整体的构成是间接形象。这种间接形象主要包括表演中的形象、文学作品的形象、电视表演的情境和语言文字描述的情境等。

9. 探究教学法

探究教学法是指学生在教师的支持和帮助下，主动发现问题，寻求问题解决的方法。目的在于通过递进式的系列问题，周密的教学过程，使学生明确知识概念，培养学生客观的处事态度、独立的分析问题、解决问题能力和正确的价值观。布鲁纳是探究教学的重要代表人物之一。他认为，求知是一个过程，学生应该是知识的主动探索者，而不是简单的知识接受者。依据教师在探究过程中的角色不同，探究教学法可以分为指导式探究法和非指导式探究法。指导式探究法是教师在学生探究之前或探究过程中给予指导和引导，然后学生再实际进行探究并达到解决问题的目的。非指导式探究法是在探究过程中，学生自己决定所需要收集的资料，通过整理、分析，自行解决问题，教师在整个教学过程中不给予任何的指导，只是处于一种协助者的地位。值得注意的是，这种非指导式探究法并非适合于所有学生。

四、教学组织形式

教学是一种有目的、有组织、有计划的活动，教学活动是在一定时间和空间中发生的，以一定的组织形式进行的。学习和了解教学组织形式，有利于优化教学系统，提高教学质量。

(一) 教学组织形式的概念及影响因素

教学组织形式是教师和学生为完成特定的教学任务而按照一定要求组织起来进行活动的结构。在教学活动中，采用什么样的教学组织形式，需要教育工作者进行合理的选择。影响教学组织形式选择的主要因素有以下四个方面。

1. 教学内容

教学内容的广度和深度影响教学组织形式的选择。一般来说，教学内容越广、越有深度，要求采用的教学组织形式就越多样化和综合化；反之，可以采用单一的教学组织形式。

2. 课程的性质和结构

在教学过程中，是从书本进行知识学习还是通过实际操作进行学习，是采用学科课程还是活动课程，这些都将影响教学组织形式的选择。课程的结构也影响教学组织形式，分科课程和综合课程一般需要采用不同的教学组织形式。

3. 师生比

师生比越大，越有利于小班化教学和个别化教学；反之，则更需要采用大班额教学的组织形式。还有一些边远地区和贫困地区，由于师生比较小，出现了特殊的教学组织形式，如复式教学。

4. 物质资源状况和教学技术的进步

物质资源状况是指学校拥有的教学场所、仪器、设备、教具以及教学材料等。物质资源缺乏会制约教学组织形式的选择。随着教学技术的进步，学校可以采用先进的现代化教育技术手段辅助教学。技术手段落后，则无法使用远程教学或者多媒体教学等人机直接对话的教学组织形式。

（二）教学组织形式的主要类型

目前，教学组织形式多种多样，主要有以下几种类型。

1. 班级授课制

班级授课制是将一定数量的学生按照年龄或知识掌握程度编成固定的班级，根据周课表和作息时间表安排，教师有计划地给全班学生上课的一种集体教学形式。它是我国学校教学的基本形式。

班级授课制具有以下基本特征：（1）从班级人数来看，按年龄或知识水平将学生编班，每个班的人数比较固定，通常是30~50人。现在的班级人数出现两种趋势：一种是大班额；另一种是小班化。（2）从教学内容来看，教学分学科进行，每节课用于某一门特定学科的教学。有的学校采用全科制，一名教师担任该班所有学科的教学工作；有的学校采用分科制，分别由不同学科教师任教。（3）从课时安排来看，教学在规定的课时内进行，每门学科的总课时数、学年课时数、周课时数，一般根据固定的课程计划来确定。每节课的时间可以是50分钟、45分钟或30分钟不等。有的学校采用统一的和固定的课时安排，有的学校采用弹性课时制，课与课之间有一定的间歇用于休息。（4）从教学场所来看，班级授课一般在教室、实验室中进行，较为固定。课堂中的座次也是相对固定的，但学生座次安排可采取不同的形式，如秧田式、圆桌式、马蹄式和会议式等。

班级授课制的优点和缺点都很突出。其优点在于：可以同时面对较多学生进行教学，扩大教学规模，提高教学效率；有利于发挥教师的主导作用，有利于教师系统地传授科学文化知识、进行教学检查和教学管理。其缺点在于：学生的独立性与自主性受到很大限制，不能很好地照顾学生个性的发展。

2. 个别教学

个别教学是一种与集体教学（或称"班级教学"）相对的教学组织形式，是教师对学生分别进行个别指导的教学。家庭教师、私塾先生的教学活动，一般都是采用个别教学的组织形式。在学校班级授课制度中，狭义的个别教学又称"个别辅导"，是在课堂教学的基础上，教师针对不同学生的实际情况进行个别辅导的一种教学组织形式。以整个班级为对象的课堂教学，是以学生的共性问题为出发点的，遵从学生整体认知特点。但在现实教学活动中，每个学生对问题的理解和掌握程度是不同的，兴奋点、疑难点也各不相同，这就需要教师针对学生的特殊性进行个别辅导。

教师进行个别辅导应该注意以下四点：（1）个别辅导是针对个别学生进行的指导，而不是通常的班级授课，也不能搞成课堂教学中的分组教学。（2）个别辅导是以学生自己独立学习为基础的，学生自己发现问题，只有在自己独立完成有困难的情况下，才求助于教师。（3）在个别辅导的过程中，不仅要帮助学生解决知识、技能方面的问题，而且要指导他们学会正确的学习和思考方法。（4）平等地对待学生。个别辅导可以有针对性，如专门针对学习能力较差或有特长的同学，但需要平等对待每个学生，对学生提出的问题都应尽量予以回答，不要有所偏向。

3. 复式教学

复式教学是班级授课制的一种特殊形式，就是把两个或两个以上年级的学生编在一个班里，由一位教师在同一节课里，针对不同年级的学生，采取直接教学和自动作业交替的办法进行教学的组织形式。复式教学是由于一定地区的教学条件和经济条件落后或不平衡而产生的，它有利于这些地区的教育普及。目前，我国一些农村地区、民族地区或者落后山区仍然采用复式教学。

4. 现场教学

现场教学是与课堂教学相联系的一种教学组织形式。它不仅是课堂教学的必要补充，而且是课堂教学的继续和发展。现场教学是在自然和社会现实活动中进行教学的一种组织形式。根据现场教学的目的和任务，可以将现场教学分为两种类型：一种是根据学习某学科知识的需要，组织学生到有关现场进行教学；另一种是学生为了从事某种实践活动，到现场学习有关的知识和技能，如劳动教育、汽车修理等。

5. 分组教学

为了弥补班级授课制的不足，出现了一种辅助的形式——分组教学。分组教学是教师将班内学生分为若干小组进行教学。分组教学分两种情况。一种是根据教学任务临时分组。例如，在观察、试验和讨论问题时，教师将4～6个学生分为一个小组，任务完成，小组也就自动解散了。另一种是根据能力分组。教师将学生按智力、能力和学习成绩分为若干小组。这种小组一般比较稳定，不允许轻易转组。在教学中，教师除了全班授课外，还对各组分别布置任务并予以不同的指导：对学得较快的小组补充一些较深的内容；对一些学习较慢的学生布置一些较浅的作业，帮助他们解决学习过程中的一些困难。

6. 走班制

走班制是指学生根据教学活动中预先制订的学习计划和自己的兴趣愿望，以"走班"为形式，"流动"到自己需要的班级进行学习的一种组织形式。走班制这一教学组织形式为因材施教、个性化培养提供了一个实践的平台。目前，走班制有三种不同形式。第一种是学科教室和教师固定，学生流动上课，即固定教室和教师，学生根据自己不同的能力水平、发展趋向进行流动上课。例如，拓展类、研究类的课程，学生可根据自己的需要或选择进行流动上课，部分学生可以跳科、跳级，甚至免修等；部分学科教师可以挂牌讲课等。第二种是实行大、小班上课的多种教学形式，即讲座式的短线课程实行大班额授课，研究类的课程实行小班制，通过不同年级、班级学生的组合进行合作学习。第三种是小组合作学习的方式。这种方式不仅体现在课堂教学中，也体现在学生的自主管理、社团活动等德育课程中。

实践证明，走班制可以提高学生自主学习的积极性、提升学生的自信心，有助于培养学生正确评估自己、做出正确选择的能力。当然，走班制目前在实施中还存在一些问题，需要进一步探索和完善。例如，学生选择层次的依据是什么？如何制订标准？如何处理分层与高考之间关系？等等。

五、教学评价

教学评价是教学的一个重要组成部分，对整个教学活动具有不可或缺的作用。

（一）教学评价的内涵

教学评价就是评价主体在对教学的事实材料进行描述和把握的基础上，依据一定标准对教学活动的整体或局部进行价值判断的过程。可见，教学评价由评价主体、评价对象、评价内容、评价标准和评价方法等基本要素构成。评价主体包括教育行政人员、教师、家长和学生。评价对象更多指向学生，有时也指向教师。评价内容则涉及教学各要素，如目标、组织形式、媒体选择、教学策略和课堂环境等。评价标准是对教学现象进行价值判断的一个重要依据。在教育实践中，评价标准是多样的。

（二）教学评价的类型

教学评价依据不同的标准可以有不同的分类，这里介绍三种主要的分类方法。

1. 依据评价主体不同，可以分为他评和自评

他评就是非评价对象作为评价主体对评价对象的评价。例如，就教师教学质量评价而言，他评主要是学校、家庭和社区代表对教师授课质量进行评价。他评作为一面镜子，可以从外部反映评价对象的客观情况。

自评就是评价对象作为评价主体对自我进行的评价。自评的过程一般是内隐性的，如通过反思、自查等方式进行，但有时也是外显性的，如给自己的教学工作评分，给自己的思想品德写自我鉴定等。由于自评的评价结果有时与个人利益息息相关，个别人可能不如实评价，这一评价的结果往往不如他评结果可信。

2. 依据评价标准不同，可以分为相对评价、绝对评价与个体为差异评价

相对评价是在评价对象的群体中确定一定的评价标准，然后利用这个标准来评定每个评价对象在群体中的相对位置的评价。其特点在于，标准源于该群体，也只适用于该群体，标准随群体变化而变化。智力测验就是一种常见的相对评价。

绝对评价是一种在评价对象群体之外，预定一个客观的或理想的标准，并运用这个客观的或理想的标准去评价每个对象的评价。其标准不受评价对象群体状况的影响，评价的结果只与对象自身的水平相关，和其所处的群体无关。绝对评价是一种在教学活动中广泛应用的评价类型，最为典型的绝对评价就是目标参考测验，如我国的高考。

个体为差异评价是一种把评价对象个体的过去与现在进行比较，或者把个体的有关侧面相互比较，从而得到结论的评价。它以评价对象个体的自身状况作为参照系。

3. 依据评价作用不同，可以分为诊断性评价、形成性评价和终结性评价

诊断性评价也称前置评价，是在一门课程或一个学习单元之前对学习者的认知、技能和情感等方面进行的评价。诊断性评价的目的是了解和掌握评价对象的基础和情况，为制订教学措施做准备，为因材施教提供依据。因此，它可以在教学开始前进行，也可以在教学过程中进行。

形成性评价又称过程性评价，是在教学与学习过程中，对教师的教学和学生的学习的动态状况进行的系统性评价，其目的是及时了解活动进程的效果，及时反馈信息，以便及时改正、调节。这种评价的结果，主要用于改进工作，不注重区分等级。

终结性评价是在教学活动告一段落时，为了解并确定其成果而进行的评价。

终结性评价有三个基本特点：在目标上，是对整个教学活动或某个重要部分所取得的较大成果进行全面的评定，并给学生评定成绩；在内容分量上，着眼于学生对某门课程整个内容的掌握，常常分量大而频率低；在测试内容的概括性上，概括性水平较高，题目多为知识、技能、能力等多种因素的综合。

4. 依据评价对象不同，可以分为教材评价、教师评价和学生学习评价

教材评价是对教材的可靠性、可行性、有效性和使用效果进行评价，通过对分析结果的综合概括，对教材价值进行综合判断。教师评价是依据一定的评价标准，对教师素养及其工作的价值进行判断。学生学习评价是对学生个体学习和发展质量进行事实判断和价值判断。这里主要对学生学习评价进行介绍。在基础教育中，常用的学生学习评价方法有：学业成就测验、日常考查、专门调查测量和档案袋评价等。学生学业成就测验，就是通常说的考试，这也是最为常用的评价学生学业成就的方法。日常考查主要包括口头提问、作业、小测验等方式。专门调查测量更多的是评价学生学习的态度、习惯、能力和方法等，这种评价需要借助调查问卷、访谈提纲和各种量表等。档案袋评价，又称成长记录评价。它以档案袋为形式对学生进行综合评价，并描述学生的成长进步轨迹。

（三）教学评价的功能

1. 导向功能

教学评价、各种考试如同指挥棒一样指引着教育教学工作的方向和侧重点。这主要体现在：教师教学目标的确定、教学方案的设计都受教学评价的影响；同时，教学测验内容、考试内容及评价标准通常是学生学习的重点，是学生努力的方向。因此，教学评价对教学有着重要的引导作用，只有科学的评价，才能对教学活动加以正确的引导，从而促进教学终极目标实现，促进学生的全面发展。

2. 诊断功能

通过教学评价，教师和学生不仅可以了解自己的教学和学习的进度以及变化，而且能够发现其中所存在的问题，进而及时调整教学进度，控制消极因素，重置教学资源，实现教学过程的最优化。

3. 反馈功能

教学评价的结果可以为评定教师教学状况提供重要的信息反馈，也可以为了解学生学习情况提供反馈信息。对于教师而言，教学评价的反馈信息有助于他们进行教学反思，找出自己工作上的不足，及时改进教学工作，提高教学质量。对于学生而言，教学评价有助于他们了解自己的学业状况，无论是肯定性的教学评价，还是恰当的否定性评价都有利于调动学生学习的积极性和参与性，及时改正

错误，提高自身的学习成绩和学习能力。

4. 管理功能

教学评价可以为教育行政部门客观地进行学校教学监督和管理提供依据，也可以为学校课程管理提供参考。教学评价的管理功能还体现在：通过对教师"教"的评价，可以更好地了解和认识教师的教学工作，为学校人员安排、优化教师队伍提供信息参考和依据；通过对学生"学"的评价，为学生的分组、分班等提供数据的支持和帮助。

总之，只有科学地运用教学评价，才能充分发挥教学评价的积极功能，避免其消极功能，从而提高教学的效益和效果，促进学生的健康发展。

第四节 中小学教学改革

随着人类社会的不断进步，特别是哲学、社会学、心理学和信息技术的不断发展，国内外中小学的教学理论、教学实践也不断地涌现出新的成果。

一、我国中小学教学改革的趋势

我国基础教育教学改革，主要体现在 40 多年来的教学改革实践中。教学目标、教学组织形式、教学评价等都发生了重大变化。

核心素养

（一）教学目标指向从"双基"走向"三维目标""核心素养"

长期以来，我国的基础教育一直强调"双基"，即基础知识和基本技能，注重学生知识的传授和技能的培养，从而使学生获得未来发展的基础。众所周知，体验和感悟是人的精神生活的基本方式，也是学习活动的一种基本方式。一个人在学习知识的同时，必然会在过程中获得体验、产生感悟，而体验和感悟是比知识更有价值的东西。因此，关注过程与方法、情感态度与价值观是关注学生作为一个完整的人的必然要求。

我国第八次课程改革提出了课堂教学的"三维目标"。"知识与技能""过程与方法""情感、态度与价值观"是一个完整的整体。三维目标的提出，适应了时代的需要，是对传统的"双基"目标的一次超越，突出了以学生发展为本的思想。

核心素养是我国基础教育课程改革的重要方向。2014 年 3 月颁布的《教育部关于全面深化课程改革 落实立德树人根本任务的意见》，首次在国家文件中正式提出"研究制定学生发展核心素养体系和学业质量标准"。

（二）教学组织形式从"单一"走向"多样化"

教学组织形式的改革是优化教学系统、提高教学质量的重要手段。我国最基本的教学组织形式是班级授课制。这种教学组织形式有利有弊。随着时代的进步，这种教学组织形式也在发生变化。首先，小班化教学的出现，使学生能得到教师更多的关注，有机会享受更优质的教育资源。如今随着我国很多地方的生源萎缩，小班教学已经成为现实选择。小班教学能够很好地关注学生的个别差异，有效地实施个性化的教学。其次，课堂座位排列形式多样化。传统的秧田式不再是唯一选择，出现了马蹄式、圆桌式（20~25名学生）、会议式、弧形、辩论形等座位排列方式。除了班级教学组织形式的改变外，随着现代教育技术的发展，我国部分地区出现了差异教学、分层教学、走班教学等新的教学组织形式。

（三）教学评价走向"关注目标"与"关注价值"并重

随着教学改革的变化，教学评价也在不断变化。新课程改革以前，我国更关注教学目标达成度的评价，更加关注教学活动结果与预定教学目标的一致程度。目前，我国的教学评价除了关注教学目标达成度以外，还重视评价的价值。这是因为，过分关注目标达成度和教学实际效果，容易造成评价对象的窄化、对学生学业成绩的片面考查、对学生发展起着重要作用的非智力因素的缺失。这种片面的评价必然导致教师职业倦怠、学校管理主义倾向严重、教学正向价值和整体价值低效甚至无效。长此以往，容易违背学校教育的培养目标，导致对问题的认识、理解简单化，使教学陷入"科学主义"的不利境地。当然，过于关注教学评价的价值问题，不关注教学目标的实现程度也是不现实的。因此，教学评价应该逐渐走向"关注目标"和"关注价值"并重。

二、当代世界中小学教学改革的趋势

当今世界是一个多元的、开放的世界。这种多元、开放的特点对于学校教育教学的发展有着积极的作用，主要体现在教学理念的变革、教学方法的改革、信息技术引起的教学改革等方面。

（一）教学理念的变革

当今世界中小学教学理念的发展趋势呈现多样性的特征。这种多样性体现为：教学内容关注社会主义公民意识的培养，教学组织形式小班化和分层教学，教学环境民主化、开放性，教学评估重视教学效率等方面。

1. 教学内容关注公民教育，注重学生公民意识的培养现在大多数西方发达国家都十分重视公民教育，并将其作为教学工作的一个重要任务。公民教育主要包括八个方面：公民自我教育能力、公民对家庭的责任、公民对民主价值的追求、公民参政议政的意识、公民处理经济生活的能力、公民对社会统一与多样性的适应、成熟公民社会的形成和环境保护等。这八个方面的培养是公民教育的核心内容。英国全国课程委员会在1990年颁布了《课程指导8：公民教育》，同年颁布了《鼓励公民教育》报告；1998年又颁布了《科瑞克报告》，对公民教育进行了全面论述；2000年将公民教育以国家课程引入中小学。2014年英国开始实施新的国家课程，在中学阶段，详细规定了有关公民教育的教学内容，如学生需要了解英国民主政府政治体制的发展过程等。美国在1938年颁布的《匹项基本目标》中就明确提出了"公民责任"的相关内容；20世纪90年代又相继颁布了公民教育大纲、《公民学与政府》课程标准，在教学中以政府及其职能、美国与世界的关系等公民教育内容为依托，明确强调培养学生的公民素养。

2. 教学组织形式的小班化和分层教学

根据学习者的自身条件和学习兴趣的不同、接受知识的方式不同，西方一些国家开始探索体现学生主体参与的教学组织形式，如小班化教学和分层教学。从目前世界各国的发展趋势看，西方国家一般将班级规模限制在20~30人。早在1999年，美国克林顿政府就通过拨款资助地方学区，在此后7年时间内聘用10万名新教师，从而把美国小学一至三年级的班级学生数减少到18名左右。日本一个标准教学班人数是40人，但事实上小学教学班一般都控制在30人左右。

分层教学是西方国家在教学组织形式上的一种微调。针对班级授课制下不同学生的学习风格的差异，如根据学生在学习时视觉、听觉和动手操作等方面的不同，将学生的课程由高到低划分为A、B、C三层，其每一层又代表某一级的学习水平和深度。学生则可以从教师所提供的多种学习任务和课程中进行自主选择。在英国，分层教学也开展得非常普遍，不仅在中学实施，在小学，对六七岁的孩子教授数学和科学课程时也采取分层教学。

3. 教学环境民主化、开放化

西方国家在中小学课堂教学中，更加重视师生、生生的互动性，学习内容的趣味性和学生的实践操作性。这种互动性、趣味性和实践操作性需要在民主的教学环境中进行。在英国，教学内容的传授，通常是先通过某种教学活动让学生体验理解而后从中找出结论。这种课堂需要教师、学生之间的合作和信任才能完成。

此外，欧美国家十分重视家长参与学校教学工作。美国西南教育发展实验室所做的一项实验报告显示：当学校、家庭和社区共同参与课堂教学时，孩子在学校的表现就更积极，他们愿意待在学校的时间更长，而且心情也更好。

4. 教学评估重视教学效率

开展健全的教学评估，加强对教育教学质量的监控，是近年来一些西方国家关注的改革重点。西方一些国家，尤其是美国，针对学生学习质量下滑现象，开始采取不同措施加强对学生学习水平的监控，关注教学的效率问题。

（二）教学方法的改革

教学方法的变革是当今世界各国在教育领域的又一改革重点。国外新涌现的有影响的教学方法主要有案例教学法、项目教学法、"行动导向"教学法、模拟教学法、交际教学法等。

案例教学法以案例为教学材料，围绕教学主题，通过讨论、问答等方式进行师生互动的教学过程，从而让学生了解与教学主题相关的概念或理论，培养学生的高层次能力。案例教学法中的案例必须与教学主题或课程目标紧密结合；教师和学生必须围绕案例进行互动，包括问答、讨论、角色扮演和辩论等；案例的内容知识是达成教学主题的材料或媒介；案例教学法的最终目的是学生对教学主题的理解和高层次能力的培养。

项目教学法将一个相对独立的学习任务作为一项研究课题交予学生独立完成，教师只起咨询、指导与解答疑难的作用。学生通过一个个具体项目的实施，就能了解和把握完成项目的每一具体环节及其基本要求，以及整个过程的重点和难点。

"行动导向"教学法以生活或职业情境为教学的参考系，遵循"为行动而学习"的原则。也就是说，学生以行动为学习的起点，并通过行动来完成学习。行动尽可能由学生自己独立计划、实施、检查、修订和评价。

模拟教学法是让学生在一种模拟真实情境的教学情境中，学习课程所规定的知识从而锻炼自己能力的方法。这种教学方法通过项目教学、案例分析或者卡片展示等协作教学行为，使学生得到全面的锻炼，从而培养学生的专业能力、方法使用能力及问题解决能力等。

交际教学法强调在真实的生活情境中进行语言教学，改变传统上对词汇和语法规则的解释、理解和练习的教学模式。它常以小组为单位，围绕语言文化现象进行交流和讨论。

（三）信息技术引起的教学改革

21世纪是一个信息化时代。信息化影响人们生活的方方面面，就教育而言，信息技术与教育相结合已经成为时代发展的必然趋势。一些新的教学模式，如云课堂、翻转课堂等，逐渐出现在中小学教学中。同时，随着人工智能技术的不断发展及其与教学过程的深度结合，智慧化的课堂教学正在迅速发展，智慧课堂不断涌现。我们只有对这些教学模式进行深入认识和把握，才能提高这些教学模式的有效性。

云课堂是基于云计算技术的一种远程教学形式，具有高效、便捷等特点。使用者通过互联网可以快速、高效地与他人分享语音、视频和数据资料。课堂使用中的相关数据是由云课堂服务商提供的。这种课堂中的主流资源存在三种形式：嵌入式、浮出式和弹出式。嵌入式是资源存放在网页之中待播放；浮出式是资源游离在网页之外待播放；弹出式是资源隐藏于网页之中，待点击后才用于播放。目前，云课堂已经出现很多模式，如云课堂·名师大讲堂、云课、云微课等。我国已有一些地方教育行政部门开发了云课堂平台。通过这类平台，可以实现学习时间自主化、学习空间扩大化；同时，可以培养学生发现问题、分析问题和解决问题的能力。不过，云课堂还有许多亟待完善的地方，如资源过于简单等。此外，学生缺乏自觉性、不会学习等也是云课堂平台实施过程中不得不考虑的重要问题。

翻转课堂通过对教学结构的颠倒安排，实现教学的个性化。与传统教学过程相比，翻转课堂要求学生先要在课前学习教师制作的教学微视频，完成对知识的初步理解，课堂上教师对学生的学习情况及时了解和反馈，有针对性地指导学生，共同解决问题、完成教学任务。翻转课堂的特点主要体现在以下三个方面：第一，翻转课堂使课堂知识传授与课外知识内化发生颠倒；第二，教学微视频成为教师与学生连接的新媒介；第三，翻转课堂是信息技术与教育教学的有机结合。

思考题

一、名词解释题

教学　教学目标　教学原则　教学方法　教学组织形式　班级授课制　教学评价

二、简答题

1. 简述教学与智育的关系。
2. 简述教学规律与教学原则的关系。
3. 简述教学目标设计的依据。
4. 如何表述教学目标？
5. 怎样理解教学过程是一种特殊的认识过程？
6. 如何理解教学的方向性原则？

三、论述题

1. 谈谈你对教学过程本质的认识。
2. 举例论述掌握知识与提高思想道德的关系。
3. 举例论述掌握知识与提高能力的关系。
4. 举例论述我国中小学教学改革的趋势。

四、材料分析题

在对"沙尘暴"的探究活动中,教师将共性问题"沙尘暴的发生"发送给全体学生,进行集体讨论,又将学生查到的大量图片发送给各学习小组,进行合作学习,当这种讨论与合作学习告一段落时,又及时切换到个别化教学,继续进行个体尝试交互式学习,如沙尘暴的分布、变化及预测,扬沙、沙尘暴与浮尘、沙尘暴与经济发展……完成人—机、人—书、师—生、生—生之间的交互与沟通。这样的教学不仅改变了学生的学习方式,而且坚定了教师终身学习的理念。一位老师说:"我简直是和学生在赛跑,开始我对沙尘暴所知甚少,通过搜索引擎,找到许多资料,做在导航页上。在和学生一起研究的过程中,我又学到许多原来所不知的东西,网络的开放和便捷使我和学生处在同一起跑线上,不敢有一丝懈怠。"①

针对上述利用互联网探究"沙尘暴"的课例,请结合相关理论,分析:信息技术的应用对传统课堂教学形式带来了哪些影响?教师可能面临哪些挑战?教师应如何应对这些挑战?

---

① 梁杰、景洪春:《超越课堂的"课堂"》,《中国教育报》2003年12月30日。

第九章 教师与学生

教育活动的最终目的是促进学生主动的、有意义的发展，学生的身心特点是开展教育活动的基本依据，学生的兴趣、主动性、创造性是开展教育教学活动的宝贵资源，需要得到珍视和充分的利用。教师是促进学生发展的环境因素中最为能动和直接的因素，是教育活动的主要设计者和实施者。在对学生发展高期望和与之相适应的教师工作高期待的环境下，对教师教育理念、知识和能力的要求越来越高，教师工作的复杂性和专业化特性愈加凸显，这就需要教师持续地专业发展。

第一节 教 师

教师是从事教育教学工作的专业人员，国家的相关法律赋予教师特定的权利和义务，教师要履行好专门职责，必须进行持续的专业学习。

《云南丽江华坪女子高级中学党支部书记、校长张桂梅——扎根深山不负韶华》

一、教师职业与教师角色

（一）教师职业的历史发展

"教师是人类历史上最古老的职业之一，也是最伟大、最神圣的职业之一。"① 人类社会的延续和发展，个体的成长离不开经验的积累和知识的传承。"道之所存，师之所存也"，教师作为教育活动的实施者自古有之，通过传道、授业、解惑，培育了一代又一代人，使之成为社会发展的建设者。

教师职业产生与发展的历史可以概括为三个阶段。②

第一阶段，从兼职到专职，教师职业产生。在制度化教育形成之前，教育与人类生活融为一体，年长者即为最初的教师，教授的内容为必备的生活和生产技能，教授的方法为示范与模仿。古代官学、私学等教育实体形成后，教师从业有

---

① 习近平：《做党和人民满意的好老师——同北京师范大学师生代表座谈时的讲话》，《人民日报》2014 年 9 月 10 日。
② 教育部师范教育司组织编写：《教师专业化的理论与实践》修订版，人民教育出版社 2003 年版，第 20—25 页。

了资格问题，至少应该掌握并使用文字。不过，这时的教师还不是一种专门的职业，与今日所说的教师还不完全是一回事。由于经济和社会发展需要，各国政府兴办初等学校，对教师的需求日益增加，通过对教师资质加以规定，给予教师生活保障并限制其从事兼职工作，使得教师专职化。

第二阶段，从专职到专业，教师专业地位确立。随着义务教育的普及和班级授课制的实施，人们对教育质量的要求越来越高，逐渐意识到需要有专门的机构通过系列的课程培养教师，师范教育的兴起与不断发展，为教师从职业变为专业提供了基础。1966年联合国教科文组织与国际劳动组织在《关于教师地位的建议》中提出：应当把教师职业作为专门职业看待。这是首次把教师作为专业的政策动议。

第三阶段，从数量到质量，教师专业发展运动兴盛。从20世纪80年代开始，以美国优质教育委员会1983年发布的《国家处在危机之中：教育改革势在必行》和霍姆斯小组1986年发布的《明日之教师》为动力，教师专业化发展运动兴起。教育的发展对教师质量的要求不断提高，世界范围内都把促进教师专业化置于教育改革的中心议题。我国于1993年颁布的《中华人民共和国教师法》提出：教师是履行教育教学职责的专业人员。2012年教育部颁布了《幼儿园教师专业标准（试行）》《小学教师专业标准（试行）》《中学教师专业标准（试行）》，2013年教育部颁布了《中小学教师资格定期注册暂行办法》，标志着我国教师职业正式进入提高质量的新阶段。

教师职业要达到专业的水平，所应具备的核心特质可归纳为专业理念与师德、专业知识和专业能力。专业理念与师德，包括教师的职业理解与认识、对学生的态度与行为、教育教学的态度与行为以及个人修养与行为。专业知识包括教育知识、学科知识、学科教学知识以及通识性知识。专业能力包括教学设计、教学实施、班级管理与教育活动、教育教学评价、沟通与合作以及反思与发展的能力。

（二）教师职业的特点

教师职业具有价值性、伦理性、复杂性、教育性和创造性等特点。

1. 价值性

在教育发展的漫漫历程中，不同的教育思想，如要素主义、永恒主义、进步主义等，因不同的哲学立场、心理学基础和实践经验而对教育目的、教育理念、教育方式等形成了不同的理解。当前，我国教育在育人为本、促进学生主动而富有个性地发展、培养学生创新精神和实践能力的目标引领下，逐步转变教育发展方式，教师作为学校教育教学活动的设计者和实施者，是提高教育质量、促进学生发展的关键因素。开展好的教育活动，既需要教师具有丰富的知识和扎实的教学能力，又离不开与时俱进的教育价值和观念的引导。教育教学活动的创造性需要每位教师对"什么是好的教育""什么是好的教学"等基本问题进行深入思考。

2. 伦理性

教育是成就人生命的事业，教师对学生的爱既是教育的目的，也是教育的条件。教育是人影响人的过程，教师对教育的爱、对学生的爱是教育不可或缺的基础。恰如夏丏尊（1886—1946）先生所说的："爱对于教育，犹如池塘之于水，没有水，便不能成为池塘；没有爱，便不能称其为教育。"教师只有爱教育事业、爱学生，才能对教育有真诚的投入，主动钻研教学，促进学生发展。

3. 复杂性

教师的教育对象是一个个鲜活的、正在成长着的生命，学生的成长受诸多因素共同作用，包括：学生自身情况，如性格、兴趣、学习基础和期望等；家庭影响，如父母的教育期望与方式、物质与文化环境等；社区和同伴的影响；学校教育的影响，如学校管理制度、教育教学活动、师生关系等；宏观层面的教育评价制度等的影响。诸多不断变化的因素交织在一起共同构成了教育的环境，使教师的工作变得复杂。

4. 教育性

教师在教育教学活动中，要将教育性原则贯彻始终。党的十八届三中全会通过的《中共中央关于全面深化改革的若干重大问题的决定》提出："全面贯彻党的教育方针，坚持立德树人，加强社会主义核心价值体系教育，完善中华优秀传统文化教育，形成爱学习、爱劳动、爱祖国活动的有效形式和长效机制，增强学生社会责任感、创新精神、实践能力。"立德树人是教育的根本任务。教师要按照一定的方法开展教育教学活动，使学生不仅获得知识的增长、能力的提升，还在思想、情感、意志、品德以及世界观等方面获得发展。

5. 创造性

教育教学活动的复杂性与教育性决定了教师职业的创造性。舍恩（1930—1997）认为，教师在教育教学过程中通常会存在两类问题情境。一类是"平坦地"。在"平坦地"中，问题比较明确，问题情境也清晰可见，教师可以通过运用已有的经验和理论有效率地解决问题。另一类是"沼泽地"。"沼泽地"中的情境是复杂的，问题是不明确的，没有办法直接通过普适的经验和理论来解决问题。

在教学中绝大多数的情境属于"沼泽地"。① 由于教育教学活动的复杂性和不确定性，理论不能作为通用方案解决实践中的所有问题，这就需要教师在教育教学的具体情境中，培养实践反思能力，创造性地解决问题。

（三）教师职业的意义

概而言之，教师的职业价值主要表现在传播人类文明、传递社会价值、开发学生潜能、升华人生价值等四个方面。

1. 传播人类文明

人类社会的发展史就是人类文明的发展史。在数千年的人类社会发展过程中，积累了浩如烟海的人文科学知识、社会科学知识和自然科学知识。知识是人类进步的阶梯，教师的职责就是传播优秀的人类文明，丰富年轻一代的精神生活，培养对社会有用的人才。

2. 传递社会价值

韩愈在《师说》中说："师者，所以传道、授业、解惑也。"在对教师职责的理解中，首先强调的是教师负有传道的社会职责。教师受国家委托，对受教育者进行有目的、有计划的系统教育，使受教育者成为国家、社会需要的合格人才。教师在教育教学活动中，要重视传递社会道德规范和社会价值，帮助学生形成科学的世界观、人生观、价值观。

3. 开发学生潜能

教师要帮助学生实现全面发展，学生的全面发展离不开潜能的开发。学生身心发展的内容包含其自身具备的所有发展的可能，包括已表现出来的可继续发展的部分，以及尚未发现和挖掘的可发展的潜质部分。只有当个体的潜能得到最大化的开发，才能实现自身全面、自由发展的目标，才能在最大程度上实现自身价值以及贡献社会价值。

4. 升华人生价值

教师要引导学生追求美好人生，实现学生的主体性、创造性、独立性、自主性的发展。在培育学生成长成才的过程中，教师自身也会获得职业价值感和幸福感。"教育是一个使教育者和受教育者都变得更完善的职业，而且，只有当教育者自觉地完善自己时，才能更有利于学生的完善与发展。"② 在教育活动中，教师与学生都会获得丰富的生命体验和充盈的人生价值。

---

① Donald A S, *The Reflective Practitioner: How Professionals Think in Action*, Basic Books, 1983, p. 42.

② 叶澜等著：《教师角色与教师发展新探》，教育科学出版社2001年版，第3页。

(四) 教师的角色

教师的角色是指在学校教育过程中教师所表现出来的符合社会期望与自身发展的态度和行为模式的总和,既包含社会期望对教师态度和行为规范的要求,又包含教师为实现与其身份地位相应的权利和义务时所表现出的能动性和创造性。随着社会信息化和知识经济的迅猛发展、学习理念和方式的转变以及教育发展的自身要求,教师角色具有更加丰富的内涵。

1. 学生发展的引导者

教师要关注每个学生个体的发展,成为学生发展的引导者,充分调动学生的主观能动性,促进学生个体了解自我、了解他人、了解世界,培养学生理解、分析、实践、创新的能力,尊重学生个体差异,使学生具备适应时代发展所需的意识、态度和能力。习近平指出,广大教师要做学生锤炼品格的引路人,做学生学习知识的引路人,做学生创新思维的引路人,做学生奉献祖国的引路人。[①]

2. 知识体系的组织者

在知识爆炸、信息技术不断发展的今天,教师角色从传授预定的、封闭的知识转变为帮助学生建构生成的、开放的知识,学生通过知识的获取满足自身发展和社会发展的需要。教师是知识体系的组织者,选择具有时代特点和满足学生发展需要的多样化教学内容,灵活组织教学,引导学生进行批判、反思、自主构建。

3. 共生关系的对话者

教师与学生在教育过程中具有平等的地位,教师与学生应当相互尊重。教师在学生发展中扮演民主管理者的角色,以平等对话者的身份,促进教师与学生、学生与学生之间的交往互动。教师与学生在合作共享的共生关系中,获得成长与发展。

4. 教育教学的研究者

基于学生发展的需要、教师价值实现的需要、教育革新发展的需要,教师应当成为教育教学的研究者,主动从教育教学实践中发现问题、思考问题、研究问题,以研究者的身份和研究的姿态,不断反思教育实践。通过理论与实践的有机联系,解决教学实践中遇到的困难和问题,促进教师专业化发展,成为幸福教师。

5. 不断发展的学习者

当代社会是一个知识型社会,更是一个学习型社会。社会发展要求学习与人们毕生相随,并成为支撑人生发展的主要力量源泉。教师要不断发展,同样需要

---

① 习近平:《全面贯彻落实党的教育方针　努力把我国基础教育越办越好》,《人民日报》2016年9月10日。

通过学习持续不断地更新和充实自己，树立终身学习观念，完善知识结构，磨砺思想品格，积淀人文底蕴，提升整体素质，以满足社会发展和自身发展的需要。

习近平指出，教师要努力做到"三个牢固树立"，即牢固树立中国特色社会主义理想信念，牢固树立终身学习理念，牢固树立改革创新意识。关于怎样才能成为"好教师"，习近平提出了四条要求。① 其一，要有理想信念。好教师应该始终同党和人民站在一起，自觉做中国特色社会主义的坚定信仰者和忠实实践者，忠诚于党和人民的教育事业，自觉把党的教育方针贯彻到教学管理工作全过程。其二，要有道德情操。合格的教师首先应该是道德上的合格者，好教师首先应该是以德施教、以德立身的楷模。其三，要有扎实学识。扎实的知识功底、过硬的教学能力、勤勉的教学态度、科学的教学方法是教师的基本素质，其中知识是根本基础。做好教师，自己所知道的必须大大超过要教给学生的范围，不仅要胜任教学的专业知识，还要有广博的通用知识和宽阔的胸怀视野。其四，要有仁爱之心。好教师对学生的教育和引导应该是充满爱心和信任的，要用爱培育爱、激发爱、传播爱，把自己的温暖和情感倾注到每一个学生身上，用欣赏增强学生的信心，用信任树立学生的信心，让每个学生都健康成长，让每个学生都享受成功的喜悦。

二、教师的权利与义务

教师的权利是教师在其职业活动中所应享有的权益，也是教师工作的基础和保障；教师的义务是教师对社会应尽的责任和应做出的贡献。教师的权利与义务是相辅相成的。教师享有法律规定的权利，履行法律规定的义务，忠诚于人民的教育事业。国家保护教师的合法权益，改善教师的工作条件和生活条件，提高教师的社会地位。教师的工资报酬、福利待遇，依照法律、法规的规定执行。

《中华人民共和国教师法》规定："教师是履行教育教学职责的专业人员，承担教书育人，培养社会主义事业建设者和接班人，提高民族素质的使命。教师应当忠诚于人民的教育事业。"对教师身份和使命的这一表述包含了三层含义：一是教师的职业使命是国家以法律形式赋予教师的任务，它将教师的职业功能提升到由法律进行规范和调整的高度；二是教师要忠诚于人民的教育事业，教师职业具有公共性；三是教师是专业人员。以上表述为界定教师的权利与义务提供了基础。

（一）教师的权利

《中华人民共和国教师法》第七条规定了教师享有下列权利：

---

① 习近平：《做党和人民满意的好老师——同北京师范大学师生代表座谈时的讲话》，《人民日报》2014年9月10日。

（1）进行教育教学活动，开展教育教学改革和实验；

（2）从事科学研究、学术交流，参加专业的学术团体，在学术活动中充分发表意见；

（3）指导学生的学习和发展，评定学生的品行和学业成绩；

（4）按时获取工资报酬，享受国家规定的福利待遇以及寒暑假期的带薪休假；

（5）对学校教育教学、管理工作和教育行政部门的工作提出意见和建议，通过教职工代表大会或者其他形式，参与学校的民主管理；

（6）参加进修或者其他方式的培训。

教育部 2009 年颁布的《中小学班主任工作规定》第十六条规定："班主任在日常教育教学管理中，有采取适当方式对学生进行批评教育的权利。"

上述关于教师权利的表述可概括为教育教学权、科学研究权、指导评定权、批评教育权、获得报酬权、参与管理权、进修学习权。这些权利概括了教师职业所应具有的主要权利。

（二）教师的义务

《中华人民共和国教师法》第八条规定了教师应当履行下列义务：

（1）遵守宪法、法律和职业道德，为人师表；

（2）贯彻国家的教育方针，遵守规章制度，执行学校的教学计划，履行教师聘约，完成教育教学工作任务；

（3）对学生进行宪法所确定的基本原则的教育和爱国主义、民族团结的教育，法制教育以及思想品德、文化、科学技术教育，组织、带领学生开展有益的社会活动；

（4）关心、爱护全体学生，尊重学生人格，促进学生在品德、智力、体质等方面全面发展；

（5）制止有害于学生的行为或者其他侵犯学生合法权益的行为，批评和抵制有害于学生健康成长的现象；

（6）不断提高思想政治觉悟和教育教学业务水平。

上述关于教师义务的表述可概括为遵守国家法律的义务、弘扬高尚师德的义务、完成教育教学工作的义务、对学生进行爱国教育的义务、促进全体学生全面发展的义务、维护学生合法权益的义务、提高政治素质和业务水平的义务。教师不仅要教书，更要育人。教师要教好书，就应该不断地学习；教师要做好育人工作，自身的道德修养也十分重要。面对社会中形形色色的不良影响，教师必须坚守师德底线不动摇。

三、教师的专业发展

"国家繁荣、民族振兴、教育发展，需要我们大力培养造就一支师德高尚、业务精湛、结构合理、充满活力的高素质专业化教师队伍，需要涌现一大批好老师"。[①] 知识经济时代社会的飞速发展，教育改革的不断推进，需要教师具备较强的专业素养和专业能力，要求教师持续地专业发展。

（一）教师专业发展的内涵

教师专业发展是一个持续的过程，指教师在外部条件（包括教育制度、教师教育制度、教师管理和评价制度、教师文化和社会环境等）的支持下，通过不断的专业学习，更新教育观念，改进教育实践，促使自身专业水平和专业表现不断发展和完善，强调教师专业的自主发展。在教师专业发展中存在两种力量：一是国家从政策层面对教师专业水平的要求，如出台教师专业标准及进行相应的培训活动；二是从教师主体性的角度所开展的培训、叙事研究和行动研究。这两种力量相互补充、相互促进，对教师专业发展具有重要的意义。

从本质上说，教师专业发展是一个不断学习的过程。有效的教师专业发展应该基于教师有效的专业学习，这种学习应该是教师自我导向的，持续发生的，以问题为中心的，与教师的日常工作密切相关的。教师要从"要我发展"转变为"我要发展"，有明确的发展目标和发展方向，从自我学习体验出发，不断找寻自己在教育实践中存在的困境和不足，注重日常教育教学活动中问题的解决。教师通过不断地主动学习，实现专业的自主发展。

教师专业发展还是一种探究的过程。教师专业发展的目的不在于教师获得一套固定的教学技能或教学方案，而是为教师提供持续成长和问题解决的机会。有经验的实践者经常在更高层次上重新表征问题，或者质疑一些原有的常规，在原以为没有问题的地方发现问题。这种教师成长是自我持续的和富有生产力的改变。[②]

（二）教师专业发展的内容

教师专业发展的内容包括教师开展的教育教学活动的方方面面，可以概括为

---

① 习近平：《做党和人民满意的好老师——同北京师范大学师生代表座谈时的讲话》，《人民日报》2014年9月10日。
② Franke M, Carpenter T, Fennema E, et al., Understanding Teachers' Self-sustaining, Generative Change in the Context of Professional Development, *Teaching and Teacher Education*, 1998, 14 (1), pp. 67–80.

专业理念、专业精神、专业知识、专业能力和专业自主等五个方面。专业理念包括教师的教育观、学生观、学习观等。专业精神即师德要求，包括敬业精神、爱生精神、求真精神、进取精神等。专业知识内容较为丰富，美国教育心理学家李·舒尔曼（1938— ）认为教师必须同时具备七类知识：学科内容知识，一般教学法知识，学科教学法知识，学习者及其特点的知识，教育情境知识，课程知识，教育的结果、目的、价值及其哲学及历史根源方面的知识。[①] 专业能力是依据专业理念和专业知识开展教育教学活动的能力。专业自主是教师在正确的教育理念指导下，在社会认可的教育目的引导下，根据特定的教育环境开展教育教学活动的空间和能力，是我国教师专业发展中重视程度不够的一个维度。

为严格教师职业准入，保障教师队伍质量，2013 年教育部颁布了《中小学教师资格定期注册暂行办法》，规定申请教师资格的人员需参加中小学教师资格考试，考试合格是教师职业准入的前提条件。该办法第二条规定：教师资格定期注册是对教师入职后从教资格的定期核查。中小学教师资格实行 5 年一周期的定期注册。定期注册不合格或逾期不注册的人员，不得从事教育教学工作。

2012 年，教育部颁布了《幼儿园教师专业标准（试行）》《小学教师专业标准（试行）》《中学教师专业标准（试行）》（以下简称"教师专业标准"），对我国幼儿园教师、小学教师和中学教师专业发展的基本理念和内容进行了全面的论述。教师进行教育教学活动和教师专业发展的观念基础，包括学生为本、师德为先、能力为重、

教师专业标准
（节选）

终身学习。教师专业发展的基本内容包括专业理念与师德、专业知识和专业能力三个维度。此外，2008 年修订的《中小学教师职业道德规范》从爱国守法、爱岗敬业、关爱学生、教书育人、为人师表和终身学习六个方面对师德做了更为具体的要求。

在基础教育课程改革背景下，教师专业标准为教师专业发展提供了方向。教师要具有良好的师德，具备扎实的专业知识和过硬的专业能力，同时，促进教师主体性发展、形成教师教育理念、促进教师职业认同、强化教师专业反思能力是教师专业标准的新要求，也是教师专业发展的新方向。教师要以积极的态度对待教育教学工作，认同教师职业，强化使命感，发挥主动性和创造性，通过不断反思与实践，实现专业发展。

[①] Shulman L, Knowledge and Teaching: Foundations of the New Reform, *Harvard Educational Review*, 1987, 57 (1), pp. 1-22.

（三）教师专业发展的方式

教师专业发展的方式包括教师进行专业学习的途径、形式与过程。教师专业发展的途径和形式可以在"理论性—实践性"和"集体性—个人性"两个维度上划分出四种类型（图9-1）。具体来说，学位课程、专题研修和远程培训属于以集体的方式着重理论知识的学习，教师自主阅读是以个人的方式着重理论知识的学习，校本教研和师徒指导是以集体的方式着重实践性知识的学习，教学反思和行动研究是以个人方式着重实践性知识的学习。

图 9-1　教师专业发展的方式

我国教师主要通过上述四种方式实现专业发展。中小学有开展校本教研的传统，如集体备课、听评课等。有经验的教师会给予年轻教师专业指导，帮助他们解决日常教育教学工作中遇到的问题。教师也会采取自主学习、利用网络参加远程培训等方式进行专业学习，进行教育教学反思，或在教育实践中开展行动研究，实现专业发展。

教师培训是促进教师专业发展的重要方式。教育部于1999年颁布的《中小学教师继续教育规定》强调，"参加继续教育是中小学教师的权利和义务"，并提出，为教师适应岗位要求而设置的培训，培训时间每五年累计不少于240学时。2012年颁布的《国务院关于加强教师队伍建设的意见》将每五年为一周期的教师全员培训提高到360学时。中小学教师参加由政府主导的培训已经制度化和常态化。

教师还可以通过学历教育实现专业发展，目前我国教育硕士的规模正在稳步扩大，教育博士于2009年开始招生，中小学教师参加研究生学位课程学习的比例在逐渐提高。2018年颁布的《教师教育振兴行动计划（2018—2022年）》提出了要"加强教师教育体系建设"，基本形成一个"以国家教师教育基地为引领、师范院校为主体、高水平综合大学参与、教师发展机构为纽带、优质中小学为实践基地的开放、协同、联动的现代教师教育体系"。

早期经典的教师专业发展模式是：教师在职培训—教师知识与信念改变—课堂教学实践改变—学生学习成就改变。这种模式认为，通过在职培训就能使教师的知识得到扩充，观念得以更新，教学实践也就水到渠成地改变，学生学习成就也因此提高。这一模式虽然在理论上得到了较为广泛的认同，但是在实践中却遭遇不少困境。例如，秉承这种理念的校外专家讲座式培训并不能产生预期的效果，反而受到教师无休止的抱怨，甚至被教师抵触。因此，人们认识到存在于这个模式中的逻辑需要重新组合。有研究发现，在一般情况下，教师在信念和态度上显著的改变是在他们进行了成功的实践并且看到学生确实发生变化后产生的。该研究所提出的教师专业发展模式是：教师发展—课堂教学实践改变—学生学业成就改变—教师信念与态度改变。如果教师没有看到学生成就的变化或者根本就没有参与变革，他们是不可能在信念和态度上发生实质性改变的。[1]

四、教师与学生的关系

教师与学生的关系是教师与学生在教育教学过程中通过相互交往、相互作用形成的基本关系。良好的师生关系是教育教学活动顺利开展的重要保证。

（一）师生关系的特点

1. 师生在教育教学中是主导与主体的关系

教师在教学实践和在学生发展的过程中起主导作用，学生是发展活动的主体。教师的主导作用不否定学生在发展过程中的主体地位，学生的主体地位也不否定教师的主导作用。教师只有有意识地、主动地发挥主导作用，引导和促进学生发展，将学生个体的自主性、能动性、创造性发挥出来，才能更有效地促进学生发展。将学生定位为教师主导下的、特殊认识活动的主体，倡导的是让学生调动自身的各种能量积极参与学习。学生主体地位的真正践行需要教师有效而良好的引导，更需要学生自身的努力。教师主导作用与学生主体地位的有机统一是良好师生关系的重要保障。

2. 师生在人格上是平等的关系

教师和学生各自作为独立的个体参与教育教学活动，在人格上是平等的。教师是长者，要尊重并爱护学生；学生是晚辈，要尊敬并热爱教师。教师要尊重学生人格，尊重学生个体差异性，尊重学生的主体地位。教育应是师生之间的平等

---

[1] Guskey T. Professional Development and Teacher Change, *Teachers and Teaching: Theory and Practice*, 2002, 8 (3/4), pp. 381-391.

对话，以互相尊重、互相理解、互相信任和平等交往为导向。

3. 师生在社会道德和心理层面是相互影响的关系

在教育教学过程中，不能忽视教师的价值引领作用，也不能忽视学生的自主建构地位。教师与学生在社会道德和心理层面是相互影响的关系，这种相互影响体现在知识、思想、人格等方面。教师与学生在交往中平等协作、相互影响、共同发展。

（二）良好师生关系的标准

1. 尊师爱生，相互配合

良好的师生关系需要教师真诚地关爱学生，教师的关爱能使学生对自我形成积极的、肯定的评价，对自我发展抱有积极向上的态度。同时，良好的师生关系需要学生尊重教师，尊重不是无条件地服从，而是学生从心底产生对教师的信任和爱戴。只有教师爱护学生、学生尊敬教师，教师与学生相互配合，才能建立良好的师生关系。

2. 民主平等，和谐融洽

在教育教学过程中，教师和学生是平等的关系。师生之间的民主、平等，不仅指师生双方在民主的氛围中平等地参与教育教学活动，还意味着师生双方均以主体人格的身份进行平等的对话、交流和沟通，充分发挥各自的积极性、主动性、创造性，从而形成融洽、和谐的师生关系。

3. 合作共享，共同成长

在教育过程中，教师的教引导学生的学，学生的学促进教师的教，双方存在着相互促进、彼此推动、共同提高的关系。合作共享的师生关系体现了教育教学的民主精神，体现了师生间的相互尊重、彼此信任、团结协作。合作、共享的教育教学关系，能够有效实现教学相长，促进教师与学生的共同成长。

（三）建立良好师生关系的方法

1. 了解和研究学生

学生作为教育活动中独立的个体，具有自身的特点。了解学生是教育的前提和基础。教师只有深入、细致地了解学生的性格、志趣、爱好、个性，以学生身心发展的特点和规律为教育教学的出发点，充分调动学生发展的积极性，才能更好地引导学生实现全面、个性、自主的发展。

2. 树立正确的学生观

教师在了解和研究学生的基础上，要树立以人为本的学生观。在教育教学过程中，教师要充分发挥学生的主动性、自主性和创造性，尊重学生的差异性与独特性。树立正确的学生观有利于学生创新精神和创新能力的培养，有利于学生健全人格的形成和学生个性的发展。

3. 热爱、尊重学生

教师对学生的肯定、接纳、理解与关爱，对学生发展具有重要的作用。教师只有真心诚意地去爱每一位学生、平等公正地对待学生、充分尊重信任学生、理解学生的情感、严格要求学生，才能帮助学生实现自我发展。教师的尊重与关爱，是教育的前提，也是学生成长与进步的动力。

4. 不断提高自我修养，健全人格

教师要明确意识到自己所肩负的国家使命和社会责任，热爱教育事业，关心爱护学生，刻苦钻研业务，善于团结协作，自觉为人师表。教师只有提高自身素养，以正确的教育观念、高尚的道德品质、渊博的知识影响学生，才能赢得学生的尊重和爱戴。

第二节 班 主 任

班主任是保障学校教育教学秩序、提高教育质量的中坚力量。班主任工作是学校各项工作的基础。做好班主任工作，需要了解班主任的角色与作用、任务与职责，掌握建设班集体的方法。

一、班主任的角色与作用

班级是学校对学生进行日常管理、思想道德教育和组织教学活动的基本单位，建设有序、有活力的班集体是学校各项教育活动正常开展的前提，是提高学校教育质量的重要保障。班主任是受学校委托负责班集体建设的教师，是按照国家的教育目标、学校的办学理念和管理制度与文化，通过建立班级管理制度，培育班级文化，组织富有教育意义的主题活动，从而为学生各门课程的学习提供良好的环境，促进学生德、智、体、美、劳全面而有个性地发展的人。班主任工作对于学生发展和学校管理来说都是非常重要的。

班主任工作相关文件

2006年颁布的《教育部关于进一步加强中小学班主任工作的意见》和2009年颁布的《中小学班主任工作规定》对班主任的角色进行了说明。概而言之，中小学班主任角色包含以下四个方面。

（一）学生思想道德的教育者

中小学生是未成年人，正处于世界观、人生观和价值观形成的关键期，在日益多元复杂的社会环境中，对学生进行思想道德教育的任务更加繁重，需要及时地对中小学生进行正确的思想道德教育，让学生明辨是非、善恶、美丑，让社会主义核心价值观入脑入心，并转化为有效的实践。班主任是在班级这个学生的日常生活和学习场域中对学生进行思想道德教育的主要责任人。

（二）学生日常生活的管理者

作为一个组织，班级的正常运行需要一套教师和学生认可的，并且能够对学生起到约束和引导作用的规范，如出勤、课堂学习、自习、课间操、清洁卫生、集会活动等，都需要有清晰的规范。班主任需要与学生一起来制订规范，并引导、督促规范的实行。在学生遇到困难和问题时，教师能够及时地解决，在学生出现不良行为时及时地进行引导和批评教育。

（三）学生健康成长的引导者

学生的健康成长事关国家和民族的未来。班主任对每一个孩子的成长和发展都负有不可推卸的神圣责任，要自觉成为学生健康成长的指导者和引路人。在班级建设中，班主任要创设良好的环境，给予学生无微不至的关怀，理解关心学生，优化班级环境布置，接纳新生事物，拉近师生距离，建立良好的师生关系，让学生在愉快的环境中成长，实现身心的全面发展。

（四）学校文化的建设者

校园文化的建设、发展、繁荣必须有一支强有力的班主任队伍。班主任工作是校园文化建设的主要阵地，在校园文化建设中扮演了非常重要的角色。班主任是学校各项工作的具体实施者，是学校教育教学工作的得力助手，是学生全面发展的引导者。有高尚品德、先进教育理念、丰富教育智慧、充沛教育情感的班主任能够把班级建设成充满爱、充满活力、充满教育意义的集体，这样的班集体就是学校宝贵的文化资源。班主任工作的好坏直接影响着校园文化建设的发展和繁荣。

二、班主任的任务与职责

（一）深入了解学生

班主任既要熟悉班级发展的整体情况，也要对每一位学生的发展给予足够的关注，遵循因材施教的教育原则，了解每位学生的优点、特长、不足，深入发掘每位学生的潜力，创设多样的教育环境，促进学生全面而有个性地发展。班主任可采取多种方式了解学生，如通过细致的观察了解学生的行为表现；通过访谈探寻学生行为的原因；通过查看学生的作业、往年的学业成绩和操行评语了解学生的发展过程；等等。班主任只有通过多种方式深入了解每位学生，才能更好地促进学生发展。

（二）做好班级的管理工作

班主任要做好班集体的建设工作，包括制订科学、民主的班级管理制度，组建学生认可的班级管理团队，塑造积极向上的班级文化等。班主任还要带领学生干部做好班级的日常管理工作，维护班级良好秩序，培养全体学生的规则意识、责任意识和集体荣誉感，营造民主和谐、团结互助、健康向上的集体氛围。

（三）做好学生发展的引导工作

班主任要时常深入班级，与学生打成一片，在与学生交往中拉近与他们的距离，赢得学生的喜爱、信任，建立良好的师生关系，为教育、引导学生发展塑造良好的人际环境。班主任要善于观察学生的日常生活，了解他们的内心世界，及时发现学生学习和生活中存在的困难和问题，通过有效的方式化解学生思想上的疑虑，帮助他们解决学习、生活中存在的困难和问题，引导学生健康发展。

（四）组织好班集体活动

班集体活动是学生的第二课堂，是育人和促进学生全面发展的重要阵地。班主任要组织、指导开展班会、团队会（日）、文体娱乐、社会实践、春（秋）游等形式多样的班级活动，注重调动学生的积极性和主动性，并做好安全防护工作。

（五）做好学生综合素质评价

综合素质评价体现了育人为本的教育观，是深化素质教育的要求，是促进学生全面发展的重要措施。班主任要组织做好学生的综合素质评价工作，指导学生认真做好成长记录，实事求是地评定学生操行，向学校提出奖惩建议，为学生发展提供有效的建议。

（六）有效应对学生教育工作的新问题

班主任要及时了解学生发展过程中出现的新问题，如学生故意伤害行为，不良情绪（学习压力大、抑郁和孤独等），自杀意念及离家出走意念，吸烟，饮酒，网络成瘾，校园欺凌等问题，树立与时俱进的工作理念，及时、有效地处理学生学习和生活中出现的问题，不断

校园欺凌

创新班主任工作的思路和方法，适应新形势下班主任工作的要求，促进学生健康、全面发展。

（七）做好校内校外的沟通工作

班主任是沟通校内校外各种教育力量的桥梁。班主任要经常与任课教师和其他教职员工沟通，了解学生的上课表现、学习情况和纪律状况，全面掌握学生的发展情况；班主任要主动与家长进行沟通，及时反馈学生发展情况，在学校与家庭间建立信任关系，争取家庭教育的配合，建立和谐的家校关系。

三、班主任与班级管理

（一）班级管理的理论

根据管理学中的行为理论，可以把班主任管理风格分为专制型、放任型和民主型三种类型。

专制型管理风格的班主任倾向于集权管理，不愿了解学生对班级建设的想法，习惯自己做出决定，忽视学生的自我管理，总认为学生小，就应该事事听从教师，班级建设忽视学生的主动参与。专制型管理风格不利于学生的自主发展。

放任型管理风格的班主任给予学生充分的自由，事事让学生做决定，在班级管理中没有担负起应有的指导和引领的职责，有可能使班级变得较为松散，缺少班集体应有的精神风貌和秩序，从而使班级失去活力。

民主型管理风格的班主任在平等的思想基础上与学生进行沟通，在班级管理中征求学生的想法，鼓励学生参与班集体建设目标和活动方案的制订，给予学生较多的自主管理空间。

在班级管理中，愿景和目标分享指班主任和全体学生一起，确立班集体的发展目标，增强班级凝聚力和学生归属感。让学生感到，班集体是所有成员学习、生活的家园。权利分享指班主任要善于授权给学生，让学生有机会进行班级管理，可授予的权利包括参与决策权、规则制订权、组织权、督导权、评价权等；清晰界定班干部岗位的权利和职责，赋予班干部充分开展相应工作的权利；在重要事项决策和班级规则制订中保证公开、公正；让全体同学监督、评价班级活动的进行情况。责任分享是指学生为班集体建设和自己成长负责的能力。培养学生的责任意识，促进学生自主管理的能力和主动承担班集体建设的责任，有效促进学生自主发展。能力分享指班主任与学生共同完成班级的管理组织工作，通过集体强大的教育力量，培养学生自我管理、相互促进、自我教育的能力。影响分享指班主任要善于统筹协调，建立良好的师生关系、生生关系，在合作与分享中充分发挥各方面积极因素的影响，共同完成班级建设工作。

（二）班级管理的原则

在育人为本教育思想和实施素质教育的目标指引下，班级管理应该遵循以下四个原则。

1. 符合学生身心发展特点

班级是中小学生学校生活的基本场域，班集体的建设目标、内容、规范与措施都要符合学生的年龄特征。例如，小学低年级学生的教室布置、行为规范、活动主题和内容与小学高年级就有很大差别，而小学高年级与初中也有很大差别。只有符合学生年龄特征的班级管理，学生才乐于接受、乐于参与、乐于贡献力量。

2. 规范性要求与尊重个性相统一

班级管理一方面要能够体现教育目标对学生发展的要求，如规范学生的行为，对学生进行社会主义核心价值观教育、爱国主义教育、集体主义教育等。另一方面，班级管理要能够充分地体现学生的个性特征，如在班集体建设、班级环境布置、主题班会设计等方面要充分地挖掘、展现学生的个性，避免因规范性而扼杀学生的创造性。

3. 引导学生的自主管理

作为未成年人，中小学生对班主任在心理上有很强的依赖性，还不具有完全的自我管理和自我教育能力，因此需要班主任的引导和帮助。但这不等于班主任就可以用专制型的风格来管理班级，凡事都由班主任自己决定，事必躬亲地组织与督促落实，对学生的失误和错误一味地批评教育。班主任要善于运用民主型管理方式，注重加强引导，同时给学生充分的自主管理的权利与责任，让学生充分参与班集体建设。

4. 服务教学与学生的全面发展

班级管理的一个重要作用是为学校教育教学活动的开展提供良好的秩序，包括出勤、课堂纪律等，同时，班级也是对学生进行思想道德教育、培养学生社会性交往能力的场所。因此，班级管理在发挥维护教学秩序作用的同时，也要促进学生的全面发展，充分地发挥教育功能。

（三）班集体的建设

作为一个有特定目标、运行方式的正式组织，班集体的建设需要确立明确的发展目标、选举班干部、开展多样化的主题班会、营造积极向上的班级文化。

1. 共议并确立班集体发展目标

每个班级都需要有明确的发展目标作为班集体建设的方向与动力。班主任和全体学生经过充分讨论后取得共识的目标，会增强学生的责任感和集体归属感。

从内容上来说，班集体的发展目标可以是整体性目标，也可以是具体目标。从时间上来说，可以分为短期目标、中期目标和长期目标。通过全体成员共同商议确立的班集体发展目标和班级发展计划，能够为所有学生的发展指明方向，是增强学生自主管理能力和集体凝聚力的重要部分。

2. 民主选举班干部

班干部是班主任管理班级的好帮手，也是学生实行自我管理的具体体现。当一个班级刚形成的时候，班主任可以通过查看档案简历，有意识地观察、发现能够热心为大家服务、有领导和组织才能的学生，可以委任这些学生组成临时班委会。当学生间有了相互了解之后，可以通过学生毛遂自荐、全班同学无记名投票等方式选举班委会。在班级管理过程中，班主任要带领班委会制订班级管理制度，有序开展班级活动。

3. 开展多样化的主题班会

主题班会是对学生进行思想道德教育、活跃学生学校生活、促进学生全面发展、沟通学生之间友谊、锻炼学生领导能力的重要方式。主题班会可在班主任的指导下，由学生进行策划、实施和评价。从课程的角度看，主题班会就是班本课程，是由学生开发的、以学生为主要资源的课程。主题班会要具有班级的特色，体现班集体建设的目标并为这个目标服务，体现班级学生的性情和精神风貌。

4. 营造积极向上的班级文化

班集体建设目标的达成离不开积极向上的班级文化作为生态环境的支持。班级文化既存在于学生的思想意识和观念中，也体现在学生的一言一行中。班主任要经常通过晨会、班会等活动践行班级发展目标，以身作则，倡导和实践积极向上的班级文化，例如关爱、感恩、公平、自律、互助、勤奋、进取、创新等。

第三节 学 生

实现学生全面而有个性的发展，教师需要遵循因材施教的原则，了解学生的身心特点，树立正确的学生观，了解学生的权利与义务，理解学生在教育过程中的地位。

一、学生身心发展的特点

人的发展具有规律性，从婴儿期到幼儿期，再到童年期、少年期、青年期和老年期，人的生理和心理经历了从不成熟到成熟再到衰老的发展过程。

（一）婴幼儿身心发展的特点

在婴儿期，人体各部分和各种器官的发展处于主要地位，在发展了的感官、身体和四肢活动到了儿童开始自动地向外表现内在本质的程度时，标志着婴儿期已经结束，进入幼儿期。幼儿期是多种身体素质发展十分迅速的时期，耐力素质和调整素质（包括平衡性、柔韧性、速度、灵敏性、协调性）都得到很大发展。但幼儿生理发展的特点，决定了其身体素质的发展还不完善。幼儿期是孩子心理发展的敏感期，表现为幼儿的注意力不稳定、不持久，幼儿记忆以无意记忆和形象记忆占主导地位，幼儿想象以无意想象占优势地位，思维以具体形象性为主。①

根据皮亚杰的认知发展理论，幼儿期处于前运算阶段。这个阶段的儿童不再依靠感觉和动作认识世界，而会运用符号功能理解世界，开始用语言或表象来表征事件与物体。对儿童来说，延迟模仿、绘画、象征性游戏都是运用符号功能的范例。之所以称为前运算，是因为在皮亚杰看来这个阶段的儿童尚未获得可以让他们进行逻辑思维的运算图式。幼儿期是语言发展的关键期，情感特点是外露、不稳定。

（二）小学生身心发展的特点

小学生的身心处于稳步发展阶段。学生大脑的质量由六七岁时的1 280 g发展到十二三岁时的1 400 g，大脑质量的变化在一定程度上体现了大脑内部结构发育和成熟的情况，为儿童接受教育提供了生理基础。小学生的心脏和血管都在不断增大和增长，由于处在长身体时期，新陈代谢很快，血液循环的需要量很大，使得心脏必须加速运动，因此小学生不宜参加过分剧烈的运动和紧张繁重的劳动。

根据皮亚杰的认知发展理论，小学生处于具体运算阶段。这个阶段的学生可以运用内部的心理运算解决问题。所谓运算，是一种心理动作，儿童在心里进行可逆或补偿的动作，并不需要实际动手操作。小学生的智能可以对具体的事物或情境按照逻辑法则进行推理。小学生人格发展进入超越家庭范围的社会化的起始阶段。在自我意识的发展上，小学生从较多地关注自我的生理方面转向心理方面，逐步学会独立思考。小学生的意志品质中的自觉性、坚持性和自制性的发展水平不高，在遵守纪律、完成预订任务时常有困难。②

---

① 袁贵仁主编：《中国教师新百科：幼儿教育卷》，中国大百科全书出版社2003年版，第35—37页。
② 朱小蔓主编：《中国教师新百科：小学教育卷》，中国大百科全书出版社2002年版，第82—85页。

（三）中学生身心发展的特点

初中生年龄为十一二岁到十四五岁，处于少年期；高中生年龄为十五六岁到十七八岁，处于青年初期。中学阶段是人的一生中身心发展较快的时期，经历着人生中第二个生长发育高峰期。青春发育期生理上发展迅速，主要表现在体形、内脏和性等三大变化。中学生心理发展主要表现为两大特征：一是智力飞跃发展，特别是脑和神经系统的结构与机能迅速发展，为心理的迅速发展提供了必要的生理基础；二是随着身体的发育和智力的发展，中学生的个性逐步形成。个性心理包括动机、兴趣、理想、信念、世界观等个性意识倾向性和能力、气质、性格等个性心理特征。

从皮亚杰的认知发展理论看，中学阶段处于形式运算阶段，这一阶段的学生能在头脑中把形式和内容分开，使思维超出所感知的具体事物或形象，进行抽象的逻辑思维和命题运算，具有了假设—演绎推理的能力和归纳思维的能力。

总的来说，学生的身心发展作为一个整体，是一个由低级到高级、由简单到复杂的发展过程。

学生的发展除具有上述明显的阶段性特征外，处于同一发展阶段的学生还具有个体差异性，表现在人的生理和心理发展的优势领域、速度和发展水平上。美国著名教育心理学家加德纳（1943—　）的多元智力理论证明了人发展的差异性。加德纳认为，不同的人具有不同的优势智力领域，包括语言智力、数理逻辑智力、音乐智力、空间智力、身体运动智力、人际智力、自我认知智力。同样在身体运动智力上，有的人身体爆发力强而擅长短跑，有的人耐力好而擅长长跑，有的人擅长技巧性的运动项目，有的人擅长力量性的运动项目。个体之间的差异性还表现在有的人早慧，有的人大器晚成。认识学生发展的个体差异性，是有针对性地促进学生全面、个性发展的基础。

（四）当代中小学生身心发展的时代特征

社会的不断发展、科技的不断进步带来人们思维方式、价值观念的变革，也赋予当代中小学生独有的时代特征。他们思想活跃、勇于探索，具有较强的现代意识；学习能力强，能够熟练应用信息技术，信息接受迅速且途径多，对新事物、新观念与新信息有自己独特的接受方式、判别标准和接纳形式；创新意识与批判精神不断增强；追求新知，渴望成才，但抗挫折能力下降；关注自我形象，勇于展露自己的优点与才华；要求独立，同时具有一定的依赖性；憧憬未来，充满自信，但缺乏脚踏实地、艰苦奋斗的思想准备和坚强意志；崇尚自我，发展个性；

价值观趋向务实化、多元化。

二、学生观

学生观是教师对学生的基本认识，这种基本认识对教师的教育教学活动有重要的影响。教育学关于教育的本质、师生关系、学生在教育过程中的地位、学生身心发展的特点等理论，都有助于教师形成科学的学生观。教师的学生观也会随着社会的发展而发生变化。现代社会发展要求建立符合时代特色的学生观，以满足社会和个人发展的双重需求。马克思关于人的本质和人的发展的观点，是对人自身认识最精髓的概括，是我们确立理想学生观的理论依据。

（一）学生是自我发展的主体

马克思提出："人的本质不是单个人所固有的抽象物，在其现实性上，它是一切社会关系的总和。"[①] 一方面，人的发展受一定外界客观条件的制约；另一方面，人是发展的主体，具有主观能动性。人的主体性，是人作为主体在与活动的对象客体的相互作用过程中所表现出来的积极主动的特性。教育是培养人的社会实践活动，教育教学的过程是学生主体在教师的引导下主动完成的过程。教师应积极发挥主导作用，调动学生学习的积极性、主动性，尊重学生的主体地位，帮助学生提高主体意识，为主体性活动的开展创造有利条件。

（二）学生是发展着的个体

马克思反对用静止的观点看待人，认为："整个历史也无非是人类本性的不断改变而已。"[②] 人的本质是"一切社会关系的总和"，人既然是社会关系决定的，社会关系又是历史的、变化的，那么由社会关系决定的人的本质，也就自然是历史的、变化的。学生作为教育的对象，处在不断发展的过程中，教师应该用发展的观点认识和对待学生，相信每一个学生都具有巨大的潜能，看到学生的未完成性，给学生创造发展的环境和机会。

（三）学生应当获得全面的发展

根据马克思主义的人的全面发展学说，人的全面发展是指个人的智力和体力尽可能多方面充分、自由、统一地发展。从心理学的角度来看，人的发展包括身体和心理两个方面：身体的发展包括肌体的正常发育和身体素质的健康成长；心理的发展包括知识、技能和能力的发展以及思想品德和审美能力的发展。人的发展是身

[①] 《马克思恩格斯文集》第1卷，人民出版社2009年版，第505页。
[②] 《马克思恩格斯文集》第1卷，人民出版社2009年版，第632页。

心的统一发展,是身心领域各个方面的全面发展。教师要全面地关注学生的发展,善于发现每个学生的潜力,全面客观地评价学生,为学生全面发展提供助力。

(四)学生发展应当个性化

马克思曾说过,"即使在一定社会关系里每一个人都能成为出色的画家,但是这决不排斥每一个人也成为独创的画家的可能性"①。马克思主义的个性观强调在人的全面发展的基础上发展人的个性,人的全面发展的真谛就是使每个人的个性都获得丰富全面的发展。可见,人的个性发展与全面发展并不是矛盾的。人是共性和个性的统一,人的全面发展既不是平均发展,也不是平庸发展,其核心恰恰是个性的全面发展。因此,教育必须以培养学生的主动性、创造性,塑造学生充分自由发展的个性为己任。

正确认识和构建理想的学生观具有重要的教育意义,理想的学生观要求教育重新审视学生的意义与价值。对于人类社会来说,对人自身的探求是永无止境的;对于教育来说,对学生的认识也是无限延伸的,构建符合时代发展的学生观也必然是不断发展的。

三、学生的权利与义务

学生首先是公民,学生具有每一个公民应享有的法定权利和应尽的义务。同时,中小学生又享有未成年人所享有的权利。学校教育,尤其是义务教育,是国家保障公民受教育权利、提高公民的能力、保证公民过有尊严生活的基础,作为受教育者的学生还具有特殊的权利和义务。我们综合《中华人民共和国宪法》《中华人民共和国教育法》《中华人民共和国义务教育法》和《中华人民共和国未成年人保护法》的规定,对学生的权利和义务进行描述和解释。

(一)学生的权利

1. 受教育权

受教育权是学生所具有的基本权利,《中华人民共和国宪法》第四十六条规定:"中华人民共和国公民有受教育的权利和义务。"《中华人民共和国教育法》第九条规定:"公民不分民族、种族、性别、职业、财产状况、宗教信仰等,依法享有平等的受教育机会。"《中华人民共和国义务教育法》第二条规定:"国家实行九年义务教育制度。义务教育是国家统一实施的所有适龄儿童、少年必须接受的教育,是国家必须予以保障的公益性事业。"

---

① 《马克思恩格斯全集》第3卷,人民出版社1960年版,第460页。

受教育权从其实现过程可以分为学习机会权、学习条件权和学习成功权。学习机会权是指学生具有入学和获得学生身份的权利，包括入学升学机会权、教育选择权和学生身份权。其中入学升学机会权最为基本，我国在完成普及义务教育后，已经全面解决了义务教育阶段"有学上"的问题。在入学升学机会权方面，问题主要集中在如何保障学前儿童、进城务工人员子女和特殊儿童的受教育权。《中华人民共和国义务教育法》第十二条规定："父母或者其他法定监护人在非户籍所在地工作或者居住的适龄儿童、少年，在其父母或者其他法定监护人工作或者居住地接受义务教育的，当地人民政府应当为其提供平等接受义务教育的条件。"第十九条规定："县级以上地方人民政府根据需要设置相应的实施特殊教育的学校（班），对视力残疾、听力语言残疾和智力残疾的适龄儿童、少年实施义务教育。特殊教育学校（班）应当具备适应残疾儿童、少年学习、康复、生活特点的场所和设施。普通学校应当接收具有接受普通教育能力的残疾适龄儿童、少年随班就读，并为其学习、康复提供帮助。"

学习条件权包括教育条件建设请求权、教育条件利用权和获得教育资助权。学生有利用学校的校舍、图书、实验仪器设备的权利。《中华人民共和国教育法》第三十八条规定："国家、社会对符合入学条件、家庭经济困难的儿童、少年、青年，提供各种形式的资助。"第四十三条规定受教育者享有"按照国家有关规定获得奖学金、贷学金、助学金"的权利。

学习成功权包括获得公正评价权和学业学位证书获得权。《中华人民共和国教育法》第四十三条规定受教育者享有"在学业成绩和品行上获得公正评价，完成规定的学业后获得相应的学业证书、学位证书"的权利。教师不能因为学生家庭出身、性别等因素给予学生学业成绩不公正的评价。学生在完成教学计划规定并达到毕业要求时应该获得学业学位证书，学校不得以其他理由扣押证书。

2. 平等权

学生应该获得平等的受教育机会和过程，主要表现在以下三个方面。

一是改善教育条件不佳学校的办学条件，包括办学设施、师资力量和学校管理。《中华人民共和国教育法》第十条规定："国家根据各少数民族的特点和需要，帮助各少数民族地区发展教育事业。国家扶持边远贫困地区发展教育事业。国家扶持和发展残疾人教育事业。"《中华人民共和国义务教育法》第六条也规定："国务院和县级以上地方人民政府应当合理配置教育资源，促进义务教育均衡发展，改善薄弱学校的办学条件，并采取措施，保障农村地区、民族地区实施义务教育，保障家庭经济困难的和残疾的适龄儿童、少年接受义务教育。"

二是教育质量的公平。不同群体的受教育过程应该符合他们的学习需求和特点。例如，少数民族地区学校的课程内容要体现其民族文化、地域特色。特殊教育学校的学习内容要能够反映学生个别化学习的需求。农村学校的课程内容要贴近农村学生的生活经验和环境。教育质量的公平，要求满足学生不同的学习需要，使学生得到充分的发展。

三是教育过程中的平等。首先，要维护学生的人格尊严。《中华人民共和国宪法》第三十八条规定："中华人民共和国公民的人格尊严不受侵犯。禁止用任何方法对公民进行侮辱、诽谤和诬告陷害。"《中华人民共和国未成年人保护法》第二十七条规定："学校、幼儿园的教职员工应当尊重未成年人人格尊严，不得对未成年人实施体罚、变相体罚或者其他侮辱人格尊严的行为。"第二十八条规定："学校应当保障未成年学生受教育的权利，不得违反国家规定开除、变相开除未成年学生。"第二十九条规定："学校应当关心、爱护未成年学生，不得因家庭、身体、心理、学习能力等情况歧视学生。对家庭困难、身心有障碍的学生，应当提供关爱；对行为异常、学习有困难的学生，应当耐心帮助。"其次，要维护教育过程中师生关系平等，为学生在教师引导下的独立与自由的发展提供充足的空间。《中华人民共和国义务教育法》第三十四条和《中华人民共和国未成年人保护法》第二十五条都规定，注重培养学生独立思考能力、创新能力和实践能力，促进学生全面发展。

3. 人身安全与隐私权

身体不受到攻击、毒打、伤害是学生的基本权利。《中华人民共和国宪法》第三十七条规定："中华人民共和国公民的人身自由不受侵犯。任何公民，非经人民检察院批准或者决定或者人民法院决定，并由公安机关执行，不受逮捕。禁止非法拘禁和以其他方法非法剥夺或者限制公民的人身自由，禁止非法搜查公民的身体。"我国相关法律规定国家和学校有对未成年人的安全进行教育、管理和保护的责任。首先，校舍安全要达到国家规定的安全标准。《中华人民共和国义务教育法》第十六条和第二十四条规定：学校建设，应当符合国家规定的办学标准，适应教育教学需要；应当符合国家规定的选址要求和建设标准，确保学生和教职工安全。县级以上地方人民政府定期对学校校舍安全进行检查；对需要维修、改造的，及时予以维修、改造。其次，要对学生进行系统的安全教育。《中华人民共和国义务教育法》第二十四条规定："学校应当建立、健全安全制度和应急机制，对学生进行安全教育，加强管理，及时消除隐患，预防发生事故。"《中华人民共和国未成年人保护法》第三十五条规定："学校、幼儿园应当建立安全管理制度，加强对未成年人进行安全教育，完善安保设施、配备安保人员，保障未成年人在校、在园期间的人身和财产安全。"此外，还要保障学生的交通安全和卫生安全。

学生隐私权是容易被忽视的一种权利。《中华人民共和国未成年人保护法》第六十三条规定："任何组织或者个人不得隐匿、毁弃、非法删除未成年人的信件、日记、电子邮件或者其他网络通讯内容。""除下列情形外，任何组织或者个人不得开拆、查阅未成年人的信件、日记、电子邮件或者其他网络通讯内容：（一）无民事行为能力未成年人的父母或者其他监护人代未成年人开拆、查阅；（二）因国家安全或者追查刑事犯罪依法进行检查；（三）紧急情况下为了保护未成年人本人的人身安全。"实际上，侵犯学生隐私权的情况时有发生。例如，如果不会对其他人造成危害，一些有疾病学生的健康状况应该保密而未能保密。

4. 申诉权

当学生认为得到不公正的处分或遭遇伤害时，学生可以提出申诉。《中华人民共和国教育法》第四十三条规定受教育者享有"对学校给予的处分不服向有关部门提出申诉，对学校、教师侵犯其人身权、财产权等合法权益，提出申诉或者依法提起诉讼"的权利。

（二）学生的义务

《中华人民共和国教育法》第四十四条规定受教育者应当履行下列义务：

（1）遵守法律、法规；

（2）遵守学生行为规范，尊敬师长，养成良好的思想品德和行为习惯；

（3）努力学习，完成规定的学习任务；

（4）遵守所在学校或者其他教育机构的管理制度。

四、学生在教育过程中的地位

（一）学生是教育的对象

在学校教育中，学生是教育的对象。学生是未成熟的个体，具有发展的"未完成性"。学生作为社会中的人有自身发展的需要，需要由一个未成熟的自然人走向一个成熟的社会人，只有这样，才能在社会中生存与发展。然而，人又不能不学而能，人的遗传的"未完成性"决定了人需要后天的学习。但人类社会的文化遗产丰富，人的生命有限，仅靠个人的自学远远适应不了社会的要求。随着人类社会的发展，教育尤其是学校教育的出现，就为学习提供了场所，教育成为促进人全面发展的重要途径。学生作为教育对象，既是学生自身发展的需要，也是人类社会的要求。学生发展是教育活动的最终归宿，学校教育活动要始终围绕着学生发展这个重心开展。

（二）学生是学习、发展的主体

教师、学生和教育内容是教育活动的三个核心要素，对于三者间关系的不同理解会形成对学生在教育中所处地位的不同认识。德国存在主义哲学家雅斯贝尔斯（1883—1969）在他的著作《什么是教育》中将教育分为三种类型：经院式教育、师徒式教育和苏格拉底式教育。在经院式教育中，教材拥有至高无上的权威，教师和学生都屈服于固定的知识体系而泯灭师生鲜活的个性。师徒式教育完全以教师为中心，学生对教师的尊敬和爱戴带有绝对服从的特点，教师的权威具有神奇的力量，这种力量满足了人类不愿自己负责而愿依附别人的需要。在苏格拉底式教育中，教师和学生处于平等地位。教学双方均可自由地思索，没有固定的教学方式，只有通过无止境的追问而感到自己对绝对真理一无所知，教师要激发学生对探索求知的责任感。不难看出，在经院式教育和师徒式教育中，学生的地位是相同的，那就是无条件地服从教学内容或教师，在苏格拉底式教育中，师生之间处于平等的地位。

教育是教师和学生以主体间关系为纽带共同作用于教育内容这一客体，以认识客观世界和提升主观世界为目的的实践活动，是教师和学生借助教育内容进行的对话、理解和共享的交往活动。学生作为自我学习、发展的主体，具有自主性、能动性和超越性。学生与教师具有平等的地位，教师负有引导和帮助学生的责任，但教师不能以命令、控制、灌输的方式来要求学生。教师应帮助学生学会理性地选择与判断，进行批判性反思，实现自主发展。

学生与教师在教育过程中处于平等地位，教师是平等中的首席，要发挥对学生的引领和帮助的作用，但不能因此影响学生的主体性。教师是学生学习、生活、心理健康的主要引导者。强调学生的主体地位，不能否定教师的主导作用。教师主导不等于教师专制，真正的教师主导应是在教育教学中从学生的身心特点出发，充分发挥学生的主动性和积极性，对学生加以恰当的、必要的引导，培养学生的主体性，而不是在教育教学中"目中无人"，忽略学生的身心特点，压制学生的个性和创造性。教师在教育活动中的主导作用和学生在发展过程中的主体地位是相辅相成、和谐统一的关系。

思考题

一、名词解释题

教师的角色　教师专业发展　班主任　学生的权利

二、简答题

1. 结合自身体验，说说你对教师职业意义的理解。
2. 对于教育发展过程中不同的学生观，你赞同哪种观点？为什么？
3. 结合相关法律规定，谈谈你对学生权利与义务的理解。
4. 你认为应如何建立良好的师生关系？

三、论述题

基于对教师职业特点的理解，论述如何更好地促进教师专业发展。

四、材料分析题

陶行知在《师范生应有之观念》一文中有这样的论述："教育者，乃为教养学生而设，全以学生为中心，故开办学校、聘请教师，无一非为学生也。若无学生，焉有学校？既无学校，焉有教师？然则教师与学生，焉可无同情耶？同情谓何？即以学生之乐为乐，以学生之忧为忧；学生之休戚即我之休戚，学生之苦恼即我之苦恼是也。"①

请结合上述材料，谈谈你对教师与学生关系的思考。

---

① 《陶行知教育文集》第2版，胡晓风等编，四川教育出版社2007年版，第37页。

第十章　教育科学研究

教育科学研究，简称教育科研，是指研究者以教育问题为研究对象，运用科学的研究路径和方法，有目的、有计划、系统、深入地认识教育现象、探索教育规律、建构教育理论，进而服务教育实践。教育科学研究是社会科学研究的一个组成部分。

第一节　教师与教育科研

教师所开展的教育科学研究，是指教师以改进教育实践为目的，通过科研认识并解决自己或他人在教育教学中的问题的活动。① 这是一种由教育实践者实施、在教育实践中开展、以教育实践问题为对象，旨在改进教育实践的科研活动。这种以教育实践为中心的研究是教师的教育科研区别于专业研究者的教育科研的根本之处。

在过去，教师仅被视为传授既有知识的"教书匠"。人们并不要求教师从事科学研究，即探究与发现新的知识。因为人们认为，科学研究是专业研究者（如高校和科研机构的研究者）的专属活动。不过，随着"教师即研究者"② 这一教育理念的引入和传播，特别是伴随着我国新一轮基础教育课程改革的实施，"研究型教师"的角色定位获得了广泛的认可。教师开展教育科研不仅成为新时代社会发展和教育改革对教师提出的新要求，也被视为教师专业发展的重要途径。如今，教育科研能力已成为新时代教师必备的专业素养之一，被列入师范院校教师教育的培养目标。

一、教师开展教育科研的意义

教师开展教育科研具有重要的意义，表现在以下五个方面。

---

① 这里的教师主要指的是基础教育阶段的教师，包括幼儿园、小学、初中和高中的教师。
② 人们通常认为，"教师即研究者"最早由英国课程专家斯滕豪斯（1926—1982）明确提出。这一理念受"专业人员即研究者"的启示，其基本假设是教师有能力对自己的教育实践进行反思、研究和改进，由教师来研究和改进自己的实践是教育改革最直接、最有效的方式。

（一）回应新时代社会发展和教育改革对教师提出的新要求

21世纪的社会是一个快速发展、充满不可预知性的知识经济社会。新的科技、观念乃至新的生活方式不断出现，并在全球化的条件下迅速从其诞生之地扩散至全球，影响并改变着人们的生活。随着社会的发展与转型，教育理念、方式和内容也处在不断的发展和变革之中。教师在教育教学中不断遇到新的情况、问题和挑战，没有现成的经验和方法可以借鉴和依赖。教师只有亲自参加科研，针对自己所遇到的问题开展研究，才能找到适合自己和本地情况的解决方案。1999年颁布的《中共中央 国务院关于深化教育改革 全面推进素质教育的决定》明确提出，教师"要遵循教育规律，积极参与教学科研，在工作中勇于探索创新"。2011年，教育部颁布的《教师教育课程标准（试行）》要求职前教师"具有研究教育实践的经历和体验"，并将"教育研究方法"课程列入建议课程模块。我国基础教育课程改革也要求教师成为具有教育科研意识与研究能力的研究型教师。

（二）促进教师的专业成长与发展

开展教育科研要求教师具备相应的科研素质，即具有科研知识、科研能力、科研意识和科研精神。科研知识是教师开展教育科研所需的有关理论和方法方面的知识。科研能力是教师把教育科研知识和方法运用于实践的能力，包括发现问题、完成研究设计、实施科研和表述研究结果等方面的能力。科研意识是指教师重视和认同科研的意义，具有对科研问题的敏觉性。科研精神是指教师勇于探索、乐于创新、实事求是的精神。[①]

为了开展教育科研，教师要先获得科研素质。这一过程也是教师专业成长与发展的过程。在开展教育科研的过程中，教师会不断地学习新的教育理论和方法，并将其用于解决自己教育教学中的问题，由此获得新的知识和能力，在专业上得到进一步成长与发展。此外，通过开展教育科研，教师可以更好地了解学生和自己的特点，既有助于发现适合学生特点的教学方式，也有助于形成自己的教学风格。

（三）提升教师的自我价值和工作满意度

在不开展科研的情况下，教师的任务主要是将已有的知识传授给学生。教师这样长期重复做同样的事情，工作缺少挑战性和创新性，容易出现职业倦怠的问题。通过开展教育科研，教师可以不断学习和掌握新的知识，在解决问题的过程中不断发展和超越自己，充分发挥自己的潜力和价值。此外，研究型教师更倾向于用一种新的眼光，带着批判和反思的意识来看待自己的教育教学实践，将问题

---

① 潘海燕：《教师的教育科研与专业发展》，中国轻工业出版社2006年版，第11—22页。

和困难当作研究的起点，不断提升自己的教学能力和水平，由此获得学生的认可，工作满意度也会随之上升。苏霍姆林斯基曾表示："如果你（指校长）想让教师的劳动能够给教师一些乐趣，使天天上课不致变成一种单调乏味的义务，那你就应当引导每一位教师走上从事一些研究的这条幸福的道路上来。"①

（四）促进学生和学校的发展

教师开展教育科研除了有益于自己的专业发展，也有利于促进学生和学校的发展。一个好的研究型教师通常也是一个善于观察和反思的教师，可以更好地注意到学生的特点和需求，采取更符合学生特点和需要的教学方式，从而更有效地促进学生的成长和发展。此外，研究型教师所具备的科研意识和精神对于学生也具有激励作用，可以起到潜移默化的影响。教师质量是构成学校教育质量的核心要素之一。教师通过开展教育科研所获得的专业发展对学校而言，也意味着一种质量上的改进和提升。通过鼓励教师开展教育科研，学校不仅可以不断提升其教育教学质量，还会因为汇集了一批研究型教师而形成一种新的、积极向上的学校氛围，更容易形成自己的办学特色，获得更高的社会声望。②

（五）促进教育科学的发展

教师因为工作在教育教学的第一线，更容易及时了解教育教学中的新困难、新问题和新需求，更早地发现值得研究的问题。同时，因为就在现场工作，教师本人就是进入研究现场的"守门人"，更容易从现场收集第一手的资料（如观察记录，教学反思，学生的考卷、作业、作文、周记等文档），并且不会因为外来研究者的介入而破坏教学情境的自然性。此外，教师可以根据研究发现及时采取教育干预措施，检验研究发现及用于解决教育问题的措施是否有效。这些优势都是外部研究者所不具备的。因此，作为沟通教育理论和教育实践的桥梁，教师应该积极开展教育科研，利用自己独特的认知优势和研究视角，通过科研提供科学的、实践性的知识，拓宽教育科学知识的生产渠道，促进教育科学的发展。

二、教师开展教育科研的类型

教育科学研究可以分成不同的类型，与此相应，教师所开展的教育科研也有不同的类型。

根据研究目的，教育科研可以分为探索性研究、描述性研究、解释性研究和

---

① [苏] 瓦·阿·苏霍姆林斯基：《给教师的建议》（修订本，全一册），杜殿坤编译，教育科学出版社1984年版，第507页。
② 郑金洲：《教师如何做研究》第2版，华东师范大学出版社2012年版，第20页。

预测性研究。探索性研究，也称先导性研究，旨在初步探究尚未被研究过的问题，获得对其初步的认识和了解。描述性研究旨在对研究对象的状况做出全面的描述，回答"是什么"或"怎么样"的问题。解释性研究旨在对研究对象做出解释和说明，回答"为什么"的问题。预测性研究旨在探究未来的发展趋势，回答"将会怎样"的问题。

根据研究内容，教育科研可以分为基础研究和应用研究。教育科学的基础研究是指认识教育现象和揭示教育规律，从而产生关于教育活动的新知识或新方法的研究。教育科学的应用研究是为解决实际教育问题而进行的研究，多为探索教育科学基础研究成果在教育实践中可能的用途，或者是探寻运用基础研究成果在教育实践中解决问题的新方法和新途径。基础研究的主要目的是扩展科学知识、发现基本规律或原理，建立新的理论。应用研究的主要目的是解决当前实践中的具体问题，如评估研究和行动研究都属于应用研究。一般来说，中小学教师所从事的教育科学研究多属于应用研究。

根据研究方法和策略，教育科研可以分为文献研究、历史研究、调查研究、实验研究、理论研究等。教育科学的文献研究主要通过对文献资料的研究来形成对教育现象的科学认识，即通过搜集、整理、鉴别相关文献资料，以文献资料反映的事实为依据，以相关理论为基础，通过教育科学的分析研究来认识教育现象。教育科学的历史研究就是运用有关教育现象的历史资料，通过对教育现象发展的历史过程进行分析，从而得出新的科学认识。教育科学的调查研究是指有目的、有计划、有组织地运用各种科学的方法进入教育现场搜集、整理和分析有关数据和资料从而获得对教育现象的新认识。教育科学的实验研究是以一定的理论为基础，在实验性的教育过程中有目的地控制某些教育因素或条件，观察和分析教育措施和教育效果之间的联系，从而揭示教育规律的研究。教育科学的理论研究则是指以一定的教育理论和教育事实为基础和依据，通过理论论证来证明和获得关于教育现象的科学认识。中小学教师进行教育科学理论研究相对较少。

根据研究数据的性质，教育科研可以分为定量研究和定性研究。定量研究又称"量化研究"。教育科学的定量研究是一种以数量来表示教育问题和教育现象，运用科学的方法对这些数量进行整理和分析，从而以教育现象在数量上的规定性为基本依据来揭示教育规律的研究。定性研究是相对于定量研究而言的，也称"质性研究"。教育科学的定性研究是指在自然的教育情境而非人为控制的教育实验情境中进行的教育科学研究，研究者在自然的教育情境中用科学的方法采集、整理和分析研究资料，并运用一定的科学理论对资料进行解释，从而形成对教育现象的新认识，如教育叙事研究。定量研究侧重和依赖于对研究对象的测量和计算，而定性研究则侧重和依赖于对研究对象的意义和特征的描述和理解。

根据研究范围与视角，教育科研可以分为宏观研究、中观研究和微观研究。教育科学的宏观研究是指对国家、社会层面上的重大教育问题进行综合性、系统性研究。教育科学的微观研究是对某个教育问题进行细微的研究。教育科学的中观研究介于宏观和微观之间，是在特定范围内的综合性教育研究。中小学教师大多是在微观层面上开展教育科研，如案例研究。

根据研究的时间跨度，教育科研可以分为横向研究和纵向研究。横向研究，也称"横断研究"，指研究者对研究对象在某一时间点的横截面进行研究。纵向研究也称追踪研究，指研究者对研究对象在不同时间点重复进行研究，如在采用新的教学方法之前和之后分别对学生的学习动机或学习成绩进行测量。

就具体的研究方法和研究类型而言，中小学教师常用的研究方法主要有文献研究、调查研究、行动研究、叙事研究、案例研究等。行动研究是指实践者为了改进自己的实践而在自己的行动中亲自开展的研究。叙事研究是通过叙事进行研究或是对叙事的研究。案例研究是对被称为个案的特定现象进行深入的研究。这些方法将在第三节重点介绍。

三、教师开展教育科研的导向

教师开展教育科研虽然有诸多益处，但如果定位不清、导向不明，就难以达到原本希望实现的目标，既不能改变教师和学生的行为，也不会真正带来学校的变化，难以实现科研促教、科研强师、科研惠生、科研兴校等目标。具体说来，教师开展教育科研应该至少有以下四个导向。

（一）以教师专业成长与发展为导向

开展教育科研的一个最重要的导向就是，要通过开展教育科研转变教师的教学理念和行为，帮助教师获得专业上的成长和发展。因此，教育科研活动必须紧紧围绕这一目标来进行。这就意味着所选择的教育科研活动要能够在知识、能力、态度、师德修养等方面促进教师的发展，提升教师的专业水平，让教师逐步成长为一名专家型教师。这也意味着有必要对教师所从事的科研主题进行合理的聚焦。此外，评价一所学校开展教育科研的效果，也要看这些教育科研活动在多大程度上改变了教师，在多大程度上提升了教师的专业素养。

（二）以解决学校的实际问题为导向

教师开展教育科研要有清晰的问题意识，即明确知道通过研究想要解决学校的哪些问题以及怎样研究才能达到这一目的。如果研究的问题并非学校自身的问题，而是来自书本理论或专家建议，未能与学校真正的问题和矛盾结合在一起，那么，这种研究就很难改进学校的教育教学实践，违背了教师开展科研的初衷。因此，教师有必要把解决学校实际问题作为其科研活动的出发点和归宿，避免开展缺少问题针对性的教育科研。

（三）以促进学校的持续发展为导向

教师的教育科研活动要有助于学校的持续发展，注意在解决学校当前问题的同时，服务于学校未来的发展。在评价教育科研活动的效果时，既要看它是否解决了当前的问题，同时还要看它在多大程度上有助于促进学校的未来发展。① 这意味着，教师的科研活动要有长远的规划、全局性的统筹，不要盲目跟风、追逐热点和潮流，也不要急于求成、妄图一蹴而就。随着社会的发展和变革，新的理念、潮流和问题会不断涌现。旧的问题解决之后，新的问题又会出现。所以，教师需要持续不断地开展科研活动，将科研作为学校持续发展的推动力。

（四）以理论与实践的结合为导向

因为可供支配的研究时间少、所占有的文献资料有限、大多缺少严格的科研方法训练，所以，教师不适合从事纯粹的基础理论研究。最适合教师的科研方式是在研究中将相关的教育教学理论与自己的工作实际结合起来，以解决自己工作中的实际问题为目的。②

第二节 教育科研过程

作为一种有目的、有意识、科学系统的认知活动，教育科研需要遵循规范化的研究程序。通常来说，一个完整的、规范的研究过程至少包括五个步骤或阶段：选择研究课题、研究设计、资料搜集与数据采集、资料与数据的处理与分析、论文撰写和成果发表。

一、选择研究课题

选择研究课题，也称选题，指经过选择来确定研究主题和问题。通常来说，

---

① 郑金洲：《教师如何做研究》第 2 版，华东师范大学出版社 2012 年版，第 21—27 页。
② 刘旭、顾颉、胡燕主编：《一线教师教育科研指南》，四川教育出版社 2006 年版，第 2—6 页。

研究者会首先选择一个研究主题，然后在这一主题领域内明确和细化出具体的研究问题。选题是开展教育科研的第一步，也是至关重要的一步。因为它决定着研究的目标和方向，影响到研究方法的选择，关系到研究结果的意义和价值。此外，选题还是衡量和体现研究者水平的一个重要标志。因此，研究者应该高度重视选题阶段的工作，不宜操之过急、草草决定。不要觉得在选题阶段投入时间和精力是浪费，因为确定选题的过程也是研究者获得专业成长的过程。

教育研究课题的来源，即研究课题产生的途径是多元的。选择研究课题的途径主要有四种。①

（一）通过分析现有文献确定选题

规范的研究文献通常都会在结尾部分指出自己研究的局限和值得进一步研究的问题，供研究者参考。为了检验这些问题是否以及在多大程度上已经得到研究，研究者还需要检索和分析文献。

（二）从现有的理论推导出自己想要研究的问题

从现有的理论推导出自己想要研究的问题，这种以理论为指导的选题方式的好处是：因为有理论框架的限定，研究者会关注主要的和重要的问题，而不会纠缠于细枝末节的问题。此外，理论会给研究者解释或阐释研究结果提供方向和导向。这种研究的结果会促进理论知识的递进式积累。

（三）重复或拓展前人的研究

研究者可以通过五种不同的方式开展重复性研究：（1）研究者可以针对某一新的，特别是那些引起轰动的"突破性发现"进行重复性研究，通过自己的研究数据来检验这一发现的可靠性。（2）研究者可以使用不同的样本来重复前人的研究，以检验其研究结果的推广度，看看是否可以推广至其他人群。（3）研究者可以重复以前的研究，以检验当时的研究在当前是否还有效，或者发生了哪些变化。（4）研究者可以采用不同的方法来重复他人的研究，以检验重大研究发现是否可以得到用这种方法所搜集数据的支持。（5）研究者可以通过重复性研究，查明某种新提出的教学方式、方法和手段是否更加有效，更有助于提高教学效果。

（四）通过参加集体研究项目而确定选题

参加别人主持的集体研究项目，承担其中的某个子课题，从而确定选题。这种选题方式有好处也有弊端。好处是在研究上已有一定的基础，在资金上也有一

---

① ［美］梅雷迪斯·D. 高尔、沃尔特·R. 博格、乔伊斯·P. 高尔：《教育研究方法导论》第6版，许庆豫等译，江苏教育出版社2002年版，第43—50页。

定保障，可以利用集体合作的科研方式，学习课题组其他成员的长处，积累参加大型研究项目的经验，对日后自己主持类似项目大有裨益。弊端在于研究题目已被设定，自由发挥的空间受到限制，如果是违背个人的意愿承担他人课题，研究的积极性还会受到影响。

除此之外，研究者还可以根据学科发展的需要或者国家和社会发展的需要为自己的研究确定选题。研究者可以参考国家教育科学规划办发布的课题指南结合自己的研究专长和兴趣，确定选题。

二、研究设计

研究设计是指为了实现研究目的而对研究的方法、程序、步骤、实施策略和操作方式所做出的选择和整体规划。研究设计是否合理和完善对研究的顺利实施和研究结果的可靠性有着重要的影响。因此，要想达到预期的研究目标，必须认真完成研究设计。通常来说，研究设计包括以下七个方面的工作内容。①

（一）明确研究的目的和意义

研究的目的是指通过研究想要达到的预期结果。研究的意义通常指该研究的理论价值和实践价值。完成研究设计首先要明确研究的目的和意义。在此需要重点回答下列问题：为什么要完成这项研究？通过这项研究想要实现什么目的？有哪些具体的研究问题？如果是解释性的研究，研究者还需要说明研究的假设是什么。

（二）选择研究类型与研究方法

教育科学研究者首先要根据自己的研究目的和需要选择研究的类型（如探索性研究、描述性研究或解释性研究，基础研究或应用研究，横向研究或纵向研究等），然后选择研究方式（实地研究、调查研究、实验研究或文献研究等），并说明计划使用何种收集资料的方法（观察、问卷、访谈、内容分析等），最后还需确定分析资料所用的方法（定量分析或定性分析）和手段（如借助各种数据分析软件）。

（三）确定分析单位和研究内容

分析单位即研究中将要得到分析和描述的对象，是研究的基本单位。分析单位可以是个体（如学生、教师、校长等），群体（如男生、少数民族学生、免费师范生等）或者组织机构（如学校、校外教育机构等），也可以是社会活动、社会关系、社会制度和社会产品等社会产物（如教育活动、教育制度、教科书等）。研究内容是指分析单位的属性和特征，即研究者想要分析和描述的具体项目或指标。

---

① 袁方主编：《社会研究方法教程》，北京大学出版社1997年版，第157—159页。

研究者需要在此明确想要研究分析单位的哪些方面。这里可以区分三个方面，即：分析单位的状况（如年龄、性别、受教育程度），意向性（如动机、态度、观念、偏好）和行为活动（如师生互动、择校、辍学等）。

（四）选择代表性的研究对象，制订抽样方案

选择具有代表性的研究对象是研究设计中的一个重要环节。如果是采用实证性调查研究，研究者需要在做研究设计时确定采用何种抽样方式。抽样，也称取样，是按照一定规则从总体中抽取一定数量的有代表性的个体进行研究的过程。其目的是通过对样本的分析推断总体的特征。抽样分为概率抽样和非概率抽样。概率抽样是依据概率论的基本原理，按照随机原则进行的抽样。它能够较好地避免抽样过程中的人为误差，保证样本的代表性。概率抽样的方法主要有：简单随机抽样、系统抽样、分层抽样、整群抽样、多段抽样、概率比例抽样。非概率抽样是指依据研究者的主观判断或者是否方便等因素来抽取样本，它不考虑抽样中的等概率原则，因此有可能产生较大误差。非概率抽样的主要方法有：偶遇抽样/方便抽样、判断抽样/目的抽样、定额抽样、滚雪球抽样。

研究者除了要确定抽样的方式之外，还要考虑抽样时的各种具体问题，如是否有学生名单，如何保证样本具有代表性，等等。

（五）开发和设计研究工具

研究者选定收集资料的方法后，需要设计和开发相应的研究工具，例如用于问卷调查的问卷，用于观察的观察表，用于访谈的访谈提纲等。研究者既可以借鉴他人的研究工具，也可以独立开发研究工具。借鉴他人的研究工具省时省力，便于进行研究结果的对比，但未必完全符合自己的需要。自己独立设计研究工具虽然费时费力，但可以更好地满足自己的研究需要。研究者在进行研究设计时需要谨慎取舍，并对此做出说明。设计研究工具是对研究内容的具体化和操作化，即将研究内容系统地融入调查问卷、观察表或访谈提纲中。

（六）确定调查的场所和时间计划

研究者需要明确在哪里、在什么时间进行调查。此外，还要对调查者的任务和工作进度做出安排。

（七）计划和安排研究经费和物质手段

研究经费主要包括研究人员的差旅费、协作人员的劳务费、课题资料费、问卷表格的印刷费、研究资料的处理费，等等。物质手段主要指调查工具、技术手段以及资料整理与分析的手段，如录音设备、录像设备、实验仪器、计算机程序等。研究者需要在研究设计中说明经费的分配和物质手段的使用情况。

如果有多人参加研究课题，还需要在研究设计中指出课题组成员及其分工。研究设计的最终结果是形成一份书面研究计划或方案。

三、资料搜集与数据采集

资料搜集与数据采集是通过对教育研究对象的观察、量度与探究来获取研究者感兴趣的信息的过程。研究者可以在此使用多种不同的资料收集方法。下面重点介绍调查研究、实验研究、实地研究、文献研究等四种教育研究方式的资料搜集问题。

（一）调查研究中的资料搜集

调查研究指的是有目的、有计划、系统、直接地从被调查者那里搜集资料，并通过对资料的分析来认识教育现象及其发展规律的研究方式。调查研究中的资料搜集方法主要有两种基本类型：一是调查者将调查问卷发送给被调查者，由被调查者自己填答并返回（自填问卷法）；二是调查者根据调查问卷向被调查者逐一提问，并根据其回答代其填答问卷（结构访问法）。这两类资料收集方法各有优缺点，分别适用于不同的调查对象。例如，当被调查者因不识字或因年老无法独自填写问卷时，可以采用结构访问法。

（二）实验研究中的数据采集

实验研究是一种通过有目的地控制和操纵某些教育影响因素来认识特定教育变量的变化及教育变量之间相关关系的研究方式。通过比较前后不同测量及其数据处理的结果，进行相应的科学分析，便可从变量的变化及其相互关系中总结出研究结论。对实验数据的采集即是在实验实施的各个阶段（实验前、实验中、实验后）观察、测量和记录有关研究对象（自变量、因变量和控制变量）的数据资料。

（三）实地研究中的资料搜集

实地研究是一种深入研究对象所处的现场，以观察和访谈的方式搜集资料，并通过对这些资料的分析来理解和解释教育现象的研究方式。研究者可以选择不同的观察形式（如参与观察或非参与观察、结构观察或无结构观察、静态观察或动态观察等），研究者还可以通过访谈搜集资料，从研究对象口中获取信息。① 研究者要注意及时记录和整理所搜集的资料，以免在离开现场后因遗忘而影响所搜集数据的质量。

（四）文献研究中的资料搜集

文献研究是一种通过搜集和分析文献资料（以文字、数字、符号、图像等信

---

① 风笑天：《社会学研究方法》第 3 版，中国人民大学出版社 2009 年版，第 261—280 页。

息形式存在）来形成有关教育现象和问题的科学认识的研究方式。因文献研究具有间接性和无反应性的特征，所以，也常被称作非介入性研究。根据研究的具体方法和所用文献类型的不同，可以将文献研究划分为不同的类型，比较常用的有内容分析、二次分析和现存统计资料分析。

根据文献研究类型的不同，搜集资料的方式也有所差异。用于内容分析的资料大多都是公开发表的文献，研究者可以通过图书馆和档案馆获取。用于二次分析的资料，研究者可以通过向公众开放的数据库直接获取，或向原始调查者索取或购买。现存统计资料也都是公开发表的资料，研究者可以通过图书馆系统获得。

四、资料与数据的处理与分析

对研究资料与数据的处理与分析是要将研究所得的原始资料按研究目的进行审视、汇总、分类、补充和评价，从而使资料能系统地反映研究对象的质的规定性或量的特征。根据数据资料本身的特点，对资料和数据的处理与分析可以分为定量资料分析与定性资料分析。

（一）定量资料分析

定量资料分析包括对原始数据的整理、录入、分析，其中分析包括单变量分析、双变量分析和多变量分析等多种方式。

1. 定量资料的整理与录入

研究者在整理资料时，首先要对所搜集的原始资料进行检查，找出存在错漏的资料。对资料的审核可以在调查的过程中（实地审核）或在调查结束之后（系统审核）进行。

在问卷调查中，如果研究者在设计问卷时没有设计编码，那么，对资料的整理工作也包括编码，即给每个问题及答案一个数字或其他有可读性的字符作为代码。完成编码之后，就可以将数据录入计算机。完成录入后，可以借助数据统计分析软件（如 SPSS）完成数据清理工作，例如数据有效范围清理、数据逻辑一致性清理、数据质量抽查等，确保录入的数据准确无误。

2. 定量资料的分析

根据所分析的变量的数量，对定量资料的统计分析可以分为单变量统计分析、双变量统计分析、多变量统计分析。

单变量统计分析是对某一个变量的数量特征所做的分析，包括统计描述和统计推论。统计描述的主要目的在于用简单概括的形式反映出大量数据资料所容纳的基本信息，其基本方法包括集中趋势分析、离散趋势分析等。统计推论的主要目的是用从样本中所得到的数据资料来推断总体的情况,主要包括区间估计和假设检验。双变量统计分析主要探讨两个变量之间的关系。根据变量层次的不同,这种分析所采取的具体形式也不一样。常见的分析方法有交互分类(列联表)、方差分析、卡方检验、相关分析、回归分析。多变量统计分析是对多个变量之间关系的分析,方法有很多,如阐释模式、多元相关分析、多元方差分析、多元回归分析、路径分析、因素分析、聚类分析、判别分析、对数线性模型,等等。

(二) 定性资料分析

定性资料是指研究者从实地研究中所得到的各种文字、符号表示的观察记录、访谈笔记以及其他类似的记录材料。对定性资料的分析实际上从资料搜集之初便已经开始,贯穿整个研究过程。

1. 定性资料的整理

对定性资料的整理会经历三个阶段:审查、分类和汇编。审查资料的目的是消除原始资料中的错误、矛盾和遗漏等问题,确保原始资料的真实性、准确性和适用性,为进一步的整理分析打下基础。资料整理的第二步是分类,即将资料分门别类,使繁杂的资料条理化、系统化,为找出规律性的联系提供依据。在确定分类标准时,研究者要注意保证:分类符合研究目的的需要,具有针对性(有效性原则);分类标准互相排斥不重叠(互斥性原则);每一类资料都可归入相应的类别(完备性原则);各类别必须处于同一分类层次,不能混淆其逻辑层次(层次一致性原则)。在分类标准选出后,就要将资料归类,并按照一定的逻辑结构进行汇总和编辑,确保做到系统、完整、简明和集中。①

2. 定性资料的分析

对于定性资料的分析,并没有固定的、标准化的程序和方法。研究者可以根据研究目的、所搜集资料的特点以及自己的理论偏好在多种不同的分析方法和策略中进行选择,或者提出自己的分析方法。

编码是定性资料分析的一个核心部分。扎根理论的创建者斯特劳斯(1916—1996)提出了三种编码类型:开放式编码、轴心式编码和选择式编码。开放式编码旨在用概念标签来标示资料中呈现出来的各种主题和现象,完成对资料的初步整理和分类。轴心式编码旨在发现和建立主题之间的各种联系,如因果关系,并寻找可以将这种联系聚合在一起的核心概念。选择式编码旨在在主题中找到一个可以统领其他一些相关主题的核心主题,将所有的研究结果统一在这个核心主题的范围之内。在编

---

① 袁方主编:《社会研究方法教程》,北京大学出版社1997年版,第230页。

码过程中，研究者要注意撰写分析性备忘录，记下关于编码程序的想法和思路。①

关于定性资料分析的方法和策略，研究者提出了不同的建议。纽曼提出了叙述法、理想类型、连续逼近法、例证法、主题分析法、分析性比较、网络分析、事件—结构分析等分析方法。② 弗里克提出了主题编码、质性内容分析、总体分析、会话分析、话语分析、体裁分析、叙事分析、注释学分析等不同的定性资料分析方法。③ 库卡茨总结了三种主要的定性资料分析形式：主题式文本分析、评价式文本分析、类型构建式文本分析。④

五、论文撰写和成果发表

总结与展示研究成果是教育科研工作的最后阶段。在这个阶段，研究者要选择恰当的方式将自己的研究成果展现出来。这既是对研究过程和结果的总结和提炼，也便于他人使用和检验，达到促进学术交流和成果推广的效果。教育研究成果有多种表现形式。这里介绍三种主要的形式，即教育调查报告、教育实验报告、教育学术论文。

（一）教育调查报告

教育调查报告是用来展示教育调查研究成果的方式，一般由题目、前言、正文、结论与建议、附录五部分组成。题目是整个调查报告的名称，要能简明扼要地反映研究的内容和主要研究问题。如果需要的话，研究者可以通过添加副标题，对主标题的范围加以限定或提供更具体的说明。调查报告的前言应该简要地说明调查研究的目的、问题、背景、意义和价值，交代清楚调查研究的基本情况，如调查的时间、地点、对象、范围、方法等。正文是调查报告的主体部分，以篇、章、节的形式展示调查研究的内容。在对调查资料进行定量和定性分析的基础上，查明问题的原因，提出解决问题的方法和建议，或提出新的解释理论。附录中收录的是调查工具或部分原始资料，附在报告后面，为读者提供更详细的信息，以便于他们更好地认识和评价该调查研究。

（二）教育实验报告

教育实验报告是对整个教育实验过程和结果的总结和分析。教育实验报告的基

---

① 风笑天：《社会学研究方法》第3版，中国人民大学出版社2009年版，第325—328页。
② [美] 劳伦斯·纽曼：《社会研究方法：定性和定量的取向》第5版，郝大海译，中国人民大学出版社2007年版，第569—590页。
③ [德] 伍威·弗里克：《质性研究导引》，孙进译，重庆大学出版社2011年版，第256—287页。
④ Kuckartz U, *Qualitative Text Analysis*: *A Guide to Methods*, *Practice & Using Software*, Sage, 2014, pp. 69-120.

本框架结构包括题目、前言、方法、结果、讨论、参考文献、附录。题目是实验报告的主体思想，要能够准确地呈现研究的主要问题。前言也称引言、导语，是实验报告的正文开头部分，要简洁明了，字数不要过多，主要内容包括：问题提出、研究目的、选题依据、研究意义、研究现状、拟解决的问题及研究的理论框架。方法部分要阐明实验所用的研究方法，基本内容包括：概念定义，被试的条件、数量、取样方法，实验设计，实验组和控制组的情况，实验操作程序，时间安排，资料的处理方式等。结果部分则是将实验结果客观地呈现给读者，包括所搜集的原始数据、观察资料以及分析的结果，只展现作者本人实验研究的结果，以陈述事实为主，不夹杂个人评论和推断；结论是建立在对所搜集的资料的客观分析、比较、综合、归纳的基础之上的，必须是严谨的、科学的，且符合逻辑。讨论部分是研究者对研究结果的评价和推断，内容包括：对实验结果进行理论上的分析和论证，将自己的研究与前人的研究或理论分析进行比较；对本实验方法的科学性和局限性的探讨，例如对误差、显著性的分析和反思，对研究成果可靠性和适用范围的说明；提出本实验研究新发现的问题或尚未解决的问题，为未来的研究指出方向。报告的末尾，应注明研究报告中直接引用或参考的文献。有关实验研究的相关资料（如实验工具、实验数据），如果不适合放入正文，可以作为补充信息放入附录。①

（三）教育学术论文

教育学术论文是展现教育科研成果的一种重要形式，有学位论文、学期论文、期刊文章等多种不同的形式。教育学术论文具有科学性（符合科学研究的规范），创新性（提出了新的理论、方法、观点、问题解决方案等）和实践性（有改进社会实践的现实意义和可行性）的特点。通常来说，规范的教育学术论文由标题、内容

教育学术论文
格式范例

摘要、序言、正文、结论与讨论、引文注释与参考文献等部分组成。

学术论文的标题是对论文内容的精要概括。好的标题能够准确反映研究的内容和主题，文字简练、明确，便于读者根据题目判断该研究所属的方向和学科领域。当主标题的内容范围过大时，可以用副标题进一步加以限定。内容摘要是对研究目的、内容、方法和核心结论的简要概括。其作用是让读者可以在读完后知道该研究的主要内容，以决定是否要阅读全文。因此，内容摘要一定要有实质性的、具体的"内容"，而不能只是简单地罗列论文的二级标题。序言写在正文之

---

① 裴娣娜：《教育研究方法导论》，安徽教育出版社1995年版，第360—364页。

前，用于说明研究的背景、目的、研究方法和意义。正文是学术论文的主体部分。研究者按照一定的逻辑结构展示论文的内容，力求做到条理清晰、结构合理。结论是研究者通过对所搜集的资料进行逻辑分析之后得出的判断和评价。研究者需要在结论部分对研究问题做出总结性的回答。讨论是从理论上对研究结果的含义和意义进行分析解释和评价，同时也可以指出研究的局限性以及进一步研究的需要。研究所引用或参考的文献需要在论文中列出，便于读者查证。注释有脚注、尾注、夹注等多种不同的方式。参考文献大多是在论文结尾部分列出，包括：作者姓名、文献标题、书刊名称或出版单位、卷册期数、出版时间、页码等。具体要求要看论文收录机构的规定。除了上述组成部分之外，较大型的研究论文（如学位论文）通常会包括附录，将那些不宜放在正文中的调查工具、调查数据、图表等收录进去，供读者查阅。①

研究者在完成研究报告或学术论文的撰写之后，可以通过出版社、期刊、报纸等媒介发表其研究成果，也可以通过学术会议或网络与他人分享研究成果。这属于对教育研究成果的推广，也是教育科研中的一个重要环节。

第三节　常用的研究方法

在教育科研中，各种人文科学和社会科学的研究方法都会得到使用。根据研究目的和对象的特点，人们可以选择偏重理论思辨和文本分析的研究方法，如现象学方法、注释法、辩证法和内容分析法，也可以选择访谈法、观察法、问卷调查法等实证性的研究方法，或者综合使用不同的方法。本节重点介绍在实践中经常用到的几种方法：文献法、调查法、行动研究、叙事研究和案例研究。

一、文献法

文献法是文献研究中所使用的方法。下面介绍内容分析法和二次分析法②这两

---

① 裴娣娜：《教育研究方法导论》，安徽教育出版社1995年版，第365—369页。
② 除了以上两种类型以外，人们还将现存统计资料分析列为第三种文献研究类型。现存统计资料分析与二次分析的相同点是：它们都是分析别人已经收集好的数据资料。不过，两者的区别是：二次分析所用的是原始数据资料，而现存统计资料分析所用的是以频数、百分比等统计形式出现的聚集资料。现存统计资料分析可以被视为二次分析的一个特殊类型。因篇幅所限，这里不再对其单独介绍。详细内容可参考：风笑天：《社会学研究方法》第3版，中国人民大学出版社2009年版，第248页。

种常见的文献研究的类型及其方法程序。

（一）内容分析法

内容分析法是一种收集和分析文本内容的方法。文本是指任何书面的、可读的或者口头的作为交流媒介的东西，如图书、报纸、期刊、广告、演讲、官方文件、影片或录像带、乐谱、照片、衣物或艺术作品等。内容是指文字、意义、图片、符号、构思、主题或任何用来交流的信息。

内容分析法可分为定量内容分析法和质性内容分析法。长期以来，定量内容分析法一直占主导地位。后来人们日益重视质性内容分析法，即不仅重视分析频次，而且重视诠释文本信息的潜在意义及读者对文本的不同解读。虽然两者分析的侧重点不同，但其遵循的程序基本相同，通常包括以下六个步骤。（1）通过阅读文献，确定与研究目的相关的待分析的文本。（2）根据自己的研究目的，提出具体的研究问题、研究假设或研究目标。（3）确定研究对象总体，然后选择总体或从总体中抽取样本。（4）形成类目编码程序。内容分析的本质是将文献信息编码归入类目。每一类目应该体现与研究目标相关的一个独立变量。研究者可以采用或借鉴前人开发和使用过的编码系统，这样既省时省力，也便于进行比较。（5）进行内容分析。这里要根据所做的是定量内容分析还是质性内容分析而采取与此相应的分析方式。定量内容分析通常会在完成编码之后计算各个编码出现的频率，并对其进行总结和分析。常见的形式有频率分析、评价分析、强度分析和关联性分析。质性内容分析则更侧重对文本内容和意义的分析，可以采用不同的分析程序，如"概括总结性内容分析、解释说明性内容分析和结构化内容分析"[1]。研究者可以借助相关分析软件来辅助完成内容分析。（6）诠释研究结果。内容分析的最后阶段是解释研究结果。对研究结果的诠释要结合研究目的及其理论背景和概念框架进行。[2]

（二）二次分析法

二次分析也称二手分析，指对那些由其他人之前收集和分析过的资料所进行的新分析。在进行二次分析时，研究者既可以把原来的资料（即别人为研究某一问题而收集的资料）用于分析新提出的问题，也可以用新的方法来分析原来的资料，看看是否会得出同样的结论。

---

[1] ［德］伍威·弗里克：《质性研究寻引》，孙进译，重庆大学出版社2011年版，第261页。
[2] ［美］梅雷迪斯·D.高尔、沃尔特·R.博格、乔伊斯·P.高尔：《教育研究方法导论》第6版，许庆豫等译，江苏教育出版社2002年版，第301页。

二次分析一般分为四个步骤①。(1) 选择研究的主题。(2) 寻找合适的资料。研究者确定了自己的研究主题后，可以有针对性地查找可用的数据资料。(3) 对资料的再创造。得到所需要的数据资料后，需要对这些资料进行加工和处理。首先，必须从资料中寻找或重新定义所要研究的变量。其次，仔细地研究这些变量。最后，也可以选取样本中的一个部分作为分析的对象，如年龄、性别、家庭环境等。总的来说，研究者可以根据自己的研究需要对资料进行不同的再创造，但要注意的是，所有的资料处理都必须符合实际，实事求是。(4) 分析资料。分析资料是二次分析中最主要、最核心的工作。分析资料可以运用前面提到的各种数据资料的分析技术和方法。

二、调查法

调查问卷设计示例

调查法是一种采用自填式问卷或结构式访问直接从调查对象那里收集资料的方法。依据实施的方式，调查法分为问卷调查和访问调查两种基本类型。

（一）问卷调查

问卷是调查研究中用来收集资料的主要工具，它在形式上是一份精心设计的问题表格，用于询问人们的经历、意见、观念、态度、行为和社会特征等。问卷调查就是以问卷为工具所实施的调查。问卷调查的主要步骤包括：(1) 确定研究目标；(2) 选择调查对象（样本）；(3) 设计问卷；(4) 预先测试问卷；(5) 提前与调查对象联系；(6) 发放问卷；(7) 跟踪调查不回复问卷者；(8) 分析问卷的数据资料。② 下面重点介绍问卷的设计、发放和回收这三个核心环节。

1. 问卷的设计

从结构上来说，问卷通常由五个部分组成：(1) 问卷标题，问卷标题应简明扼要地说明调查的主题。(2) 封面信，封面信的作用在于向被调查者说明调查的目的、内容，调查单位或调查者的身份及联系方式，被调查者的选取方法，回复日期等，还包括调查单位或调查者对数据保密的承诺、征求被调查者知情同意、向接受调查者致谢等内容。(3) 指导语，即填写说明，是用来指导被调查者填写

---

① 袁方主编：《社会研究方法教程》，北京大学出版社 1997 年版，第 398—400 页。
② ［美］梅雷迪斯·D. 高尔、沃尔特·R. 博格、乔伊斯·P. 高尔：《教育研究方法导论》第 6 版，许庆豫等译，江苏教育出版社 2002 年版，第 245 页。

问卷的各种解释和说明。(4) 问题与备选项,这是问卷的主体部分。从形式上看,问题可以分为开放式问题和封闭式问题。开放式问题是指那些只提出问题,不提供备选项,让回答者自由回答的问题。封闭式问题是指在提出问题的同时,还给出若干个备选项,要求回答者根据实际情况进行选择的问题。问卷中的问题主要有填空题、是非题、多项选择题、多项排序题、矩阵式/表格式问题等多种题型。(5) 编码及其他内容,如问卷编号、调查员编号、审核员标号、调查日期、被调查者地址、被调查者合作情况等有关内容。

问卷问题的表述要注意以下原则:(1) 问题要尽量清楚明确,通俗易懂,避免使用抽象的概念和专业术语、俚语和简写。(2) 问题应尽可能简短。(3) 避免问题模棱两可和模糊不清。(4) 问题不应带有双重或多重含义,即在一个问题中同时询问了两件(或多件)事情,或者在一句话中同时问了两个(或多个)问题。(5) 问题不应带有倾向性,不能对被调查者产生某种诱导。(6) 避免情绪化的语言和声望偏见。带有强烈情绪含义的字眼,以及社会地位高的人在相关的议题上所持有的立场,会影响被调查者听取与回答问题的方式。(7) 尽量不要用否定形式提问,避免双重否定。(8) 不要问被调查者不知道、不确定和没有能力回答的问题。①

问卷问题的答案设计要符合以下三个要求。第一,穷尽性。指答案的分类应该穷尽所有的可能性,应该包括所有可能的回答。为了避免遗漏答案,可以在所列举的主要答案之后,加上一个"其他"类。第二,互斥性。答案的分类必须是互斥的,答案之间不能相互包含或交叉。第三,平衡性。要使所设计答案的选项(正负两方面)保持平衡和对称。

2. 问卷的发放

问卷调查可以采用自填式问卷的方式发放。发放方式包括个别发送法、集中填答法、邮寄填答法和网络调查法四种形式。

3. 问卷的回收

问卷的回收情况用回收率、有效回收率来表示。回收率的计算方法是:回收率=总回收量/总发放量(样本容量)×100%。有效回收率的计算方式是:有效回收率=有效回收量/总发放量(样本容量)×100%,其中有效回收量=总回收量-废卷量。废卷一般是指大约1/3内容为空白的问卷。

---

① [美] 劳伦斯·纽曼:《社会研究方法:定性和定量的取向》第5版,郝大海译,中国人民大学出版社2007年版,第339—345页。

（二）访问调查

访问调查是指采用结构式访问完成的调查。结构式访问是指调查者根据调查问卷向被调查者逐一提出问题，并根据被调查者的回答在问卷上选择合适的答案的访问方法。

访谈提纲示例

结构式访问和质性研究中的访谈有根本的区别。结构式访问是一种标准化的访问。这种访问的对象按照统一的标准和方法选取，一般采用概率抽样。访问的过程也是高度标准化的，即对所有被访问者提出的问题、提问的次序和方式，以及对被访者回答的记录方式等是完全统一的。为了使这种统一性得到保证，通常采用事先统一设计、有一定结构的问卷进行访问。访问中所有的调查员都必须严格按照问卷上的问题发问，不能随意对问题进行解释，当被调查者表示不明白时，只能重复一遍问题或者按照统一的口径进行解释。

根据实施的方式，访问调查分为当面访问和电话访问两种方式。当面访问的程序是：（1）进入和自我介绍。（2）提问与记录答案。访问员完全根据问卷上的文字提问，不增减文字，也不改变说法，按照固定的顺序，以令人舒适的节奏进行访问，并给予非指导性的回应，以维持被访者回答问题的兴趣。同时，访问员要准确地记下答案。（3）答谢和离开。电话访问的程序是：（1）根据调查目的的要求设计好电话访问的问卷表，并将问卷表按照计算机辅助电话访问系统的格式录入计算机。（2）在系统中设计好随机抽取电话号码的计算机程序。（3）挑选和培训一组电话访问调查员，这是电话访问中十分关键的一个环节，对电话访问的成功有至关重要的影响。（4）访问员开展电话访问，包括给被访者打电话、提问题和记录答案。

三、行动研究

行动研究是指实践者为了改进自己的实践而在自己的行动中亲自开展的研究。教育行动研究是指教育工作者（包括教师、行政管理人员）在教育实践中按照一定的操作程序，综合运用多种研究方法与技术，以解决教育实际问题和改进教育实践为首要目标的一种研究模式。行动研究通常具有四个特点：由行动者研究、在行动中研究、为行动而研究、对行动的研究。

（一）行动研究的类型

根据不同的标准，行动研究可以分为不同的类型。根据行动研究的理论基础，可将行动研究分为批判性行动研究和实践性行动研究。批判性行动研究的理论基础是批判理论和后现代主义理论，其关注点是"知识获得"的解放，鼓励教师批判性地反思那些习以为常的日常教学实践，通过行动研究获得的知识应有助于解放学生、教师和管理者。因此，这种行动研究也被称作解放性行动研究。与其相比，实践性行动研究没有明显的理论基础或哲学倾向，主要强调"怎么做"，关注的是教师用什么方法完成行动研究，以解决其教学实践中的问题。[1]

此外，从行动研究参与者的角度，可以将行动研究划分为：（1）个体教师行动研究，即单个教师为了解决自己教育教学中出现的问题所开展的行动研究。（2）合作式行动研究，即由校内的行动者和校外研究者合作开展的行动研究。（3）学校行动研究，即学校组织本校教师组成研究小组，在校外研究者的支持下所开展的行动研究。[2]

（二）行动研究的过程

目前，研究者对行动研究的过程有不同的设计，尚未形成共识。美国心理学家勒温（1890—1947）将行动研究的过程分为计划—执行—勘查（或观察）三个呈现出螺旋循环特征的步骤。凯米斯对勒温的螺旋循环做了进一步的发展，提出了包括计划、行动、观察、反思四个环节在内的循环递进的行动研究过程。[3] 计划是行动研究的第一个环节，包括发现问题、分析问题、制订行动计划等内容。行动即实施计划，按照目的和计划采取相应的行动。观察是指搜集有关行动背景、过程、结果以及行动者的资料。反思是指对行动的实施过程和效果进行全面的总结和评价，撰写研究报告，并在此基础上计划下一步的行动。反思环节是这一轮行动研究循环的结束，也是开启下一轮行动研究循环的基点。

米尔斯提出了一种"辩证的行动研究螺旋"，包括四个步骤：确定研究问题、收集数据、分析和解释数据、制订行动计划。[4] 这四个步骤同样具有螺旋递进的特征，这也是所有行动研究过程的一个共性。

（三）行动研究的质量评估

用于评价行动研究的质量标准可以归纳为五个方面：（1）研究是否有利于发

---

[1] ［美］米尔斯：《教师行动研究指南》，王本陆、潘新民等译，重庆大学出版社2010年版，第7—10页。
[2] 王攀峰：《行动研究的理论与方法》，首都师范大学出版社2013年版，第78—80页。
[3] 陈向明主编：《教育研究方法》，教育科学出版社2013年版，第368页。
[4] ［美］米尔斯：《教师行动研究指南》，王本陆、潘新民等译，重庆大学出版社2010年版，第21页。

展和改善目前的社会现实,是否有利于解决实际的问题;(2)研究是否达到了解放实践者的目的,使他们不再受传统科学研究权威的压迫,提高了他们自己从事研究的自信;(3)研究设计和资料搜集的方式与实践的要求是否相符;(4)研究是否增长了实践者的专业知识,加深了他们对实践的理解,提高了他们的工作能力或社会声望;(5)研究是否符合伦理道德方面的要求。[1]

四、叙事研究

叙事是以故事的形式详细陈述个体的经历,说明个体所经历的事情是如何开始、如何发展以及如何结束的。叙事研究是指通过叙事所完成的研究或对叙事所进行的研究。教育叙事研究是指研究者通过搜集和分析研究对象的日常教育经历和体验,在解构并重构个体教育故事的过程中获得对个体经历的解释性理解。

(一)教育叙事研究的特点

教育叙事研究有五个比较突出的特点:第一,聚焦于个体在教育情境中的亲身经历和体验,旨在形成对个体经验及其意义的深入理解。第二,按照时间顺序重构个体的教育经验。第三,详尽地了解研究对象获得相关经验的情境或背景。第四,以故事为载体和核心,通过收集和重组研究对象的故事,挖掘潜藏在日常经验中的教育意义,并以故事的形式加以呈现。第五,重视并依赖与研究对象的合作,取得研究对象的信任是研究者获得高质量叙事的前提。

(二)教育叙事研究的类型

从叙述主体看,教育叙事研究分为两种类型。一是叙事的教育行动研究,主要是指中小学教师自己开展的研究,或者是中小学教师在校外研究者指导下进行的研究。因为中小学教师既是叙事者,又是记叙者,而且研究旨在认识、反思进而改进自己的教育实践,所以,这种叙事研究实质上是教师的一种行动研究。二是叙事的人类学研究,主要是指高校的研究者以中小学教师为研究对象,通过实地观察、叙事访谈、文本分析等方法,收集教师在教育教学实践中的经历和体验,即搜集他们在教学实践中的故事。[2] 这种研究类似一种教育领域的人类学研究。

(三)教育叙事研究的过程

教育叙事研究尚未形成统一的、标准化的过程。综合现有的研究,教育叙事研究的过程大体包括以下步骤:(1)找到一个有意义的研究问题。教育叙事研究

---

[1] 陈向明:《质的研究方法与社会科学研究》,教育科学出版社2000年版,第458—459页。
[2] 陈向明主编:《教育研究方法》,教育科学出版社2013年版,第273页。

的问题应来自日常教育实践，对被研究者具有实际意义，且适合以叙事的形式进行研究。（2）根据研究问题的需要选择合适的研究对象。在此，要确保研究对象那里有研究者感兴趣的"故事"。（3）从研究对象那里搜集"故事"，即与研究问题相关的经历和体验，形成叙事文本。这里可以采取叙事访谈、观察、文本分析等多种方法。（4）整理和分析所搜集的资料，包括编码、解构及重组研究对象的故事。（5）撰写教育叙事研究报告。报告内容一般包括研究的背景、目的、意义，研究对象的选择，研究实施过程，研究的结果与分析。重组的故事要置于研究结果与分析的中心。（6）评估教育叙事研究报告的效度。这里可以采取如让研究对象审核、与其他方式搜集的资料进行互证、请专家评价等多种不同的方式。①

以上介绍的只是教育叙事研究的一般过程。研究者可在遵守学术研究规范的前提下创造性地设计自己的研究，不一定拘泥于上述过程。

五、案例研究

案例研究又称个案研究②，是对被称为个案的特定现象进行深入的、基于实地的研究。案例不仅包括身份明确的实体（如个人、团体或组织），也包括事件（如学生辍学事件）、活动（如课外活动）或过程（如在教学的第一年里如何成为一名专业教师）③。

（一）案例研究的特点

案例研究具有以下特点：（1）聚焦于具体的事例。研究者通过聚焦具体的事例或案例来研究某一现象。（2）对案例进行全面、深入、细致的分析。为此，研究者会通过多种方式收集与案例相关的各种信息，包括语言陈述、图片、实物或定量数据。（3）在自然情境中进行研究。案例研究通常包含实地调查。在实地研究中，研究者会在自然情境中对被研究者进行观察和访谈。（4）兼顾研究者和被研究者的双重视角。研究者有时必须站在参与者的角度来观察和思考，才能更好地理解其体验。与此同时，研究者还要保持自己作为观察者的客位视角。这种对本位视角和客位视角的结合有助于丰富研究者对案例的理解和诠释。④

---

① 张希希：《教育叙事研究是什么》，《教育研究》2006年第2期，第54—59页；傅敏、田慧生：《教育叙事研究：本质、特征与方法》，《教育研究》2008年第5期，第36—40页。
② 本节引用的文献，大多使用的是"个案研究"的翻译方法。为了保持一致，本书将所有的表述统一为"案例研究"。
③ 陈向明主编：《教育研究方法》，教育科学出版社2013年版，第293页。
④ [美] 乔伊斯·P. 高尔等：《教育研究方法：实用指南》第5版，屈书杰等译，北京大学出版社2007年版，第295—296页。

（二）案例研究的分类

案例研究的分类方式有多种，常见的是将之分为探索性案例研究、描述性案例研究、解释性案例研究和评价性案例研究。（1）探索性案例研究是为了获得对研究问题的深入了解而开展的一种先导性研究，旨在提出研究命题并在后续研究中进行检验。（2）描述性案例研究是为了清楚地描绘某个教育现象，通常会对现象进行深入描述。（3）解释性案例研究的目的是解释某些特定的现象。研究者试图从某个案例或某些案例中寻找因果模式或关系模式。（4）评价性案例研究的目的是对特定的现象做出评价。

（三）案例研究的过程

关于案例研究的过程，没有统一的规定。通常来说，案例研究包括以下基本步骤：（1）明确研究目的，提出研究问题。（2）根据研究目的和研究问题来选择案例。（3）收集案例资料。研究者在此可以根据需要选择一种合适的方法或结合使用多种不同的资料收集方法。（4）分析案例资料。案例研究会产生大量的资料，如现场笔记、访谈转录稿和其他从实地获得的文件。对这些资料的分析是案例研究的核心工作，可以根据资料类型采取相应的分析方式。（5）撰写案例研究报告。研究者可以在此选择不同的报告体裁，如反思性报告或分析性报告。以反思性分析为目的的研究者通常选择反思性报告体裁。他们把案例研究的数据组织成一个故事，向读者生动地描述案例，并且在报告中明确表达研究者自己的观点。进行解释性分析和结构性分析的研究者则大多会选择分析性报告体裁，遵循传统的规范模式（引言、文献综述、研究方法、研究结果、讨论）撰写报告，注重客观描述，回避或低调处理研究者个人的观点。这两种报告体裁各有优缺点，研究者也可将两者结合起来。此外，研究者除了要在报告中展示研究目的、过程和结果之外，还要对自己研究的质量进行评价。这里可以不必使用传统的信度和效度标准，而是使用更适合案例研究/质性研究的评价标准，如可靠性、真实性和有用性等。

（四）案例研究的优缺点

案例研究可以通过详细的描述，让读者获得有关案例的丰富信息。此外，作为一种质性研究，案例研究在研究设计方面比较灵活，允许研究者在搜集资料的过程中根据新的情况调整研究的重点和资料搜集方法，甚至提出新的研究问题。这都是使用统计方法的定量研究难以做到的。

不过，案例研究也有内在的缺点。一是研究成果的推广受到限制。二是在报告案例研究时，有时难以将被研究者或组织完全匿名，由此带来研究伦理方面的问题。此外，案例研究需要研究者投入大量时间、掌握访谈和观察等搜集资料的方法和技巧以及具有很好的语言表达能力。这种研究对于研究者的能力提出了更高的要求，并不一定适合所有的研究者使用。

思考题

一、名词解释题

文献法　调查法　行动研究　叙事研究　案例研究

二、简答题

1. 教师为何要开展教育科研？
2. 教师开展教育科研需要注意哪些问题？
3. 设计一份规范的调查问卷需要注意哪些事项？

三、论述题

1. 请按照教育科研过程的规范步骤，结合自己感兴趣的某一研究问题，完成一项研究课题设计。
2. 结合实际教育教学工作，谈谈如何才能完成一项好的行动研究。

四、材料分析题

郑金洲教授对中小学教师做科研给出了以下十条建议：①

（1）平常心态使研究成为一种教育生活。

（2）好奇心是研究的基本动力。

（3）相信研究的价值与能力。

（4）把科研当作一种教育责任。

（5）宽容他人就是支持自己。

（6）"小学问"需要细心来"大"做。

（7）先当好学生，后做好先生。

（8）持之以恒才能有所突破。

（9）让自己处于主动状态。

（10）教育科研最终是为了实践的改造。

请结合本章的学习，谈谈你对上述建议的理解。

---

① 郑金洲：《教师做科研的十条建议》，《人民教育》2008年第5期，第45—49页。

阅 读 文 献

- 人民教育出版社教育室编：《马克思　恩格斯　列宁论教育》，人民教育出版社 1993 年版。

- 中华人民共和国教育部、中共中央文献研究室编：《毛泽东　邓小平　江泽民论教育》，中央文献出版社、人民教育出版社、北京师范大学出版社 2002 年版。

- 胡锦涛：《在全国教育工作会议上的讲话（2010 年 7 月 13 日）》，人民出版社 2010 年版。

- 习近平：《做党和人民满意的好老师——同北京师范大学师生代表座谈时的讲话（2014 年 9 月 9 日）》，人民出版社 2014 年版。

- 瞿葆奎主编：《教育学文集》"教育与教育学"卷、"教育目的"卷、"教育与人的发展"卷、"教育与社会发展"卷，人民教育出版社 1989—1993 年版。

- 孟宪承选编：《中国古代教育文选》，华东师范大学出版社 2000 年版。

- 陈学恂主编：《中国近代教育文选》，人民教育出版社 1983 年版。

- 华东师范大学教育系编：《中国现代教育文选》，人民教育出版社 1998 年版。

- 华东师范大学教育系、浙江大学教育系合编：《西方古代教育论著选》第 2 版，人民教育出版社 2001 年版。

- 任钟印主编：《西方近代教育论著选》，人民教育出版社 2001 年版。

- 王承绪、赵祥麟编译：《西方现代教育论著选》，人民教育出版社 2001 年版。

- 素质教育调研组编著：《共同的关注——素质教育系统调研》，教育科学出版社 2006 年版。

- ［苏］Л. В. 赞科夫：《和教师的谈话》，杜殿坤译，教育科学出版社 1980 年版。

- ［瑞士］皮亚杰：《发生认识论原理》，王宪钿等译，商务印书馆 1981 年版。

- ［法］保尔·朗格朗：《终身教育引论》，周南照、陈树清译，中国对外翻译出版公司 1985 年版。

- ［德］雅斯贝尔斯：《什么是教育》，邹进译，生活·读书·新知三联书店 1991 年版。

- ［美］拉尔夫·泰勒：《课程与教学的基本原理》，施良方译，人民教育出版社 1994

年版。

■ 联合国教科文组织国际教育发展委员会编著：《学会生存——教育世界的今天和明天》，华东师范大学比较教育研究所译，教育科学出版社 1996 年版。

■ [美] 菲利普·库姆斯：《世界教育危机》，赵宝恒等译，人民教育出版社 2001 年版。

■ [美] 约翰·杜威：《民主主义与教育》第 2 版，王承绪译，人民教育出版社 2001 年版。

■ [美] 梅雷迪斯·D. 高尔、沃尔特·R. 博格、乔伊斯·P. 高尔：《教育研究方法导论》第 6 版，许庆豫等译，江苏教育出版社 2012 年版。

■ [英] 乔伊·帕尔默编：《教育究竟是什么：100 位思想家论教育》，任钟印、诸惠芳译，北京大学出版社 2008 年版。

■ [美] 菲利普·W. 杰克森：《什么是教育》，吴春雷、马林梅译，安徽人民出版社 2012 年版。

■ [德] 席勒：《审美教育书简》，张玉能译，译林出版社 2012 年版。

人名译名对照表

[美]	爱因斯坦，阿尔伯特	Albert Einstein
[美]	奥利沃，彼得	Peter F. Oliva
[苏]	巴班斯基，尤里·康斯坦丁夫	Babanskiy, Yuriy Konstantinovich
[古希腊]	柏拉图	Plato
[美]	博比特，约翰·富兰克林	John Franklin Bobbit
[美]	布卢姆，本杰明	Benjamin Bloom
[美]	布鲁纳，杰罗姆	Jerome Seymour Bruner
[美]	查特斯，韦瑞特	Werrett Wallace Charters
[美]	杜威，约翰	John Dewey
[德]	费尔巴哈，路德维希·安德列斯	Ludwig Andreas Feuerbach
[美]	菲尼克斯，菲利普	Philip H. Phenix
[德]	冯特，威廉	Wilhelm Wundt
[德]	弗里克，伍威	Uwe Flick
[德]	福禄培尔，弗里德里希·威廉·奥古斯特	Friedrich Wilhelm August Froebel
[法]	傅立叶，夏尔	Charles Fourier
[法]	富尔，埃德加	Edgar Faure
[美]	伽斯克，托马斯	Thomas R. Guskey
[美]	格塞尔，阿诺德·卢修斯	Arnold Lucius Gesell
[美]	古德莱德，约翰	John I. Goodlad
[英]	汉密尔顿，大卫	David Hamilton
[德]	赫尔巴特，约翰·弗里德里希	Johann Friedrich Herbart
[美]	华生，约翰	John Broadus Watson
[美]	加德纳，霍华德	Howard Gardner
[法]	加尔文，约翰	John Calvin
[美]	卡斯威尔，霍利斯	Hollis L. Caswell
[苏]	凯洛夫，伊·安	Ivan Andreevich Kairov
[美]	凯米斯，斯蒂芬	Stephen Kemmis
[德]	凯兴斯泰纳，乔治	Georg Kerschensteiner

[美]	坎贝尔，多克	Doak Shridan Campbell
[德]	康德，伊曼努尔	Immanuel Kant
[意]	康帕内拉，托马斯	Tommaso Campanella
[法]	孔德，奥古斯特	Auguste Comte
[德]	库卡茨，乌多	Udo Kuckartz
[美]	库姆斯，菲利普·霍尔	Philips H. Coombs
[捷]	夸美纽斯，约翰·阿摩司	Johann Amos Comenius
[法]	拉伯雷，弗朗索瓦	Francois Rabelais
[意]	拉莫斯，彼得	Peter Ramus
[德]	赖因，威廉	Wilhelm Rein
[法]	朗格朗，保尔（保罗）	Paul Lengrand
[法]	利托尔诺，查尔斯	Charls Letourneau
[美]	勒温，库尔特	Kurt Lewin
[苏]	列昂节夫，阿列克谢	Alexei Nikolaevich Leontyev
[法]	卢梭，让-雅克	Jean-Jacques Rousseau
[德]	路德，马丁	Martin Luther
[美]	罗杰斯，卡尔·兰塞姆	Carl Ransom Rogers
[英]	洛克，约翰	John Locke
[法]	马厄，勒内	René Maheu
[苏]	马卡连柯，安东·谢苗诺维奇	Anton Semyonovich Makarenko
[澳]	马什，科林	Colin J. Marsh
[美]	马斯洛，亚伯拉罕·哈罗德	Abraham Harold Maslow
[德]	梅林，弗兰茨	Franz Mehring
[法]	蒙田，米歇尔·德	Michel de Montaigne
[美]	孟禄，保罗	Paul Monroe
[美]	米尔斯，杰夫	Geoffrey E. Mills
[英]	莫尔，托马斯	Thomas More
[德]	纳托尔普，保罗	Paul Natorp
[英]	能，托马斯·沛西	Thomas Percy Nunn
[美]	纽曼，威廉·劳伦斯	W. Lawrence Neuman
[英]	欧文，罗伯特	Robert Owen
[美]	派纳，威廉	William F. Pinar
[瑞士]	裴斯泰洛齐，约翰·亨利希	Johann Heinrich Pestalozzi
[瑞士]	皮亚杰，让	Jean Piaget

[苏]	平克维支，阿尔伯特·彼得罗维奇	Albert Petrovich Pinkevich
[德]	齐勒尔，图伊斯昆	Tuiskon Ziller
[美]	桑代克，爱德华·李	Edward Lee Thorndike
[美]	舍恩，唐纳德	Donald A. Schon
[法]	圣西门，克劳德·昂列	Claude Henri de Saint-Simon
[美]	施瓦布，约瑟夫	Joseph J. Schwab
[美]	舒尔曼，李	Lee S. Shulman
[英]	斯宾塞，赫伯特	Herbert Spencer
[美]	斯克瑞文，迈克尔	Michael Scrive
[英]	斯密，亚当	Adam Smith
[美]	斯特劳斯，安塞尔姆	Anselm L. Strauss
[古希腊]	苏格拉底	Socrates
[苏]	苏霍姆林斯基，瓦西里	Vasyl Sukhomlynsky
[美]	塔巴，希尔达	Hilda Taba
[美]	泰勒，拉尔夫	Ralph Tyler
[法]	涂尔干（迪尔凯姆），埃米尔	Émile Durkheim
[德]	瓦根舍因，马丁	Martin Wagenschein
[意]	维多里诺	Vittorino da Feltre
[苏]	维果茨基，利维	Lev Vygotsky
[古罗马]	西塞罗，马库斯·图留斯	Marcus Tullius Cicero
[德]	席勒，约翰·克利斯托夫·弗里德里希·冯	Johann Christoph Friedrich von Schiller
[德]	雅斯贝尔斯，卡尔·西奥多	Karl Theodor Jaspers
[古希腊]	亚里士多德	Aristotle
[荷]	伊拉斯谟，德西德里乌斯	Desiderius Erasmus
[奥地利]	伊里奇，伊凡	Ivan Illich

后　　记

《教育学原理》是马克思主义理论研究和建设工程重点教材，由教育部组织编写，经国家教材委员会审查通过。

本教材在编写过程中，得到了国家教材委员会高校哲学社会科学（马工程）专家委员会、思想政治审议专家委员会以及教育部原马工程重点教材审议委员会的指导；同时，广泛听取了高校教师和学生的意见建议。

本教材由项贤明主持编写，冯建军、柳海民任副主编。绪论，项贤明撰写；第一章，柳海民撰写；第二章，冰丹撰写；第三章、第四章，冯建军撰写；第五章，周兴国撰写；第六章，张乐天撰写；第七章，李雁冰撰写；第八章，陈旭远撰写；第九章，王嘉毅撰写；第一章，孙进撰写。

2018 年 12 月 28 日

郑重声明

高等教育出版社依法对本书享有专有出版权。任何未经许可的复制、销售行为均违反《中华人民共和国著作权法》，其行为人将承担相应的民事责任和行政责任；构成犯罪的，将被依法追究刑事责任。为了维护市场秩序，保护读者的合法权益，避免读者误用盗版书造成不良后果，我社将配合行政执法部门和司法机关对违法犯罪的单位和个人进行严厉打击。社会各界人士如发现上述侵权行为，希望及时举报，本社将奖励举报有功人员。

反盗版举报电话　　（010）58581999　58582371　58582488
反盗版举报传真　　（010）82086060
反盗版举报邮箱　　dd@hep.com.cn
通信地址　　北京市西城区德外大街4号
　　　　　　高等教育出版社法律事务与版权管理部
邮政编码　　100120

查询说明

使用微信扫描本书内的二维码，输入封底防伪二维码下的20位数字进行微信绑定后即可免费访问相关资源。（只需输入一次，绑定后不必再次输入。注意：微信绑定只可操作一次，为避免不必要的损失，请您刮开防伪码后立即进行绑定操作！）

用户也可将防伪二维码下的20位数字按从左到右、从上到下的顺序发送短信至106695881280，免费查询所购图书真伪。

防伪客服电话
（010）58582300